HISTOIRE DE HENRY III ROY DE FRANCE ET DE POLOGNE.

Par M. SCIPION DVPLEIX, Conseiller & Historiographe du Roy.

A PARIS.
Chez CLAVDE SONNIVS, rue Sainct-Iaques, à l'Escu de Basle, à la Nauire & au Compas d'or.

M. DC XXX.
AVEC PRIVILEGE DV ROY.

A MONSEIGNEVR,
M. IEAN-LOVIS DE NOGARETZ, DVC
D'ESPERNON ET DE VILLEBOIS, PAIR
de France : Marquis de la Valette: Sire de l'Esparre: Comte de Mon-fort, Estarac, & Benauges: Captal de Buch: Baron de Cadillac, Caumont, Plassac, &c. Conseiller du Roy en son Conseil d'Estat : Cheualier des deux Ordres de sa Majesté : Colonnel general de l'Infanterie Françoise : Gouuerneur & Lieutenant General pour le Roy en Guienne: ville & citadelle de Metz & païs Messin : ville & Comté de Loches.

ONSEIGNEVR,

Alexandre le Grand, Roy de Macedoine souloit dire d'Hephæstion & de Cratere ses deux principaux fauoris que l'vn aimoit Alexandre, & l'autre le Roy: pour monstrer que l'vn affectionnoit la personne de sa Majesté, et l'autre l'Estat. Nostre Alexandre François (car le premier nom de Henry III fut Alexandre) vous tenant pour son Hephæstion & Cratere tout ensemble, pouuoit dire auec pareille raison que vous auiez en singuliere reuerence la personne sacrée de vostre Roy, & que vous seruiez tres-dignement le Royaume. De sorte que vous, Monseigneur, aiant esté le depositaire de ses secrets, & aiant eu parfaite cognoissance de ses vertus, comme il l'auoit de vos merites, ie ne puis mieux adresser à autre qu'à vous l'histoire du regne de ce Roy : lequel tiendroit vn des premiers rangs entre les plus illustres Monarques,

EPISTRE.

si ses subjets n'eussent point abusé de sa bonté : & si les factions, dont son Estat fut continuellement agité, n'eussent empeché l'execution de ses intentions, qui n'avoient autre but que l'avancement de la gloire de Dieu, de la vraye Religion, & la tranquillité publique.

Ie sçay bien que ce bon Roy aiant esté l'obiet de la mesdisance des Huguenots et des impostures de la Ligue, il est mal-aisé de persuader à la plus-part du monde qu'il n'y ait eu en luy plus de foiblesse que de generosité, plus de belle apparence que d'effect, & moins de vertu que de vice. Mais si l'on considere ses actions sans passion, on trouvera que ses rares et roiales conditions font le corps de sa vie, & que ses defauts n'en sont que l'ombre. C'est ce que l'on pourra voir clairement dans cete Histoire, que i'ay tissuë auec beaucoup de curiosité & de travail: duquel il me restera assez de satisfaction si vous en demeurez satisfait: estant sans doubte que l'approbation d'un Seigneur si illustre, si veritable & d'un iugement si solide la fera approuuer de toutes personnes iudicieuses.

Vous mesme, Monseigneur, vous y verrez en plusieurs endroits, comme en un grand tableau : en attendant que ie vous face reuoir aussi és regnes suyuans en diuerses & admirables conionctures : mais tousiours triomphant de vos ennemis & enuieux : apres auoir rompu leurs efforts auec l'espée, dissipé leurs embusches auec prudence, & destruit leurs calomnies par vostre probité & innocence. I'ajousteray encore, triomphant de la Fortune, qui se ioüe des choses humaines les plus releuées. Car elle vous a puissamment combatu, iamais abbatu : grandement trauersé, iamais renuersé : furieusement pressé, iamais oppressé : & si elle vous a precipité dans des extremes perils auec horreur, elle a esté contrainte de vous en retirer à vostre gloire, & souuent auec prodige.

Ce n'est pas icy que ie veux estaler les eloges de Vostre Grandeur : ce peu de lignes ne tendant qu'à vous supplier tres-humblement de receuoir de bon œil cete piece de mon Histoire de France, que ie vous consacre & dedie auec autant de syncerité de cœur, de zele et d'affection que vous pouuez desirer de celuy qui fait gloire d'estre à iamais,

MONSEIGNEUR,

Vostre tres-humble & tres-
obeissant seruiteur,
SCIPION DVPLEIX.

TABLE DES PRINCIPALES
Matieres du regne de Henry III.

Estat de la France soubs les treze Rois de la branche de Valois. page 1

Henry arriue en Pologne; où il est couronné & proclamé Roy. 7

Henry retourne de Pologne en France. 17

Guerre VI contre les Religionnaires. 25

Retour de Henry III en France. Ses deportemens à l'entrée de son regne. page 31

Sacre & mariage du Roy. Continuation de guerre ciuile. 38

Attentats du Duc d'Alençon sur la vie du Roy son frere. Sa reconciliation & la Paix. 43

Abrogation de l'election de Henry en Pologne & subrogation de Bathori. page 48

Infraction de la trefue. Le Roy de Nauarre s'enfuit de la Cour. Paix mal gardée. 56

Ligues particulieres des Catholiques suyuies d'vne generale. 65

Assemblée des Estats generaux à Blois: où l'exercice de la Religion P. R. est interdit. 72

Guerre VII contre les Religionnaires suyuie de la paix par la modification de la precedente. 81

Estats de Flandres & des Païs-bas. Le Duc d'Alençon y va au secours des Estats contre l'Espagnol. 90

Deffiances des diuers partis. 99

Institution de l'Ordre du S. Esprit. 103

Deuotions du Roy. Traicté de Nerac. 107

Guerre IIX contre les Religionnaires suyuie du traicté du Flex. 114

De la reformation du Calendrier faite par le Pape Gregoire XIII. 122

Sebastien Roy de Portugal est deffait en Afrique. Philippe Roy d'Espagne s'empare de son Estat. 127

Henry donne secours à Antoine Roy de Portugal pour aller aux isles Açares. 137

Le Duc d'Alençon retourne en Flandres. Sa funeste entreprise sur Anuers. Son trespas. 144

Nouueaux & plus hauts desseins de la Ligue. Le Duc d'Espernon enuoié au Roy de Nauarre. 155

Guerre I de la Ligue. Edict de l'Vnion iuré par le Roy. Contraire edict du Roy de Nauarre. 166

Guerre IX contre les Religionnaires. 177

Exploits du Duc de Mayenne en Guienne, & de la Valete en Prouence. page 185

Le Roy à Lyon. Exploits des Ducs de Ioyeuse & d'Espernon. 190

Elizabeth Roine d'Angleterre fait decapiter Marie Roine d'Escosse. 197

Coniuration de la Ligue contre le Roy à Paris. 205

Iournée de Coutras, où le Duc de Ioyeuse est deffait par le Roy de Nauarre. 211

Deffaite des Alemans & des Suisses venans au secours des Religionnaires. page 218

Demandes de la Ligue au Roy. Barricades de Paris. Fuite du Roy à Chartres. 226

Le Duc de Guise regente dans Paris. Paix du Roy auec la Ligue à Chartres. 236

Le Roy feint de contenter la Ligue. Peril du Duc d'Espernon à Engoulesme. Deffaite de l'armée nauale d'Espagne. 245

Assemblée des Estats generaux à Blois. 255

Le Duc & le Cardinal de Guise sont tués à Blois. Trespas de la Roine Caterine de Medicis. Fin des Estats. 261

Seconde Ligue contre le Roy. Desordres horribles en plusieurs villes. 269.

Accord entre le Roy & le Roy de Nauarre. Le Duc d'Espernon vient au secours du Roy. 275

Le Duc de Mayenne vient brauer le Roy à Tours. Sa Maiesté va deuant Paris. 282

Le Roy Henry III est assassiné par vn Moine. Son trespas. Ses eloges. page 288

HENRI III,
ROY LXII.

Estat de la France soubs les XIII Rois de la branche de Valois.

I. *Les Rois de la branche de Valois malheureux.* II. *Estat de la France soubs Philippe 6.* III. *Soubs Ian.* IV. *Soubs Charles 5.* V. *Soubs Charles 6.* VI. *Soubs Chales 7.* VII. *Soubs Louis 11.* IIX. *Soubs Charles 8.* IX. *Soubs Louis 12.* X. *Soubs François 1.* XI. *Soubs Henry 2.* XII. *Soubs François 2.* XIII. *Soubs Charles 9.* XIV. *Soubs Henry 3.*

A
L'an de Christ.

B

'EST-CI le dernier des treze Rois de la tres-illustre branche de Valois: la plus-part desquels ont esté magnanimes, & aucuns grands politiques: neantmoins leurs regnes (qui ont duré ensemble CCLXIIX ans) sont plus signalés par la desolation du Roiaume & par leur propre mal-heur que par les effects de leur magnanimité ou prudéce. Car ou ils ont esté vaincus par leurs ennemis, ou bien ils ont receu de notables pertes. Ils ont rarement re-conquis ce qu'ils auoient perdu, & ont tous-jours perdu leurs conquestes.

I.
Les Rois de la branche de Valois malheureux.

1228.

Philippe VI le premier des treze vid rauager la France par les Anglois suscités par Robert d'Artois, Comte de Beaumont-le Roger, & par Geofroy de Harcour à l'embrasement de leur patrie. Il fut vaincu à la journée de Crecy la plus sanglante pour les François qui se remarque en l'histoire depuis l'establissement de leur monarchie. Il perdit aussi la ville de Calais par le siege d'vn an sans la pouuoir secourir: & cete place tres-importante a serui depuis de port & de porte à nos anciens ennemis pour entrer en France durant CCXXCIX ans qu'ils l'ont tenue.

II.
Estat de la Fráce soubs Philippe 6.

C

Tome 4. A

III.
Soubs Ian.

Ian fils de Philippe VI, successeur de sa Couronne & de son infortune, mesprisant la petite armée d'Edouard Prince de Galles, & les conditions raisonnables ausquelles il se sousmettoit, fut defait auprés de Poictiers par celui qui se vouloit rendre à luy, emmené prisonnier à Bourdeaus, & de là en Angleterre auec Philippe le Hardy son fils & grand nombre de Princes & Seigneurs de son roiaume : lequel en demeura exposé à la violence de l'ennemi victorieux : & par la rançon du Roy & des autres prisonniers fut escorné de plusieurs prouinces & espuisé de finances.

A
L'An de Christ.
1350.

IV.
Soubs Charles 5.

Charles V fils de Ian, regentant en France durant la prison de son pere souffrit que son roiaume fut ruiné & embrasé par les Anglois, & l'Estat troublé par la perfidie de Charles I, Roy de Nauarre, dit le Mauuais, & par les rebellions de ses subjets, sans oser combatre les vns ny punir les autres. Et neantmoins par sa patience & sage conduite il renuoia enfin l'Estranger par vn traicté de paix, ramena le Nauarrois au deuoir & les rebelles à l'obeissance. Apres le trespas de son pere la France fut desolée par les compagnies desappointées, & affligée par les horribles troubles des factions dressées de nouueau par le Nauarrois: mais il domta derechef la malice de ce Prince, & par sa prudence deschargea son roiaume de ces troupes indomtables par la force. Il conduisit aussi auec tant de dexterité l'execution du traicté de paix fait à Bretigny auec l'Anglois que son ennemi (qui s'en estoit promis vne bonne partie du Roiaume en souueraineté) n'en remporta que confusion & honte d'auoir esté beuflé, & de voir euanoüir le fruict de tant de victoires : & le François s'en acquit le tres-auguste titre de *Sage*.

1364.
B

C

V.
Soubs Charles 6.

Charles VI fils de Charles V donna tant de loüables preuues de sa vertu au commencement de son regne qu'il fut surnommé *le Bien-aimé*: mais tantost aprés il fut visité de la main de Dieu pour les pechés de son peuple. Car partant du Mans à main armée pour aller chastier le Duc de Bretagne de sa felonnie, il tomba en vne frenesie qui le rendit inhabile au gouuernement de son Estat: lequel en suite fut deschiré par les factions des maisons d'Orleans & de Bourgongne: dans lesquelles Henry VI Roy d'Angleterre trouuant ses auantages auança ses affaires iusqu'à ce poinct qu'il se fit couronner Roy de France dans Paris, & le Daufin fut declaré incapable de la succession du Roiaume.

1380.

D

VI.
Soubs Charles 7.

Ce Daufin (qui regna depuis soubs le nom de Charles VII) aiant donné prise aux anciens ennemis de la France, en faisant assassiner Ian Duc de Bourgogne, demeura longuement exclus de la Regence durant la maladie de son pere, & confiné à Bourges apres le decés d'iceluy, y languissoit sans forces, sans amis, sans finance & sans espoir de succeder à la Couronne. Tellement que pour le salut de sa personne il estoit en termes de tout abandonner, si Dieu par des moiens inesperés ne luy eût fait la grace de se releuer de sa misere, & en chassant miraculeusement le tyran estranger se restablit en la succession de la Monarchie.

1422.

Henry III du nom, Roy LXII. 3

A Louys XI fils de Charles VII apres auoir affligé & vexé son pe-   VII.
re sur les derniers ans de sa vie n'eut pas plustot pris en main les resnes Soubs Louis
du gouuernemẽt de l'Estat qu'il desappoincta les domestiques du Roy
defunct, changea son Conseil, offensa les Princes, rabbaissa les Grands,
eleua les personnes de neant aux premieres charges & dignités du
Royaume, & foula ses subjets par de nouuelles impositions & subsides.
Ces mauuais deportemens ayant attiré sur luy la haine de tous les Ordres, les Princes auec son propre frere conspirerent contre luy, & apres
la bataille de Mont-le-Hery egalement sanglante pour les deux partis,
l'assiegerent dans Paris: où il couroit fortune de tout perdre, si la necessité auec le bon aduis du Duc de Milan, ne luy eût fait inuenter les
moyens de les separer & de rompre leur armée. Depuis cela le Duc de
B Bourgogne ayant descouuert vn traict de sa desloyauté à Peronne, l'y
retint prisonnier en resolution de luy faire vn tres-mauuais party. Mais
estant encore reschappé de ce peril en corrompant à force d'argent &
par de belles promesses le Conseil du Bourguignon, il luy suscita depuis
tant d'ennemis qu'il le fit perir, & emporta quelques pieces de ses Estats
& Seigneuries. Apres le Bourguignon, Charles Duc de Guyenne frere vnique de sa Majesté, principal instrument des guerres ciuiles passa
aussi de cete vie en l'autre. Edoüard IV Roy d'Angleterre estant
descendu en Picardie auec vne armée effroyable, Louis trouua moien
de gaigner ses familiers par presens; & de faire retirer auec vn peu d'argent vn ennemi duquel la puissance sembloit inuincible par les armes.
C Ce Roy donc en donnant de la peine à autruy se trauailloit continuellement luy-mesme: & taschant par tous moiens de perdre ses ennemis
faillit à se perdre souuent & luy & son roiaume. Comme il auoit offensé tous les Grands à l'entrée de son regne il se deffioit aussi d'eux à la fin
de ses iours: & lors que l'infirmité de l'esprit & du corps le rendoit
moins capable de gouuerner il ambitionna auec plus d'ardeur le gouuernement & l'autorité absoluë. Bref il fit de grands maux à ses voisins & en receut d'eux, s'estant tousiours monstré plus excellent en artifices qu'illustre en exploits d'armes.

1483.   Charles IIX fils de Louis XI, assez foible de corps & d'esprit, ne- IIX.
antmoins ambitieux & hardi, se trouua engagé dans vne dangereuse Soubs Charles 8.
guerre ciuile dez l'entrée de son regne. L'aiant esteinte par vne illustre
D victoire qu'il emporta sur les Ducs d'Orleãs & de Bretagne principaux
chefs des rebelles à la iournée de Sainct-Aubin le Cormier, il entreprit
la conqueste du roiaume de Naples sans finances, sans ordre, & auec des
forces mediocres. La bonne fortune secondant au commencement ses
desseins il rangea à son parti le Duc de Milan, estonna les Venitiens, entra en armes triomphant dans Florence & dans Rome, conquesta heureusement le roiaume de Naples, & receut la couronne roiale dans la
cité capitale auec celle d'Empereur de Constantinople. A son retour il
passa sur le ventre à tous les Potentats d'Italie ligués ensemble & six fois
plus forts que lui en nombre d'hommes à la iournée de Fournoüe. Mais

Tome 4.   A ij

enfin il perdit quasi en vn instant toutes ses conquestes par faute de prouidence & de bonne conduite.

IX.
Soubs Louis 12.

Louis XII son successeur, fut encore plus mal-heureux que luy en ses conquestes d'Italie: esquelles sans nul fruict il consuma les principales forces de son roiaume. Le Pape, l'Empereur, les Rois d'Espagne & d'Angleterre, les Venitiens & les Suisses aians fait ligue tous ensemble côtre luy pour enuahir de tous costés en vn mesme temps la France, Dieu se monstra protecteur de la Monarchie tres-Chrestienne, en rompant leur ligue, & dissipant leurs forces. Parmi tant d'importantes affaires, il ne déploroit rien tant que la foule de son pauure peuple, lequel il soulagea tousiours auec vne charité paternelle, qui luy acquit justement le tres-auguste titre de *Pere de son peuple*.

L'An de Christ. 1498.

X.
Soubs François I.

François I plus grand de reputation que d'effect, reprenant les erres de son predecesseur (duquel il auoit espousé la fille aisnée) fut encore plus infortuné que luy és affaires d'Italie. Car outre qu'il y perdit toutes ses conquestes, il y fut vaincu deuant Pauie, emmené prisonnier en Espagne, rançonné, & contrainct de renoncer à tous les droits qu'il pretendoit de là les Mons, & és Païs-bas auec la souueraineté mesme: de sorte que la France pleure encore aujourd'huy la desolation qui arriua soubs son regne. Son malheur proceda principalement de ce qu'il permit que Louise de Sauoye sa mere gourmandât Charles, Duc de Bourbon, Prince tres-courageux: lequel preferant le contentement de sa vengeance au salut de sa patrie, se liga auec l'Empereur à la ruine de la France. L'emulation qui fut aussi entre François & l'Empereur Charles V; & pour la brigue de l'Empire, & pour la gloire des armes, fut vn continuel sujet de leurs quereles. Il surpassoit bien son aduersaire en courage & en hardiesse: mais il luy estoit grandement inferieur en artifices, prudence & conduite. Sa confederation auec le Turc (qui porta ses armes auxiliaires à Nice) rendit son nom odieux à toutes les nations Chrestiennes.

1515.

XI.
Soubs Henry 2.

Henry II fils de François, aiant pris la protection des Princes Protestans d'Alemagne contre le mesme Empereur, porta heureusement ses armes jusqu'au bord du Rhin, se saisit des villes de Metz, Toul & Verdun: & donna vn tel effroy à l'Empereur, qu'il fut bien-aise d'octroyer la paix aux Protestans, desquels il auoit iuré la ruine. Mais Henry aiant attiré en France les armes d'Espagne, d'Angleterre & de l'Empire jointes ensemble, son Estat eût esté réduit en vn extreme dáger, apres la deffaite d'Anne de Montmorency Connestable de France, deuant Sainct-Quentin, si ses ennemis eussent sceu vser de leur victoire. Dieu par vne grace extraordinaire l'aiant deliuré de ce peril, il fit hors de saison vne paix tres-desauantageuse à la France, auec l'Espagnol, en luy rendant, ou au Duc de Sauoye, quatre vingts dix-huict villes ou forteresses pour trois de peu d'importance. Soubs son regne doibt estre marqué de noir le plus horrible malheur qui arriua jamais à la France: c'est l'accroissement de l'heresie: laquelle aiant esté semée soubs

1547.

Henry III du nom, Roy LXII.

L'An de Christ. 1558.

A François I, commença d'y prendre racine, pulluler & s'estendre largement soubs Henry II son fils par la confederation qu'il fit auec les Princes Alemans qui professoient cete nouuelle doctrine: & ceux-ci depuis par vne perfidie & ingratitude commune à tous heretiques ont penetré souuent à force d'armes iusqu'au milieu de ce Roiaume pour secourir les Religionnaires rebelles contre le Roy Charles IX. Il se rauisa pourtant & tascha de r'abiller sa faute, en s'efforçant d'extirper l'heresie de son Estat: mais ce fut trop tard: la prouidence diuine ne voulut pas donner cete gloire à celuy qui estoit cause qu'elle s'y estoit prouignée.

1559. François II fils aisné de Henry II, floüet & mal-né de corps, & assez foible d'esprit n'ayant regné que seze mois soubs la tutele de la Roine Caterine de Medicis sa mere & soubs l'autorité des Guises: leur gouuernement fut si odieux aux Religionnaires qu'ils conspirerēt contre luy, contre les Roines sa mere & son espouse, contre ses freres & cōtre tout son Conseil, & sans la vigilance & prudence des mesmes Guises B ils eussent executé leur conspiration à Blois ou à Amboise.

XII. Soubs François 2.

1560. Charles IX son frere (qui regna apres luy) conduit par la mesme Roine-mere vid souuent son roiaume embrasé du feu des guerres ciuiles & couuert d'ennemis tant estrangers que François, durant quasi tout son regne. Soubs lequel les Religionnaires firent esclater souuēt leur puissāce, luy aiant donné quatre batailles generales, à Dreux, à Sainct-Denys, à Iarnac & à Montcontour, outre mille combats, rencōtres, sieges, prises, surprises & reprises de places. Aiant attiré les chefs des Religionnaires à Paris aux noces du Roy de Nauarre auec Marguerite sa sœur, il les fit massacrer soit par la deliberation prise auparauant, soit pour preuenir leurs conspirations nouuellement descouuertes.

XIII. Soubs Charles 9.

1574. Quant à Henry III frere des deux derniers Rois & successeur de leur couronne, il se rendit recōmandable à toute la Chrestienté par les bonnes & genereuses actions qu'il fit soubs le regne de Charles IX: & la reputation de sa vertu luy acquit par election la couronne de Pologne contre la brigue des plus grands Monarques de l'Europe & de l'Asie. Mais comme la discipline est plus seuere és monarchies electiues (où les subjets sont plus libres & les Monarques moins licentieux) qu'és hereditaires (où les monarques sōt plus absolus & les subjets moins libres:) aussi arriue-t'il plus rarement qu'vn Prince vertueux eleué à la roiauté par election corrompe ses mœurs que celuy qui y est appellé par droit D d'hoirie. L'exemple de ce Roy en est aussi remarquable que dommageable à la France. Car retournant de Pologne (où il obseruoit la decence en ses actions priuées & la iustice és publiques) il n'eut pas plustot humé l'air de la France qu'oubliant ses premiers exercices il cherchoit le repos dans les troubles de son Estat, la paix dans les armes, & la reputation de Prince religieux parmy des deuotiōs extraordinaires. Le Duc d'Alençon son frere dressa souuent des embusches à sa vie: & des partis à la ruine de l'Estat: & la Roine sa mere le faisant executeur de ses violentes passions le porta à des actions odieuses. Son roiaume estant diuisé en deux partis contraires tous deux puissās, à sçauoir des Religionnai-

XIV. Soubs Henry 3.

Tom. 4. A iij

res & des Catholiques zelés (celuy-ci se forma en fin en vne pernicieuse faction soubs le nom de Ligue) il tascha de destruire l'vn sur le commencement, & l'autre sur la fin de son regne. Mais ses vains efforts l'aiāt redu odieux aux Religionnaires, la malice d'aucuns de son Conseil & sa propre indulgence le rendit contemptible à la Ligue. Certes le Monarque eternel (qui conduit les actions des Rois de la terre) auoit reserué à Henry le Grand, nouueau surgeon de la tige de S. Louis, l'honneur de destruire la faction de la Ligue, & à Louis le Iuste son fils la gloire d'esteindre celle des Religionnaires.

Ainsi donc ce Prince aiant esté heureux, glorieux & triomphant auāt qu'il regnât, fut le plus mal heureux de tous les Rois ses predecesseurs depuis qu'il reuint de Pologne pour recueillir la succession de la Courōne Françoise. Malheureux par ses propres defauts, pour auoir relasché de sa premiere vigueur, & quitté les exercices militaires; qui estoient les moiés les plus asseurés pour maintenir son autorité au plus haut poinct auec reputation & gloire. Mal-heureux en sa mere, laquelle l'aiant cheri trop tendrement auant qu'il regnât en France, luy donna depuis de mauuais conseils, plus curieuse de se rendre necessaire au gouuernemēt de l'Estat que de voir regner son fils auec vne puissance absoluë. Mal-heureux en son espouse: laquelle, quoy que tres-chaste, vertueuse & belle, fut sterile. Mal-heureux en son frere, lequel troubla son Estat par sa rebellion, & mesmes attenta quelquesfois sur sa vie. Mal-heureux en sa sœur Marguerite Roine de Nauarre qui le haïssoit à mort. Mal-heureux és Princes du sang roial: lesquels armerent souuent contre luy, susciterent ses subjets à rebellion, & appellerent les estrangers à la desolation de son Royaume. Mal-heureux en ses alliés & voisins. Car le Pape Sixte le menaça de ses foudres: le Roy d'Espagne fomenta la Ligue: la Roine d'Angleterre fauorisa les Religionnaires rebelles: les Suisses & les Princes Alemans porterent leurs armes dans le sein de la France: les Escossois & les Estats des païs-bas estoient trop foibles pour le secourir: & par-auenture s'ils eussent esté assez puissans la communication & interests de l'heresie leur eût fait embrasser la faction des Caluinistes. Mal-heureux en ses subjets, estāt (comme i'ay desia dit) haï des Huguenots & mesprisé de la pluf-part des Catholiques. Mal-heureux en sa promotiō à ses deux Royaumes. A celuy de Pologne, peur l'auoir acquis auec peine, y estāt allé auec peril, & son entrée ayant esté la veille de sa retraite & de sa fuite. A celuy de France, n'y aiant trouué iamais le repos qu'il y cherchoit: au contraire y ayant esté continuellement agité de l'orage des guerres ciuiles. Mal-heureux en ses deuotions, qui le faisoient estimer bigot des vns, & des autres hypocrite. Mal-heureux en ses bienfaits: parce que la pluspart de ceux qu'il auoit obligés le payerēt de perfidie & de felonie. Mal-heureux en ses traités de paix, qui ne furēt que semēces de nouuelles guerres. Mal-heureux en ses guerres, qui se terminerent en paix desauantageuses aux siens, & honteuses à luy-mesme. Mal-heureux en ses promesses & sermens: l'effet s'en ensuiuant raremēt, ou par fraude ou par impuissance. Enfin plus mal-heureux à la fin de son regne qu'au commencement, vn execrable auorton de Conuêt, assassin

Henry III du nom, Roy LXII.

A infernal l'aiāt occis au milieu de son armée sur le poinct qu'il s'en alloit faire son entrée triomphante dans Paris, & en estouffant glorieusemēt la ligue, se remettre en reputation & restablir l'autorité roiale quasi du tout aneantie. Il faut dire neātmoins qu'il fut heureux en la chose la plus importāte, c'est à sçauoir en mourāt auec tous les plus religieux tesmoignages que lon pouuoit attendre d'vne ame parfaitement Chrestienne & Catholique. Et par là il paruint au but de ses plus grands desirs, qui estoit de faire mentir ceux qui publioient qu'il auoit de mauuais sentimens touchant la religion & fauorisoit les heretiques.

Or d'autāt que ie n'ay pas remarqué ci-deuāt quelques notables auentures de ce Prince allāt en Pologne, il sera bien à propos de les joindre à celles qui se rencontrerent à son retour, afin de racōter ici le voiage entier, en cōmençāt l'histoire de son regne par ce discours, extrait la pluspart des Memoires du feu Mareschal de Souuré & du sieur de Pibrac fideles tesmoins de tout ce qui s'y passa, pour auoir esté tousiours pres de sa Majesté & tres-cheris d'elle pour leurs rares vertus & cōtinuels seruices.

L'an de Christ. 1573.

Henry arriue en Pologne: où il est couronné & proclamé Roy.

I. *Henry s'achemine en Pologne.* II. *Passe au Palatinat.* III. *Malice du Palatin.* IV. *Son mauuais accueil enuers le Roy.* V. *Sō entretiē iniurieux.* VI. *Il fait seruir le Roy par des personnes suspectes.* VII. *Le Roy faisant dire la Messe en son cabinet se vēge.* IIX. *Feinte maladie du Palatin.* IX. *Le Roy est honoré à Mayence.* X. *Insolence des Religionnaires François à Francfort enuers le Roy.* XI. *Qui est honorablement receu des Princes Alemans.* XII. *Arriué en Pologne.* XIII. *Refuse les presens des Seigneurs Polonnois.* XIV. *Son entrée à Cracouie.* XV. *Son sacre & couronnement* XVI. *Refuse de iurer le libre exercice de l'heresie.* XVII. *Est du commencement en mauuaise estime parmi les Polonnois.* XIIX. *Qui l'ont apres en admiration.* XIX. *Sa magnificence.* XX. *Il est visité de diuerses ambassades.* XXI. *Reçoit la nouuelle du trespas du Roy Charles sō frere.* XXII. *Par l'ambassadeur de l'Empereur.* XXIII. *Sa response.* XXIV. *Harangue du Senat de Pologne pour descouurir le dessein du Roy.* XXV. *Response de sa Majesté.* XXVI. *Aduis de la Roine mere touchant le trespas du Roy Charles.*

1573.

Henry partit de Paris le XXVII iour de Sept. MDLXXIII, pour aller en Pologne: accōpagné des Ducs de Neuers & de Mayenne, du Marquis d'Elbeuf, des Comtes de Ligny, de la Mirande, de Schōberg, de Chaune, de Rais & de Rochefort: des sieurs de Bellegarde, des deux Entragues, Villequier, Souuré, Liencour, Chasteau-vieux, Renty, Gordes, Quelus, Belleuille, Forcés, du Cheualier de Roquepine depuis Barō de Podenas, Beauuais-Nāgy, Mōtigny, des Bastardes, Gamaches, Castelnau, Ermenuille, Larchant & autres Seigneurs & gētils-hōmes faisans six cens cheuaux tous ensēble. Pour gēs de Cōseil il auoit trois des plus habiles, sages & doctes persōnages de ce tēps: Pomponne de Bellieure, ambassadeur aupres de sa Majesté pour le Roy

I. Henry s'achemine en Pologne.

A iiij

Charles, Guy du Faur sieur de Pibrac, & Iaques Faye sieur d'Espesses. A
Le Roy Charles (côme nous auons marqué sur la fin de son regne) l'ac- L'An de
compagna iusqu'à Vitry en Champagne, où sa Majesté s'estant trouuée Christ.
plus mal que de coustume, Henry prit congé d'elle & luy dit le dernier 1585.
à Dieu, comme asseuré de ne retourner iamais en Frâce durant la vie du
Roy son frere. La Roine-mere & le Duc d'Alençon l'accompagnerent
encore iusqu'à Blamont, & là se separerent auec larmes. Henry alla passer à Nancy: où il fut honorablement accueilli, caressé & festoyé durât
huit iours par le Duc de Lorraine & la Duchesse sa sœur aisnée. Ce fut
là qu'il deuint amoureux de Louyse de Lorraine fille de Nicolas Comte
de Vaudemont, Princesse d'excelléte beauté: & si iamais il n'en descouurit rien à personne qu'apres la mort du Cardinal de Lorraine, pour la
raison que ie diray ci-apres en son lieu apres son retour de Pologne. B

II.
Passe au Pa-
latinat.

De Nancy il tira à Zabern & à Haguenau: où les ambassadeurs du
Comte Palatin du Rhin le vindrent rencontrer pour excuser leur maistre de ce qu'il ne pouuoit luy venir au deuant à Vvormes à cause de
son infirmité corporelle, le priant de vouloir passer à Heilderberg, ou le
Palatin estoit : & dautant qu'il n'y auoit pas grand logement, qu'il luy
pleût d'emmener quand & luy tant seulemét vingt gentils-hommes. Ce
Prince Alemand s'estant tousiours monstré fauteur des Religionnaires François estoit grandement suspect à Henry : mais aiant mis
en deliberation s'il deuoit deferer à sa priere, il fut resolu que puis que sa
Majesté se trouuoit desia engagée dans le Palatinat, il luy estoit indifferent de passer là ou ailleurs: dautant que si l'Alemand luy vouloit nuire C
il le pouuoit egalement faire par toutes ses terres : & qu'il estoit moins
perilleux de se commettre confidemment à luy soubs le droit d'hospita-
lité que de l'aigrir en l'esconduisant de sa demande & luy tesmoignant
de la deffiance.

III.
Malice du
Palatin.

Henry donc prenant le chemin de Heilderberg auec le train qui luy
auoit esté prescrit par le Palatin: six cens cheuaux armés de toutes pieces
luy vindrent au deuant en bon ordre, & à la rencontre se separerent en
deux troupes & mirét le Roy entre-deux auec sa petite compagnie. Entrant dans la ville il trouua les rues bordées de mousquetaires, tous les
quarrefours garnis d'artillerie, les canóniers la mesche en main prests à y
mettre le feu: tellement que s'ils n'auoient pas commandement de faire
pis il y en auoit assez pour estonner le petit nombre des François. D

IV.
Son mauuais
accueil en-
uers le Roy.

Henry arriué au Chasteau mit pied à terre en la basse-cour qui estoit
vaste, sans que personne y parût pour le receuoir. Estonné de cete soli-
tude il fit semblant de faire de l'eau, afin de donner temps à ceux de dedans de luy rendre leurs deuoirs, si d'auenture ils n'estoient pas encore
prests: mais personne ne bougeant il entra dedans: & aiant môté huit ou
neuf degrés le Reingraue accompagné de quatre Seigneurs descendit à
la rencontre: & luy aiant fait d'assez mauuaise grace les excuses du Palatin, le mena en l'appartemét qui luy estoit preparé. Le Palatin l'attédât à
la porte de la sale, luy reïtera les mesmes excuses de sa maladie laquelle il
feignoit en vne posture de foiblesse, &entra dedás auec le Roy & sa suite.

Henry III du nom, Roy LXII. 9

L'an de Chrift. 1574.

A Le premier difcours qu'il tint à fa Majefté (en luy monftrant les portraits du Prince de Condé, de l'Admiral de Colligny, & vn grād tableau auquel le maffacre de la S. Barthelemy eftoit reprefenté) fut *que tous ceux defquels il voyoit les portraits eftoient gens de bien & de valeur, & que ceux qui auoient confeillé de les faire mourir meritoient d'eftre en leur place.* A quoy le Roy refpondit, *que ç' auoit efté vn coup du malheur du fiecle, & vn effect des guerres ciuiles qui produifent peu d'actions de vraye Iuftice*: & par fa difcretion & prudence para à tous les coups que la malice de l'Alemand tiroit contre luy, fes freres & la Roine-mere.

V.
Son entretien iniurieux.

Apres ce mauuais entretien le Palatin fortit: & le Roy s'eftant deboté & raffrefchi, les fieurs de Renty, de la Perfonne & autres Gentilshommes & Capitaines efchappés du carnage de la S. Barthelemy porterent à fouper, tefmoignans par leur mine renfrognée qu'ils auoient encore la dague dans le fein, ou pluftot fur le roignon pour la plonger
B dans le fein du Roy & de fa Cōpagnie. Parce que c'eftoit vn iour de Samedy ils feruirent chair & poiffon: mais pas vn des François ne voulut manger de la chair, non plus que leur Maiftre.

VI.
Il fait feruir le Roy par perfonnes fufpectes.

La nuict enfuiuant plufieurs alarmes furent données aux François, mefmement au logement des Ducs de Neuers, & de Mayenne: toutefois fans aucune violence ny defordre, fi ce n'eft en ce qu'ils ne peurent repofer, craignant d'eftre affaffinés. Le Roy n'en pouuant prendre autre vengeance fit dire la Meffe en fon cabinet: ce que le Palatin aiant
C fçeu cuida forcener de rage, & fut en termes d'y mettre le feu: ce qu'il eût fait fans le hazard qu'il y auoit d'embrafer tout l'edifice.

VII.
Le Roy faifant dire la Meffe en fō cabinet, fe venge.

Le lendemain au matin le Reingraue reuint de la part du Palatin prier le Roy de monter en vne galerie en laquelle il l'attendoit: ce que fa Majefté fit: & quoy que cete galerie fût de belle longueur, fi y firent ils plus de cent tours en fe pourmenāt & s'entretenant enfemble. Ce qui fit croire aux François que ce n'eftoit pas maladie ny infimité, mais vne pure malice qui auoit empeché le Palatin d'aller au deuant d'vn Monarque tant illuftre.

IIX.
Feinte maladie du Palatin.

Le Roy partant de Heildelberg le XIII de Decembre repaffa le Rhin pres d'Vvormes pour aller à Mayēce accompagné des Ducs Ian Cafi-
D mir & Chriftofle fils du Palatin: lequel aiant en admiration la generofité & prudence de Henry fe voulut moftrer plus ciuil à fon depart qu'il n'auoit fait à fon entrée, & par cete courtoifie efteindre en luy le reffentiment de tant d'actions iniurieufes & orgueilleufes. Mais fes enfans firent paroiftre par leur diffolutions qu'ils eftoient plus habitués à boire defordōnément qu'inftitués en Princes. L'Archeuefque de Mayence vn des Electeurs de l'Empire enuoia mille cheuaux au deuāt du Roy & le traicta à fes defpens durant le temps qu'il fejourna en fes terres.

IX.
Le Roy eft honoré à Mayence.

De Mayence il alla à Francfort, où les Religionnaires refugiés de France, qui eftoient en grand nombre, vomirent mille iniures contre fa Majefté & contre ceux de fa fuite, ainfi qu'ils paffoient par les rues. Sans la vigilance des Bourg-maiftres ils leur euffent couru fus auec la

X.
Infolence des Religionnaires François à Frācfort enuers Henry.

populace par eux suscitée : & mesmes ils ne se peurent contenir à leur depart de tirer quelques volées de canon apres eux : dont les boulets blesserent & tuerent quelques cheuaux sans endommager personne.

L'An de Christ. 1574.

XI. *Qui est honorablemẽt receu des Princes Alemans.*

Henry trauersant toute l'Alemagne fut honorablement accueilli du Duc de Saxe (cetuy-cy s'estant excusé sur quelque infirmité enuoia au deuant de sa Majesté douze cens cheuaux) de Bauiere, des Deuxpons, du Landgraue de Hesse, du Marquis de Brandebourg & autres Princes & Potentas : tant en consideration de la maison de France que pour les particulieres obligatiõs que la plus-part d'entr'eux auoient à Henry II, qui les auoit aidés à se restablir en leurs Estats contre l'Empereur Charles V. Il passa les festes de Noël à Fuld, riche Abbaye.

XII. *Arriue en Pologne.*

Estant arriué à Miesric frontiere de Pologne, les deputés des Ordres ou Estats du Roiaume, qui sont l'Eglise & la Noblesse (car le tiers-Estat n'y a nulle autorité ny suffrage) le vindrent receuoir auec toute la magnificence, alegresse & honneurs dont ils peurent s'aduiser. L'Euesque d'Vladislauie luy fit la premiere harangue, & Pibrac au nom de sa Majesté fit la response. Ces mesmes deuoirs luy furent rendus par toutes les villes iusques à Cracouie capitale du Roiaume de Pologne : de l'estendue, estat & forces duquel ensemble des mœurs & conditions des Polonnois ou Polaques i'ay discouru sommairement sur la fin du regne de Charles IX.

XIII. *Refuse les presens des Seigneurs Polonnois.*

Henry approchant de Cracouie seiourna quelques iours és lieux de plaisance d'aucuns Seigneurs du païs, & entre autres de celui de Gourra, qui le festoya tres-somptueusement, & luy fit present de douze renars noirs de Moscouie estimés cent escus la piece. Plusieurs Princes & Grands du roiaume luy offrirent aussi des presens, suiuant la coustume de cete region à l'arriuée de leurs nouueaux Rois. Mais il refusoit tout, disant que c'estoit au Roy à donner non pas à prendre : ou si par consideration il en acceptoit aucuns, il les recompensoit liberalement sur l'heure.

XIV. *Son entrée à Cracouie.*

La Noblesse sortit de la ville pour l'accompagner à son entrée en si grand nombre qu'aucuns y comptent trente mille cheuaux : lesquels estoient si richement parés & superbement estoffés que sa Majesté s'arrestant à les regarder curieusemẽt, n'y arriua qu'à nuict close. La quantité des flambeaux estoit pourtant si grande que leur brillant esclat rendoit l'air estoilé comme le Firmament en vne nuict claire & serene. Le tonnerre de l'artillerie fut suyui des chamades des trompetes & de l'harmonie de diuers instrumens de Musique & de voix choisies. Le Roy marchoit soubs vn poile de drap d'or porté par des Senateurs. Tous les Ordres & Cõpagnies honorables de la Cité firent leurs harangues à diuerses stations : & Pibrac, quoy que grandement affligé de la fieure quarte, fit les responses à toutes sur le champ, auec d'autant plus d'admiratiõ des Polónois qu'il ne toucha que les mesmes poincts & ensuiuit le mesme ordre des Orateurs de la ville. Ce qui sẽbla de plus rare en cete celebrité fut qu'vn aigle blãc parut tousiours volãt au dessus du Roy

Henry III du nom, Roy LXII.

L'An de Chrift. 1574.

A tout le long des rues auec tant d'artifice que l'on ne recognoiſſoit point d'où procedoit ſon mouuement.

Le lendemain de ſon entrée Henry ſe repoſa: le jour enſuiuant il alla ouïr la Meſſe en l'egliſe cathedrale: & le troiſieſme jour XV de Feurier en l'an MDLXXIV, il fut ſacré & couronné Roy de Pologne. La ceremonie fut que l'Archeueſque de Gneſna l'oignit entre les deux eſpaules, luy mit la couronne ſur la teſte, l'eſpée au coſté & en ſes mains vn globe d'or (ſymbole de la roiauté) & les ſeaux du Roiaume. Le lendemain apres il fit grand nombre de Cheualiers en leur touchant de l'eſpée ſur l'eſpaule.

XV. Son ſacre & couronnement.

B Apres ſon couronnement (auquel il iura de maintenir ſes ſubjets en tous leurs priuileges, franchiſes & libertés) il fut ſommé de jurer auſſi qu'il maintiendroit l'exercice des diuerſes religions tolerées en Pologne, conformémét à vn article des conuentions accordées auec l'Eueſque de Valence par luy ratifiées. Ce qu'il refuſa tres-conſtamment, alleguant que le Roy Charles ſon frere l'auoit violenté à faire cete ratification, & que de ſon conſentement il n'y auroit exercice d'autre religion en Pologne que de la Catholique Romaine: dont les heretiques firent grande rumeur accompagnée de plaintes & de reproches entremeſlés de menaces. Les François, quoy qu'ils n'entendiſſent pas leur langage, recognoiſſoient neantmoins à leur poſture, à leur geſte & mouuement, & à leurs viſages eſfarés qu'ils tendoient à quelque ſedition: cóme il eſtoit à craindre ſans la prudence du Palatin de Cracouie: lequel C fit entendre à ſes tourbes mutinées que le Roy auoit ſigné la declaratió dont ils deſiroient ſon ſerment. Sur quoy ſa Majeſté proteſta & fit crier par vn truchement qu'il n'entendoit pas ce que diſoit le Palatin: mais quoy que ce fût qu'il choiſiroit pluſtot la mort que de iurer vne choſe ſi contraire à ſa conſcience: deſorte qu'vne ſi genereuſe reſolution eſtonna & appaiſa ce peuple.

XVI. Refuſe de iurer le libre exercice de l'hereſie.

La diuerſité de leurs langues faiſoit que les François & les Polonnois auoient moins de communication & de hantiſe enſemble: & leurs mœurs & exercices ſe trouuans grandement differens, le Roy ne s'y pouuoit pas encore accommoder, & ſe ſechoit de langueur parmi cete nation plus ſeuere & ſerieuſe que la noſtre: eſtant mal-aiſé qu'vn Prince change ſi promptement ſes inclinations & habitudes. Cependant les Polonnois imputoient cela les vns au meſpris que les François faiſoient d'eux; les autres à la ſtupidité de ce nouueau Roy, duquel ils D faiſoient diuers jugemens: mais tous à ſon deſauantage.

XVII. Eſt du commencement en mauuaiſe eſtime parmi les Polonnois.

Pour deſabuſer ces peuples la neceſſité obligea le Roy à ſe faire cognoiſtre à l'eſpreuue. Et pour cet effect il ordonna des exercices tant à la façon de Pologne que de France: en tous leſquels il parut ſi adroit & auec tant de bonne grace (ſans toutefois deroger à la dignité de ſa Majeſté) que les Polonnois commencerent de l'auoir en admiration: & les Courtiſans eſcriuirét par toutes les prouinces du Roiaume qu'ils auoient pour Roy vn Prince le plus accompli qui fut en toute l'Europe.

XIIX. Qui l'ont aprés en admiration.

Histoire de France,

XIX.
Sa magnificence.

Sa prudence & bon jugement en l'exercice de la justice, police, & affaires d'Estat ne le rendoient pas moins recommandable à ses subjets que son adresse en celuy de cauallier. Mais sa liberalité ou plustot magnificence gaignoit le cœur de tout le monde. Car au lieu que les autres Rois auoient accoustumé de tirer de notables sommes d'argét des offices de la Couronne, il les donna en pur don aux Seigneurs de plus grand merite. A raison dequoy les Polonnois s'estimoient tres-heureux de viure soubs le regne d'vn Monarque qu'ils tenoient n'estre en rien inferieur au grand Alexandre.

L'an de Christ 1574.

XX.
Il est visité de diuerses ambassades.

Les Ambassadeurs de diuers Princes & Potentats estans venus à la Cour de Pologne pour se conjouïr auec luy de son couronnement de la part de leurs maistres, il les receut tous gracieusement & les festoya magnifiquement auec bal & musique en la compagnie d'Anne sœur de Sigismond-Auguste dernier Roy de Pologne : laquelle estoit âgée de cinquante ans ou dauantage sans auoir esté mariée. C'est chose notable que le grand Cham ou Empereur de Tartarie visita Henry par vne celebre ambassade, quoy qu'il fût offensé contre les Polonnois de ce qu'ils ne l'auoient pas eleu pour leur Roy, attendu mesmes les conditions auantageuses qu'il leur proposoit : & entre autres de professer telle religion qu'ils voudroient & de traduire le siege de son Empire en Pologne.

XXI.
Reçoit la nouuelle du trespas du Roy Charles son frere.

Or ainsi qu'Anne se preparoit à festiner le Roy à son tour, & luy à honorer son festin par la course de la bague, la partie fut rompue par la nouuelle du trespas du Roy Charles IX, qui fut annoncée à sa Majesté le XIV de Iuin par l'ambassadeur de l'Empereur : lequel desja l'auoit malicieusement portée au Senat de Pologne, sur l'esperance de jetter les semences de quelque discorde entre le Roy & ses subjets en faisant naistre parmi-eux des desfiances reciproques.

XXII.
Par l'Ambassadeur de l'Empereur.

L'Ambassadeur donc dit au Roy en peu de mots qu'il estoit bien marri de luy porter le premier cete triste nouuelle, & que l'Empereur son maistre (extrememement affligé du trespas du Roy Charles son beau fils lequel il cherissoit comme son propre fils) sçachant qu'il estoit important à ses affaires d'en estre auerti au plustot luy auoit commandé de l'annoncer à sa Majesté à l'heure mesme qu'il auroit receu sa despeche : & adjousta à cela quelques paroles de consolation Chrestienne.

XXIII.
Sa response.

Le Roy, quoy que surpris & esmeu d'vne nouuelle de telle importance, composa neantmoins si bien son visage, tous les mouuemens de son corps & les esmotions de son ame, qu'il sembloit s'y estre preparé de long temps comme à vn accident ineuitable. Apres auoir donc remercié l'Empereur en la personne de son Ambassadeur, il luy dit qu'il y auoit desja deux jours que cet aduis luy auoit esté donné de France. Ainsi le feignoit-il habilement pour deceuoir les Senateurs de Pologne, qui auoient accompagné en corps l'Ambassadeur au palais roial & iusques dans son cabinet, plustot à dessein d'obseruer la contenance du Roy que pour le consoler, comme ils disoient. Car ils craignoient

qu'il

Henry III du nom, Roy LXII.

A qu'il eût desir de les abandonner, & de retourner en France. Pour mieux descouurir ses intentions le plus ancien d'entr'eux luy fit vne telle harangue.

L'an de Christ 1574.

Sire, comme c'est la marque d'vn naturel brutal & farouche de n'auoir point d'emotion des accidens funestes, ny du sentiment des pertes les plus sensibles: Ainsi est-ce vne preuue de foiblesse & de pusillanimité de se relascher iusques là que de ne receuoir point de consolation és afflictions communes à tous les mortels. Ce discours, Sire, s'adresse directement à vostre Majesté, & par reflexion à nous tous vos tres-humbles & tres-fideles subjets comme attachés à vos interests par inclination, deuoir & vnion politique. Car vous cherissant cordialement & tendrement comme pere commun, & vous aiant en veneration comme nostre Roy & la viue image de la Diuinité, vos aduersités ne nous peuuent apporter que tristesse, angoisse, & douleur: ny vos prosperités que ioye, contentement & alegresse.

B

Nous vous disons donc à nostre grand regret, Sire, que le Roy Charles vostre frere a vescu: qu'il a vescu & regné temporellement en reputation d'excellent Monarque sur la terre, & que maintenant il possede le roiaume des Cieux auec les Anges & ames bien-heureuses. Vostre Majesté, Sire, l'aiant tousiours honoré comme son Roy & son aisné: & aiant esté cherie aussi, & honorée de luy comme son bon frere & la plus forte colonne de son Estat, il ne se peut pas faire qu'elle ne soit affligée de son trespas: & que nous ne soions touchés de pareille douleur par la sympathie qui est naturellement entre les membres d'vn mesme corps, & ● la teste.

C

Nous ne doubtons pas aussi que la succession du roiaume de France estant escheuë par son decés, vostre Majesté ne soit esprise de cet amour & affection naturelle que tous les hommes ont enuers leur païs natal: & qu'elle ne reçoiue vn grand combat en son esprit pour se resoudre en cete occasion à faire choix de la couronne de France ou de celle de Pologne.

Toutesfois il y a plusieurs considerations importantes qui nous font promettre que vostre Majesté ne voudra point changer de sceptre. La premiere est, Sire, que les grandeurs acquises par election & preference sont plus agreables aux ames genereuses que celles qui leur arriuent par droict de succession: dautant que celles-ci sont deuës par la necessité de la loy politique au plus proche quel qu'il soit, vertueux ou vicieux: & celles-là sont deferées par la libre volonté des electeurs en consideration des merites de la personne esleuë. Que s'il nous est loisible d'auancer ce mot sans reproche, vostre Majesté est d'autant plus obligée de son election aux Polonnois, qu'elle a esté preferée en cela aux plus grands Princes de la terre.

D

La II. consideration est, qu'ores que mettant la Pologne en parangon auec la France, celle-ci se trouue plus temperée, plus plantureuse en quelques sortes de fruicts, & plus opulente. Neantmoins (outre que les Rois ne sentent ny l'intemperie de l'air, ny l'indigence) la Pologne est quatre fois plus ample que la France en estenduë de prouinces,

& la surpasse d'autre tant en puissance & en forces (en quoy consiste principalement la préeminence d'un Estat) qu'elle peut mettre à cheual plus grand nombre de Gentils-hommes que la France ne peut enroller de gens de pied de tous les Ordres.

La III est, Sire, que la Fräce est toute deschirée en factions: & nous sçauons bien que les Protestans, qui y sont tres-forts & appuyés à toutes occasiōs du secours des Alemans, se deffient de Vostre Maiesté: & vous craignant ne vous aimeront iamais: de sorte que vous n'en pouuez attendre que rebellion & felonnie. La Pologne au contraire est tres-bien vnie en tous les membres de l'Estat auec vne concorde & mutuelle harmonie. Tous les Polonnois quelque Religion qu'ils professent vous ont donné leurs cœurs en vous elisant pour leur Roy: à quoy rien ne peut estre adiousté pour vous lier auec eux d'vn lien indissoluble.

Pour vne quatriesme raison nous supplions tres-humblement Vostre Maiesté de se representer les dangers qu'elle a couru en venant, & combien plus grands ils seroient à son retour en alienant d'elle les cœurs de ses tres-fideles subiets: lesquels elle possede maintenant auec vne puissance & autorité absolüe.

Toutes ces considerations, Sire, nous font esperer, voire croire fermement que Vostre Maiesté estant vn des plus iudicieux Princes de la terre ne voudra iamais quitter vn roiaume tranquille & pacifique pour s'en aller en vn autre plein de confusion & de trouble, offenser des vassaux qui luy ont deferé volontairement vne grande & illustre Monarchie, pour se commettre à ceux qui le voudroient priuer de celle à laquelle il est appelé par droit d'hoirie: se separer des subiets qui ne respirent que son salut pour viure auec ceux qui souuent ont attenté sur sa vie: mespriser des peuples fideles & obeissans pour se mettre parmi des felons & des rebelles: abandonner vn Estat puissant par son vnion pour vn autre diuisé en factions irreconciliables.

Au surplus, Sire, nous auons aduis certain que les desordres sont venus à ce poinct en Lituanie, que la presence de Vostre Maiesté y est requise pour les appaiser, s'il luy plait de prendre la peine de s'y acheminer: où la Noblesse de son Roiaume l'accompagnera en tel nombre qu'elle l'ordonnera pour luy rendre preuue de sa fidelité, obeissance & zele parfait à son seruice.

Le Roy lisant dās les cœurs de cete cōpagnie, qui ne venoit que pour le tenter & descouurir ses desseins, mesmes en luy proposant vn voiage de deux cens lieües afin de l'eloigner d'autant de la France (cōme c'estoit vn Prince disert & d'vn esprit fort present) respōdit en cete sorte.

Messieurs, il y a deux iours (ainsi que i'ay dit à l'Ambassadeur de l'Empereur) que i'ay receu de France l'aduis du trespas du feu Roy Charles mon tres-honoré frere que Dieu absolue. Ie ne l'ay pas pourtāt voulu publier le premier afin qu'en descouurant le regret dont mon cœur estoit serré (auant que de m'estre recueilli de mon angoisse) vous ne l'imputassiez à quelque foiblesse & lascheté: ou si ie taschois de dissimuler ma douleur vous ne me creussiez estre sans humanité, me voiant sans larmes, & plus ioyeux de la succession d'vn roiaume, qu'affligé de la perte de mon frere: en sorte que cete croiance

Henry III du nom, Roy LXII.

A formât en vos esprits des apprehensions de quelque grande nouueauté, & des visions bien differentes des miennes.

L'An de Christ 1574.

Quant aux raisons que vous venez de deduire pour me dissuader mon retour en France, elles sont vraiement aussi iustes & considerables que manifestes & sensibles. Car ie recognoy assés combien ie vous suis obligé par l'election que vous aués faite de moy en la brigue de tant de grands & illustres Princes: & desire à toutes occasions (& notamment en celle-ci) vous donner preuue de cete recognoissance. Ie me represente assez l'horrible face de la France deschirée par des factions tres-puissantes. Ie sçay bien que ie n'y suis pas aimé des Protestäs ny des Catholiques factieux: bien que iamais ie n'aie rien fait contr'eux que par le commandement du feu Roy Charles mon frere, & de la Roine ma mere estant Regente. Mais leur passion desordonnée s'attachant pluftost aux effects & à l'instrument qu'à la cause, ils sont si outrés contre moy, que nos deffiances reciproques (si i'estois parmy eux) r'allumeroient au premier souffle nos quereles assoupies & presque esteintes par mon esloignement & absence.

Ie veux vous dire de plus une raison que vous n'auez pas touchée: & pourtant c'est celle qui vous doibt le plus asseurer de ma parole. C'est que lors que ie vous ay fait demander le sceptre de ce Roiaume, la santé du Roy mon frere estoit desia desesperée: & lors que ie partis de France pour m'acheminer de deçà il estoit si fort atteint de son mal qu'auec tous ses efforts il ne peut me conuoier à deux petites iournées: de sorte que non seulement les medecins, mais tous ceux qui le voyoiēt en si piteux estat, iugeoient qu'à grād peine pourroit-il trainer encore trois ou quatre mois cete languissante vie. Que si mon dessein eust esté de regir en personne la France apres son decés, c'estoit une extreme imprudence à moy d'entreprēdre un voiage si long & si perilleux, de trauerser tant de regions mal-affectionnées au nom François, & particulierement en mon endroit, & de m'en venir ici plustost pour vous remettre le sceptre dont vous m'auiez honoré, que pour en prendre la possession que ie ne pouuois retenir en retournant soudain en ma patrie.

Asseurez-vous donc, Messieurs, asseurez-vous, dy-ie, en parole de Roy, que ie veux viure & mourir auec vous en administrant auec iustice cet Estat que vous m'auez deferé par la faueur de vos suffrages: & que ie n'abandonneray iamais la Pologne pour retourner en France: où ie ne puis aller sans grand danger à mon depart, plus grand en chemin, & extreme sur les lieux. Où ma presence ne peut qu'augmenter la rebellion des factieux, & la rebellion m'obliger, contre mon naturel, à la vengeance. Où de necessité il faudroit que les rebelles m'arrachassent le sceptre de la main, ou bien que ie leur rauisse la vie par les armes. Où ie ne pourrois esperer iamais autre gloire que d'auoir respandu le sang de mes subjects pour maintenir l'autorité souueraine. Où i'ay une mere qui embrasse tout par une ambition desreglée: un frere qui gaste tout par sa legereté naturelle: des Princes qui troublent tout par leur malice: & la Noblesse qui cherche son agrandissement dans la ruine des autres Ordres par ses violences.

Auec cela ie veux que vous sçachiez que i'ay la teste assez biē timbrée & assez forte pour porter deux Couronnes, mais que ma resolution est d'establir

Tome 4.   B ij

des Regens ou des Vice-rois en France: où l'on ne peut rien faire au preiudice de mon droict naturel: & quant à la Pologne (où mon absence pourroit alterer les affections de mes subiects) que i'enten y regner en personne. En ce faisant les plus factieux de la France se contiendront plustost en leur deuoir par la terreur des armes de Pologne (qui y peuuent auoler en dix iours par mer) que par ma presence denuée de forces. Dieu me faisant la grace de me benir en vn loial mariage i'espere donner des Rois à l'vn & à l'autre Estat : vn fils enuoié de delà de ma part, ores qu'il fut encore au berceau, sera tousiours receu & recognu Roy mieux que moy-mesme : tant les François sont jaloux de conseruer la succession de leur Monarchie aux enfans de leurs Princes legitimes.

Au demeurant puis que de si sages testes me conseillent de faire promptement le voiage de Lituanie, ie me disposeray à marcher dez que i'auray rendu les derniers deuoirs à l'ame du feu Roy mon frere. Ce que ie desire faire au plustost auec vne pompe funebre la plus magnifique dont ie puisse honorer la memoire d'vne Monarque tres-illustre.

Les Senateurs demeurerent tres-satisfaicts de cete response: laquelle estant diuulguée par toutes les prouinces de Pologne; apporta pareille satisfaction à tous les Ordres.

XXVI.
Aduis de la Roine-mere touchant le decés du Roy Charles.

Deux heures après arriua à Cracouie Meric de Barbezieux sieur de Chemeraud: lequel porta au Roy la mesme nouuelle du trespas de Charles son frere, de la part de la Roine mere: laquelle luy escriuit comment elle auoit arresté soubs bonne garde le Duc d'Alençon & le Roy de Nauarre sur des aduis certains qu'ils conspiroient ensemble pour dresser des partis & des factions à la desolation du Roiaume. Elle le conjuroit de retourner promptement en France : & cependant luy demandoit la confirmation de sa Regence que le Roy defunct luy auoit deferée. Elle auoit depesché aussi auec pareille commission Magdelen de Fayole sieur de Neufuy par vn autre chemin : afin que si l'vn estoit arresté par quelque accident, l'autre s'acquitât de la mesme charge. Mais tous deux firent heureusement leur voiage, Chemeraud en treze iours & Neufuy en quatorze.

Henry retourne de Pologne en France.

I. *Henry se resout de retourner en France au desceu des Polonnois.* II. *Enuoie aucuns des siens deuant.* III. *Ordonne le iour du depart.* IV. *Deçoit le Comte de Tancy.* V. *Sort de Cracouie trauesti.* VI. *Est alarmé des siens.* VII. *Mesauenture de Pibrac.* IIX. *Auentures du Roy.* IX. *Poursuyui par les Polonnois, gaigne l'Austriche.* X. *Ruse qui deceut le Senat de Pologne.* XI. *Le Comte de Tancy attrape le Roy & luy parle.* XII. *Response de sa Majesté, & zele du Comte enuers elle.* XIII. *Le Duc d'Alençon & le Roy de Nauarre taschent d'empecher le retour du Roy.* XIV. *La Noblesse Françoise officieuse enuers son Roy.* XV. *Qui reçoit tres-bon accueil de l'Empe-*

Henry III du nom, Roy LXII.

L'An de Christ. 1574.

reur. XVI. *Debat de courtoisie entr'eux.* XVII. *Leur familiarité.* XIIX. *Bon aduis de l'Empereur au Roy.* XIX. *Pourquoy le Roy fut tant careßé & honoré de l'Empereur.* XX. *Largeße du Roy enuers les officiers de l'Empereur.* XXI. *Henry est visité de Rodolfe Roy de Boëme.* XXII. *Est honoré de l'Archiduc Charles.* XXIII. *Est receu tres-magnifiquement à Venise.* XXIV. *Visitee des Dames de la cité.* XXV. *Raretés de l'Arsenal de Venise.* XXVI. *Le Senat donne au Roy le mesme conseil que l'Empereur.* XXVII. *Le Roy est visité de la part du Pape.* XXIIX. *Par les Potentats d'Italie. Modestie du Duc de Sauoye.* XXIX. *Princes & Seigneurs François qui vindrent des premiers au deuant de sa Majesté.* XXX. *Sa liberalité enuers le Duc de Sauoye.*

HENRY estoit si fort resolu à son retour en France, qu'il ne mit point en deliberation s'il y deuoit retourner: mais seulement les moiens qu'il deuoit tenir pour sortir de Pologne: ne doubtât pas que si les Polonnois (qui veilloient sur luy) descouuroient ses desseins il ne fût soudain arresté & tres-estroitement gardé toute sa vie: ce qui luy eût semblé vn esclauage au lieu d'vn regne. Les moiens d'executer sa resolution furent de faire entendre (comme desia il l'auoit dit aux Senateurs) qu'il vouloit auant toute œuure faire les honneurs funebres du feu Roy son frere: & pour donner cete croiance aux Polonnois il en fit les preparatifs auec bruit & esclat. Entre autres choses il fit acheter tout autant de sarge de Florence qu'il s'en trouua dans Cracouie pour l'emploier au dueil: luy-mesme prit le violet & en fit tendre tout son Palais.

I. *Henry se resout de retourner en France au desceu des Polonnois.*

Aiant marqué le iour de cete ceremonie au XIIX du mois de Iuin courant, il fit partir premierement d'Espesses pour porter à la Roine-mere la confirmation de sa Regence, & l'asseurer de son prompt retour en France. Bellieure ambassadeur pour le feu Roy Charles aupres de sa Majesté prit publiquement congé d'elle, soubs ombre que sa charge auoit pris fin par le trespas de son Maistre: mais en effect pour disposer les cheuaux de relais iusqu'en Austriche. Il renuoia aussi Neufuy soubs couleur de le renuoier à la Roine-mere: mais il auoit commandement d'aller demander passage à l'Empereur, & luy dire que Henry attendoit son sauf-conduit auant que de partir: combien que son dessein fût de ne l'attendre pas, afin que le voiant plustost qu'il ne s'attendoit il ne peût point luy dresser aucun destourbier à sortir de Pologne. Guillaume Ardier contre-rolleur general de la maison du Roy, à qui Charles son frere l'auoit donné & recommandé pour sa fidelité, fut despeché en mesme temps pour emporter la pierrerie de sa Majesté, de la valeur de trois cens mille escus. Ces quatre partans à la veuë de tout le monde n'alarmerent point les Polonnois: au contraire ils sembloient confirmer les protestations

II. *Enuoie aucuns des siés deuant.*

Tom. 4.   B iij

18 Histoire de France,

que le Roy leur faisoit tous les iours de vouloir demeurer auec eux, & neantmoins pouruoir de là aux affaires de l'Estat de France.

III. Ordonne le iour du depart.

Le iour auant son partement il fit auancer secretement les sieurs de Pibrac & de Villequier: & aucuns des Gentils-hommes qu'il auoit choisis pour l'accompagner: & Villequier pour estre trop mesnager faillit à gaster tout en faisant sortir aussi son equipage. Car cela donna vne extreme apprehension du depart du Roy aux Polonnois: toutesfois ce manquement fut aucunement rabillé en faisant entendre que sa Majesté le renuoyoit pour ses affaires vers la Roine sa mere. Carqueret eut charge d'emmener hors des faux-bourgs les cheuaux du Roy & de ceux qui deuoient accompagner sa Majesté, qui n'estoient que douze Gentils-hommes: & fit filer les cheuaux l'vn apres l'autre à diuerses heures.

IV. Deçoit le Comte de Tancy.

Le soir estant venu le Roy se coucha deuant tout le monde. Le Comte de Tancin, Tancy ou Tanchy Polonnois, Chambellan de sa Majesté tirant le rideau luy dit que le bruit estoit que cete mesme nuict il vouloit partir pour retourner en France. A quoy il respondit froidement qu'il n'auoit autre dessein que de bien dormir, & le lendemain rendre les derniers deuoirs à l'ame du feu Roy son frere: & aussi-tost que Tancy fut sorti il se leua & s'habilla.

V. Sort de Gracouie trauesti.

Or il craignoit que sortant par la grande porte du Palais il fût descouuert: à raison dequoy il se delibera de sortir par vne petite porte proche des cuisines. Mais d'auenture Almany Italien de nation & naturalisé Polaque vn des maistres-d'hostel de sa Majesté couchoit aux cuisines & tenoit la clef de cete porte. Souuré l'ayant requis de luy laisser ouuerte pour aller à l'assignation de certaine dame, il l'obtint: & pendant qu'il amusoit l'Italien auec des sornetes, le Roy trauesti & le visage trauersé d'vn bandeau, sortit sur les dix heures de nuict. L'Italien s'estant aduisé trop tard de la fourbe fut le premier qui publia le lendemain que vrayement le Roy s'en alloit en France.

VI. Est alarmé des siens.

Le Roy estant ainsi sorti s'alla ioindre aux siens hors du faux-bourg & monta vn barbe qui estoit si fougueux pour le trop long sejour qu'il auoit eu, que bondissant sans cesse la violence de son action le trauailloit si fort qu'il fut contraint de descendre & de monter vne iument tres-bonne & tres-viste. Et alors ils commencerent tous à galopper à toute bride. A vn quart de lieuë de là ils rencontrerent le sieur d'Ermenuille & quatre autres François: lesquels n'estans pas du nombre de ceux qui deuoient accompagner le Roy estoient sortis sur le soupçon de son partement afin de le suyure. Ceux-ci l'alarmerent du commencement croiant que ce fussent des Polonnois qui le voulussent arrester: & ceux qui estoient auec sa Majesté mirent la main à l'espée pour les charger: mais eux s'estans iettés à terre & la supplians à genoux de leur permettre de l'accompagner, le bon Roy leur dit qu'il leur permettoit à la bonne heure.

VII.

Jusques là tout va bien. Mais voicy en suite de grandes incommo-

L'An de Christ. 1574.

Henry III du nom, Roy LXII.

A dités, trauerses & sinistres auentures. Les sieurs de Pibrac & de Ville- quier partis le iour precedent auoient pris la charge de mener des tru- chemens & des guides. Mais la nuict estant sombre, la Lune n'esclai- rant point, ils ne rencontrerent point le Roy & se fouruoyerent : no- tamment Pibrac : lequel poursuiuy des Polonnois se sauua dans vn estang limoneux au milieu d'vne forest : où il demeura durant quinze heures. Sortant de là (où il laissa ses botes) nud teste & couuert de limon, il ne sçauoit quelle route prendre : & aiant euité la fureur des hommes fut en danger d'estre deuoré par les bestes sauuages. Estant en ces transes il vid passer loing de luy vn carrosse : & courut apres pour mettre fin à son infortune ou par la mort ou par la grace. Le bon- heur en ce mal-heur fut pour luy que c'estoit Stanislas Sandiuage (aucuns escriuent que ce fut Laski) l'vn & l'autre Seigneur Polon- nois : lequel luy ayant esté bon ami le receut humainement, malgré ceux de sa compagnie : & luy bailla des cheuaux ou son carrosse (selon aucuns) pour continuer son voyage.

L'An de Christ 1574.

Mesauantu- re de Pi- brac.

D'autre-part le Roy fut merueilleusement estonné de se trouuer en vn chemin incognu pendant vne nuict tenebreuse sans truchement & sans guide. Neantmoins se confiant en Dieu & en sa bonne fortune il suiuit la route qui luy sembla la meilleure : & aiant rencontré vn marais d'enuiron deux cens pas de large & demye-lieuë de long, le passa auec moins de danger que de crainte. Ce passage franchi lon ne recognoissoit plus ny voye ny sentier quelconque. Toutesfois les siens courans çà & là trouuerent vn chemin qui les conduisit dans vne fo- rest de sapins. Le Roy & sa troupe l'enfilans rencontrerent la maison d'vn charbonnier : lequel au bruit des cheuaux monta soubs le toict auec vne eschelle qu'il tira apres luy : mais estant forcé de descendre Ermenuille le prit en troussé pour conduire le Roy iusqu'à la ville de Satura : où il arriua sur les sept heures du matin, à sept lieuës de Cra- couie, qui en valent bien plus de vingt de Françoises.

IIX. Auentures du Roy.

Le Roy s'arresta fort peu à Satura, & fit encore trois lieuës. Mais Villequier, Quelus, Carqueret, Beauuais-Nangy & Miron son me- decin furent contrains d'y faire repaistre leurs cheuaux qui estoient sur les dens : & en ces entre-faites les Polonnois qui poursuiuoient le Roy au grand galop commencerent à paroistre. Miron montant soudain à cheual courut apres sa Majesté pour la faire haster : ne cessant de crier que les Polonnois approchoient, & desia auoient massacré tous les François qui estoient demeurez derriere : combien qu'ils les eussent tant seulement arrestés. Cét aduis fit que le Roy piqua encore plus que deuant : & aiant passé sur vn pont de bois vne riuiere non gueable commanda aux sieurs de Liencour, de Souré, de Chasteau-vieux & de Renty de leuer les planches du pont & les ietter dans la riuiere : & luy continua son chemin auec Larchant, Miron & du Halde : & fit si bonne diligéce qu'il arriua à Piezna premiere ville d'Austriche auant que les Polonnois le peussent attraper : la rupture du pont leur aiant fait

IX. Poursuyui par les Po- lonnois gaigne l'Au- striche.

B iiij

perdre beaucoup de temps en allant passer ailleurs la riuiere. Le gouuerneur de Piezna iugeant bien que Henry s'en retournoit en France
au desceu des Polonnois le pria de passer plus outre, afin qu'il ne re-
ceust point de reproche des Polonnois de ce qu'il ne l'auoit point arresté. Cela fut cause que le Roy au lieu de se raffreschir (sa iument
estant estouffée en ces coruées) prit des cheuaux de relais que Bellieure luy auoit fait apprester & piqua tousiours deuant les autres.

L'An de Christ. 1574.

X.
Ruse qui deceut le Senat de Pologne.

Or vne consideration notable auoit retenu le Senat de Pologne
durant quelques heures le lendemain du depart du Roy pour deliberer
s'il deuoit enuoier des gens apres luy pour le ramener. C'est qu'il y
auoit vn coffre au pied du lict de sa chambre dans lequel le Roy tenoit
sa pierrerie: mais l'ayant desia enuoiée (comme nous auons veu) il
auoit fait remplir de cailloux ce coffre. Le Senat inferant par le poids
que la pierrerie y estoit encore doubtoit du commencement de le faire rompre: dautant que si sa Majesté reuenoit elle s'en tiendroit offensée. Mais en fin s'estant resolu à faire leuer la serrure, & ne trouuant
dedans que des cailloux, ils ne douterent plus du dessein du Roy, &
despecherent apres luy les Comtes Christofle & de Tancy suiuis de
grand nombre de Noblesse.

XI.
Le Comte de Tancy attrape le Roy & luy parle.

Tancy piquant deuant tous auec quatre ou cinq archers suiuoit
de prés sa Majesté: & aiant attrapé Bellieure, Souuré, Larchant
& du Halde: ceux-ci tournerent à luy le pistolet à la main, Bellieure
mesme l'espée au poing encourageant ses compagnons à mourir pour
le salut de leur Maistre. A l'abordée ils demanderent au Comte s'il
venoit comme ami ou comme ennemi. A quoy il respondit, qu'il venoit en qualité de tres-humble seruiteur du Roy: & alors ils luy dirent
que les siens debandassent donc leurs arcs: ce qu'ils firent soudain: &
tous ensemble galoperét apres sa Majesté iusqu'à ce qu'ils l'eurent r'atteinte. Le Comte voulut mettre pied à terre pour luy parler à genoux:
mais le Roy luy commanda de demeurer à cheual: & le Comte luy
dit, *qu'il venoit deuers sa Majesté de la part du Senat & des Seigneurs
Polonnois pour luy demāder pardon de ce qu'ils n'auoient pas eu en telle veneration qu'ils deuoient vn Prince si accompli que Dieu leur auoit donné
pour Roy: & s'il luy plaisoit de retourner en Pologne qu'il y seroit honoré,
reueré, & obeï comme vn Dieu en terre.*

XII.
Respose de sa Majesté, & zele du Comte enuers elle.

Le Roy luy respondit, *que son Roiaume de France estoit troublé par
les factions des Grands, & par le souleuement des peuples: à quoy il desiroit
d'aller pouruoir. Qu'apres que la France seroit paisible il retourneroit en son
roiaume de Pologne. Qu'il auoit laissé les causes de son depart au sieur de
Dansy (n'agueres son ambassadeur en Danemark) pour les representer au
Senat, & aux Seigneurs de son Conseil de Pologne. Au demeurant que le
plus agreable seruice qu'il luy sçauroit faire c'estoit de se retirer & de traicter humainement les François qui estoient demeurés derriere.*

Le Comte fondant en larmes (car il aimoit cordialement le Roy)
& protestant qu'il ne respiroit qu'obeïssance, luy presenta vn brace-

Henry III du nom, Roy LXII. 21

L'an de Chrift. 1574.

A celet d'agates, suppliant sa Majesté de le garder pour l'amour de son seruiteur: & luy demáda vne aiguillette de ses chausses pour la mettre entre sa peau & sa chair comme la chose la plus precieuse du monde en memoire de son Maistre. Le Roy prenant le bracelet d'vne main luy donna de l'autre vne bague de douze cens escus. Cela fait, sa Majesté continua son chemin, & le Comte n'osant rien attenter par la force dans les terres de l'Empire, (auec ce que sa troupe estoit encore bien loing de là) retourna arriere sur ses pas, & luy renuoia tous les François que les siens retenoient prisonniers.

Le Roy s'acheminant à Vienne en Austriche rencontra les sieurs d'Estré & de Miossens qui le venoient trouuer de la part du Duc d'Alençon & du Roy de Nauarre pour empescher son depart de Pologne, ou le faire arrester en Alemagne s'il repassoit par le Palatinat: & prendre neantmoins vn pretexte specieux de se plaindre à sa Majesté du mauuais traictement qu'ils receuoient de la Roine-mere, & l'asseurer de leur fidelité & obeïssance. Le Roy leur respondit qu'à son arriuée en France il les traicteroit comme la dignité de leurs personnes, & la proximité du sang dont ils l'attouchoient, le meritoit, & qu'en toutes choses ils l'esprouueroient tres-bon frere.

XIII. Le Duc d'Alençon & le Roy de Nauarre taschét d'empescher le retour de Henry.

Vne des plus grandes incommodités que le Roy souffroit en ce voiage estoit l'absence de ses officiers: de sorte que les Gentils-hommes le seruoient au lieu d'eux le mieux qu'ils pouuoient, chacun en quelque office: & leur seruice estoit d'autant plus agreable à sa Majesté qu'ils le rendoient de bon cœur, mesmes és choses les plus viles. Tellement que Henry pouuoit dire d'eux en cete ocasion ce que dit Pompée du Senateur Faonius apres la iournée de Pharsale. Car Pompée n'aiant pas vn seul seruiteur aupres de sa personne, Faonius luy presenta de l'eau à lauer les mains: & luy acceptant ce seruice d'vn personnage si illustre: *Tout sied bien* (dit-il) *à vn gentil courage*.

XIV. La Noblesse Françoise officieuse enuers son Roy.

Or le Roy approchant de Vienne despecha vn des siens deuers l'Empereur pour l'aduertir de son arriuée: & soudain l'Empereur enuoia au deuant de luy son Grand-escuyer auec vn carrosse pour le conduire, & vn chariot chargé de bonnes viandes qui cuisoient en marchât, si bien qu'à la rencontre sa Majesté trouua son disner tout prest. Les Archiducs Ernest & Mathias fils de l'Empereur le vindrent accueillir à deux lieuës de Vienne, & l'Empereur en personne à demye-lieuë auec trois cens cheuaux & soixante carrosses: dans lesquels les François trouuerent place: & le Roy entra dans celuy de l'Empereur à sa priere. Estant arriué au Palais Imperial, l'Emperiere descendit au pied du degré pour receuoir aussi le Roy, l'accompagna iusques dans sa salle (le Roy l'aiant conjurée de ne passer pas plus outre) & l'Empereur iusques dans sa chambre. Le souper du Roy estant serui, l'Empereur reuint à l'improuiste & le pria de luy donner à souper. Le Roy receuât ce compliment d'vne grande franchise & tesmoignage de bienueillance, ils debatirent longuement à prendre la place d'honneur, tous deux la cedant recipro-

XV. Qui reçoit tres bon accueil de l'Empereur.

XVI. Debat de courtoisie entr'eux.

quemēt l'vn à l'autre. Mais enfin le Roy obligea l'Empereur à la prendre, proteſtant que puis qu'il luy faiſoit la faueur de le viſiter en la chambre qu'il luy auoit donnée (où il eſtoit comme chez ſoy) iamais il ne ſeroit ſi inciuil en ſon endroit que de s'y mettre. Les Gentils-hommes François furent auſſi tres-magnifiquement traictés par les principaux officiers de l'Empereur en vne ſale richement parée.

XVII. Leur familiarité.

Le Roy attendant ſon equipage demeura ſix iours auec l'Empereur, & fut feſtoyé & careſſé tres-ſomptueuſement à la ville & aux champs par luy. & par l'Emperiere. Ils luy firent voir leurs cabinets remplis de raretez, leur atſenal bien garni de toute ſorte d'artillerie & de munitions de guerre, leurs iardins, leurs parcs, leurs eſcuries, dans leſquelles, outre les cheuaux de diuerſes regions, il y auoit vn elefant, quatre cerfs qui tiroient vn carroſſe, & des vaches auſſi petites que des petis chiés. Et tout cela ſe faiſoit auec tāt de franchiſe qu'ils ſēbloient eſtre freres, & auoir paſſé enſemble la plus grande partie de leur vie.

XIIX. Bon aduis de l'Empereur au Roy.

L'Empereur entretenant le Roy ſur l'eſtat des affaires de France, luy cōſeilla d'y eſtablir la paix à quelque prix que ce fût entre tous ſes ſubjets de quelque religion qu'ils fuſſent: n'eſtant pas à propos (diſoit-il) qu'il y fit ſon entrée par l'effuſion du ſang & par le carnage. Que gaignant par ce moien les cœurs de tous ſes ſubjets il les rameneroit apres plus aiſément à la raiſon que s'il commençoit ſon regne par la force & violence. Ce bon conſeil eſtoit vn grand teſmoignage de ſon amitié: dont le Roy le remercia: mais il le practiqua aſſez mal, ſoit par l'aduis de la Roine ſa mere, ſoit qu'il y fût obligé par l'inſolence des Religionnaires.

XIX. Pourquoy le Roy fut tant careſſé & honoré de l'Empereur.

Il ne ſe promettoit pas vn ſi bon accueil de l'Empereur: à cauſe que n'aguereſ il auoit emporté la couronne de Pologne ſur les brigues de ſon fils Rodolfe. Toutefois l'Empereur conſiderant que tout s'eſtoit paſſé ſans aigreur, & que les Polonnois offenſés contre Henry procederoient bien toſt à l'election d'vn autre Roy, en laquelle ſon fils pourroit auoir la meilleure part: & que ſa fille eſtoit doüairiere de France, & belle-ſœur du nouueau Roy, il ſe reſolut de le traicter auec toute ſorte d'honneur & de courtoiſie. Ceux qui ont caué plus auant les affaires, remarquent que l'Empereur deſiroit remarier ſa fille auec Henry, moiennant la diſpéſe du Pape: & de fait il luy en fit ietter en auant quelques propos durant ſon ſejour à Vienne: leſquels Henry ſembla receuoir comme agreables, ſans toutesfois y engager ſa parole.

XX. Largeſſe du Roy enuers les Officiers de l'Empereur.

Les ſieurs de Baſtardes premier Eſcuyer du Roy, Montigny, Gamaches & Caſtelnau eſtans arriués de Pologne auec l'equipage du Roy, ſa Majeſté prit congé de l'Empereur, & diſtribua aux Officiers de la Cour Imperiale vne bonne partie de cent mille eſcus, que la Roine-mere luy auoit fait tenir par lettres d'eſchange à Vienne.

XXI.

A ſa premiere diſnée par deça Vienne, Rodolfe Roy de Boëme fils aiſné de l'Empereur (qui depuis fut eleué auſſi à l'Empire) le vint trouuer, n'aiant peu arriuer auant ſon depart, à cauſe qu'il eſtoit à trois

L'An de Chriſt. 1574.

Henry III du nom, Roy LXII. 23

L'An de Christ. 1574.

A journées de là: dont il fit ses excuses à sa Majesté, qui se recognut grandement obligée de la courtoisie de ce Prince.

La deuxiesme iournée Henry arriua à Grats: où estoit l'Archiduc Charles frere de l'Empereur, qui luy fit vne reception tres-honorable. De là il prit son chemin à gauche vers les terres des Venitiens, & ne voulut point passer par celles du Palatin du Rhin, qui luy auoit fait vn si mauuais traictement allant en Pologne.

Par toutes les villes de la Seigneurie de Venise il trouua des ambassadeurs pour l'accueillir, & luy asseurer qu'elle receuoit vn singulier contentement de son passage: & se disposoit à le receuoir auec l'honneur deu à vn si grand Monarque. Arriuant à Treuis les Ducs de Neuers, de Mayenne, & le Marquis d'Elbeuf retournans de Pologne,
B grossirent la compagnie de sa Majesté, qui n'auoit pas encore eu de leurs nouuelles. Estant à demy-journée de Venise six des principaux Senateurs le vindrent saluër: & s'estant auancé iusqu'à Maran, place sise dans la mer à vn quart de lieuë de Venise, le Duc & le Senat vestus de velours cramoisi le vindrent receuoir dans le Bucentaure, qui est vn grand vaisseau, lequel ne sort du canal que tres-rarement, & pour quelque occasion tres-importante. Il y auoit bon nombre de gondoles couuertes de drap d'or, dans lesquelles les François furent receus: & en voioit-on encore plus de deux mille couuertes de veloux: où estoit la Noblesse & les Dames de la cité, outre vn nombre innombrable d'autres: où le peuple s'estoit ietté par curiosité de voir cete entrée: laquelle se fit par le grand canal, auec vn tonnerre de toute sorte d'ar-
C tillerie, qui couuroit l'air de fumée aussi-tost dissipée par vne infinité de feus artificiels, qui se faisoient en toutes les maisons des deux bords du mesme canal, en forme de fleurs de lis, de Lions, de Cerfs, d'Aigles, de Dragons, & d'autres figures, chose autant agreable qu'admirable. Louis Mocenic Duc de Venise luy presenta le poile porté par six Procureurs de S. Marc: & le Patriarche auec son Clergé le receut au bord du canal soubs vn arc triomphal, enrichi de plusieurs ornemens, & notámment de beaux vers à la loüange du Roy & de la maison de France. Il fut logé au Palais des Fuscarins, le plus beau & plus magnifique de la ville: chaque Gentil-homme des siens fut conduit en son logis par vn
D Senateur: & tant le Roy que tous les François de sa suite furent traictés durant le sejour de sa Majesté (qui fut de huict iours) aux despens de la Seigneurie.

Deux cens Dames des plus nobles maisons de Venise habillées de satin blanc, & couuertes de pierrerie & de perles luy donnerent vn iour la collation: & sa Majesté depuis les neuf heures du soir en visitoit toutes les nuicts aucunes, & mesmes (ce qui fut trouué indecent à vn Prince de si grande & illustre reputation) les courtisanes.

Il prit vn singulier plaisir à voir l'Arsenal de la Seigneurie, ressemblant à vne ville de grande estenduë: où il y auoit plus de cinq cens pieces de canon: des armes pour armer quarante mille hommes: &

Henry est visité de Rodolfe Roy de Boëme.

XXII.
Est honoré de l'Archiduc Charles.

XXIII.
Est receu tres-magnifiquement à Venise.

XXIV.
Visité des Dames de la Cité.

XXV.
Raretés de l'Arsenal de Venise.

plus de cent galeres à couuert, neantmoins dans la mer, pourueuës de tout equipage. Ce qui surpassoit encore toutes les autres raretés fut qu'en sa presence on bastit en deux heures vne galere accomplie en toutes ses parties & preste à voguer & à combatre. Cete aisance procedoit de ce que toutes les pieces estant faites il ne falloit que les ajuster & les joindre ensemble. Ie laisse à part la somptuosité des festins, l'excellence de la musique, & les autres plaisirs & magnificences ordinaires.

L'An de Christ. 1574.

XXVI. Le Senat donne au Roy le mesme conseil que l'Empereur.

La Seigneurie apres auoir receu le Roy à baloter dans le Senat, luy donna le mesme conseil que l'Empereur touchant les affaires de son Estat, c'est à sçauoir d'ottroyer la paix à tous ses subjets, sans considerer la diuersité des religions, afin de restablir & remettre par le repos son roiaume ruiné par la longueur des guerres ciuiles.

XXVII. Le Roy est visité de la part du Pape.

Pendant le sejour de sa Majesté à Venise, le Cardinal Boncompagne y arriua de la part du Pape pour se condouloir auec elle du trespas du Roy Charles son frere, & se conjouïr de son heureux retour, auec de grandes protestations de bien-ueillance enuers elle & son roiaume.

XIIX. Par les Potentats d'Italie. Modestie du Duc de Sauoye.

Les Ducs de Sauoye & de Ferrare vindrent aussi au deuant du Roy à Venise pour luy offrir leur seruice, & le supplier de passer par leurs terres: ce qu'il fit, comme aussi par celles du Duc de Mantouë: & durant le sejour qu'il y fit il fut desfrayé par ces Princes. C'est chose notable que la Seigneurie de Venise voulant deferer au Duc de Sauoye les honneurs accoustumés, il les refusa : disant que n'estát venu là que pour honorer vn tant illustre Roy, il falloit que tous honeurs fussent deferés au plus grand : remerciát neantmoins la Seigneurie de ce qu'elle l'en auoit estimé digne. Sa Majesté passant à Cremone dans le Milanois Dom Ioan d'Austre frere naturel du Roy Philippe II luy rendit toute sorte d'honneur auec les mesmes sousmissions qu'il eût sceu faire à la Majesté Catholique.

XXIX. Princes & Seigneurs François qui vindrét des premiers au deuant de sa Majesté.

Henry sejourna plus longuement à Turin qu'ailleurs, afin de se rafreschir : & durant ce temps-là le Duc de Guise, le Mareschal de Damuille, & plusieurs autres Seigneurs François vindrent au deuant de sa Majesté. Le Comte de Chiuerny y arriua aussi de la part de la Roine sa mere pour bien-heurer son retour, luy faire entendre l'estat des affaires du Roiaume, & supplier sa Majesté de n'y pouruoir point deuant qu'elle l'eût entretenu à leur premiere entre-veuë. L'on tenoit qu'elle luy donnoit particulierement aduis d'arrester le Duc de Damuille : auquel elle portoit vne extreme haine depuis qu'il commença d'auoir des intelligences auec les Religionnaires : & que le Duc de Sauoye en aiant eu le vent en aduertit le Duc de Damuille, à sa priere interceda enuers sa Majesté pour obtenir son congé : & que l'aiant obtenu il se retira bien viste en Languedoc : protestant que de sa vie il ne verroit le Roy qu'en peincture. D'autres auec moins d'apparence escriuent que le Duc de Damuille par vne soudaine deffiance, & comme par vne terreur panique se retira de la Cour, quoy que sa Majesté luy eût fait vn accueil tres-fauorable. Le Roy aiant n'agueres honoré Souuré de la

charge

Henry III du nom, Roy LXII.

A charge de Maistre de sa garde-robbe (laquelle il osta au Vicomte de la Guerche) l'enuoia deuers la Roine-mere pour luy asseurer qu'il n'auoit point de plus grand desir que de la contenter en toutes choses: & de dependre de ses sages conseils & ordonnances tout ainsi que s'il estoit encore soubs sa tutele & regence.

Le Duc de Sauoye arma quatre mille hommes pour accompagner sa Majesté iusqu'au Pont de Beauuoisin frontiere de France: où il prit congé d'elle: & le Roy luy promit de luy rendre les villes de Pignerols & de Sauignan (qu'il tenoit encore en Piedmont) en recompense des frais que le Duc auoit faits en son passage, & durant le sejour de sa Majesté en ses terres. Nous verrons tantost l'execution de sa promesse.

I'ay voulu estendre vn peu ce voiage de Pologne à cause des notables auentures & particularités qui s'y rencontrent. Maintenant deuant que de conduire le Roy plus auant dans la France, voions combien hideuse estoit la face de ce Roiaume deplorable.

L'an de Christ. 1574.

XXX. Sa liberalité enuers le Duc de Sauoye.

Guerre VI contre les Religionnaires.

I. *Soin de la Roine-mere après le trespas du Roy Charles.* II. *Sa Regence confirmée par Henry.* III. *Diuers projets des Religionnaires.* IV. *Tresue pour trois mois à eux auantageuse.* V. *Laquelle ils rompent les premiers.* VI. *Le Prince de Condé remue tout pour la guerre.* VII. *Mauuaise volonté du Duc d'Alençon & du Roy de Nauarre.* IIX. *Ligue du Mareschal de Damuille auec les Religionnaires.* IX. *Leurs protestations reciproques.* X. *Les Religionnaires surprennent Castres d'Albigeois.* XI. *Le Duc de Montpensier remet sur pied l'armée Roiale.* XII. *Ses exploits.* XIII. *Les Rochellois en desfiance.* XIV. *La Roine-mere les exhorte à la paix.* XV. *Leur responce.* XVI. *Trahison à Lusignan.* XVII. *Siege de Fontenay-le Comte par le Duc de Montpensier.* XIIX. *Qui l'emporte par assaut pendant la capitulation,* XIX. *Assiege Lusignan.* XX. *Le prend par composition.* XXI. *Monbrun enleue partie de l'equipage du Roy.* XXII. *Guerre en Viuarez,* XXIII. *Et en Auuergne.* XXIV. *Entreprises de la Nouë sans effect.*

1574. LE mesme iour du trespas du Roy Charles IX (qui fut le Dimãche XXX iour de May MDLXXIV) la Roine-mere despescha deux courriers par diuers chemins (comme nous auons veu ci-dessus) deuers le Roy de Pologne pour luy porter cete funeste nouuelle, & luy demãder la cõfirmatiõ de sa Regẽce. Elle escriuit en mesme tẽps aux Gouuerneurs des prouinces & des places d'importance, leur dõnant aduis du decés du Roy son fils & de sa Regence, & les exhortãt de cõtenir tout le mõde

I. Soin de la Roine-mere apres le trespas du Roy Charles.

Tome 4. C

en deuoir, attendant le retour du legitime successeur de la Couronne. Elle leur fit escrire aussi sur le mesme subjet par le Duc d'Alençon & par le Roy de Nauarre; & neantmoins craignant que ces deux ieunes Princes ambitieux & mal conseillés troublassent le repos du Roiaume, elle les fit arrester soubs bonne garde.

II.
Sa Regence confirmée par Henry.

Le Lundy dernier iour de May la Cour de Parlement, & en suite le Preuost des Marchans auec les Escheuins de Paris, allerent visiter la Roine-mere au Bois de Vincennes pour la supplier de prendre la Regence du Roiaume à elle deferée par ordonnance & derniere volonté du Roy defunct. A quoy elle respondit auec de grandes protestations, qu'elle ne l'auoit point recherchée: mais puis que le mesme Roy son fils l'auoit ainsi ordonné, & qu'vne Compagnie si auguste luy conseilloit & l'en prioit, elle l'acceptoit: leur asseurant qu'elle s'y comporteroit auec tant de soing, de vigilance & de bonne conduite, que son administration respondroit à leur esperance. Le Ieudy ensuiuant les letres patentes en furent verifiées : & le sieur d'Espesses aiant apporté de Pologne la confirmation de Henry, elle fut pareillement verifiée en Parlement le VI iour de Iuillet en la mesme année.

III.
Diuers projets des Religionaires.

Ainsi toute la Cour & les Catholiques (excepté la faction des Mal-contens) iettoient les yeux sur la Regente: Mais les Religionnaires demeuroient grandement irresolus sur ce qu'ils auoient à faire. Les plus moderés tenoient qu'il falloit entretenir la paix jusqu'à l'arriuée de Héry: lequel estant d'vn naturel plus doux que Charles, ils en esperoient aussi vn traictement plus fauorable. Ioint que plusieurs lassés des calamités souffertes, & se ramenteuans le passé, redoubtoient l'aduenir. Les plus fiers au contraire vouloient reprendre les armes, croians que la Regence de la Roine-mere, odieuse aux Catholiques Mal-contens, leur seruiroit d'vn grand aduantage pour attirer ceux-ci à leur parti, & les porter à la guerre.

IV.
Trefue pour trois mois à eux auátageuse.

La Regente craignant vne nouuelle esmotion, taschoit de plastrer les affaires par de belles promesses qu'elle faisoit aux principaux de leur faction, & particulierement aux Rochellois: deuers lesquels elle deputa l'Abbé de Galdagne, qui les disposa à vne trefue & sursoiance d'armes pour trois mois, à commencer au premier de Iuillet, attendant le retour de Henry: & de fait le traicté fut conclu à Theré à trois lieuës de la Rochelle par le mesme Abbé, Biron & Strossy de la part de la Regente, la Noüe & Mirembeau de la part des Rochellois. Cete trefue estoit nommément accordée pour les païs de Poictou, Engoumois, Saintonge, Aunis, & la ville de la Rochelle : & neantmoins les autres prouinces du Roiaume, qui le voudroient, pouuoient joüir du benefice d'icelle. Il y auoit aussi vn article par lequel le Roy la pourroit proroger encore pour vn mois: & la Regente estoit obligée de faire fournir durant la trefue douze mille escus par mois aux Religionnaires pour l'entretenement des garnisons des places qu'ils tenoient, afin de faire cesser leurs courses & rauages.

Henry III du nom, Roy LXII.

A Ce traicté estant tout à fait à l'auantage des Religionnaires, les Catholiques en murmurerent: mais pourtant les Religionnaires mesmes furent les premiers qui le rompirent. Car nonobstant la publication de la trefue, la garnison de Lusignan continua de courir hostilement le païs: & celle de Fontenay-le-Comte aiant fait vne caualcade iusqu'à Nantes desfit en vne rencontre cinq cens arcbusiers Catholiques: entre lesquels il y auoit bon nombre de Gentils-hommes Bretons. Le jeune Montferrand, dict Langoiran tailla aussi en pieces deux compagnies de gens de pied du Baron de Montaut: tellement que la desfiance se rependant par tout, les troubles recommencerent auec autant de desordre que les precedens: dont s'ensuyuit la VI guerre contre les Religionnaires.

L'an de Christ 1574.

V. Laquelle ils rompent les premiers.

B Le Prince de Condé auec les sieurs de Meru & de Thoré freres du Duc de Montmorency estoit refugié en Alemagne, & sollicitoit les Princes Protestans pour tirer d'eux vn puissant secours de gens de guerre, & r'entrer en France: à quoy ils auoient assez d'inclination s'il eût eu de l'argent pour soldoyer tant seulement deux mois leurs troupes. Il despescha Meru à mesmes fins en Angleterre: mais sans rien auancer: à cause du pourparlé de mariage souuent remis sus entre le Duc d'Alençon & la Roine Elizabeth: laquelle y auoit presté tousiours l'oreille, & y entendra encore volontiers ci-aprés, si bien que les articles en seront dressés, neantmoins sans effect, ainsi que nous verrons en son lieu. Il escriuit aussi souuent aux Rochellois pour les

VI. Le Prince de Condé remue tout pour la guerre.

C encourager à la guerre: & les exhortoit à luy fournir vne bonne somme de deniers pour le payement des estrangers: mais ils s'en excuserent sur ce que l'année auoit esté sterile en sel: qui est leur principal reuenu: & au surplus luy offroient leurs cœurs, leurs affections, & leurs propres vies.

Le Duc d'Alençon & le Roy de Nauarre, qui auoient recherché en vain les moiens d'eschapper des mains de leurs gardes en eussent fait encore vn effort, si la crainte d'offenser Henry qu'on attendoit de iour à autre ne les eût retenus. Cependant ils luy escriuirent de belles letres auec de grandes protestations & asseurances de leur fidelité

VII. Mauuaise volonté du Duc d'Alençon & du Roy de Nauarre.

D & obeïssance, les sieurs d'Estré & de Miossens portans leur parole, bien qu'ils eussent des mandemens secrets pour empescher son retour en France: ainsi que i'ay marqué ci-dessus. Le Prince de Condé ne manqua pas aussi à ce deuoir: & tous trois adjoustoient à leurs soufmissions de grandes plaintes contre la Regente.

Le Mareschal de Damuille plus outré que iamais cōtr'elle (pour les raisons ci-deuant touchées) traictoit auec les Religionnaires afin de se fortifier de leurs armes, & les proteger des siennes. Pour affermir cete confederation il cōuoqua les Estats de Languedoc à Montpellier: mais le Parlement de Toulouse aduerti de ses desseins, s'y opposa vigoureusement: & par deux arrests du mois de Iuin fit defenses à grosses peines

IIX. Ligue du Mareschal de Damuille auec les Religionnaires.

Tome 4. C ij

aux subjets du Roy de s'y trouuer ou d'y enuoier: enjoignant tres-expressement aux Seneschaux & Gouuerneurs particuliers de l'empescher. Neantmoins les Religionnaires ne laisserent pas d'entrer en cete ligue, l'heresie ne pouuant trouuer de plus asseurées compagnes que la rebellion & la felonnie.

L'An de Christ. 1574.

IX.
Leurs protestations.

Pour la confirmation de cete confederation ils tindrēt deux assemblées des Estats de Languedoc, Guienne & Daufiné en la ville de Millaud en Roüergue au mois de Iuillet & d'Aoust: & enfin conclurent de recognoistre Henry III pour leur Roy legitime, & le Mareschal de Damuille pour leur chef & gouuerneur: & le Mareschal s'obligea de les maintenir & defendre sans distinction de Religion comme bons & fideles subjets du Roy, contre tous ceux qui entreprendroient de les opprimer. Mais pourtant les Religionnaires prenans auantage de ce qui les deuoit retenir dans les termes de l'egalité (qui est le fondement de toute societé perdurable) arresterent en leur derniere assemblée, que l'exercice de la Religion Romaine ne seroit point restabli en aucune des places par eux occupées.

X.
Les Religionnaires surprennent Castres d'Albigeois.

Ces confederations qui ne sembloient tendre qu'à la defense, commencerent neantmoins par l'aggression. Car le Baron de Seuignac cadet de Terrride, auec les sieurs de Fontrailles, Dodon, Verglas & autres Capitaines Religionnaires retournans de l'assemblée de Millaud, firēt vne entreprise sur Castres d'Albigeois: & fortifiés des garnisons voisines, furent introduits de nuict dans le moulin qui est joignant les murs de la ville sur Gourde, l'emporterent à viue force, nonobstant la viue resistence de la Crosete gouuerneur de la place: lequel auec trois cens Corses ou Italiens de la garnison, se defendit tres-vaillamment, & rendit vn long & furieux combat emmy les ruës.

XI.
Le Duc de Montpensier remet sur pied l'armée Roiale.

Ces menées des Religionnaires suyuies d'autres actes d'hostilité, obligerent la Regente de songer à la guerre: encore qu'elle eût bien desiré que le Roy son fils arriuant en France eût trouué son Estat paisible. Par son commandement donc le Duc de Montpensier r'appella ses troupes des garnisons, & y aiant joint les forces que le sieur de Matignon auoit en Normandie, assembla dix mille cōbatans en vn corps d'armée: en laquelle estoient les sieurs de Chauigny, Puygaillard, Richelieu, Bussy d'Amboise, & autres bons Capitaines.

XII.
Ses exploits.

En courant le Poictou, la Saintonge & païs d'Aunis, il prit Melle, Forest sur Seure, Cheureux, Aunay: & donna vn tel effroy aux Religionnaires qui tenoient quasi toutes ces contrées, qu'ils abandonnerent Soubise, Noaillé, Tonne-Charente, Rochefort, & mesmes Marans place sise dans vn marais à quatre lieuës de la Rochelle: où les Catholiques aiant mis vne bonne garnison, rauageoient le gouuernement de la Rochelle iusques aux portes de la ville.

XIII.
Les Rochellois en deffiance.

Le voisinage de l'armée du Duc donna vn grād soupçon de quelque trahison aux Rochellois: de sorte qu'ils redoublerent leur garde, mirent garnison dans leur ville, & par les exhortatiōs de la Noüe y re-

Henry III du nom, Roy LXII. 29

A ceurent la Noblesse du païs auec laquelle ils estoient auparauant en poincte: à cause que les habitans redoubtoient que la receuant elle voulût emporter toute l'autorité & gouuernement: & la Noblesse ne pouuoit supporter le commandement de ceux qu'elle croioit estre nés pour luy obeïr, notamment au fait des armes.

L'An de Christ 1574.

En mesme temps la Roine-mere despecha vers les Rochellois la Boissiere-Brisson auec letres de creance: lequel estant introduit apres beaucoup de difficultés dans leur ville, leur representa les raisons qui les deuoient obliger à rechercher la paix & les bonnes graces du nouueau Roy: la Regente leur offrant en cela leur intercession, moienant qu'ils renonçassent à la confederation de la Noblesse du païs & des autres Eglises du Roiaume.

XIV. La Roine-mere les exhorte à la paix.

B Le Duc de Montpensier y joignit aussi ses letres à mesmes fins: mais les Rochellois se deffians egalement de l'vn & de l'autre, leur firent response, que pour traicter de la paix generale auec toutes les Eglises du Roiaume il falloit s'adresser au Prince de Condé chef & protecteur general d'icelles: à la confederation desquelles ils ne pouuoient renoncer, veu qu'ils auoient leurs interests communs ensemble: & moins encore se separer de la Noblesse voisine, qui faisoit vn des principaux membres du gouuernement de la Rochelle. Au surplus qu'ils ne souhaittoient rien tant que la paix, & prioient Dieu qu'il fit la grace au Roy & à la Regente de l'establir heureusement par toute la France. En quoy leurs Majestés les trouueroient aussi disposés qu'elles le pouuoient desirer de leurs subjets tres-humbles &
C tres-fideles.

XV. Leur response.

En ces entre-faites le Duc de Montpensier aiant certaine entreprise sur Lusignan auec l'intelligence d'aucuns capitaines de la garnison, esprouua par vne contre-trahison que vraiement c'estoient des trahistres: de sorte que venant à l'execution il y perdit plus de deux cens braues hommes, lesquels aiant donné des premiers furent assommés entre deux portes sans auoir moien de defendre leurs vies.

XVI. Trahison à Lusignan.

Il eût bien desiré prendre vengeance de cete trahison sur le champ: mais l'occasion le porta deuant Fontenay-le Comte, auant que la place fût de tout poinct fortifiée. Car les Religionnaires aiant esté
D en termes de l'abandonner, se resolurent enfin de la fortifier à la haste le mieux qu'ils peurent: & ietterent vne garnison de quatre cens hommes dedans soubs la charge de Sainct-Estienne fils du sieur de Vieille-vigne: auprés duquel se rendirent aussi quelques Gentils-hommes volontaires pour acquerir de l'honneur à la defense de cete place.

XVII. Siege de Fontenay-le Comte par le Duc de Montpensier.

La baterie fut furieuse, & la resistence des assiegés vigoureuse. Mais enfin apres auoir soustenu vaillamment plusieurs assauts és faux-bourgs, à la ville & au chasteau, leur nombre diminuant tous les iours, ils furent reduits à telle extremité qu'il fallut parlementer: & durant qu'on trauailloit à la capitulation

XIIX. Qui l'emporte par assaut pendant la capitulation.

Tome 4. C iij

la place fut emportée le XII de Septembre MDLXXIV. Toutesfois le carnage ne fut pas grand, le Duc l'ayant empesché de tout son pouuoir: mais la ville fut saccagée: le gouuernement de laquelle fut baillé à les Roches-Baritaud auec quatre cens hommes de pied, & cent cheuaux legers. Le Marquis de Salusses fut tué à ce siege de la part des Catholiques.

XIX.
Assiege Lusignan.

De là sur la fin du mesme mois de Septembre le Duc ramena son armée deuant Lusignan, & batit la ville & le Chasteau auec vingt pieces de canon. Le Baron de Frontenay le plus ieune des freres de l'illustre maison de Rohan (qui depuis en fut le chef par le decés de tous les autres) s'estoit ietté dedans auec six cens soldats & soixante Gentils-hommes. La place estoit plus forte à cause de son assiette (qui est vne montagne separée) que par l'industrie humaine: & les assiegés n'eurent pas assez de temps pour la pouruoir suffisamment de viures & de munitions de guerre. Elle fut battuë d'vne autre mōtagne qui la commande aucunement du costé du Midy. Il y fut tiré sept mille huict cés coups de canon durant le siege.

XX.
Le préd par cōposition.

Les assiegés se porterent tres-valeureusement à la defense: & leurs frequentes sorties furent aussi furieuses que les assauts des Roiaux. Mais les viures & toute esperáce de secours humain leur defaillant, ils furent enfin contrains de capituler & rendre la place le XXV iour de Ianuier MDLXXV, le siege aiant duré trois mois & vingt-vn iour, auec des continuels combats, ésquels les assiegés se monstrerent infatigables. La capitulation fut telle. *Que les Gentils-hommes sortiroient chacun auec vn courtaut, armes & bagage: les soldats auec l'arcbuse, la mesche esteinte & les drapeaux ploiés dans les coffres. Que tous seroient conduits en seureté à la Rochelle, ou ailleurs à egale distance, ou pour le plus six lieuës plus loin. Que les habitans auroient le choix de sortir aussi, ou de demeurer en leurs maisons en toute asseurance.* Les assiegés y perdirent vingt-cinq Gentils-hommes & enuiron deux cens soldats: les assiegeans huict cens hommes. La place fut demantelée & les fortifications rasées: mesmes la fameuse tour de Melusine, qui a donné subjet aux fables des Romans touchant cete Dame tenuë pour enchanteuse, parce qu'elle surpassoit toutes les autres de son temps en gentillesse d'esprit, en sçauoir, & autres graces.

XXI.
Monbrun enleue partie de l'equipage du Roy.

En mesme temps la guerre se renouuella en Daufiné: où le Prince Daufin d'Auuergne fils du Duc de Montpensier estoit gouuerneur pour le Roy, & le sieur de Monbrun pour les Religionnaires: lequel aiant desfait quatre cens hommes de l'Auant-garde du Prince, deuint si orgueilleux qu'il ne trouua plus aucune entreprise ny mal-aisée ny perilleuse: de sorte que par vne temerité insupportable, il dressa des embusches à ceux qui conduisoient le bagage du Roy arriuāt en France, & en emmena vne partie. Il attaqua Die: mais il en fut vigoureusement repoussé par le sieur de Glandage gouuerneur de cete ville, qui est siege episcopal, vni neantmoins, à cause de son petit reuenu, à celuy de Valence.

L'An de Christ.
1574.

1575.

Henry III du nom, Roy LXII.

D'autre-part le Prince Daufin prit Alais & Oste. Veſſaux petite ville entre Priuas & Aubenas, fut ſurpriſe par Sainct-Thomas ſur les rebelles: & peu aprés repriſe ſur luy-meſme par Rochegude. Nonnay fut enleué aux Catholiques par Sainct-Romain, & Chalençon par Peregourdes. Le meſme Prince aſſiegea le Pouſin: où aiant fait breſche raiſonnable, les aſſiegés perdirent cœur, abandonnerent de nuict la place & s'enfuirent à Priuas hommes & femmes. Les Roiaux entrans le lendemain dedãs le ſaccagerent & bruſlerent. La priſe du Pouſin remit quaſi tout le Viuarez en l'obeïſſance du Roy: & Grane, Loriol & Roinacs'eſtans rendus au Prince, faciliterent le ſiege de Liuron: duquel ie parleray vn peu aprés.

XXII. Guerre en Viuarez.

L'Auuergne eut auſſi quelques bourraſques de cet orage. Le ſieur de Montal aiant renfermé le Vicomte de Lauedan dans Ploux y planta le ſiege. Le Vicomte de Gordon, Langoiran, Viuans, & la Haye Lieutenant general de Poictou, aians mis enſemble douze cens combatans pour aller au ſecours des aſſiegez, Montal ſe retira auec ſon canon, encore qu'il fût le plus fort en nombre d'hommes, mais mal-armés, & la pluſ-part ſans diſcipline militaire. Or la Haye homme factieux, quoy qu'officier en la iuſtice, auoit prit les armes, & s'eſtoit ſolement ligué auec les Religionnaires comme partiſan des Catholiques mal-contens, pour quelque meſcontentement qu'il auoit luy-meſme de n'eſtre pas aſſez abſolu en ſa patrie. Sa troupe eſtoit de cinq cens cheuaux, compris les Argolets, armés de ſalades. Nous verrons bien-toſt comment il fit vne fin digne de ſa perfidie.

XXIII Et en Auuergne.

La Noüe, qui commandoit dans la Rochelle, ne voulant pas demeurer touſiours enfermé pour la crainte du Duc de Montpenſier, fit des entrepriſes ſur Noaillay & ſur Marans: touteſfois il ſe trouua court à l'execution. Le Comte de Montgommery fils de celuy qui nagueres auoit eſté decapité à Paris, fut repouſſé à Sainct-Iean d'Angely qu'il s'eſtoit promis d'emporter par intelligence auec aucuns trahiſtres de la ville. Ainſi de tous coſtés on faiſoit des coups fourrés: mais de quelque part qu'il y eût du gain la France y trouuoit touſiours de la perte.

XXIV. Entrepriſe de la Noüe ſans effect.

Or puis que nous auons laiſſé de nouueau le Roy à la frontiere de France retournant de Pologne, il le faut aller rencontrer à ſon entrée, voir quel accueil il receura de ſes ſubjets: & en ſuite ſon ſacre & ſon mariage.

Retour de Henry III en France. Ses deportemens à l'entrée de ſon regne.

I. *Le Duc d'Alençon & le Roy de Nauarre ſont mis en liberté par le Roy.* II. *Qui fait Mareſchaux de France Bellegarde & Monluc.* III. *Demandes artificieuſes des Religionnaires & Mal-contens.* IV. *Reſponſe*

32 Histoire de France,

paternelle du Roy. V. Qui est receu des François auec grande alegresse. VI. Il cherche le repos & ses plaisirs. VII. Et se resout mal-à propos à la guerre. IIX. Il regle sa maison. IX. Protestations de Monsieur & du Roy de Nauarre à sa Majesté. X. Le Roy à Auignon. XI. Siege de Liuron. XII. Mal-heureux aux Roiaux. XIII. Vaillance de Roësses & de la Haye. XIV. Bonne resolution des assiegés. XV. Haine de la Roine-mere contre Bellegarde. XVI. Le Roy accueilli d'iniures deuant Liuron. XVII. Fait leuer le siege. XIIX. Le Mareschal de Damuille prend S. Gilles. XIX. Et S. Romain Aigues-mortes. XX. Le Roy s'enrolle aux Penitens d'Auignon. XXI. Trespas du Cardinal de Lorraine. XXII. Ses protestations au Roy és dernieres heures de sa vie. XXIII. La Roine-mere troublée de visions apres la mort du Cardinal. XXIV. Traité de mariage entre Monsieur & la Roine d'Angleterre.

L'An de Christ. 1575.

I.
Le Duc d'Alençon & le Roy de Nauarre sont mis en liberté par le Roy.

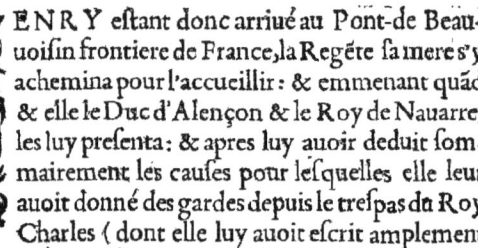

HENRY estant donc arriué au Pont-de Beauuoisin frontiere de France, la Regéte sa mere s'y achemina pour l'accueillir: & emmenant quád & elle le Duc d'Alençon & le Roy de Nauarre, les luy presenta: & apres luy auoir deduit sommairement les causes pour lesquelles elle leur auoit donné des gardes depuis le trespas du Roy Charles (dont elle luy auoit escrit amplement en Pologne) elle les remit à la discretion & disposition de sa Majesté: qui sur le champ leur osta les gardes, & leur octroia pleine liberté, leur asseurant qu'eux demeurant dans les termes du deuoir il les traicteroit tousiours comme ses freres. Marguerite Roine de Nauarre accompagnoit sa mere & son mari en ce voiage: mais c'estoit pour la consideration du Duc d'Alençon son frere, auec lequel elle auoit vne amitié plus que fraternelle.

II.
Qui fait Mareschaux de France Bellegarde & Monluc.

En cete rencontre le Roy donna le baston de Mareschal de France à Roger de Sanlary Seigneur de Bellegarde, encore qu'à l'induction de ses ennemis & enuieux sa Majesté eût beaucoup relasché de l'amitié qu'il luy auoit tousiours tesmoignée. Peu de iours aprés il honora aussi Blaise de Monluc de pareille charge: & l'aiant pressé de prendre la Lieutenance generale pour sa Majesté en Guienne, cet ancien Capitaine sentant diminuer ses forces par les infirmités que l'âge & les blesseures luy causoient, s'en excusa contre l'opinion de plusieurs qui croioient que l'ambition du commandemét ne s'esteindroit iamais en luy qu'auec la vie. Aussi s'en repentit-il aprés qu'il vid que le Marquis de Villars possedoit le gouuernement qu'il venoit de refuser: la jalousie excitant en luy les aiguillons de l'ambition naturelle aux grands courages.

III.
Le Roy arriuant en son Roiaume, les Religionnaires & les Catholiques Mal-contens (dits autrement Politiques) ligués ensemble, deputerent deuers sa Majesté pour luy offrir leur seruice & obeïssance:

Henry III du nom, Roy LXII.   33

A neantmoins auec certaines conditions qui tendoient en apparence à vne grande reformation de l'Estat: mais en effect les vns cherchoient leur satisfaction au changement des directeurs & ministres de l'Estat, esperant eux-mesmes d'y auoir la meilleure part: & les autres demandoient la liberté de conscience pour faire prendre plus auant racine à la nouuelle opinion, & abolir la religion Catholique. Ils assaisonnoient leurs remonstrances de grandes plaintes des mauuais traictemens qu'ils disoient auoir receus par le passé: ce qui leur faisoit craindre l'aduenir si sa Majesté ne pouruoyoit promptement aux desordres du Roiaume. On tenoit que le Mareschal de Damuille estoit auteur de cete proposition: sa deffiance luy donnant vne extreme inquietude d'esprit depuis que le Roy par l'aduis de la Roine-mere l'auoit voulu faire arrester prisonnier à Turin. Car quoy qu'il eût eschappé ce danger par l'intercession du Duc de Sauoye, il ne laissa pas d'en demeurer tousiours outré, tant contre le Roy que contre la Roine-mere: les embusches de laquelle il redoubtoit encore.

Demandes artificieuses des Religionaires.

L'an de Christ. 1575.

Le Roy (qui estoit d'vn naturel gracieux & debonnaire) receut en bonne-part les plaintes & remonstrances de ces deputés: & leur promettant de pouruoir au plustost à tout, les exhorta à la paix: à l'affermissement de laquelle entre tous ses subjets sans distinction de Religion, il protestoit de vouloir contribuer ses soins auec vne affection paternelle. Tellement qu'ils ne pouuoient demeurer que tres-satisfaits de sa response, & mesmes ils l'eussent esté des effects de ses protestations, si leurs intentions eussent correspondu à celles de sa Majesté: qui vrayement ne desiroit rien moins que la guerre.

IV. *Response paternelle du Roy.*

La Cour grossissoit tousiours par l'arriuée des Seigneurs François venans au deuant de leur nouueau Roy pour se cõjouïr de son heureux retour qu'ils auoient craint deuoir estre plus mal-aisé & plus dangereux: & sa Majesté aiant trauersé le Daufiné arriua à Lyon sur la fin du mois de Septembre: où les Cardinaux de Lorraine & de Guise, le Chancellier de Birague, le sieur de Moruilliers, les quatre Secretaires d'Estat, & tout ce qui restoit de la Cour se joignit ensemble, apres auoir fait les sousmissions deuës au legitime successeur de la Couronne.

V. *Qui est receu des François auec alegresse.*

Cependant le Roy commença de carresser les Dames: desquelles il s'estoit seuré pendãt qu'il estoit parmi les Polonnois, nation plus seuere que la nostre. Le feu d'Amour, comme le plus puissant, estouffant en luy tout ce qui restoit de la chaleur martiale (laquelle luy auoit acquis tant de reputation deuant qu'il allât en Pologne) lon apperceut que toutes ses inclinations tendoient à chercher le repos & prendre ses plaisirs dans les delices de la France.

VI. *Il cherche le repos & ses plaisirs.*

Ses deportemens mols & effeminés commencerent aussi-tost de rauaïler l'estime qu'on auoit auparauant de luy: quoy que ses intentions touchant le gouuernement de son Estat fussent loüables & pieuses. Car il desiroit bien la paix & vnion de tous ses subjets: mais il entendoit trauailler à ce qu'il n'y eût point d'exercice d'autre Religion

VII. *Et se resout mal-à propos à la guerre.*

que de la Catholique par toute l'eſtenduë de ſon Roiaume. Reſolution vraiement ſainéte, s'il l'eût peu mettre à execution par vn effort de l'autorité abſoluë ſans en venir aux armes. Mais il deuoit conſiderer que les Religionnaires eſtoient alors ſi puiſſans & ſi obſtinés (veu meſ-mes que les Catholiques Mal-contens eſtoient ligués auec eux) qu'il ne pouuoit executer le ſecond chef de cete reſolution ſans deſtruire le premier ; eſtant impoſſible de maintenir ſes ſubjets en bonne paix s'il vouloit priuer entierement les Proteſtás de l'exercice de leur religion, pour lequel ils auoient pris ſi ſouuent les armes. Auſſi n'auoit-ce pas eſté l'aduis de l'Empereur, ny des Venitiens lors qu'il paſſa par leurs terres : ny des plus ſages teſtes de la Cour, qui preuoyoient bien le dan-ger qu'encourroit l'Eſtat ſi le Roy dez l'entrée de ſon regne s'aheurtoit à cete entrepriſe. Ils conſeilloient à ſa Majeſté qu'en reſtabliſſant la re-ligion Catholique par tout le Roiaume, il permît l'exercice public de la pretenduë Reformée en deux ou trois lieux de chaque Bailliage & Seneſchaucée, & non ailleurs, ſi ce n'eſt priuément & ſans ſcandale, aux Seigneurs de marque. Car ils s'aſſeuroient que les Religionnaires demeureroient contens de cete ordonnance : laquelle eſtant grande-ment auantageuſe aux Catholiques, le Roy pourroit prendre auec le temps tant d'autres auantages ſur les Religionnaires, que ſans aucun hazard il eſteindroit la rebellion, & extirperoit l'hereſie. Ce conſeil (approuué meſmes par Monluc immortel ennemi des heretiques) n'aiant pas eſté ſuyui, nous verrons cóme derechef tout le Roiaume fut embraſé des guerre ciuile. Ceux qui defendent le procedé du Roy alle-guent que les inſolences & les attentats intolerables des Religionnai-res obligerent ſa Majeſté à prendre cete reſolution de les domter par la force. Nous en auons deſia marqué vn exemple en l'enleuement fait par Monbrun de partie de ſon equipage. Les ſurpriſes d'aucunes villes depuis le retour du Roy, & d'auenture les iniures que les Religionnai-res vomirent contre ſa Majeſté au ſiege de Liuron, ne luy furent pas moins ſenſibles.

LIX.
Il regle ſa maiſon.

Cependant le Roy deſirant regler ſon Roiaume commença par ſa maiſon : & entre autres choſes ordonna que les officiers de ſa bouche fuſſent pris de la race de ceux qui l'auoient eſté ſoubs Henry II ſon pere & François II ſon frere : afin qu'ils luy fuſſent d'autant plus fideles. Certes on ne ſçauroit vſer d'aſſez de precaution pour le ſalut de la per-ſonne ſacrée du Monarque. Et neantmoins nous auons veu depuis ces offices-là venaux comme les autres. Il ordonna auſſi que tous ceux qui auoient à luy demander quelque choſe miſſent eux-meſmes leurs pla-cets ou requeſtes és mains de ſa Majeſté : afin qu'en y pouruoyant ſans l'interceſſion des Princes & Grands de la Cour, les demandeurs en euſ-ſent toute l'obligation à ſa Majeſté ſeule. Luy-meſme s'obligeoit de donner audience à toutes perſonnes durant vne heure par chacun jour : ce qu'il reduiſit après à deux jours de la ſepmaine : & enfin cete loüa-ble couſtume s'eſuanouït par le renouuellement des troubles.

Henry III du nom, Roy LXII.

A Le iour de la feste de Touſſaincts le Roy eſtant encore à Lyon fit ſa Communion : & auec ſa Maieſté Monſieur & le Roy de Nauarre : leſquels s'eſtans proſternés à ſes pieds le ſupplierent d'oublier le paſſé auec proteſtation de fidelité & d'obeïſſance inuiolable à l'aduenir : ce qu'ils iurerent ſur leur part de Paradis, & par le Dieu qu'ils alloient receuoir au Sacrement tres-auguſte.

L'An de Chriſt. 1574. Iournal de Henry III.

IX. Proteſtatiõ de Monſieur & du Roy de Nauarre à ſa Maieſté.

De Lyon le Roy deſcendit à Auignon par le Rhoſne fleuue tres-rapide : ſur lequel quelques vaiſſeaux ſe perdirent auec grand nombre de perſonnes : & entre-autres vn dans lequel eſtoit toute la cuiſine de la Roine de Nauarre. Le Cardinal d'Armagnac Legat pour ſa Sainſteté à Auignon receut ſa Maieſté auec grand honneur & magnificence. Mais cete entre-veuë apporta vn tel ombrage aux Religiõnaires qu'ils ſe reſolurent plus fierement que iamais à la guerre.

X. Le Roy à Auignon.

D'autre-part le Roy piqué de leur audace, repaſſât en ſon eſprit les moiens de les ranger au deuoir par la force de ſes armes, commanda au **B** Mareſchal de Bellegarde d'aller mettre le ſiege deuant Liuron, place iuſqu'alors peu renommée : mais tres-forte d'aſſiete, tres-bien réparée, munie de gens de guerre & de toutes prouiſions neceſſaires à la defenſe. Le Prince Daufin remit à cet effect és mains du Mareſchal l'armée Roiale, compoſée de quatre compagnies du regiment des Gardes, douze de Daufinois, neuf de Piemontois, onze enſeignes de Suiſſes : quatre compagnies d'hommes-d'armes François, auec vingt-trois pieces de groſſe artillerie.

XI. Siege de Liuron.

Le Mareſchal n'oublia rien du deuoir d'vn bon Capitaine en ce ſiege. Il fit dreſſer pluſieurs bateries de diuers endrôits, & les remua ſelon les occaſions. Il fit breſche par tout, & y donna pluſieurs aſſauts auec **C** bon ordre. Il fit tant par ſes exhortations que les Suiſſes meſmes contre leur couſtume & contre leurs reſeruations, monterent à leur tour à la breſche. Mais les aſſiegés autant les femmes que les hommes, rapportoient tant de diligence à reparer les ruines, & combatoient auec tant de vigueur & de courage, que les Roiaux furent touſiours repouſſés & & culbutés auec perte. Il fit iouër vne mine qui ne reüſſit pas à l'auantage des aſſiegeans.

XII. Mal-heureux aux Roiaux.

Roëſſes Gentil-homme Daufinois, qui commandoit dedans auec quatre cens hommes d'elite, outre les habitans, aiant eſté tué à vn aſſaut, le commandement fut deferé à la Haye, à cauſe de ſa generoſité **D** & hardieſſe, quoy qu'il ne fût âgé que de vingt-trois ans, & en meilleure eſtime de ſoldat que de Capitaine. Neantmoins il s'acquita tres-dignement de ſa charge, & fit voir à l'eſpreuue qu'vn homme de grãd courage eſt capable de toutes choſes grandes.

XIII. Vaillãce de Roëſſe & de la Haye.

Cependant les munitions de guerre, & le payement manquant à l'armée roiale par l'artifice de la Roine-mere (laquelle haïſſant à mort le Mareſchal, l'auoit fait engager à ce ſiege pour luy faire perdre ſa reputation) l'armée commença à ſouffrir beaucoup, & par meſme moien à murmurer, & à ſe diſſiper. Les aſſiegés au côtraire aians receu

XIV. Bonne reſolution des aſſiegés.

vn renfort de cent hommes de guerre ne cessoient de harceller & prouoquer les Roiaux auec mespris, brocars & iniures. Vne femme s'alla asseoir sur la bresche auec sa quenoüille à la ceinture, & filant à la veuë des assiegeans, monstroit par son asseurance combien deuoient estre asseurés les hommes.

XV.
Haine de la Roine-mere contre Bellegarde.

Or la haine de la Roine-mere enuers Bellegarde procedoit de la jalousie qu'elle auoit de ce que le Roy le cherissoit sur tous ses fauoris: & qu'elle craignoit que possedant entierement l'esprit & les affections de son Maistre, elle fût enfin decreditée. Aussi fit-elle joüer tant de ressors, que (comme ie vien de dire) les faueurs du Roy à l'endroit du Mareschal en estoient desia grandement relaschées.

XVI.
Le Roy accueilli d'iniures deuant Liuron.

Le Roy estant venu en personne à ce siege fut accueilli aussi de poignantes & sales iniures par les assiegés. *Hau massacreurs* (disoient-ils) *ne pensez pas auoir affaire auec des gens surpris dans leurs licts pour les esgorger, comme vous fites l'Admiral & tant d'autres gens de bien: nous nous garderons bien de vos trahisons & perfidies. Que ces mignons de Cour musqués & goderonnés approchent, & nos femmes leur apprendront qu'elles sçauent defendre leur pudicité aussi vigoureusement que leurs maris leurs vies.*

XVII.
Fait leuer le siege.

Il ne faut pas doubter que le Roy ne restât griefuement offensé de telles paroles: mais n'en pouuant prendre vengeance, à cause que les maladies & l'hyuer incommodoient grandement son armée, il fit leuer le siege le XIII iour de Ianuier en l'année suyuante, soubs couleur d'aller à Reims pour se faire sacrer & couronner suyuant la coustume de ses ancestres. Les troupes Piemontoises repasserent aussi-tost les mons: les Daufinoises retournerent en leurs maisons: les Reistres furent baillés au Mareschal de Rais pour les mener en Prouence: & les Suisses au Duc d'Vzez: auquel le Roy donna le gouuernement de Languedoc (quoy qu'il professât encore le Caluinisme) pour l'opposer au Mareschal de Damuille son ennemi: faisant estat que la haine seroit vne plus puissante passion en luy que la consideration de sa Religion: laquelle il abjura bien-tost aprés pour embrasser la Catholique.

1575.

XIIX.
Le Mareschal de Damuille prend S. Gilles.

En ces entre-faites le Mareschal de Damuille assisté des Religionnaires, tenoit la campagne. Il auoit desia battu la ville de Sainct-Gilles, sise sur les confins de Languedoc, si prez d'Auignon que le Roy y estant durant la batterie pouuoit entendre le bruit du canon. Mais sa Majesté aiant ses forces deuant Liuron, ne peut faire aucun effort pour la secourir: & pas vn des courtisans ne se mit en deuoir de se presenter à ce siege pour y donner vn coup d'espée ou rompre vne lance: de sorte que dãs peu de iours la place fut renduë au Mareschal de Damuille.

XIX.
Et S. Romain Aigues-mortes.

En ce mesme temps Aigues-mortes ville maritime, vne des plus fortes & plus importantes de Languedoc, fut surprise par Sainct-Romain, y aiant fait joüer des saulsisses (ce sont de gros bourlets ou longs sacs pleins de poudre) contre deux portes, si heureusement qu'elles
sauterent

Henry III. du nom, Roy LXII.

A sauterent hors de leurs gons: de sorte que par l'effort de ces artifices il se rendit dans vne heure maistre d'vne place que lon estimoit comme imprenable par la force.

L'an de Christ. 1575.

Durant le sejour que le Roy fit à Auignon (où il y a diuerses confrairies de Penitens) il s'enrolla en celle des Blancs, comme firent aussi Monsieur, le Roy de Nauarre, & la pluspart des Courtisans, auec moins de deuotion que de complaisance. La Roine-mere donna son nó à celle des Noirs, & le Cardinal d'Armagnac Legat du Pape estoit de celle des Bleus. Tous firent leurs processions auec vne deuotieuse humilité: à tout le moins par l'apparat & apparence exterieure.

XX. Le Roy s'enrolle aux Penitens d'Auignon.

Le XXVI iour de Decembre Charles Cardinal de Lorraine, âgé de LII ans, fut emporté de cete vie à l'autre par vne fievre continue, aiant pris le serein à vne de ces processiós en portant la Croix de sa Confrairie. Aucuns tenoiēt que ses jours luy furent abregés par poison. Son trespas apporta autant de joye aux Religionnaires (qui le haïssoient à mort) que de regret aux Catholiques, qui le tenoient pour vne des plus fortes colonnes de leur Religion, & pour le fleau des heretiques.

XXI. Trespas du Cardinal de Lorraine.

Le Roy l'estant allé visiter à l'heure que le S. Sacrement luy fut porté, il se leua du lict auec vne robbe de chambre sur sa chemise pour receuoir son Redempteur à genoux, *après auoir protesté deuant ses deux Maistres le Roy des Cieux & son Roy en terre* (ainsi en parla t-il) *que iamais il n'auoit rien fait ny pensé qui peût preiudicier à l'Estat de la France.* Il recommanda ses neueus au Roy & à la Roine-mere, qui estoit aussi presente: & à ses neueus le seruice de leurs Majestés.

XXII. Ses protestations au Roy.

C'est la verité que ce fut vn tres-grand & tres-illustre Prelat, tant par sa naissance que par sa rare erudition, jugement solide, eloquence & intelligence des affaires d'Estat. Sa vie n'estant point scandaleuse, ses predications (car il montoit souuent en chaire) edifioient d'autant plus son auditoire. Il fut admiré au Concile de Trente, & y seruit dignement le Roy contre les entreprises des Espagnols. Il r'abbaissa l'audace de Beze & des autres Ministres au Colloque de Poissy. Aucuns ont tenu qu'il estoit trop passionné pour l'agrandissement de sa maison: & que François Duc de Guise plus moderé que luy estant vn iour assis en conference auec le Cardinal, & ne pouuant approuuer ses desseins ambitieux, jetta son chappeau à terre en disant, *Ha! mon frere, l'excés de vostre ambition ruinera vn iour nostre maison.*

XXIII. Ses mœurs & conditions.

Il auoit tenu le plus haut degré en credit auprés de la Roine-mere: laquelle l'auoit eu si auant en son esprit durant sa vie, que mesmes après sa mort elle en eut l'imagination troublée, l'aiant en vision de jour & de nuict auec frayeur & horreur. C'est pourquoy aussi le Roy Charles le voiant plus attaché aux affections de la Roine sa mere qu'aux siennes ne l'aimoit pas: & Henry qui auoit de pareilles impressions en cela que son frere, ne fut pas marri de son trespas. Certes les Rois ne veulent point de seruiteurs liés à d'autres maistres: mais de-

XXIV. La Roine-mere troublée de visions après la mort du Cardinal.

Tome 4. D

mandent les affections de leurs subjets toutes entieres.

XXV. Traicté de mariage entre Mōsieur & la Roine d'Angleterre.

En ce mesme temps Elizabeth Roine d'Angleterre enuoia vne celebre ambassade à Henry, pour en apparence se conjouïr de son heureux retour de Pologne: mais en effect pour fauoriser les affaires des Religionnaires, & interceder enuers sa Majesté pour la deliurance des Mareschaux de Montmorency & de Cossé. Le Roy dissimulant aussi de sa part (miserable condition des Princes, qu'ils soient contrains de dementir ordinairement leurs pensées) receut cete ambassade auec grande magnificence, & remit sur le tapis le mariage du Duc d'Alençon son frere auec Elizabeth, assés agreable à toutes les deux parties: mais n'estant point arresté au Ciel, quelques efforts que lon en face, & que mesmes les articles en soient accordés, il ne sera jamais accompli sur la terre.

L'An de Christ. 1579.

Sacre & mariage du Roy. Continuation de guerre ciuile.

I. Le Roy demande la fille du Roy de Suede en mariage. II. Quite cete recherche & demande Louïse de Lorraine. III. Est sacré & couronné. IV. Espouse Louïse. V. Augure sinistre. VI. Fr. de Luxembourg mescontent du Roy. VII. D'où procedoit la sterilité de Louïse. IIX. Le Roy fait son entrée à Paris. IX. Le Mareschal de Damuille ligué auec les Religionnaires. X. Insolentes demandes des Rebelles. XI. Response du Roy. XII. Perfidies de la Haye Lieutenant general de Poictiers. XIII. Condamné à mort & executé. XIV. Prise d'Vzerche, de Briue & de Perigueux. XV. Du Mont-S. Michel. XVI. Estat de Languedoc. XVII. Montbrun pris & decapité. XIIX. Les Rochellois font les pirates. XIX. L'isle de Ré prise & reprise en vn mesme iour. XX. Declarations du Roy pour r'appeller les Rebelles au deuoir. XXI. Les Rochellois refusent ses offres. XXII. Elizabeth vesue du Roy Charles se retire en Alemagne. XXIII. Le Roy cede le Duché de Bar au Duc de Lorraine.

I. Le Roy demāde la fille du Roy de Suede en mariage.

APRES le decés du Cardinal de Lorraine il y eut vn soudain changement en l'esprit du Roy touchant son mariage. La Roine-mere desiroit qu'il prît femme de nation estrangere, afin que l'ignorance de la langue & des mœurs Françoises rendant sa bru d'autant plus incapable des affaires d'Estat, elle retînt tousiours le premier lieu d'autorité auprés du Roy son fils au gouuernement du Roiaume. A cet effect elle luy auoit fait trouuer bon d'enuoier de la part de sa Majesté

Henry III du nom, Roy LXII.

L'An de Christ 1575.

A Claude Pinart vn des quatre Secretaires d'Estat deuers Iean Roy de Suede, pour luy demander en mariage Elizabeth sa fille, belle en perfection: & fit apporter en France son pourtrait, esperant que le Roy le voyant s'en rendroit plus amoureux que par l'ouïe.

Mais le trespas du Cardinal arriuant là dessus, elle se trouua frustrée de son attente. Car dez l'année precedente le Roy passant à Nancy en allant en Pologne (ainsi que i'ay touché ci-dessus) fut espris de l'excellente beauté de Louïse de Lorraine fille du Comte de Vaudemont: & dez-lors l'eût espousée, ou en eût conclu le mariage sans la consideration du Cardinal de Lorraine: lequel (disoit il) se fût rendu plus orgueilleux, & du tout insupportable par cette alliance. Aussi-tost donc que le Cardinal eut rendu l'ame, sa Majesté fit faire vn pourtrait de Louïse & l'enuoia demander en mariage à son pere & au Duc de Lorraine par Philippe Huraut Sieur de Chiuerny: & le chargea de quantité de riche pierrerie pour la Princesse Lorraine. Le Roy de Suede aduerti de ce changement, le receut à affront & iniure: & Pinart estant encore à sa Cour (où il auoit esté honorablement accueilli) courut fortune de sa vie. La Roine-mere ne se sentant pas assez puissante pour esteindre le feu amoureux de son fils par aucuns artifices, fut contrainte de dissimuler son mescontentement & d'approuuer ce mariage.

II. Quitte cete recherche & demande Louïse de Lorraine.

Louïse aiant esté emmenée en France par le Duc de Lorraine & le Comte de Vaudemont (qui ne s'estoient iamais promis tant d'honneur) le Roy auec toute sa Cour s'en alla à Reims, où il fut sacré & couronné par le Cardinal de Guise le XV de Feurier MDLXXV, en mesme iour qu'il l'auoit esté l'année precedente en Pologne, aiant ainsi affecté cete rencontre.

III. Est sacré & couronné.

Le lendemain il espousa Louïse: les vertus & perfections de laquelle faisoient promettre au Roy & à toute la France vn singulier bonheur de ce mariage. Mais Dieu n'y aiant pas donné sa grace & benediction, il n'y en eut point de lignée.

IV. Espouse Louïse.

L'on obserua qu'au Sacre du Roy le cantique *Te Deum*, que l'Eglise chante en tesmoignage de reiouïssance publique, & qu'on auoit accoustumé de chanter en pareilles celebrités, fut omis en celle-ci: & qu'en l'vne & l'autre ceremonie la Messe ne fut acheuée qu'à Vespres. Tout cela fut aucunement scandaleux & pris par plusieurs à sinistre augure.

V. Augure sinistre.

François de Brienne de l'illustre maison de Luxembourg auoit recherché Louïse en mariage: & s'estant trouué au Sacre & aux noces du Roy, sa Majesté luy dit ces mots: *Mon cousin, i'ay espousé vostre maistresse: mais ie veux en contre-change que vous espousiez la mienne:* entendant la Damoiselle de Chasteau-neuf de la maison de Rieux en Bretagne (vne des filles de la Roine-mere) laquelle le Roy auoit aimée, tant à cause de la gentillesse de son esprit, que pour sa beauté singuliere, & la Roine-mere fut vn temps en crainte qu'il l'espousast.

VI. Fr. de Luxembourg mescontent du Roy.

Tome 4.

Luxembourg luy respondit: *Sire, ie suis tres-ioieux de ce que ma Mai-* *stresse a rencontré tant de bon-heur & tant gaigné au change. Mais ie sup-* *plie vostre Majesté de me döner temps à me resoudre à vn autre mariage.* L'An de Christ. 1575. Le Roy le pressant serieusement en luy disant qu'il vouloit que ce fût à l'heure mesme, il luy demanda huict iours de grace: lesquels sa Majesté aiant restreint à trois, il monta à cheual & se retira secretement de la Cour, l'amour qui l'auoit asseruisoubs l'empire de Louïse ne le pouuät si promptement captiuer soubs la tyrannie d'vne nouuelle maistresse.

VII.
D'où procedoit la sterilité de Louïse.

Louïse pourtant ne l'aima iamais d'amour aiant dōné ses affections à Pol frere de Iean Comte de Salmes: lequel sans la recherche du Roy l'eût espousée. Et elle ne viuant qu'en cet objet de ses premieres amours (quoy qu'elle aimât & honorât le Roy, comme doit vne sage & chaste espouse) conceut neantmoins vn si poignant regret de cete separatiō, que l'eminente grandeur à laquelle elle estoit eleuée par son mariage, ne luy peut oster ny l'adoucir: de sorte que la continuelle langueur qui la desséchoit, produisit en elle vne espece de fieure lente que les Medecins appellent *Hectique*, comme qui diroit *habituelle*: laquelle la rendit sterile. Toutesfois le Roy fut si discret, que bien qu'il eût cognoissance de ce defaut, il ne la voulut point repudier ny se separer d'elle.

IIX.
Le Roy fait son entrée à Paris.

Or Henry apres son Sacre aiant rendu les vœus accoustumés en l'Eglise S. Magloire & en l'Abbaïe S. Denys, fit font entrée en sa bonne ville de Paris: où il estoit grandement desiré des habitäs: tant à cause que tout changement est agreable au peuple (mesmement apres tant de desordres) que parce que ses subjets se promettoient vn siecle d'or soubs le regne d'vn Monarque qui auoit la reputation d'estre religieux, liberal, valeureux & debonnaire.

IX.
Le Mareschal de Dämuille, ligué auec les Religionnaires.

En ces entre-faites le Mareschal de Damuille chef des Catholiques Mal-contens ou Politiques, estoit aux prises auec le Duc d'Vzez, lequel (quoy que Religiōnaire) auoit esté subrogé par le Roy au gouuernement de Languedoc, au lieu du Mareschal, cōme nous auons touché ci-dessus. Mais tous leurs exploits, qui n'estoient qu'autant d'actions de vengeance & effors de passions particulieres, tournerent à la foule generale de la prouince. Le Mareschal desirant s'asseurer de l'assistance des Religionnaires, cōnuoqua vne assemblée des Estats de Languedoc à Nysmes: où aprés auoir fait vne nouuelle ligue ensemble du consentement du Prince de Condé & de plusieurs Eglises de Fráce, il fut conclu le X de Feurier qu'ils prendroient les armes tous ensemble: & luy particulierement voulant colorer son procedé, fit publier vn manifeste, par lequel il declaroit que c'estoit pour la manutention de la Couronne, pour le seruice du Roy, pour la protection des naturels subjets de sa Majesté tant de l'vne que de l'autre Religion contre tous ceux qui par vn pernicieux conseil induisoient le Roy à leur ruine.

X.
Insolentes demandes des Rebelles

En ce mesme temps les deputés du Prince de Condé & du mesme Mareschal, ceux de la Rochelle, de Languedoc, Guienne, Prouence & Daufiné, aians obtenu permission du Roy de s'assembler auprés du Prince de Condé, qui estoit encore en Alemagne, afin (disoient-ils) de

Henry III du nom, Roy LXII. 41

conferer ensemble des moiens d'vne ferme & asseurée paix, assignerent l'assemblée au mois de Mars à Basle en Suisse, où le Prince de Condé se trouua. Là furent dressés XV articles de demandes que l'assemblée faisoit au Roy : les plus importans desquels estoient ceux qui s'ensuyuent.

L'An de Christ. 1574.

I. *Que l'exercice de la Religion reformée fût libre par tout le Roiaume, sans restriction ny modification quelconque.*

II. *Que les Chambres my-parties ci-deuant demandées fussent establies par tout les Parlemens de France.*

III. *Que tous ceux de ladite Religion reformée fussent exempts du payement des dîmes.*

IV. *Qu'ils fussent remis en tous leurs biens, restablis en leurs offices, & admis aux charges publiques indifferemment auec les Catholiques.*

V. *Qu'ils retinssent toutes les villes & places qu'ils tenoient audit têps: & de plus que pour leur seureté deux villes leur fussent baillées, telles que le Prince de Condé nommeroit.*

Ces articles, & autres aiant esté portés au Roy par aucuns d'iceux deputés, & leus en vne assemblée conuoquée le VI d'Auril à Paris (où Monsieur frere du Roy & le Roy de Nauarre assisterent) ces demandes furent trouuées bien hardies & insolentes par sa Majesté & son Conseil : & les porteurs n'aiant point de pouuoir pour les changer ou les modifier, le Roy les renuoia auec tesmoignages de mescontentement: neâtmoins auec promesse de rechercher de sa part tous les moiens d'affermir vne bonne paix entre tous ses subjets de l'vne & de l'autre religion, les exhortant d'en faire aussi de leur costé les auances.

XI. Responce du Roy.

Durant ces assemblées la Haye Lieutenant general au siege de Poictiers (duquel i'ay parlé ci-deuant) brouïlloit les cartes en sa patrie. Cet esprit turbulent, qui faisoit plus de bruit à la guerre qu'au Palais, estoit du parti des Catholiques Mal-contens, & partant confederé auec les Religionnaires, afin des'acquerir de l'autorité en son païs par ses trahisons plustot que par aucune consideration d'Estat. Neantmoins jusqu'à ce qu'il eût fait quelque grand coup il vouloit paroistre bon seruiteur du Roy: & donnoit souuent de bons aduis au Roy & à la Roine-mere. Estant aduerti que le Roy estoit instruit de ses menées, il enuoia demander sauf-conduit à sa Majesté pour l'aller trouuer, & se justifier des calomnies que ses ennemis luy mettoient sus : & l'aiant obtenu il entretint le Roy de plusieurs affaires auec beaucoup d'artifice; tellement qu'il croyoit auoir si bien palié ses perfidies, que le Roy & son Conseil en demeurassent satisfaits. Entre autres choses il estoit deferé d'auoir voulu liurer aux ennemis de sa Majesté les villes de Poictiers & de Fontenay-le Comte. Ce que ne pouuant pas nier, il dit que c'estoit pour le seruice du Roy : daurant que par ce moien les Religionnaires pretendoient vne telle confiance en luy, qu'auec l'intelligence d'aucuns d'iceux, desquels il disposoit à sa volonté, il esperoit bien-tost leur enleuer la Rochelle : laquelle estant

XII. Perfidies de la Haye Lieutenant general de Poictiers.

Tome 4. D iij

de plus grande importance que toutes les villes du Poictou ensemble (entant que sa Majesté les pourroit remettre en son obeissance plus aisément que la Rochelle seule) ce seroit vn tres-notable seruice pour l'Estat.

XIII.
Condamné à mort, & executé.

Tant y a que cuidant auoir à tout le moins plastré les affaires & mis sa teste en seureté, il retourna en Poictou, & s'y comporta plus insolemment que deuant. Cependant il escriuit à la Noüe, qui estoit dàs la Rochelle, que son voiage de la Cour ny les belles paroles du Roy & de la Roine-mere ne luy auoient point fait changer de volonté. Et de fait il renoüa son entreprise sur Poictiers : mais estant descouuerte & aduertie, il fut condamné à mort par defauts : la sentence executée en effigie, & peu aprés en effect. Car ce mal-heureux estant si presomptueux que de se tenir à la Begaudière sienne maison champestre peu fortifiée, y fut forcé & tué au mois de Iuillet de la mesme année. Son corps fut porté à Poictiers, decapité en la place où estoit son effigie, & les quatre membres separés aussi du tronc, furent mis en quatre diuers quartiers de la mesme ville.

XIV.
Prise d'Vzerche, de Briue & de Perigueux.

Or il sembloit que les Religionnaires eussent proposé de si insolentes demandes au Roy, plustost pour auoir pretexte de prédre les armes sur le refus de sa Majesté que pour esperáce qu'elles leur fussent accordées, ou par aucune inclination qu'ils eussent à la paix & tranquilité du Roiaume. Car en ce mesme temps, ou peu aprés, ils forcerent ou surprirent plusieurs villes & bonnes places en diuerses prouinces. Le Vicomte de Turene, qui n'agueres auoit pris le parti des Religionnaires, couroit le Limosin & le Perigord, & s'estoit emparé d'Vzerche & de Briue-la Gaillarde. Le jeune Montferrand, dit Langoiran, surprit Perigueux vn iour de marché, aiant ietté dedans bon nombre de soldats trauestis en païsans : lesquels auec l'intelligence d'aucuns trahistres, se saisirent d'vne porte, & donnerent entrée à toute la troupe qui s'empara de la ville & la saccagea auec beaucoup de violences.

XV.
Du Mót-S. Michel.

Le Mont-S. Michel en Normandie fut pareillement surpris par le sieur de Touchet Gentil-homme Religionnaire du mesme païs : mais auant qu'il se fût entierement rendu maistre de la place, il fut attaqué si viuement par de Vique enseigne du Mareschal de Matignon, qu'il en fut chassé le mesme iour qu'il y estoit entré, & n'en remporta que dommage.

XVI.
Estat de Languedoc

Rochegude faisoit de grands desordres en Viuarez : mais aiant esté blessé en vne rencontre prez de Nonnay (où il eut pourtant de l'auantage sur les Roiaux les aiant mis en route) il mourut peu de iours après de ses blesseures. Sainct Romain & Peregourdes faisoient cruellement la guerre en Languedoc sous l'autorité du Mareschal de Damuille : & le Duc d'Vzez auec les armes du Roy les contre-luitoit de tout son pouuoir pour se monstrer bon seruiteur de sa Majesté, & digne de la charge que n'agueres il luy auoit donnée. Toutesfois le siege de Beys en Viuarez ne luy reussit pas, aiant esté contraint de le le-

Henry III du nom, Roy LXII.

uer auec perte de bon nombre de vaillans hommes.

L'An de Christ 1575.

Montbrun faifoit toufiours du bruit dans le Daufiné auec François de Bonne fieur de Les-Efdiguieres, qui commençoit d'eftre en eftime de bon Capitaine. Au mois de Iuin il y eut vn furieux combat entre Montbrun & des Gordes Lieutenant de Roy en la mefme prouince. Mais enfin des Gordes y aiant perdu huict cens hommes, fut contraint de quitter le champ de bataille aux ennemis, & fe fauua dans Die. Peu de iours apres il eut fa reuenge en vn autre combat: auquel Montbrun abandonné lafchement des fiens fut bleffé, pris & conduit foubs bonne garde à Grenoble: où par Arreft du Parlement du XII d'Aouft enfuyuant il eut la tefte coupée. Dequoy les Religionnaires firent de grandes plaintes, comme fi cela eût efté fait côtre le droict de guerre.

XVII. Montbrun pris & decapité.

Les Catholiques au contraire fouftenoient qu'il auoit merité cete mort, tant pour auoir enleué partie de l'equipage du Roy à fon arriuée de Pologne, que pour auoir permis aux fiens mille actes de brutalité, qui font exceptés par les traictés de paix, encore qu'ils aient efté commis durant la guerre. Car il donnoit toute forte de licence aux foldats, & ne puniffoit iamais aucun de leurs forfaits, quoy que d'ailleurs il fût homme d'vn courage tout martial, hardi, & vigilant Capitaine.

Les Rochellois faifoiét auffi tres-mauuaife guerre aux Catholiques fur mer en qualité de pirates & corfaires. Ils enuoierent quelques nauires vers les Açores ifles de l'Ocean vis à vis de l'Efpagne, appartenantes alors au Roy de Portugal, pour furprendre les Portugais au retour des Indes, & y firent vn gros butin: mefmement à la prife d'vne carauelle: dans laquelle ils trouuerent fept cens liures d'or. S'eftant longuement defendue, il y eut vn horrible carnage d'hommes d'vne part & d'autre.

XIIX. Les Rochellois font les pirates.

De la part des Catholiques le Vicomte de la Vauguyon & le Baron de Vaillac fortifiés de quelques cornetes de Reiftres qui leur furent enuoiées par le Duc de Montpenfier, couroient le païs d'Engoumois, de Saintonge & d'Aunis, & incommodoient grandement les Rochellois par terre. Benon à cinq lieues de la Rochelle aiant efté furpris par les rebelles, fut repris vn mois apres par les Roiaux. Landereau Gentil-homme Poicteuin aiant attaqué & emporté d'emblée l'ifle de Ré auec beaucoup de courage, en fut chaffé le mefme iour par les Rochellois, lefquels y accoururent comme fi c'euft efté à l'embrafement de leur ville.

XIX. L'ifle de Ré prife & reprife en vn mefme iour.

Les affaires s'aigriffant infenfiblement par tout le Roiaume, le Roy pour remettre les Religionnaires au deuoir, fit publier vn Edict le X de Septembre: par lequel il proteftoit de les receuoir tous en fa bonne grace, & de les traicter comme doit faire vn bon Prince, pourueu qu'ils pofaffent les armes, & luy rendiffent les places par eux occupées; & enjoignoit aux gouuerneurs des prouinces de les faire jouïr en toute feureté du benefice de fes Edicts: ce qui en retint aucuns dans l'obeïffance. Et dautant que la pluf-part demeuroient encore obftinés en leur

XX. Declaration du Roy pour rappeller les rebelles au deuoir.

D iiij

rebellion pour la crainte d'estre recherchés du passé, il fit vn autre edict le XIII d'Octobre ensuyuant : par lequel il leur octroioit ample abolition des choses passées.

XXI.
Les Rochellois refusent ses offres.

Tous ces desordres, tumultes & actes d'hostilité n'empechoient pas que la negociation de la paix ne se cōtinuât à Paris auec fort peu de progrés, quoy que le Roy y exhortât les deputés du parti contraire, & notamment les Rochellois, auec de grandes promesses. Eux auec beaucoup de prudence protestoient qu'ils ne desiroient rien tant que la paix, pourueu qu'elle fût generale par tout le Roiaume, & ne vouloiēt point se des-vnir des autres Eglises. A defaut de paix on proposoit vne trefue : laquelle les deputés de Languedoc offroient d'accepter pour leur prouince. Mais le Roy vouloit qu'elle fût generale, & que les villes de Sainct-Gilles, Aigues-mortes & Beaucaire prises depuis son retour de Pologne luy fussent rendues : & eux refusoient d'y entendre sur l'esperance qu'ils auoient que le Prince de Condé emmeneroit bien-tost à leur secours vne grosse armée d'Alemans, qui estoient desia à la frontiere du Roiaume.

XXII.
Elizabeth vefue du Roy Charles se retire en Alemagne.

En ce mesme temps la Roine Elizabeth veufue du Roy Charles se voiant decheuë de toute autorité, prit son congé pour retourner en Alemagne deuers l'Empereur son pere. Henry la conuoia à trois ou quatre journées : mais il ne luy donna pas vn equipage sortable à sa naissance, & au rang qu'elle auoit tenu en ce Roiaume. Elle laissa en France Marie-Elizabeth sa fille âgée d'enuiron deux ans, qu'elle auoit euë du Roy Charles son espoux : laquelle deceda en l'an MDLXXIX quatre ans apres le depart de la Roine sa mere.

XXIII.
Le Roy cede le Duché de Bar au Duc de Lorraine.

Cete mesme année le Roy en consideration de la Duchesse de Lorraine sa sœur, & plus encore pour l'amour de la Roine son espouse (qui estoit de la mesme maison) ceda la souueraineté du Duché de Bar au Duc de Lorraine par ses letres patentes en bonne forme. Dequoy les plus sages de son Conseil demeuroient offensés contre le Chancellier de Birague, qui les auoit séellées legerement, & sans remonstrer à sa Majesté l'importāce de l'affaire. Et luy pour toute excuse allegoit qu'il estoit Chancellier du Roy : response digne d'vn estranger, qui aimoit mieux estre complaisant au Roy que de procurer le bien du Roiaume.

Attentats du Duc d'Alençon sur la vie du Roy son frere. Sa fuite. Sa reconciliation & la paix.

I. Attentats du Duc d'Alençon sur la vie du Roy son frere. II. Qui se resout à le faire mourir. III. Le Duc de Guise partisan du Roy de Nauarre contre le Duc d'Alençon. IV. Le Roy appaise son courroux contre

Henry III du nom, Roy LXII. 45

Monsieur. V. Plaintes de celuy-ci. VI. Passion de la Roine de Nauarre pour luy. VII. Il s'enfuit de la Cour. IIX. Publie vn manifeste de ses intentions. IX. Les Rochellois se deffient de la Noblesse voisine. X. Monsieur se ligue auec les rebelles. XI. Leur resolution. XII. Thoré auec des forces enuoié à Monsieur. XIII. Le Duc de Guise marche à l'encontre. XIV. Ordonnance des deux armées. XV. Les Reistres deffaits. XVI. Le Duc de Guise blessé. XVII. Les Mareschaux de Montmorency & de Cossé mis en liberté. XIIX. Tresue & articles d'icelle. XIX. Difficultés sur l'execution. XX. Le Prince de Condé n'approuue point la tresue. XXI. Le Roy se fortifie. XXII. Les Parisiens refusent de luy prester de l'argent. XXIII. Sont contrains pour faire deloger les gens de guerre des enuirons de leur ville. XXIV. Le Roy est secouru d'argent. XXV. Abouchement de la Roine-mere auec Monsieur. XXVI. Qui apprehende d'estre empoisonné.

L'An de Christ. 1575.

TOVS ces troubles dont la France estoit agitée n'affligeoient pas tant le Roy que les frequentes conspirations du Duc d'Alençon son frere contre la personne de sa Majesté. Car quel creue-cœur deuoit-ce estre à ce bon Roy que son frere vnique, lequel il cherissoit vniquement, fut insidiateur de sa vie, & l'auteur de tous les attentats qui se faisoient contre sa personne? Nous auons veu ci-deuant comme soudain apres le trespas du Roy Charles, luy & le Roy de Nauarre despecherent deux Gentils-hommes en Pologne afin d'empescher son retour. Mais l'aiant rencontré en Austriche hors des mains des Polonnois, Monsieur n'en demeura pas là. Car il attenta plusieurs fois sur sa vie. La premiere, aiant voulu corrompre vn valet de Chambre de sa Majesté pour esgratigner le Roy sur la nuque auec vne espingle empoisonnée en luy mettant sa fraise. La seconde, aiant conspiré pour le mettre à mort. Cete conjuration estant descouuerte par le sieur de Feruaques, la Roine-mere interuint pour la reconciliation entre les deux freres. Monsieur prosterné à genoux demanda pardon au Roy de ce qu'il auoit presté l'oreille aux conjurés sans confesser autre chose. Et neantmoins apres auoir imploré la misericorde de sa Majesté il obtint sa grace, non seulement pour luy, mais aussi (ce qui fut de tres-pernicieux exemple) pour ceux qui auoient projetté vn si execrable parricide.

I. Attentats du Duc d'Alençon sur la vie du Roy son frere.

Ces deux conspirations furent faites vn peu auant le Sacre du Roy: & peu de temps apres il suruint vn accident à sa Majesté, qui donna du souspçon à plusieurs, & au Roy vne ferme croiance que son frere l'auoit fait empoisonner. C'est que soudainement il deuint malade d'vne extreme douleur d'oreille, que les Medecins disoient estre semblable à celle dont François II mourut, & la tenoient pareillement incurable. Le Roy sur la desfiance qu'il auoit de son frere, sans nulle preuue, fut

II. Qui se resout de le faire mourir.

en termes de le faire mourir, afin de voir venger sa mort par la punition d'vn fratricide & parricide. Estant en cete resolution il fit appel- L'An de
ler le Roy de Nauarre, luy declara sa passion & la volonté qu'il auoit Christ.
de le faire recognoistre son successeur legitime en faisant mourir son 1575.
frere: adjoustant à cela qu'il s'asseuroit bien qu'il seroit plus agreable
aux François que ce detestable (ainsi qualifioit-il son frere) & que le
Duc de Guise (car il sçauoit que celuy-ci n'aimoit pas le Duc d'Alençon) seroit de son costé.

III.
Le Duc de Guise partisan du Roy de Nauarre côtre le Duc d'Alençon.

Le Nauarrois estonné d'vne resolution si estrange, tascha d'adoucir & moderer le courroux du Roy, en luy representant qu'vn crime si horrible ne pouuoit pas tomber en vne ame si genereuse que celle du Duc d'Alençon: que sa santé n'estoit pas desesperée, & qu'aprés que Dieu luy auroit rendue, il seroit bien marri d'auoir eu ce soupçon contre son frere. Cete remonstrance arresta vn peu l'execution de la resolution de sa Majesté. Cependant le Roy de Nauarre ne laissa pas de tenter l'intention du Duc de Guise, en luy disant que le Roy estoit fort mal. Le Duc de Guise n'entendant pas la consequence, le Nauarrois luy repeta les mesmes mots: & adonc le Duc de Guise mettant la main sur le pommeau de son espée luy repartit, *Voila qui est à vostre seruice.* Outre qu'ils estoient cousins remués de germain, ils auoient fait alliance ensemble: le Duc de Guise appelloit le Roy de Nauarre *Mon maistre,* & celuy-ci le Duc *Mon compere.* Aussi en ce temps-là le Nauarrois faisoit encore profession de Catholique: & s'il eût demeuré dans la vraye Eglise jamais il n'y eût eu de ligue.

IV.
Le Roy appaise son courroux contre Monsieur.

Au demeurant le Roy sentant alleger sa douleur peu à peu, & enfin estant parfaitement gueri s'appaisa & changea d'aduis: mais pourtant iamais depuis il n'aima son frere. Aussi prouoqua-t'il de nouueau son courroux par vne autre iniure tres-sensible: dont ie parleray à la fin de ce regne: & par la ligue qu'il fit contre sa Majesté auec les Religionnaires & les Catholiques rebelles. Et voici comment cete affaire se passa, & par l'entremise de quelles personnes.

V.
Plaintes de celuy-ci.

Le Duc d'Alençon ne cessoit de se plaindre de ce que son appanage n'estoit pas sortable à sa qualité: & de ce qu'il n'auoit point de part au gouuernement de l'Estat ny en paix, ny en guerre. La Roine de Nauarre sa sœur l'encourageoit à remuer toutes pierres pour chercher ses auantages, & par ses persuasions adjoustoit l'esperon à celuy qui n'alloit que trop viste.

VI.
Passion de la Roine de Nauarre pour luy

Ce frere & cette sœur s'entr'aimoient vniquement & cordialement: & j'ay ouï dire souuent à cete Princesse, que ne pouuant supporter la tyrannie d'vn mary ny d'vn frere (qui estoit Henry III) elle auoit donné son cœur & toutes ses affections à son jeune frere, pour le salut duquel elle eût employé volontiers sa vie. Certes elle tesmoignoit assez qu'elle auoit vne passion desreglée pour luy, & n'a peu le cacher en ses Memoires.

Henry III du nom, Roy LXII. 47

Monsieur donc (sur les actions duquel le Roy faisoit curieusement veiller) aiant pris resolution auec sa sœur de s'esloigner de la Cour, deuala de nuict auec des cordes par la fenestre de la chambre de la mesme Roine sa sœur dans le fossé du Louure à l'aide d'elle seule & d'vne autre femme confidente, & accompagné d'vn homme qui l'attendoit dans le fossé, s'en alla vers S. Geneuiefue, sortit par vn trou fait dans la muraille de la ville: & aiant trouué des cheuaux qui l'attendoient vers le faux-bourg S. Marcel, s'enfuit à Dreux place de son appanage. Plusieurs Seigneurs & Gentils-hommes qui estoient de la partie se joignirent à luy en chemin: d'autres, quittant la Cour l'allerent trouuer à la file. Cela arriua sur la my-Septembre de l'an MDLXXV. Plusieurs tenoient qu'il fit cete retraite par le conseil de Bussy d'Amboise & de Simié ses fauoris, qui abusoient de l'esprit de ce ieune Prince. Mais sans doubte (ainsi qu'elle mesme l'a escrit) la Roine de Nauarre y contribua plus que tous les autres.

VII.
Il s'enfuit de la Cour.

Le XVII du mois il fit publier vn manifeste, par lequel il exposoit les causes de son euasion. Entre autres *il remonstroit le iuste mescontentement qu'il auoit de voir les estrangers auancés en autorité, & luy & les Princes du sang roial reculés du gouuernement de l'Estat. Qu'il auoit esté detenu en captiuité sans autre subjet que pour en auoir fait plainte. Que les officiers de la Couronne & les plus signalés Seigneurs de France* (entendant les Mareschaux de Montmorency & de Cossé) *auoient esté mis prisonniers sans nulle forme de iustice. Qu'aiant esperé quelque amendemēt aux affaires par le retour du Roy son frere, & voiant que tout alloit de mal en pis, il s'estoit retiré de la Cour, resolu de maintenir sa dignité par les armes jusqu'à ce que par l'assemblée des Estats generaux il fut pourueu au reglemēt du Roiaume. Qu'il desiroit restablir le Clergé & la Noblesse en leurs anciens priuileges, faire cesser les leuées extraordinaires inuentées à la foule du peuple. Que cependant il prenoit en sa protection tous les naturels François tant de l'vne que de l'autre Religion, protestant de les entretenir chacun en l'exercice d'icelle jusqu'à ce que les differens touchant la foy fussent determinés & decis par vn libre & legitime Concile.*

IIX.
Publie vn manifeste de ses intentions.

Il escriuit particulierement auec les mesmes protestations aux Rochellois, concluant aprés tout à ce qu'ils luy fournissent vne somme d'argent, canon & munitions de guerre. Mais ils tesmoignerent par leurs excuses que sa conclusion leur estoit autant odieuse que ses propositions leur sembloient agreables. Ce refus procedoit de la desfiance naturelle de ce peuple: laquelle en ce temps-là s'estoit accreüe, à cause que la Noblesse voisine aiant esté receüe dans la Rochelle desiroit empieter le commandement sous le gouuernement de la Noüe, sans recognoistre le Maire: dont les Rochellois furent si esmeus que la Noüe mesme, comme fauorisant la Noblesse, craignant quelque sedition, se retira auprés de Monsieur, comme fit aussi Sainct-Gelais & plusieurs autres Gentils-hommes.

IX.
Les Rochellois se desfient de la Noblesse voisine.

Or la Cour fut grandement troublée de la retraite de Monsieur: &

X.

48 Histoire de France,

Monsieur se ligue auec les Rebelles. plusieurs considerans le deplorable estat des affaires se laissoient persuader que suyuant sa declaration il ne respiroit que le bien public & le restablissement des anciennes loix du Roiaume. Les Religionnaires disoient, qu'estant piqué contre ceux qu'ils tenoient pour leurs plus grands ennemis à la Cour, il seroit bien aise de se seruir de leurs forces pour les destruire: & qu'eux par mesme moien se fortifieroient aussi de son nom & autorité, & en establissant leur nouuelle reformation aboliroient la religion Catholique. Mais le dessein du Duc d'Alençon estoit de s'vnir en apparence aux Religionnaires & aux Catholiques Mal-contens: & en se declarant leur protecteur & leur chef, obliger le Roy son frere à luy augmenter son appanage.

XI. Leur resolution. Son manifeste fauorisa grandement le traicté du Prince de Condé auec Federic Electeur de l'Empire & Comte Palatin: lequel ne se pouuoit resoudre à mener ny enuoier secours aux Religionnaires François sans toucher argent. Mais voiant que Monsieur se declaroit leur protecteur, il ne doubta plus de conclure son marché auec eux: de sorte qu'ils conuindrent ensemble de ne jamais quiter les armes que le Roy n'eût baillé au Duc Iean Casimir fils de Federic le gouuernement de Metz, Toul & Verdun, auec le reuenu de ces trois Eueschés, & vne grosse pension: & aux Religionnaires libre exercice de leur religion generalement par tout le Roiaume.

XII. Thoré auec des forces enuoié à Monsieur. Pour lier plus estroitement Monsieur, ils furent d'aduis (attendant que le reste du secours fût en estat d'entrer en France) de luy enuoier deux mille Reistres soubs la conduite du sieur de Thoré frere du Mareschal de Damuille. Ce qui fut promptement executé: & pour accompagner les Reistres, on luy bailla cinq cens arcbusiers, & cent hommes d'armes François, outre grande quantité de Noblesse volontaire tant des Religionnaires que des Catholiques Mal-contens, & autres qui desiroient se joindre à Monsieur, afin de chercher leur fortune dans les ruines de la France.

XIII. Le Duc de Guise marche à l'encontre. Le Roy aduerti des menées que le Prince de Condé faisoit en Alemagne, assembla aussi des forces pour les opposer à l'ennemi estranger, & manda le ban & riere-ban, comme en vne occasion tres-importante. Il commanda au Duc de Guise & à Biron de leur aller à l'encontre auec tout ce qu'ils auoient assemblé de forces, & tascher de luy empescher l'entrée du Roiaume. Les Ducs de Mayéne, d'Aumale, de Mercœur, le Marquis d'Elbeuf, le Mareschal de Rais, Feruaques, & tout ce qu'il y auoit de genereux à la Cour, se vindrent joindre à eux pour la defense de la patrie. Tellement qu'ils se trouuerent ensemble prés de trois mille bons cheuaux, & six à sept mille hommes de pied en vn corps d'armée.

XIV. Ordonnance des deux armées. Ainsi qu'ils marchoient droit à la frontiere de Champagne, ils eurent aduis que Thoré auec l'auant-garde des Reistres, & quelque Noblesse Françoise s'estoit auancé pour se rendre auprés de Monsieur: ce qui leur fit tourner la teste vers luy: si bien que l'aians mis entr'eux & la riuiere de Marne prés de Dormans, ils le forcerent de venir au combat.

Henry III du nom, Roy LXII. 49

A bat. Le Duc de Mayenne eut la premiere poincte pour les charger, souftenu du Duc de Guife qui venoit aprés auec le refte de l'armée. De l'autre-part la gendarmerie Françoife fe mit aux premiers rangs deuāt les Reiftres fous Hafting leur Colonnel, & foubs le fieur de Cleruant: la valeur duquel fut remarquée entre tous les autres. Thoré les foufte-noit auec la Nobleffe volontaire. Les arcbufiers eftoient partagés fur les deux ailes.

L'an de Chrift. 1575.

Les François rebelles fouftindrent vigoureufement le choc des Roiaux: mais les Reiftres fe debanderent la pluf-part: aucuns prenans la fuite à vau-de route. Cinq cens s'eftans rendus au Duc de Guife fau-uerent leurs vies: mais ceux qui firent ferme furent taillés en pieces, & entre autres Hafting leur Colonnel & fon Lieutenant. Il y eut grand nombre de prifonniers auec Cleruant, qui furent tous traités en gens de guerre.

XV. Les Reiftres font desfaits

B Le Duc de Guife pourfuyuant trop chaudement les fuyans & pref-fant vn foldat François, celuy-ci ou par fon eftonnement ou à deffein lafcha vne arcbufade en fe rendant à luy, & luy emporta la joüe. Il ne perdit pas pourtant les eftriers: mais le bruit de fa bleffeure r'appellāt les fiens auprés de leur General, fut caufe que Thoré gaigna le deuant & fe rendit auprés de Monfieur auec ce qu'il peut recueillir du debris de fes troupes.

XVI. Le Duc de Guife bleffé

En ces entre-faites le Roy follicitoit en vain les Parifiens de luy pre-fter de l'argent: & la Roine-mere employoit tous fes artifices pour ra-
C mener au deuoir le Duc d'Alençon, & tafchoit de le contenter afin de le feparer des deux factions formées contre la Religion & contre l'E-ftat. Et parce qu'vn chef de fes plaintes contenoit que les Marefchaux de Montmorency & de Coffé eftoient detenus captifs fans raifon & fans nulle forme de juftice, ils furent mis en liberté, & leur emprifonne-ment caffé & annullé par letres patētes du Roy, verifiées en la Cour de Parlement le VII de May l'année fuyuante: & la Roine-mere allant trouuer fon fils les emmena quand & elle. Ce fut pourtant aprés que leurs teftes furent balancées fur vn faux bruit qui courut de la mort du Marefchal de Damuille. Car le Roy fut perfuadé par le Chancellier de Birague & aucuns autres (lefquels auoient promeffe d'eftre pourueus des premieres charges de Marefchal de France qui vaqueroient) de les
D faire eftrangler dans la prifon. Mais la nouuelle de la mort du Maref-chal de Damuille fe trouuant fauffe, l'execution d'vne action fi inique & honteufe, fut furfife: & peu aprés cela le Duc d'Alençon quittant la Cour donna coup à leur liberté, & au falut de leur vie.

XVII. Les Marefchaux de Montmo-rency & de Coffé mis en liberté.

Or la Roine-mere ne pouuant terminer le mefcontentement du Duc fon fils par vne bonne & affeurée paix, accorda enfin auec luy vne trefue & furfoiance d'armes à commencer le XXII de Nouēbre de la mefme année MDLXXV jufqu'à la fefte prochaine de S. Ian Baptifte.

XIIX. Trefue & articles d'i-celle.

Par cet accord le Roy eftoit obligé de fournir cinq cēs mille liures aux Rei-ftres leués par le Prince de Condé, à la charge qu'ils ne pafferoient pas deça le

Tome 4.   E

Rhin. Pour l'asseurance des Religionnaires & des Catholiques Politiques liguès ensemble, il promettoit de leur bailler en depost six villes : c'est à sçauoir Engoulesme, Niort, Saumur, Bourges, la Charité & Mezieres : (celle-ci estoit accordée particulierement au Prince de Condé pour la seureté de sa personne) lesquelles villes seroient rédues à sa Majesté deuāt la fin de la tresue, soit qu'il y eût paix ou guerre. Le Roy promettoit aussi de congedier toutes les forces estrangeres, excepté les Suisses & les Escossois de ses gardes : & d'entretenir à Monsieur deux mille hommes de pied & cent Gentils-hommes outre sa compagnie d'hommes-d'armes, & cent arcbusiers, auec cinquante Suisses pour ses gardes. Il permettoit aux Protestans l'exercice de leur Religion par toutes les villes & lieux par eux occupés, & ailleurs où il leur auoit esté permis au mois de May dernier par vne autre conference.

L'An de Christ. 1575.

XIX. Difficultés sur l'execution.

Cete tresue, cōme tres-auantageuse aux Religionnaires (qui ne pouuoient desirer rien plus que l'exercice de leur Religiō par toutes les villes & places qu'ils tenoient) fut publiée à la Rochelle aux flambeaux la nuict du XXII iour de Nouembre auquel elle deuoit cōmencer. Mais quand il fut question de venir à l'execution il s'y rencontra de grandes difficultés de la part des Catholiques : & mesmemēt en ce que les sieurs de Mōtigny & de Ruffec, celuy-ci gouuerneur d'Engoulesme & celuy-là de Bourges, refusoient de remettre ces deux bōnes villes és mains de Mōsieur : & les Religiōnaires disoient auec beaucoup d'apparence, que leur refus procedoit du cōmandement secret des puissāces souueraines.

XX. Le Prince de Coudé n'approuue point la tresue.

Le Prince de Condé estant prest à entrer en France auec le secours estranger, ne fut pas content de ce traicté, en escriuit aux Rochellois son sentiment, & leur demanda quelques Ministres pour se seruir de leur conseil. Miserable Prince, s'il estoit si despourueu de conseil pour les affaires d'Estat, qu'il luy fallût auoir recours aux Ministres, lesquels estans la pluspart moines apostats, n'auoient garde de luy conseiller la paix, afin de couurir leurs impietés & sacrileges sous les desordres de la guerre. Theodore de Beze vn des plus signalés de ceux-là par ses infames soüilleures, accompagnant les letres du Prince de Condé des siennes du XXIII. de Nouembre à Strasbourg, exhortoit les Rochellois à maintenir l'Euangile par les armes, & employoit toute sa Rhetorique pour leur persuader qu'ils se deuoient desfier de tous les Catholiques, & leur asseuroit que dans peu de iours ils seroient secourus d'vne tres-puissante armée que le Prince de Cōdé leur emmeneroit d'Alemagne. Après tout il s'excusoit sur certaine infirmité corporelle de ce qu'il ne pouuoit accōpagner cete armée. C'est pourquoy à son defaut le Prince demandoit aux Rochellois des trompetes de la mesme liurée.

XXI. Le Roy se fortifie.

Le Roy preuoiant bien que cete tresue seroit mal gardée si le Prince de Condé auoit moien de conduire ses Reistres en France, taschoit de se fortifier aussi d'vn gros secours estranger : à sçauoir de six mille Suisses qui desja estoiēt leués, & de huict mille Reistres que Gaspar de Schomberg, Christofle de Bassompierre & Charles Mansfeld offroient de luy emmener : moienant que sa Majesté leur auançât cent mille escus, &

Henry III du nom, Roy LXII. 47

A leur en fournît quatre cens cinquante mille lors qu'ils auroient toutes leurs troupes sur pied à la frontiere de France.

Sa Majesté aiant fait assembler tous les Ordres de Paris en l'Hostel de ville, leur demanda en prest deux cens mille francs pour paier les Suisses durant quatre mois. Mais sa demande fut receuë auec tant d'aigreur qu'ils luy remonstrerent, comme par reproche, que depuis quinze mois leur ville auoit contribué trente-six millions de liures. Que le Clergé estoit en auance de sommes immenses, le peuple opprimé de subsides: & la plus-part de cela employé à des despenses friuoles: desquelles luy aiant fait vne deduction sommaire, ils luy rementeuoient l'exhortation de S. Louïs à son fils pour le soulagement de ses subjets: & pour toute conclusion luy dirent effrontément qu'ils auoient tant contribué par le passé, que leurs bourses en estoient entierement espuisées.

Le Roy, quoy qu'autât offensé de leurs discours que de leur refus, dissimula neatmoins sa passió, leur declarant seulement que leur mauuaise volóté ne l'empescheroit pas de pouruoir aux vrgêtes necessités de l'Estat par autres voies. Et aiant fait venir toutes ses troupes à l'entour de Paris pour y viure à discretió, les Parisiens furent bié aises de luy fournir ce qu'il auoit demandé, & au delà, pour faire eloigner ces hostes, qui non seulement faisoient rencherir les viures: mais aussi pouuoient affamer dans peu de téps par leur profusió & degast cete cité populeuse.

En ces entre-faites il arriua aussi que le Duc de Neuers & Charles Harluin seigneur de Brienne, védirent certains heritages & seigneuries hors du Roiaume: celuy-ci en l'isle de Pleumose, dont ses ancestres estoient issus, & celuy-là en Flandres, & accómoderent le Roy de leur argent, en prenant du domaine de Bretagne en engagement pour leur asseurance. Le Cardinal de Ferrare, les sieurs de Gondy & de Birague, & les banquiers Italiens domiciliés à Paris, luy presterent aussi de notables sommes de deniers pour estre employées aux frais de la guerre, & à la defense du Roiaume.

Enuiron la my-Decembre la Roine-mere alla retrouuer Mósieur à Ruffec pour conferer auec luy touchant la paix generale, & luy donner quelque satisfaction sur l'executió de la trefue: dautât qu'il se plaignoit de ce que le sieur de Ruffec refusoit de mettre en ses mains Engoulesme. Elle ne pouuant, ou ne voulant pas contraindre Ruffec, accorda à Monsieur au nó du Roy les villes de Cognac & de S. Iean d'Angely au lieu d'Engoulesme: fit declarer criminels de lese-Majesté les gouuerneurs des villes promises à Monsieur, qui se monstroient refractaires. Et en executant cete nouuelle conuention Batresse entra dans Cognac de la part de Monsieur, & la Noüe à S. Iean d'Angely. Pour le regard de la paix la mere & le fils se separerent en assés bons termes.

Le XXVI du mesme mois de Decembre Mósieur entra en vne extreme apprehension d'auoir esté empoisonné faisant collation aprés souper auec le sieur de Thoré, & en escriuit au Roy & à la Roine-mere, & mesmes aux Rochellois. Mais le danger estant passé, ou par le moien

L'An de Christ 1575.

XXII. Les Parisiés refusent de luy prester de l'argent.

XXIII. Y sont contrains pour faire deloger les gens de guerre des enuirós de leur ville.

XXIV. Le Roy est secouru d'argent.

XXV. Abouchemét de la Roine-mere auec Mósieur.

XXVI. Qui apprehende d'estre empoisonné.

Tome 4. E ij

des antidotes, ou parce que ce n'estoit pas vrayement poison : & l'accusé nommé Blondeau n'agueres Secretaire du Chancellier de Birague n'aiant rien confessé à la torture, qui luy fut donnée extraordinairement, il n'en fut pas fait plus grand bruit ny recherche. Neantmoins il fut condamné à faire amande honoraire pour n'auoir pas fait l'essay auant que de donner le vin à Monsieur, suyuant la coustume practiquée pour le salut des Princes de cete qualité, dautant que si d'auenture il estoit exempt de crime, il ne l'estoit pas de coulpe.

Abrogation de l'election de Henry en Pologne, & subrogation de Bathory.

I. Le Roy tasche de satisfaire les Polonnois. II. Qui luy enuoient vne ambassade. III. Qui propose au Roy de retourner en Pologne. IV. Response de sa Majesté. V. La Roine-mere desire de conseruer le Roiaume de Pologne pour Monsieur. VI. Bellegarde & Pibrac ambassadeurs en Pologne. VII. Pibrac en tres-grand peril de sa vie. IIX. Trouue la Pologne mal-affectionnée au Roy. IX. S'en retourne auec d'Espesses sans rien faire. X. Les Polonnois elisent Bathory pour leur Roy. XI. Faute de l'Empereur en la brigue du Roiaume de Pologne. XII. Les Polonnois renuoyent au Roy tous ses meubles.

I.
Le Roy tasche de satisfaire les Polonnois.

NOVS auons veu que Henry partant secretement de Pologne y laissa le sieur de Danzy personnage de singulier merite, afin de faire entendre au Senat & aux Seigneurs Polonois les causes de son soudain depart, les raisons pourquoy il n'auoit pris congé d'eux, & l'ordre qu'en son absence il vouloit estre gardé au gouuernemét du Roiaume. Il leur escriuit aussi sur le mesme subjet deux fois estant en chemin pour retourner de deçà, & leur donnoit esperance de son retour aprés qu'il auroit appaisé les troubles dont la France estoit agitée.

II.
Qui luy enuoient vne ambassade.

Les polonnois prenant tout cela pour des bourdes, assemblerent les Estats du Roiaume (qui ne sont, comme i'ay marqué ailleurs, que deux, le Clergé & la Noblesse) à Vvarsouie le XIIX de Septembre l'année derniere : afin de pouruoir à l'administration de l'Estat abandonné de leur Roy, & menacé par de tres-puissans ennemis, & mesmement du Moscouite. En cete asseblée il y eut de tres-grands debats & altercations : plusieurs voulant que cóme Henry s'en estoit allé sans donner cognoissance de son depart au Senat ny à pas vn Polónois, aussi son election fût abrogée sans aucune interpellation precedente. Toutesfois la resolution fut qu'ils luy enuoieroient vne ambassade pour l'exhorter & le sommer de retourner en Pologne dans le XII du mois de May ensuyuant, auquel iour l'assemblée de leurs Estats gene-

Henry III du nom, Roy LXII.

A raux estoit assignée en la ville de Stekzisie: & luy denoncer & declarer que s'il refusoit ou dilayoit d'y venir, les affaires du Roiaume requerans de necessité la presence du Roy, ils procederoient à l'election d'vn nouueau Roy, tout ainsi que s'ils n'en auoient point du tout, tenant son absence pour vne anarchie & interregne.

L'An de Christ. 1575.

Les Ambassadeurs Polonnois arriuerent à Lyon peu aprés Henry: auquel ils exposerent hardiment leur charge, & n'oublierent pas d'entonner haut les reproches de son election & preference à tant d'autres illustres Princes, nul desquels ne leur eût jamais fait ce tort que de les abandonner auec tant de mespris que luy: & afin de luy faire cognoistre que s'il ne retournoit pas en Pologne dans le iour prefix, le dessein des Polonnois estoit d'executer tout ce qu'ils luy proposoient, ils luy donnerent des lettres conformes à leurs remonstrances.

III. Qui proposeau Roy de retourner en Pologne.

Le Roy tres-content de s'estre deschargé du Roiaume de Pologne, comme d'vn fardeau d'ennuy & d'angoisse, auec ce qu'il estoit assez occupé à pouruoir aux affaires de la France, ne se soucioit pas beaucoup du sceptre Polonois. Aprés auoir donc dit aux Ambassadeurs combien il se sentoit obligé aux Estats de Pologne de son election, & s'estre excusé de son soudain depart, il respondit à leur sommation & declaration, que les affaires de la France estoient si troublées, que bien que ce fût son dessein de retourner au plustot en son Roiaume de Pologne, il ne leur pouuoit pas marquer le temps si ponctuellement qu'ils l'en requeroient. Toutefois que pour le desir qu'il auoit qu'il n'y arriuât point de desordre, il y enuoieroit des personnages de telle dignité, suffisance & integrité, qu'auec ce que les Estats & le Senat y contribueroient de leur part, ils suppleeroient à son absence au gouuernement du Roiaume. Que pour luy il joindroit tousiours son consentement à leurs resolutions en toutes choses. Au demeurant, que s'ils estoient si hardis de l'offenser en proposant tant seulement de subroger vn Roy en sa place (ce qu'il croit qu'ils luy ont escrit à intention de haster son retour) il leur fera bien-tost sentir qu'il est leur Roy & Roy de France tout ensemble: & que les Rois de France ont eu de tout temps les mains assez longues pour chastier les nations plus eloignées que les Polonnois, & qu'ils ont porté leurs armes foudroiantes jusqu'en la Palestine, en l'Egypte & en la Barbarie.

IV. Responce de sa Majesté.

Cete responce, qui ne seruoit qu'à couurir vne rodomontade par vne autre, ne pouuoit pas donner grande satisfaction aux ambassadeurs Polonnois. Mais la Roine-mere qui desiroit conseruer la Couronne de Pologne pour le Duc d'Alençon son second fils (quoy que sans nulle apparence: les Polonnois considerant que le mesme accident pouuoit arriuer à celuy-ci qu'à son aisné) faisoit entretenir ces ambassadeurs de belles esperances & promesses: afin de tirer les affaires en longueur, & prendre auec plus de commodité ses mesures & ses auantages. Cependant elle fit despecher Iaques Faye sieur d'Espesses pour aller en Pologne en qualité de sur-intendant

V. La Roine-mere desire conseruer le Roiaume de Pologne pour Monsieur.

Tome 4. E iij

54 Histoire de France,

& directeur des affaires de sa Majesté, & tenir les Estats en haleine attendant l'ambassade de France qui deuoit marcher en suite.

VI. Bellegarde & Pibrac ambassadeurs en Pologne.

En ce temps-là il y auoit entr'autres à la Cour deux personnages tres-signalés, l'vn aux armes, qui estoit le Mareschal de Bellegarde : l'autre en doctrine & grande experience és affaires d'Estat, à sçauoir Guy du Faur sieur de Pibrac : tous deux odieux à la Roine-mere, parce qu'ils estoient grandement cheris du Roy son fils : combien que son pretexte fût que Bellegarde estoit intime ami du Mareschal de Damuille, & que Pibrac pechoit du costé des Religionaires : ce qu'aucuns croioient aussi, parce que ses deux freres estoient de la nouuelle opinion, & qu'il dissuadoit la guerre ciuile. La Roine-mere desirant donc eloigner de la Cour ces deux bons seruiteurs du Roy, lesquels auoiét fait le voiage de Pologne auec leur Maistre, leur fit donner la commission pour y retourner en qualité d'Ambassadeurs. Pour y obliger Bellegarde, qui estoit ambitieux, elle luy faisoit entendre qu'il estoit en si bonne estime parmi les Polonnois (qui desja luy auoient donné le titre de parfait cauallier) que s'il ne pouuoit obtenir ce qu'il desiroit pour le Roy ou pour le Duc d'Alençon (comme il y auoit peu d'apparence) il pourroit luy-mesme estre eleu Roy de Pologne. On promettoit à tous les deux de leur faire tenir trois cens mille escus pour gaigner les suffrages des plus obstinés contre la France. Bellegarde qui auoit bon nés & recognoissoit assés les artifices de la Roine-mere, ne refusa pas la commission : mais il s'en alla en son gouuernement de Salusses, feignant de vouloir prendre le chemin d'Italie, & de là la route de Pologne : & ne passa pas plus outre.

VII. Pibrac en tres-grand peril de sa vie.

Pibrac (ores qu'il preueut bien que l'affaire ne reussiroit pas) tousiours souple & obeïssant aux commandemens du Roy, se mit en chemin au mois d'Auril pour faire ce mesme voiage : lequel luy fut aussi mal-encontreux en allant, que le premier l'auoit esté à son retour. Car estant prés de Mont-Pelicard il tomba en vne embusche de brigans, qui d'abordée tuerent deux des siens, & aprés auoir volé son argent & tout son equipage l'emmenerent dans vne forest, & luy mirent cent fois le poignard à la gorge pour luy faire declarer où estoit l'argét qu'il conduisoit en Pologne : car le bruit estoit qu'il conduisoit deux cens mille escus pour soldoyer les forces Polonnoises pour la Lithuanie. Enfin n'en pouuāt pas tirer autre chose Dieu permit qu'ils le relascherent : & luy tout esperdu s'en alla à Basle : où il redressa son equipage, & y prit de l'argent pour continuer son voiage.

IIX. Trouue la Pologne mal-affectionnée au Roy.

A son arriuée en Pologne il trouua les Estats si esmeus contre les François, & tellement outrés du mespris que Henry faisoit de leur Roiaume, qu'à grand'peine d'Espesses auoit peu obtenir d'eux huict jours de delay pour l'attendre : quoy qu'il leur asseurât & protestât que le Mareschal de Bellegarde & luy leur apporteroient vne entiere satisfaction de la part du Roy leur Maistre.

IX.

Le Mareschal ne venant pas, Pibrac & luy rapporterent à cete ne-

Henry III du nom, Roy LXII.

gociation tout ce qu'on pouuoit desirer de l'eloquence, prudence & conduite humaine. Mais après tout aians affaire à des hommes resolus à ne receuoir en payement que des effects, ils pouuoient bien les esmouuoir, mais non pas contenter de nues & vaines paroles. Ioint que les trois cens mille escus (qui pouuoient estre les plus puissans argumés de leurs harangues) ne leur furent point enuoiés. Tellemét que voians qu'ils ne pouuoient ny empescher ny retarder dauantage le decret des Estats touchant l'abrogation de l'election de Henry, & que le nom François estoit si odieux aux Polonnois qu'ils ne leur eussent osé proposer la subrogation de son frere, ces deux grands hommes d'Estat jugerent qu'il ne leur estoit pas seant de sejourner plus longuemét en vne region, où leur Roy s'en alloit estre degradé & priué de l'vne de ses Couronnes.

L'An de Christ 1575.

S'en retourne auec d'Espesses sans rié faire.

Quant aux Polonnois, apres auoir procedé à l'abrogation de Henry, ils ne demeurerent pas d'accord de l'election d'vn autre. L'Archeuesque de Gnesne & le Comte de Tanchy tousiours fideles seruiteurs de Henry n'aians peu rien faire pour la France, se joignirent au Senat pour l'electió d'Ernest fils puisné de l'Empereur Maximilian II. Le Clergé & les Cheualiers donnerent leurs suffrages du commencement en faueur de Piaste seigneur Polonnois d'vne tres-eminente vertu, ci-deuant nommé vn des concurrans en l'election de Henry. Mais depuis (la fortune & l'enuie de ses patriotes s'opposant à son merite) ils luy preferent Estienne Bathory Prince de Transsyluanie Hongrois de nation, à la charge qu'il espouseroit Anne sœur de Sigismond Auguste âgée de cinquante ans, vnique surgeon de l'anciéne tige de Iaiellon vn de leurs Rois les plus illustres. A cet effect ils la nommerent premierement Roine: & Bathory (elle le desirant ainsi) estant venu en Pologne l'espousa le I iour de May en l'an MDLXXVI: & comme c'estoit vn Prince habile & sage, il sceut si bien amadoüer les partisans de l'Empereur, que tous le recognurent pour Roy & luy rendirent obeïssance.

X. Les Polonnois elisent Bathory pour leur Roy.

1576.

Si l'Empereur ne se fût amusé à pointiller sur les conditions de l'election de son fils, sans doubte il eût emporté le Roiaume de Pologne sur la brigue de tous les autres competiteurs: quand ce n'eût esté que pour la consideration du voisinage & confederation de l'Austriche auec la Pologne. Mais lors qu'il fut question de se resoudre à faire espouser Anne à Ernest, il y rapporta tant de lenteur & de longueurs que Bathory executa ce que son corriual tenoit encore en deliberation. Cependant la maladie de l'Empereur (de laquelle il languissoit dez long temps) venant à s'empirer, Dieu l'appella de ce monde en l'autre le XII d'Octobre en la mesme année: & Bathory demeura paisible en son Roiaume.

XI. Faute de l'Empereur en la brigue du Roiaume de Pologne.

Les Polonnois, quoy que grandement piqués contre Henry, l'auoient neantmoins en telle veneration pour la bonne opinion qu'ils auoient conceuë de luy & l'affection qu'ils en auoient grauée en leurs

XII. Les Polonnois renuoient au

E iiij

56 Histoire de France,

Roy tous ses meubles. cœurs, qu'ils ne voulurent point vser de termes iniurieux en l'abrogation & reuocation de son election : & mesmes luy renuoierent tous ses meubles & vestemens iusques à la moindre & plus vile piece.

L'An de Christ. 1576.

Infraction de la trefue. Le Roy de Nauarre s'enfuit de la Cour. Paix mal gardée.

I. Les Rochellois rompent la trefue. II. Et le Prince de Condé aussi. III. Faisant entrer les Reistres en France. IV. Le Roy de Nauarre abusé de promesses. V. Les Dames agissoient puissamment durant ce regne. VI. Le Roy de Nauarre exhorté à sortir de la Cour s'y resout. VII. Execute sa resolution. IIX. S'enfuit à Saumur. IX. Le Roy le fait suiure en vain. X. Le Roy de Nauarre abjure la Religion Catholique. XI. L'armée des Reistres se joint à Monsieur. XII. Les Princes tentent les moiens de la paix. XIII. Leurs demandes. XIV. Edict de paix. XV. Mescontentement du Prince de Condé. XVI. Zele du Cardinal de Bourbon enuers sa Religion. XVII. Les Rochellois esconduisent Monsieur de ses demandes. XIIX. Permettent que la Messe se die dans leur ville. XIX. Monsieur se resout à prendre la protection des Païs-bas. XX. Vn sien mot notable contre les Huguenots. XXI. Luines enfreint l'edict de paix par la prise de Thoré. XXII. Le Prince de Condé tasche de porter le Roy de Nauarre à la guerre. XXIII. Fait son entrée à S. Ian-d'Angely. XXIV. Se saisit de Broüage. XXV. Est receu dans la Rochelle. XXVI. Se reconcilie auec les Rochellois. XXVII. Les Bourdelois refusent l'entrée de leur ville au Roy de Nauarre. XXIIX. Plaintes & demandes du Prince de Condé. XXIX. Response du Roy. XXX. Qui donne exemple de pieté.

I.
Les Rochelois rompent la trefue.

APRES la publication de la trefue, durant le traité de paix qui se continuoit tousiours entre le Roy & les deputés de la part du Prince de Condé, du Mareschal de Damuille & des Religionnaires, les Rochellois aiant assemblé les forces des isles de Ré, Oleron & Marenes, & des villes de Broüage & de S. Ian-d'Angely, tirerent de leur ville deux canons auec vne piece de campagne, & allerent attaquer le Chasteau de Marans : lequel estant mal pourueu de munitions, leur fut rendu par les Roches-Baritaud le cinquiesme iour aprés le siege.

II.
Et le Prince de Condé aussi.

Ils s'excusoient de cet acte d'hostilité sur le refus que les Catholiques faisoient de remettre és mains de Monsieur les villes qui luy auoient esté promises par la trefue. Mais le Prince de Condé n'aiant pas voulu approuuer cete trefue, s'en venoit auec le Duc Casimir, enseignes desployées à la desolation de sa patrie, protestant de ne s'arre-

Henry III du nom, Roy LXII. 57

L'an de Chrift. 1576.

Aſter point à autre entrepriſe qu'il ne fût deuant Paris, ſi toutes ſes demandes ne luy eſtoient ponctuellement accordées.

Cete armée eſtrangere eſtoit compoſée de dix mille cheuaux Reiſtres, deux mille Lansknets, ſix mille Suiſſes, & trois mille arcbuſiers François enuoiés au deuant d'eux à la frontiere. Il y auoit quatre groſſes pieces de baterie, & ſeze moiennes ou pieces de campagne. Ces forces jointes à celles de Monſieur & des Religionnaires ſe promettoient de paſſer ſur le ventre à tous ceux qui s'oppoſeroient à leurs armes.

III. Faiſant entrer les Reiſtres en France.

En ce temps deux liens retenoient priſonnier volontaire à la Cour le Roy de Nauarre : l'vn l'amour de certaines Dames : l'autre l'eſperance d'eſtre fait General de l'armée roiale pour combatre l'Eſtranger : ce que le Roy luy auoit ſouuent promis, quoy que ſon intention fût du tout eloignée de ſa parole. Cete promeſſe donc ainſi eludée (car on auoit veu que le Duc de Guiſe auoit commãdé l'armée de ſa Majeſté, deſja combatu & desfait à Dormans l'Auant-garde des ennemis) ſe tournoit en riſée, & ſeruoit d'entretien ordinaire à la Cour, juſques aux Dames, le tout aux deſpens du Roy de Nauarre.

IV. Le Roy de Nauarre abuſé de promeſſes.

Durant ces intrigues, & durant quaſi tout ce regne, les Dames poſſedant les cœurs d'aucuns Princes & Grands du Roiaume, apprenoient les premieres (par vne curioſité naturelle à ce ſexe) les ſecrets de leurs amans : & s'intereſſoient auec paſſion aux diuers partis, bien ſouuent à contre-pied de leurs maris, ſelon que leurs conſiderations eſtoient differentes. Les plus habiles ou plus malicieuſes en faiſoient leur profit en les deſcouurant, ou bien en les deſguiſant, ſelon qu'elles le jugeoient eſtre à propos à leurs deſſeins. Les ſotes ou moins accortes n'en ſçauoient point profiter & ſi nuiſoient à d'autres. La Roine de Nauarre nourrie aux artifices de ſa mere emportoit le prix en cete practique. Elle haïſſoit les Rois ſon frere & ſon mari, & les eût voulu perdre tous deux pour l'auancement du Duc d'Alençon ſon autre frere. A cet effet elle fomentoit l'aigreur & la haine qui eſtoit entre les deux Rois beaufreres : & parce qu'elle ſçauoit bien qu'ils cõgnoiſſoient la malice de ſon eſprit, elle ſe ſeruoit en cela de ſes filles que ſon mari aimoit, & de perſonnes interpoſées, & meſmes de ceux qui eſtoient amoureux d'elle.

V. Les Dames agiſſoient puiſſammẽt durant ce regne.

La Roine de Nauarre qui deſiroit donc que ſon mari ſortit de la Cour pour aller fortifier le parti du Duc d'Alençon auec les Religionnaires & Catholiques Mal-contens, luy fit cognoiſtre que le Roy ſe moquoit de luy. Aucuns de ſes plus fideles ſeruiteurs, (& entre autres Armagnac) luy aiant repreſenté la meſme choſe, & qu'il faiſoit grand tort à ſa reputation & à la gloire à laquelle Dieu l'auoit fait naiſtre, de croupir ainſi dans l'oiſiueté ſans nul employ pendant que le Duc d'Alençon & le Prince de Condé eſtoient à la teſte d'vne armée, & les Ducs de Guiſe & de Mayenne à la teſte de l'autre : il commença de reueiller en luy cete generoſité naturelle qui s'eſtoit endormie dans les allechemens de la Cour : de ſorte qu'il fut bien-toſt reſolu à s'en eloigner, pour aller joüer auſſi vn des principaux perſonnages ſur le theatre de la France.

VI. Le Roy de Nauarre exhorté à ſortir de la Cour s'y reſout.

VII.
Execute sa resolution.

Pour executer sa resolution il sortit de Paris le dernier iour de Feurier, faisant semblant d'aller courir vn cerf vers la forest de Montmorency prés de Senlis: & de fait il le courut, & le prit, aiant en sa compagnie S. Martin maistre de la Garde-robe, & Espalenques Lieutenant aux Gardes, lesquels luy aiant esté donnés du Roy pour veiller sur ses actions, le suiuoient par tout comme deux ombres de son corps: outre lesquels il auoit aussi auec luy le Comte de Gramont, Iean-Louïs de la Valete sieur de Caumout, depuis Duc d'Espernon, Mont-de Marras, Podens dit le Clerc, & autres.

L'An de Christ. 1576.

IIX.
S'enfuit à Saumur.

Estant au soir prés des faux-bourgs de Senlis, il receut vn billet de Feruaques, par lequel il luy donnoit aduis que son dessein estoit descouuert, & qu'on luy preparoit à son retour à Paris vne chambre dans la Bastille. Là dessus suruint Roquelaure, qui luy confirma la mesme chose, & luy emmena de bons cheuaux. Ces aduis seruát d'esperon à celuy qui estoit d'ailleurs bien disposé à courir, il donna certaines commissions separément à S. Martin & à Espalenques, pour se desfaire d'eux (abhorrant le conseil d'aucuns des siens qui les vouloient tuer) & piqua toute la nuict droit à Poissy, (non pas à la Fere, cóme tous nos Annalistes escriuent) auec les Seigneurs & Gentils-hommes sus-nommés. De Poissy il alla à Chasteau-neuf, à Alençon, à la Fleche, & à Saumur.

IX.
Le Roy le fait suyure en vain.

Le Roy auoit esté auerti par Feruaques mesme de la resolution du Nauarrois: & celuy-ci n'en croioit pas moins: toutesfois il ne laissa pas de le voir de bon œil lors qu'il le vint trouuer, & receut en bonne part l'excuse qu'il luy en fit: qui estoit que la Dame de Carnaualet en aiant desja aduerti sa Majesté, il n'auoit peu luy cacher vne verité descouuerte. Tant y a que le Roy grandement alarmé de la fuite du Nauarrois, enuoia des gens aprés luy pour le r'emmener à force: & d'autres (s'ils le trouuoient en lieu de seureté) pour luy persuader de retourner à la Cour, où il receuroit toute sorte de satisfaction, auec offres de luy en donner toutes les asseurances qu'il en voudroit prédre. Chemeraut entre autres, & le jeune Cerillac depuis Comte de Belin, furent employés à cete negociation: & le dernier auoit charge, s'il ne pouuoit r'emmener le Nauarrois, à tout le moins de r'emmener Caumont, auquel le Roy commençoit de porter de l'affection pour la generosité & solidité de iugement qu'il remarquoit en luy au dessus de son âge. Mais ils ne sceurent rien gaigner sur l'vn ny sur l'autre.

X.
Abjure la Religió Catholique.

Le Roy de Nauarre ne fut pas plustost en liberté qu'il quitta l'exercice de la Religion Catholique; passant à Alençon fit vn baptesme à la Huguenote, & peu de iours aprés abjura publiquement la mesme Religion, & fit profession du Caluinisme. Caumont se ramenteuant vne instruction ordinaire, & vn commandement tres-exprés que la Valete son pere auoit fait à luy & à son frere sur peine d'encourir sa malediction, de n'estre jamais Huguenot ny au seruice de Prince Huguenot, prit congé du Nauarrois, & (nonobstant les conjurations qu'il luy

Henry III du nom, Roy LXII.

fit de demeurer auprés de luy) se retira en Gascogne. Le bruit fut pourtant à la Cour qu'il estoit resolu de suyure le parti de la fortune de ce Prince. Mais luy pour tesmoigner le contraire reuint à Blois (où la Cour estoit durant les Estats generaux) dez l'entrée de l'année suyuante: & s'estant acquis les bonnes graces de sa Majesté par la reputation de sa vertu, se les conserua tousiours depuis par sa fidelité, & continuels seruices enuers sa Majesté, & par vne singuliere prudence & sage conduite.

L'An de Christ. 1576.

Cependant le Roy armoit de son costé pour s'opposer aux desseins de ses ennemis. Mais son armée conduite par le Duc de Mayenne beaucoup inferieure en nombre de combatans s'estant auancée jusqu'à Moulins en Bourbonnois, ne sceut empescher que le Prince de Condé & le Duc Iean Casimir apres auoir trauersé la Champagne & la Bourgogne (où ils firent mille rauages & mesmement à l'entour de Langres, en l'abbaye de Cisteaux & à Nuis) ne passassent Loire & n'entrassent en Auuergne: où continuans leurs pilleries ils obligerent les Auuergnas à racheter le sac des bourgades & du plat païs par la somme de cent cinquante mille francs: moiennant laquelle ils passerent en Bourbonnois: & le XI du mois de Mars en l'an MDLXXVI se joignirent au Duc d'Alençon, & luy defererent toute l'autorité en le recognoissant pour General de l'armée.

XI. L'Armée des Reistres se joint à Monsieur.

Aiant ainsi penetré à force d'armes jusques dans le sein de la France, ils eussent fait volontiers quelque grand effort: mais nos Princes n'aiant point de finances pour contenter les estrangers qui demandoient de l'argent, & murmuroient de ce qu'on leur manquoit de promesse pour leur payement, ils furent contrains de tenter encore les moiens de la paix, esperans que le Roy estant le plus foible seroit bien-aise de leur accorder leurs demandes, quoy qu'elles fussent inciuiles & insolentes.

XII. Les Princes tentent les moiens de la paix.

Ils enuoierent donc vne requeste à sa Majesté: par laquelle entre autres choses *ils demandoient les dimes pour l'entretenement de leurs Ministres en toutes les villes & lieux tenus par les Religionnaires, & ailleurs partie d'icelles par toute l'estendue du Roiaume. En consequence de cela ils vouloient auoir des temples auec libre exercice de leur Religion sans exception ny exclusion d'aucune ville. Que le Roy de Nauarre & le Prince de Condé fussent maintenus en leurs gouuernemens auec des conditions tres-auantageuses. Que le Roy aduoüat la leuée de leurs troupes estrangeres comme faite pour son seruice, & fournit au Duc Casimir de grosses sommes d'argent pour le payement d'icelles. Ils n'oublierent pas aussi les principaux Chefs de leur parti: afin qu'en les faisant recompenser aux despens du Roy, l'obligation neantmoins leur en demeurât, comme leur aiant procuré cet aduantage.*

XIII. Leurs demandes.

Le Roy craignant l'issue de la bataille s'il venoit aux mains auec ses ennemis plus forts que luy, ou s'il ne les combatoit qu'ils ruinassent son Roiaume, n'auoit autre visée que de les renuoier chez eux à quelque prix que ce fût: & attendant la conclusion d'vne bonne paix, de-

XIV. Edict de paix.

firoit l'entretenement de la trefue. Pour cet effect la Roine-mere accompagnée du Duc de Montmorency & d'aucuns du Cõseil du Roy, s'achemina au camp de Monsieur : où elle arriua le XXVII du mois d'Auril : & aprés luy auoir representé l'inciuilité des demandes precedentes, ils conuindrent ensemble de la modification d'icelles. Ce qui l'obligea le plus à cet accord fut qu'ores qu'il portât le titre de General de l'armée : neantmoins estant composée quasi toute de Religionnaires, le Roy de Nauarre & le Prince de Condé y auoient toute l'autorité, & peu de Capitaines dependoient de luy, en haine de ce qu'il estoit Catholique.

Ainsi donc l'edict de la V paix auec les Religionnaires fut dressé en l'Abbaye de Beaulieu lez Loches, approuué & ratifié par le Roy, & verifié au Parlemẽt de Paris le XV de May de la mesme année. Il contenoit LXIII articles : les plus importans & plus notables desquels estoient ceux qui s'ensuyuent.

I. *Abolition generale des choses passées : & r'habilitation de la memoire de ceux de la Religion P. R. executés à mort comme criminels de leſe-Majeſté.*

II. *Libre exercice de la mesme Religion octroié par tout le Roiaume, auec le consentement des Seigneurs particuliers des lieux.*

III. *Tous ceux qui en font profession remis en leurs biens, estats & offices.*

IV. *Les mariages des moines & des prestres qui ont abjuré la Religion Catholique, declarés legitimes : & les enfans qui en prouiendront, habiles à succeder pour les meubles & biens aduentices, & exclus de toute autre succession tant en droite ligne que collaterale.*

V. *Vne Chambre my-partie erigée en chaque Parlement, composée de juges moitié Catholiques & moitié de ladite Religion P. R. pour iuger tous procés & differens tant ciuils que criminels, ausquels ceux de ladite Religion P. R. auront interest.*

VI. *Les Estats generaux du Roiaume assignés à Blois au XV du mois de Nouembre ensuyuant.*

VII. *Le Roy de Nauarre, le Prince de Condé, & le Mareschal de Damuille restablis en leurs gouuernemens, & la ville de Peronne baillée au Prince de Condé particulierement pour la seureté de sa personne.*

IIX. *Au Duc Ian Casimir fut accordée vne compagnie entretenue de cent hommes-d'armes : quatorze mille escus de gages en qualité de Colonnel de quatre mille Reistres pour le seruice du Roy : quatorze mille liures de pension annuelle : onze millions de liures pour ce qu'il pretendoit luy estre deu : dont six millions luy seroient payés dans six sepmaines : & pour les cinq restans luy seroiẽt baillés gages en pierrerie auec la ville de Chasteau-Thierry gouuernement & reuenu d'icelle, & mesmes le Duc de Lorraine entroit plege auec cinq Seigneurs François, lesquels deuoient demeurer en ostage au pouuoir du Duc Casimir, jusques à l'entier payemẽt. Aucuns escriuent qu'il renonça peu aprés à ces onze millions, moienant sept cens mille escus d'or comptans.*

IIX. *Huict*

Henry III du nom, Roy LXII. 61

A
L'an de Chriſt. 1576.

IIX. Huict villes d'aſſeurance eſtoient accordées aux Religionnaires, à ſçauoir Aigues-mortes & Beaucaire en Languedoc, Perigueux & le Mas de Verdan en Guienne : Nions & Serres en Dauſiné, Seine-la grand Tour en Prouence, & Iſſoire en Auuergne ſoubs l'authorité & reſponſion de Monſieur frere de ſa Majeſté, du Roy de Nauarre, du Prince de Condé, & du Mareſchal de Damuille.

Il fut pourueu particulierement au contentement du Duc d'Alençon par letres patentes du Roy du XXIV du meſme mois de May, verifiées le XXII enſuyuant en la Chambre des Comptes : par leſquelles luy furent baillées par ampliation d'appanage les Duchés d'Anjou, de Touraine & de Berry. Et dez lors il commença de prendre le titre de Duc d'Anjou.

B
Toutesfois parce que Henry III auoit porté auſſi ce meſme titre auant qu'il fût eleu Roy de Pologne, ie continueray de le nommer le Duc d'Alençon, afin que les moins curieux ne s'abuſent & prennent l'vn pour l'autre.

Ainſi fut licentiée cete effroyable armée des Religionnaires : laquelle n'aiant donné que de la terreur à la France ſans faire aucun memorable exploit d'armes, n'en remporta auſſi point de gloire ny autre fruict que des promeſſes immenſes auec peu d'effect. Le Prince de Condé rencontrant vn grande reſiſtence à ſe reſtablir en ſon gouuernement de Picardie, & plus encore à entrer dans Peronne, ſe trouua le premier fruſtré de ſes eſperances. Mais le Roy de Nauarre eſtant puiſſant en Guienne, à cauſe des terres qu'il y poſſedoit, demeura au commencement aſſez ſatisfait de cete paix : & ſe comportant auec moderation egalement enuers tous les ſubjets du Roy ſans diſtinction de Religion, n'eſtoit pas odieux aux Catholiques.

XIV.
Meſcontentement du Prince de Condé.

C

Allant en ſon gouuernement il paſſa à la Rochelle : où après beaucoup de difficultés il fut receu le XXIX de Iuin auec plus de desfiance que d'honneur : ſon train luy aiant eſté limité par les Rochellois à cinquante cheuaux pour entrer auec luy dans la ville. Leur desfiance procedoit (comme ils diſoient) de ce que ce Prince ſe laiſſoit gouuerner à deux ſeigneurs Catholiques Roquelaure, & Fernaques. De la Rochelle il s'en alla paſſer à Broüage, à Saintes, & à Perigueux : & aiant donné ordre au gouuernement de cete derniere ville, prit le chemin de Nerac capitale de ſon Duché d'Albret : en laquelle il ſe plaiſoit plus qu'en nulle autre de ſes places.

XV.
Le Roy de Nauarre ſuſpect aux Rochellois.

D

Ainſi que l'on procedoit de tous coſtés à l'execution de l'Edict de pacification, Charles Cardinal de Bourbon, Archeueſque de Roüen, auec la Croix deuant luy s'en alla au lieu, où ſuyuant la permiſſion de l'Edict les Religionnaires faiſoient leur preche, & m'ôta en la chaire du Miniſtre pour leur faire vne remôſtrance Chreſtienne, laquelle il commença par ces mots : *Ego ſum Paſtor bonus*. Mais le Miniſtre fut ſi eſpouuenté de l'eſtédart ſacré, ou pluſtoſt par l'apprehéſion de quelque eſmotion populaire, qu'il s'enfuit le premier, & ſes auditeurs s'eſcoulans qui çà qui là ſuyuirent ſon exemple, plus diſpoſés à faire

XVI.
Zele du Cardinal de Bourbon enuers ſa Religion.

Tome 4. F

souffrir le martyre à autruy que de s'y exposer eux-mesmes. Estant rapporté au Roy que le Cardinal auoit chassé les Huguenots de Roüen auec le baston de la Croix, il dit, *Ie voudrois bien que tous les autres fussent aussi aisés à chasser encore que de plus il y fallust apporter le benoitier.*

L'An de Christ. 1576.

XVII. Les Rochellois esconduisent Monsieur de ses demandes.

Monsieur aiant pris possession du Duché d'Anjou enuoia demander aux Rochellois le canon qu'ils auoient pris à Marans, pour le mettre dans son chasteau d'Angers : & quelque subuention de deniers. Mais ils s'excuserent de l'vne & de l'autre demande. De celle du canon, parce qu'ils disoient l'auoir acheté : de celle de l'argent, alleguant que leurs bourses estoient espuisées par les troubles & guerres passées : & pour preuue de cela luy enuoierent l'estat de leurs despenses.

XIIX. Permettent que la Messe se die en leur ville.

Ils furent pourtant assez souples à obeïr au commandement du Roy touchant le restablissement de la Messe dans leur ville. Vray est que la Roine-mere y adjousta ses exhortations, & mesmes ses prieres auec de belles promesses s'ils donnoient ce contentement à sa Majesté : & la Boissiere-Brisson depute deuers eux à cet effect, y fit dire la premiere Messe le XVI du mois de Septembre, nonobstant la resistence & opposition des Ministres, qui crioient que la ville se perdroit par l'introduction de l'idolatrie. Mais ils faisoient grande instance ailleurs pour auoir des temples afin d'y prescher la reformation pretendue.

XIX. Monsieur se resout à prendre la protection des Païs-bas.

Cependant Monsieur demeura grandement outré & offensé du refus des Rochellois : & dez lors il se resolut à se separer entierement de la faction des Religionnaires, jugeant qu'elle ne pouuoit estre vtile qu'à eux-mesmes & dommageable aux Catholiques. Mais il se confirma entierement en sa resolution aprés les offres qui en ce mesme temps luy furent faites de la part du Prince d'Orenge pour prendre la protection des Estats des Païs-bas : à quoy aiant vne inclination tresgrande, il preuoyoit bien qu'il luy falloit estre de bonne intelligence auec le Roy son frere, sans le secours & assistance duquel il ne pouuoit faire reussir vne entreprise de telle importance.

XX. Vn sien mot notable contre les Huguenots.

Il disoit encore sur le subject des Rochellois & des autres Religionnaires, *que pour haïr les Huguenots il les falloit cognoistre : & qu'il n'auoit cognu parmy-eux qu'vn seul homme de bien, qui estoit la Noüe.* Aubigné le rapporte ainsi : mais pour se payer de cete injure il vomit en suite mille horribles conuices (suyuant son humeur satyrique) contre le Roy & contre ses freres, autant contre les trespassés que contre celuy qui viuoit encore.

XXI. Luines enfreint l'edict de paix par la prise de Thoré.

Or comme l'edict de pacification estoit religieusement gardé par ceux qui desiroient la paix : aussi estoit-il enfreint assez legerement par ceux qui aimoient mieux la guerre. Les Catholiques furent les premiers qui donnerent occasion de plainte au parti contraire. Le sieur de

A Thoré lequel durant les dernieres guerres auoit esté tousiours attaché aux interests du Prince de Condé estoit entré en la ville du Pont-S. Espritauec bon nombre de gens de main, la pluspart Gentils-hómes. Luines gouuerneur de cete place doutant qu'ils eussent quelque mauuais dessein (veu mesmes qu'ils n'auoient point d'affaires en ce lieu-là) y fit couler secretement deux cens soldats Prouençaux & se saisit de Thoré & de tous ceux de sa compagnie. N'aiant point trouué d'autre preuue contr'eux que celle que son apprehension luy auoit fournie, il relascha Thoré & retint prisonniers les autres. Les Religionnaires firent grand bruit de cete action comme d'vne manifeste infraction de l'Edict & d'vn commencement de troubles.

L'An de Christ 1576.

B Mais voici pour eux vn plus iuste subjet, ou vn plus apparét pretexte de iuste plainte. Le Prince de Condé ne se pouuant restablir en son gouuernement de Picardie, ny entrer dans la ville de Peronne (laquelle comme nous auons veu luy auoit esté accordée pour la seureté de sa personne) suyuit la route du Roy de Nauarre son cousin, & sur la fin d'Aoust l'alla trouuer à Nerac: afin de tascher de l'esmouuoir par l'equité de ses plaintes à reprendre les armes: nonobstant que le Roy & la Roine-mere luy asseurassent par leurs letres qu'il receuroit de leurs Majestés toute la satisfaction qu'il en pouuoit souhaiter: & que mesmes en recompense de Peronne ils luy offrissent S. Ian-d'Angely, place qu'il desiroit sur toute autre, afin de se rendre plus necessaire aux Rochellois, & se seruir aux occasions des commodités de leur ville.

XXII. Le Prince de Condé tasche de porter le Roy de Nauarre à la guerre.

C

N'aiant pas trouué de son humeur le Nauarrois (la moderation duquel rendoit sa condition plus auantageuse que celle du Prince) il recula vers S. Ian d'Angely: où il fut receu, suyuant la volonté du Roy, le XII d'Octobre, & y fit vne entrée funeste faisant punir de mort aucuns des habitans qui auoient fait quelque resistence à sa reception dans la ville. Aucuns pour colorer cete execution adjoustent à cela que les criminels auoient attenté sur sa personne.

XXIII. Fait son entrée à S. Ian d'Angely.

S'estant asseuré de S. Ian d'Angely (le vray nom, comme i'ay remarqué ailleurs, est Angerry) il se resolut d'auoir Brouäge (place sise dans vn marais auec vn port de mer, depuis grandement fortifiée) appartenante au Baron de Mirembeau: & aiant trouué moien d'y faire glisser bon nombre de gens de guerre, & de gaigner aucuns de la garnison, se tenoit prest pour executer son entreprise. Mirembeau aiant descouuert trop tard le dessein du Prince, s'adressa à luy-mesme, & offrit de remettre & sa ville, & tout ce qui dependoit de luy à sa discretion: de sorte qu'ils demeurerent d'accord que le Prince y seroit receu dedans, & la rendroit à Mirembeau dans trois mois aprés, si ce n'est qu'il y eût guerre: auquel cas le Prince la pourroit retenir tout autant de temps qu'il le jugeroit estre necessaire.

D

XXIV. Se saisit de Brouäge,

Tome 4.   F ij

XXV.
Est receu dans la Rochelle.

Ce coup d'autorité fait par le Prince de Condé contre vn seigneur de sa Religion, & tres-confident à son parti, donna de l'apprehension aux Rochellois: lesquels craignoient qu'en suite il troublât l'estat de leur ville, & s'en voulût rendre maistre, ou y establir quelque Gouuerneur au prejudice de leurs priuileges: par lesquels ils pretendoient de ne recognoistre point d'autre Gouuerneur que leur Maire. Tellement qu'ils estoient resolus de luy refuser l'entrée s'il s'y presentoit, & auoient l'œil ouuert sur ses actions & sur celles des siens quand ils y venoient. Toutesfois les Ministres (qui l'eussent voulu faire Roy si cela eût dependu de leurs suffrages) complotans auec les gens de guerre firent si bien que le Prince s'estant presenté à la porte seulement auec son train ordinaire, au desceu des bourgeois, fut receu dans la Rochelle.

L'An de Christ. 1576.

XXVI.
Se reconcilie auec les Rochellois.

Estant dedans il fit assembler la bourgeoisie en l'hostel de ville: où il luy fit vne seuere remonstrance auec de grands reproches de son ingratitude: & vsa de grosses paroles enuers le Maire, Escheuins, Pairs & Conseil de la ville. Mais enfin les Ministres pacifierent tout par les excuses & soufmissions des Rochellois enuers le Prince, & par les protestations que le Prince leur fit de les maintenir en leurs priuileges & franchises.

XXVII.
Les Bourdelois refusent l'entrée de leur ville au Roy de Nauarre.

En ce mesme temps le Roy de Nauarre receut aussi vn fascheux rebut de la ville de Bourdeaus capitale de son gouuernement, l'entrée de laquelle luy fut refusée. Dequoy il demeura extrememét offensé non-obstant les excuses du Parlement & des Iurats, fondées sur la desfiance qu'ils auoient des Religionnaires, qui estoient en grand nombre dans la ville, & auoient souuent entrepris de s'en rendre maistres, & sa presence fauorisant leur audace ils n'en pouuoient attendre que quelque grand desordre & tumulte. Le Nauarrois ne se payant pas de cete monnoye vsa de menaces, ramenteuant à leurs deputés le chastiment qu'ils auoient receu soubs Henry II par le Connestable. Il en demanda aussi iustice au Roy: mais le temps appaisa son aigreur & adoucit sa colere.

XXIIX.
Plaintes & demádes du Prince de Condé.

Les plaintes que le Prince de Condé continuoit de faire à sa Majesté estoient de plus grande importance. Car il parloit generalement pour tout le parti, en remonstrant que l'edict de paix n'estoit point executé és chefs principaux: comme pour le payement des Reistres, pour les villes de seureté accordées aux Protestans, pour l'establissement des Chambres my-parties, ny pour la liberté de l'exercice de la Religion Pretendue Reformée. Il se plaignoit particulierement de ce qu'il n'estoit pas payé des sommes qui luy auoient esté promises par son traicté: & de ce que la ville de Peronne à luy assignée pour la seureté de sa personne, refusoit de le receuoir, quelques commandemens que le Roy en sceût faire. Au contraire que les Catholiques Picars faisoient des ligues & des monopoles tant contre

Henry III du nom, Roy LXII.

A les Proteſtans, que pour ſe ſouſtraire de l'obeïſſance de ſa Majeſté. Aprés tout au lieu de Peronne il demandoit la ſeigneurie de Cognac outre la ville de S. Ian-d'Angely, qui desja luy auoit eſté baillée.

L'An de Chriſt. 1576.

Le Roy fit reſponſe, que ſi les Proteſtans ſe plaignoient de ce que l'edict de paix n'eſtoit pas executé en leur faueur: auſſi faiſoient pareillement les Catholiques, & notamment les Eccleſiaſtiques de ce qu'ils ne jouïſſoient pas de leurs dimes. Qu'il commettroit des perſonnes notables pour y pouruoir auec equité. Qu'il portoit vn extreme regret de ce qu'il ne pouuoit payer ſi promptement les Reiſtres comme il l'eût deſiré, & faiſoit tous ſes efforts pour les contenter & en deſcharger ſon Roiaume. Qu'en ce qui le concernoit particulierement, il luy accordoit volontiers la ſeigneurie de Cognac auec la ville de S. Ian-d'Angely, pour les tenir enſemble juſqu'à ce qu'il luy auroit fait rendre Peronne. Il luy fit bailler auſſi de nouuelles aſſignations pour les ſommes à luy promiſes par ſon traicté : auec injonction tres-expreſſe à la Chambre des Comptes d'en verifier les letres. Tout cela eſtoit aſſaiſonné de grandes proteſtations de l'amitié de ſa Majeſté enuers le Prince.

XXIX. Reſponſe du Roy.

Le Iubilé enuoié par le Pape Gregoire XIII fut gaigné en la ville de Paris : où le Roy meſme ſuyui tant ſeulement de deux ou trois Gentils-hommes le gaigna à pied, ſeruant d'vn religieux & loüable exemple de deuotion à tout ſon peuple.

XXX. Le Roy dõna exemple de pieté.

Nos Hiſtoriens & Annaliſtes marquent icy l'origine de la Ligue: laquelle ſoubs l'autorité & conduite des Princes Lorrains de la maiſon de Guiſe prit depuis vn ſi grand accroiſſement, & paruint à telle puiſſance qu'elle faillit à reuerſer la Monarchie. Pour moy, qui ſuis autant exempt de haine que de flaterie, en aiant appris la pure verité par l'organe des plus ſages perſonnages & des meilleurs François de noſtre âge parfaitement Catholiques (qui en ſçauoient les plus profonds ſecrets) je la veux laiſſer à la poſterité ſans nul deſguiſement des affaires.

Ligues particulieres des Catholiques ſuyuies d'vne generale.

I. *La Religion & la liberté tres-puiſſans reſſors pour eſmouuoir les hommes.* II. *Pretexte de la Religion en la ligue.* III. *Ligue particuliere en Picardie.* IV. *Autre ligue de la Nobleſſe de Poictou.* V. *Ligue generale par tout le Roiaume.* VI. *Formulaire d'icelle.* VII. *Elle s'eſtend par tout.* IIX. *Alarme les Religionnaires.* IX. *Qui taſchent de la rendre odieuſe au Roy.* X. *Defenſes de la ligue.* XI. *Reſponſe aux objections faites contr'elle.* XII. *Le Pape*

Tome 4.　　　　　　　　　　　　　　F iij

Histoire de France,

n'approuue point la ligue. XIII. Quel fut l'Aduocat Dauid. XIV.
La ligue est criminelle XV. Le Roy l'approuue par consideration
d'Estat. XVI. Inuectiues contre les Guises. XVII. Leurs defenses.
XIIX. Resolution. XIX. Premier dessein de Héry Duc de Guise. XX.
Quand est-ce qu'il commença d'aspirer à la Roiauté.

L'An de Christ. 1576.

I. La Religion & la liberté tres-puissãs ressors pour esmouuoir les hommes

On ne void rien de plus commun dans l'Histoire que l'origine & l'establissement des plus grands & plus puissans Estats proceder & se former du ramas, vnion, ligue ou confederation d'vn petit nombre de personnes (quelquefois mesmes de vile condition) lequel croissant peu à peu empiete enfin la domination de quelque region, voire dès plus illustres Monarchies sur les Princes ou Gouuerneurs legitimes. En ces occasions il y a ordinairement deux ressors tres-puissans & attraians pour gaigner les cœurs des peuples, la Religion & la liberté. Celle-ci pique viuement le desir naturel & commun à tous les hommes : lesquels aiant esté crées de Dieu pour gouuerner & commander sur la terre, n'ont rien tant en horreur que la subjection & la seruitude. Celle-là, qui est vn don sur-naturel & tout diuin, nous transporte auec vne si ardante passion, que si elle n'est retenue par le frein de la raison & de la prudence, il y a danger qu'elle se forme en vn zele indiscret & deuotion superstitieuse.

II. Pretexte de la Religion en la Ligue.

Laissant à part ce qui est de la liberté (les effors de laquelle sont les plus rudes & les plus dangereux és Republiques) nous auons ici vn tres-notable exemple de la violence du ressort de la Relïgion lors qu'il joüe dans nos cœurs en les agitant par le desir de la prouigner, estendre & affermir, ou en les trauersant par la crainte & apprehension de la voir abolir, corrompre ou destruire. Car les ames Catholiques de ce temps estoient transportées de cete passion, & celles des Religionnaires (comme elles le sont encore aujourd'huy) de l'autre. Voici donc comment de petites confederations faites à bonne & pieuse intention se forma enfin cete grande Ligue : de laquelle Henry Duc de Guise estoit secretement le chef, & aprés sa mort Charles Duc de Mayenne son frere le fut ouuertement, & pour maintenir son autorité se fortifia des armes d'Espagne.

III. Ligue particuliere en Picardie.

Le Roy n'aiant fourni qu'vne petite partie de leur paiement aux Reistres (Bellieure qui leur apporta courut fortune de sa vie) ils rauageoient la Bourgongne & la Champagne : & menaçoient la Picardie : notamment à cause du refus que cete prouince faisoit de receuoir le Prince de Condé pour Gouuerneur, suyuant l'edict de paix, & de le restablir dans Peronne. Les Catholiques Picars, qui auoient offensé ce Prince, redoutans son courroux & les menaces des Reistres, firent vne ligue ensemble composée de tous les Ordres de la Prouince, sous l'authorité de Iaques de Humieres vn des plus illustres Seigneurs du païs,

Henry III du nom, Roy LXII.

& jurerent d'employer leurs moiens & leurs propres vies pour la manutention de la Religion Catholique, Apostolique, Romaine, & de la Prouince soubs l'obeïssance du Roy (neantmoins sans estre aduouës encore de sa Majesté) contre les pernicieux desseins des heretiques.

L'An de Christ 1576.

Peu de temps aprés fut faite aussi vne semblable ligue de la Noblesse Catholique de Poictou : de laquelle Louïs de la Trimoüille Duc de Toüars, se porta pour chef contre les Religionnaires. Mais les Ecclesiastiques ny les gens du Tiers-estat ne s'y enrollerent pas encore, comme ils auoient fait en Picardie soubs Humieres. En plusieurs lieux de pareilles ligues furent faictes soubs le nom de Confrairies.

IV. Autre ligue de la Noblesse de Poictou.

Ces ligues ou confederations particulieres des Catholiques d'aucunes prouinces du Roiaume donnerent occasion aux Guises d'en former vne generale, sur l'esperance que le Duc de Guise auoit qu'il en seroit recognu le Chef, à cause des bons seruices que Claude & François ses aieul & pere auoient rendu à la Religion & à l'Estat ; & que luy mesme successeur de leur valeur s'estoit tousiours monstré ennemi des heretiques.

V. Ligue generale par tout le Roiaume.

Le formulaire de l'association & vnion des Catholiques Picars estoit fondée sur le danger que la Prouince encouroit de perdre la vraie Religion, si le Prince de Condé en possedoit le gouuernement : sur l'importance de Peronne ville de frontiere, & sur les priuileges d'icelle : qui ne permettent point qu'elle puisse estre separée ou desmembrée de la Couronne soubs pretexte quelcoque. Mais celuy de la ligue ou vnion generale, lequel à l'induction des Guises, fut enuoié par toutes les prouinces, Bailliages & Seneschaussées du Roiaume, estoit conceu en ces termes.

Au nom de la saincte Trinité Pere, Fils & S. Esprit, nostre seul vray Dieu, auquel soit gloire & honneur.

VI. Formulaire d'icelle.

L'association des Princes, Seigneurs & Gentils-hommes Catholiques, doit estre & sera faite pour restablir la loy de Dieu & le sainct seruice d'iceluy en son entier selon la forme de la saincte Eglise Catholique, Apostolique, Romaine, abjurans & renonçans tous erreurs au contraire.

Secondement pour conseruer le Roy Henry III de ce nom par la grace de Dieu & ses successeurs Rois tres-Chrestiens en l'estat, splendeur, autorité, deuoir, seruice, & obeïssance qui luy sont deus par ses subjets ; ainsi qu'il est contenu par les articles qui luy seront presentés aux Estats.

Tiercement pour restituer aux prouinces de ce Roiaume & Estats d'iceluy les droits, preeminences, franchises & libertés anciennes telles qu'elles estoient du temps de Clouis premier Roy Chrestien, & encore meilleures & plus profitablement, si elles se peuuent intenter soubs la protection susdite.

Au cas qu'il y ait empeschement, opposition, ou rebellion à ce que dessus, par qui & de quelque part que ce puisse estre, seront lesdits associés tenus & obligés d'employer tous leurs biens & moiens, mesmes leurs propres personnes jusques à la mort, pour punir, chastier, & courir sus à ceux qui l'auront voulu contredire & empecher : & tenir la main que toutes les choses susdites

F iiij

soient mises à execution réellement & de fait.

Au cas que quelques-uns des associés, leurs subjets, amis & confederés fussent molestés, oppressés ou recherchés pour les causes dessus-dites par qui que ce soit, seront tenus lesdits associés employer leurs corps, biens, & moiens pour auoir vengeance de ceux qui auront fait lesdites oppressiõs & molestes, soit par la voie de justice ou des armes sans nulle exception de personnes.

S'il aduient qu'aucuns des associés apres auoir fait serment en ladite association se voulût retirer ou departir d'icelle soubs quelque pretexte que ce fut (ce que Dieu ne veuille) tels refractaires de leur consentement seront offensés en leurs corps & biens en toutes sortes qu'on se pourra aduiser, comme ennemis de Dieu, rebelles & perturbateurs du repos public, sans que lesdits associés en puissent estre recherchés ny inquietés soit en public ou en leur particulier.

Iureront lesdits associés toute prompte obeïssance & seruice au chef qui sera deputé, suyure & donner conseil, confort & aide à l'entretenement & conseruation de ladite association, & ruine aux contredisans à icelle, sans acception ny exception de personnes. Et seront les defaillans & dilayans punis par l'autorité du Chef, & selon son ordonnance: à laquelle lesdits associés se soumettront.

Tous les Catholiques des corps des villes & villages seront aduertis & sommés secretement par les Gouuerneurs particuliers d'entrer en ladite association, fournir deüement d'armes & d'hommes pour l'execution d'icelle selon la puissance & faculté de chacun.

Que ceux qui ne voudront entrer en ladite association seront reputés pour ennemis d'icelle & poursuyuables par toutes sortes d'offenses & molestes. Et defendu ausdits associés d'entrer en debats ny quereles l'vn contre l'autre sans la permission du Chef: à l'arbitrage duquel les contreuenans seront punis tant pour la reparation d'honneur que par toutes autres sortes.

Si pour fortification ou plus grande seureté desdits associés se fait quelque conuention auec les prouinces de ce Roiaume, elle se fera en la forme dessusdite, & aux mesmes conditions: soit que ladite association soit poursuyuie enuers lesdites villes ou par elle demandée, si autrement n'est aduisé par le Chef.

La forme du serment que deuoient faire ceux qui entroient en l'association estoit tel.

Ie iure Dieu le Createur touchant cete l'Euangile, & sur peine d'anathematization & damnation eternelle, que ie suis entré en cete saincte association Catholique (selon la forme du traicté qui m'y a esté leu presentement) iustement, loiaument, & syncerement, soit pour y commander, ou y obeïr & seruir. Et promets sur ma vie & mon honneur de m'y conseruer jusques à la derniere goute de mon sang, sans y contreuenir, ou m'en retirer pour quelque mandement, pretexte, excuse, ny occasion que ce soit.

VII. Elle s'estend par tout.

Ce formulaire de la ligue Catholique vola par toutes les prouinces, villes & maisons des Gentils-hommes de France, les predicateurs portés de zele à l'affermissement de la vraye Religion, & à l'extirpation de

Henry III du nom, Roy LXII. 69

L'an de Chrift. 1576.

A l'herefie, faifoient tous leurs efforts pour reprefenter au peuple le bien qui reuffiroit de cete fainéte vnion (ainfi la qualifioient-ils, la iugeant telle par leurs propres intentions) & l'exhortoient à s'y enroller; fi bien que cete confederation, qui n'eftoit au commencement que particuliere à peu de prouinces fut approuuée, receüe & iurée quafi par toutes les villes Catholiques du Roiaume.

Les Religionnaires voiant ce progrés inopiné en firent de grandes & preffantes plaintes au Roy: & notamment le Prince de Condé s'en formalifa fur tous, comme y eftant particulierement intereffé à caufe de fon gouuernement de Picardie.

VIII. Alarme les Religionnaires.

Pour rendre les confederés plus odieux à fa Majefté, ils publierent vn extrait de certain decret donné à Rome par le Pape auec fon Confiftoire: par lequel cete confederation eftoit approuuée & autorifée, fur des memoires offenfifs & iniurieux contre les tres-illuftres & roiales maifons de Valois & de Bourbon qui auoient efté dreffés & portés à Rome par vn Aduocat de Paris nommé Dauid: & enueloppoient encore en ce mefme paquet l'Efpagnol auec les côfederés de France. Aubigné rencheriffant fur la malice & impoftures des autres Annaliftes y adjoufte que cete Ligue fut dreffée par le confeil des Iefuites.

IX. Qui tafchât de la rendre odieufe au Roy.

Les Catholiques ligués au contraire difoient que les Religionnaires auec les Catholiques Mal-contens ou Politiques aïant fait enfemble vne ligue contre la Religion Romaine, contre l'Eftat, & contre l'autorité du Roy, il eftoit loifible aux vrais Catholiques de s'vnir pareillement pour la defenfe de la Religion & de l'Eftat, & pour le feruice de fa Majefté. Que les deportemens du Prince de Condé en Poictou, Engoumois, Saintonge & païs d'Aunis enuers les Catholiques, auoient obligé la Trimoüille à s'oppofer à fes efforts, & les Picars à refifter à fon reftabliffement au gouuernement de Picardie & entrée dans Peronne: ne pouuans attendre que l'abolition de la Religion Catholique d'vn prince obfedé par les Miniftres Caluiniftes. Que fa rebellion & felonnie continuée depuis fon enfance, la fraifche leuée des Reiftres, & leur conduite dans le fein de la France, eftoient de tres fenfibles preuues de fa conjuration contre l'Eftat & contre l'autorité roiale. Que le Roy de Nauarre eftoit encore plus à craindre en fon gouuernement de Guienne, où il eftoit tres-puiffant. Que la Religion Catholique s'en alloit efteinte en Languedoc par la conniuence du Marefchal de Damuille ligué auec les Religionnaires: & en Daufiné par l'oppreffion dont François de Bonne fieur de Les-Efdiguieres vfoit à l'endroit des bons Catholiques: le rançonnement defquels ne pouuoit affouuir fon infatiable auarice. Que quafi toutes les autres prouinces de France eftoient affligées de pareille defolation, l'herefie y aiant pris racine fi auant qu'elle y auoit prefque eftouffé les femences de la Religion orthodoxe.

X. Defenfes de la Ligue.

Ils fouftenoient auffi que le decret du Sainct-Siege publié par les Religionnaires, enfemble l'intelligence qu'ils difoient eftre entre les

XI.

Histoire de France,

Response aux objections faites contr'elle.

Catholiques vnis & le Roy d'Espagne, estoient des pures inuentions de Satan & de ses Ministres. Qu'il n'y auoit point d'apparence que le Pape Gregoire XIII, qui estoit tres-prudent, eût voulu si brusquemẽt offenser vn Roy tres-Chrestien sans subjet & sans nulle denonciation precedente. Que ceux qui sçauent auec combien de froideur, de discretion & de consideration le Consistoire de Rome procede és affaires de telle importance, jugerõt que c'est vne inuention ridicule. Quant à l'intelligence auec l'Espagnol, que c'estoit particulierement vne calomnie des Caluinistes, qui n'en sçauroient produire ny preuue ny apparence quelconque. D'ailleurs que le Roy eût esté tres-mal-heureux & tres-mal serui si les heretiques descouuroient ainsi les secrets du Consistoire sacré & du conseil d'Espagne: & que les Ambassadeurs, les pensionnaires & les espions, & tant de bons seruiteurs que sa Majesté y auoit pour y veiller n'en eussent sceu rien apprendre. Au surplus que la confederation des Caluinistes François auec les Protestans d'Alemagne, d'Angleterre & des Païs-bas estoit manifeste.

L'An de Christ 1576.

XII. *Le Pape n'approuua point la Ligue.*

Ie n'ay que faire de discuter les faits auancés d'vne part & d'autre. Mais la verité de l'histoire curieusement par moy recherchée, m'oblige à dire que la Ligue n'auoit point encore l'appuy d'Espagne: & que le decret Papal publié par les Religionnaires est vne pure imposture. Car le Pape (qui estoit Gregoire XIII) fut durant tout son pontificat ami de Henry III, & blasma cete Ligue. D'autre-part les obstinés qui ne voudroient point s'arrester à ma fidelité, adjousteront plus de foy à ce qu'en escrit Ian de Serres ou le Continuateur de son Inuentaire, l'vn & l'autre ouuertement passionné pour le parti des Pr. Reformés contre la Ligue. *Pour mieux autoriser cete Ligue* (ce sont ses termes sur la fin de l'an 1584) *on la presente au Pape Gregoire XIII: afin qu'il luy donne sa benediction & s'en declare parrain, comme faite pour l'ornement & soustien de l'Eglise Catholique, Apostolique, Romaine. Gregoire estoit bien content qu'on entreprît contre les Huguenots: mais il n'approuuoit point ces mouuemens populaires, qu'il preuoyoit enueloper vn Roy tres-Chrestien & Catholique: & ne vouloit estre boute-feu d'vne guerre qu'il ne pourroit esteindre. Ainsi renuoya-il les deputés sans responce.*

XIII. *Quel fut l'Aduocat Dauid.*

Quant à l'Aduocat Dauid, il est certain qu'aprés son trespas on trouua en son cabinet des memoires par lesquels il concluoit que pour le restablissement de l'Estat en son ancienne splendeur, & pour extirper l'heresie il falloit r'appeller à la Couronne la posterité de Charlemagne qui auoit esté benite par le Pape Estienne III: allegant plusieurs calomnies contre celle des Capetiens. Mais ce Dauid n'estoit ny du Conseil ny des domestiques des Guises: ains vn melancolique & zelé du temps, lequel aiant trouué moien de se mettre dans le train de l'Euesque de Paris, l'accompagna à Rome: où aiant communiqué ses memoires à aucuns des Courtisans, il fut mesprisé comme vn homme hypocondriaque.

XIV. Au demeurant tout cela ainsi supposé, la iustification de la Ligue ne sera pourtant que l'imitation des crimes des Religionnaires. Car telles confederations & aſſociations ne pouuant eſtre legitimement contractées dans vne Monarchie ſans le conſentement du Monarque : & par ainſi portant au front le crime de leſe-Majeſté : & le Chef de celle-ci eſtant d'autant plus ſuſpect qu'il ne vouloit pas eſtre nommé ; par raiſon d'Eſtat (quel pretexte qu'elle peût prendre) cete Ligue ne pouuoit eſtre que iuſtement condamnée.

{L'An de Chriſt. 1576.}

La Ligue eſt criminelle.

Le Roy aiant deliberé ſur ce ſubjet auec les plus affidés de ſon Conſeil, ſe reſolut non ſeulement d'approuuer la Ligue (ne ſe trouuant pas aſſez puiſſant pour la deſtruire :) mais auſſi de s'en declarer le chef : afin qu'en retenant toute l'autorité deuers ſoy, ceux qui penſoient s'accrediter aux deſpens de la Majeſté roiale, fuſſent contrains de demeurer dans la ſoûmiſſion & obeïſſance. Ce bon conſeil eſt attribué à Ian de Moruilliers vn des plus habiles Miniſtres de l'Eſtat ſoubs les regnes de Charles IX & de Henry III.

XV. *Le Roy l'approuue par conſideration d'Eſtat.*

Or perſonne ne doubtoit que le Chef ſecret & ſans nó mentionné au formulaire de la Ligue des Catholiques ne fût le Duc de Guiſe. Sur quoy les contraires factions faiſoient des iugemens contraires. Les Religionnaires diſoient qu'il aſpiroit à la tyrannie : & que François ſon pere luy en auoit frayé le chemin par ſes entrepriſes ſur l'autorité roiale. Pour preuue de cela ils allegoient leur ambition deſreglée, leurs artifices pour eloigner du gouuernement de l'Eſtat les Princes du ſang roial ſoubs diuers pretextes. Ils adjouſtoient à cela leur refrein ordinaire, qu'ils faiſoiét des monopoles auec le Pape & auec le Roy d'Eſpagne.

XVI. *Inuectiues contre les Guiſes.*

Les Ligueurs ſouſtenoient au contraire, que François ny Henry de Lorraine pere & fils Ducs de Guiſe n'eurent jamais que de ſaincts deſirs & de genereux deſſeins pour l'augmentation de la foy Catholique, extirpation de l'hereſie & reſtabliſſement de la Monarchie Françoiſe en ſon ancien luſtre, ſplendeur & préeminence ſur toutes les autres de la terre. Pour confirmer leur dire & par meſme moien deſtruire les calomnies publiées par les heretiques & Libertins leurs ennemis, ils mettoient en auant les ſignalés ſeruices faits à la France par ces deux Princes, & par Claude pere de François, ſoubs les regnes de François I, Henry II, François II, Charles IX, & Henry III : durant leſquels ils auoient rendu leur memoire celebre & recommandable à la poſterité par mille valeureux exploits d'armes contre tous les ennemis de la France tant eſtrangers que François rebelles ſans jamais chanceller en leur deuoir, pendát qu'aucuns Princes du ſang eſtoiét armés contre leurs Rois leurs proches parens, & contre la Religió de leurs anceſtres. Pour cóuaincre de calomnie ceux qui impoſent à François Duc de Guiſe aucune intelligence auec l'Eſpagnol, ils ne vouloient que ramenteuoir la defenſe de Mets, la priſe de Thionuille & de Calais (auquel temps Philippe II Roy d'Eſpagne eſtoit marié à la Roine d'Angleterre Marie) la bataille de Renty : & ſur tout l'extreme regret qu'il porta de ce que Henry II auoir fait vne paix deſauantageuſe, & quaſi honteuſe à la France auec le meſme Philippe.

XVII. *Leurs defenſes.*

XIIX.
Resolution.

Ces deux jugemens contraires procedans de contraires passions sont extremes: de sorte que pour en parler auec verité il faut dire que François Duc de Guise a tousiours serui tres-fidelement la France, & jamais n'eut commerce ny intelligence auec l'Espagnol contre cet Estat: toutesfois qu'aiant vn courage tout martial il tascha de perpetuer en sa main le commandement des armes du Roy à l'exclusion des Princes du sang & du Connestable. Moins aspira-il jamais à la Couronne : & eût esté folie & frenesie à luy d'y penser en vn temps qu'il y auoit si grand nombre de Princes du sang roial tous magnanimes (& mesmes quatre fils de Henry II) tous capables de la succession de la Couronne.

L'An de Christ. 1576.

XIX.
Premier dessein de Henry Duc de Guise.

Quant à Henry son fils, cetuy ci aiant esté successeur de la generosité & de l'ambition de son pere, il aspira aussi au commandement general des armes de sa Majesté : & ne le pouuant esperer que par l'assistance des Catholiques zelés (car les Religionnaires & les Catholiques Politiques estoient ses ennemis conjurés) il tascha de les liguer & vnir estroitement pour se faire recognoistre leur chef en jurant vnanimement la guerre aux heretiques.

XXX.
Quand est-ce qu'il commença d'aspirer à la roiauté.

Ainsi iusques à ce temps son ambition ne passoit pas les bornes de celle de son pere: bien que les moiens dont il se seruoit fussent plus odieux & suspects à la Majesté roiale. Car celuy-là ne fit point d'effort pour distraire les subjets de l'obeïssance deuë au Monarque, ne fut point auteur de Ligue ny de faction : & si on parla vn téps du Triumuirat (auquel on comprenoit Antoine Roy de Nauarre, luy & le Connestable, & le Mareschal de S. André apres la mort d'Antoine) ce fut tousiours soubs l'obeïssance des Rois ou de la Regente. Mais par le decés du Duc d'Alençon, Henry Duc de Guise voiat le Roy sans enfans, la Roine sterile, les Princes du sang heretiques ou foibles & decredités, commença de pousser plus haut ses desseins, & d'ambitionner la Couronne. Ie marqueray ci-après en son lieu les artifices pour lesquels il obligea l'Espagnol & la Roine-mere à fauoriser sa faction, en se seruant dextrement des finances de l'vn & de l'autorité de l'autre pour l'auancement de ses affaires. Voions maintenant le succés de l'assemblée des Estats generaux conuoqués à Blois par l'edict de pacification au XV de Nouembre. C'est chose notable que pour leuer tout souspçon aux Religionnaires & Catholiques Mal-contens, il fut ordonné que cete ville, où l'assemblée se deuoit tenir, seroit demantelée.

Assemblée des Estats generaux à Blois : où l'exercice de la Religion P. R. est interdit.

I. *Le Roy & les deputés des Estats s'assemblent à Blois.* II. *Concluent quasi tous à l'exercice de la seule Religion Catholique.* III. *Leur procession generale.* IV. *La seance des Estats.* V. *Le Roy en fait l'ouuerture.*

Henry III du nom, Roy LXII. 73

L'an de Christ. 1576.

uerture. VI. *Harangue ridicule du Chancellier Birague.* VII. *Deputés des Estats deuers le Roy de Nauarre, le Prince de Condé & Damuille.* IIX. *Leurs instructions.* IX. *Pourquoy il leur fut defendu de les mettre par escrit.* X. *Le Roy se declare feintement chef de la Ligue.* XI. *Edict pour la precedence des Princes du sang sur tous les Pairs de France.* XII. *Actes d'hostilité faits par les Religionnaires en Guienne & en Dausiné.* XIII. *Orateurs des trois Estats.* XIV. *Qui concluent tous à la manutention de la seule Religion Catholique.* XV. *Le Roy conspire auec eux en cela.* XVI. *Demande en vain des subuentions de deniers.* XVII. *Le Tiers-Estat diuisé sur l'article touchant la Religion.* XIIX. *Les Parisiens se relaschent en faueur des Religionnaires.* XIX. *Plaintes des deputés Religionnaires & du Duc Casimir.* XX. *Raisons des Catholiques au contraire.* XXI. *Responce du Prince de Condé aux Estats.* XXII. *Sage responce du Roy de Nauarre.* XXIII. *Qui ne souffre point l'impudence des Ministres.* XXIV. *Responce du Mareschal de Damuille.* XXV. *Traicté de paix auec le Roy de Nauarre.* XXVI. *Le Tiers-Estat y encline.* XXVII. *Le Roy demande en vain l'alienation de son temporel.* XXIIX. *Resolution des Estats pour la seule Religion Romaine.*

1576.

LE Roy, la Roine-mere, le Duc d'Alençon, Birague Chancellier de France, auec la pluspart des deputés estans arriués à Blois sur la my-Nouembre de l'année MDLXXVI, sa Majesté commanda que les deputés commençassent de s'assembler le XXIV du mesme mois, afin qu'aprés la conference de leurs cayers on trauaillast serieusement au reglement du Roiaume. Tous aiant obeï au commandement de sa Majesté le reste du mois fut employé à regler les seances de tous les Ordres, & à nommer leurs presidens & leurs Orateurs. Pierre d'Espinac Archeuesque de Lyon fut eleu Orateur par le Clergé : Claude de Baufremont, Baron de Senescey, pour la Noblesse : & Pierre Versoris, Aduocat au Parlement de Paris, pour le Tiers-Estat.

I. *Le Roy & les deputés des Estats s'assemblét à Blois.*

Le I de Decēbre les deputés procedant à la verification de leur pouuoir ils s'en trouua bien peu qui eussent charge de conclure à l'entretenement de l'Edict de pacification publié au mois de May dernier: aucuns à ce que le Roy fust supplié de ne permettre l'exercice d'autre Religion que de la Catholique, Apostolique, Romaine, poureu que cela se fit sans guerre. Mais la plus-part demandoient que cela fust ordonné sans condition quelconque: dautant que la diuersité des Religions en vn Estat n'est qu'vne perpetuelle semence & occasion de guerre ciuile.

II. *Concluent quasi tous à l'exercice de la seule Religion Catholique.*

Le VI du mesme mois fut faite vne procession solennelle, à laquelle le Roy, toute sa Cour, & les deputés assisterent pour inuoquer l'assistāce

III. *Leur procession generale.*

Tome 4. G

du S. Esprit, afin qu'il leur fît la grace de ne rien terminer qui ne fût à la gloire de Dieu, & au bien & vtilité du Roiaume.

IV. Leur seance.
Le VII à deux heures aprés Midy l'assemblée generale des Estats fut faite en la grand' sale du Chasteau, où estoit dressé vn eschaffaut : sur lequel le Roy seant en son throne auoit à sa dextre en vn siege plus bas la Roine-mere, & vn peu plus bas encore le Cardinal de Bourbon, le Marquis de Conty & le Comte de Soissons freres du Prince de Condé, le Duc de Montpensier, le Prince Daufin son fils, le Duc de Mercœur frere de la Roine, le Duc de Mayenne, & derriere eux le Duc d'Vzez. A sa gauche estoit la Roine son espouse: & vn peu au dessous d'elle les Euesques de Langres, de Laon & de Beauuais, Pairs de Fráce. Au bout de l'eschaffaut seoit dans vne chaire Birague Chancellier de France. Au deuant de luy il y auoit douze bancs arrangés à main droite & autant à gauche. Sur les six premiers du costé droit les deputés du Clergé auoiét leur place: sur les six premiers à gauche, ceux de la Noblesse: & sur autres douze derriere le Clergé & la Noblesse seoient ceux du Tiers-Estat. Au trauers de ces bancs en longueur il y en auoit encore d'autres pour les Conseillers d'Estat. Le reste des assistans estoit en foule en la mesme sale. Les Seigneurs & Dames de la Cour paroissoient és galeries qui regardoient sur le theatre, enuironné des deux cens Gentils-hommes de l'hostel du Roy, des Capitaines des Gardes, Huissiers, & Heraus-d'armes.

V. Le Roy en fait l'ouuerture.
Le Roy fit l'ouuerture des Estats par vne belle harangue : en laquelle (aprés auoir exposé les causes des guerres passées, & quel est le deuoir d'vn Roy) il tesmoigna l'ardant desir qu'il auoit de pacifier les troubles de son Roiaume en reunissant tous ses subjets, procurant leur soulagement, & ostant les abus qui s'estoient glissés en tous les Ordres d'iceluy par la licence des guerres ciuiles.

VI. Harangue du Chancellier Birague.
Le Chancellier, Italien de nation, aiant pris la parole aprés sa Majesté, fut moqué de l'Assemblée en ce qu'il commença par des causes fondées sur le peu de cognoissance qu'il auoit des affaires de France; & sur son âge, comme estant septuagenaire. Cet exorde ridicule fut suyui d'vne narration pleine de flaterie sur les loüanges de sa Majesté presente. Mais la conclusion fut tres-odieuse, entant qu'il demanda deux millions d'or comptant pour les vrgentes affaires du Roiaume, & assignation pour cent millions : à quoy se montoient les debtes de la Couronne. Cet article capable d'effrayer l'Assemblée estoit assaisonné de la descharge des consciences des Rois predecesseurs de sa Majesté. Les deputés aiant demandé l'estat de ces debtes, il leur en fut produit vn abregé ou extrait, qui ne contenta pas la curiosité de l'Assemblée.

VII. Deputés des Estats deuers le Roy de Nauarre, le Prince de Condé & Damuille.
Le Roy de Nauarre, le Prince de Condé, le Mareschal de Damuille, ny les autres seigneurs leurs partisans, ne se trouuerent point aux Estats, quoy qu'ils en eussent esté semons & priés de la part de sa Majesté : bien y enuoyerent-ils leurs delegués pour espier ce qui

L'An de Christ. 1577.

Henry III du nom, Roy LXII.

A s'y passoit, & rompre ou troubler l'Assemblée si les affaires n'y succedoient pas à leur contentement. A raison dequoy le Conseil fut d'aduis de deputer deuers ces trois Chefs de parti, de la part des Estats. Ce qui fut fait le VI de Ianuier de l'année suyuante: & les Ambassadeurs partirent le XII. L'Archeuesque de Vienne, Rubempré, & le General Mesnager furent enuoiés au Roy de Nauarre, & Biron se joignit à eux de la part du Roy. L'Euesque d'Austun, Montmorin & le Rat President presidial à Poictiers, eurent charge d'aller deuers le Prince de Condé : l'Euesque du Puy, Rochefort & Tolet deuers le Mareschal de Damuille.

L'An de Christ 1577.

Leurs instructions pour le Roy de Nauarre & Prince de Condé (lesquelles on leur defendit de mettre par escrit ny en tabletes) consistoient en trois poincts principaux. Le premier à leur faire vne tres-instante priere d'assister à l'assemblée des Estats: lesquels auoient en singuliere consideration la dignité de leurs personnes, & le rang qu'elles tenoient en ce Roiaume. Le second chef estoit, qu'il leur pleût de se joindre au desir du Roy & des Estats pour la reunion de tous les subjets de sa Majesté à la Religion Catholique, Apostolique, Romaine. Le troisiesme, de leur representer les mal-heurs qui en arriueroient s'ils se diuisoient des Estats: lesquels auoient resolu d'employer leurs moiens & leurs vies pour la manutention de cete seule Religion & pour l'extirpation de l'heresie. Quant au Mareschal de Damuille il n'y auoit que la semonce d'assister aussi aux Estats, & de se joindre à la mesme resolution de sa Majesté & de l'Assemblée.

VIII. Leurs instructions.

L'histoire ne nous marque pas la raison pourquoy il fut defendu aux Ambassadeurs de coucher ces instructions par escrit ny en tabletes. Mais ie collige des choses passées que ce fut afin que le Roy de Nauarre & le Prince de Condé n'en recouurassent l'extrait pour l'enuoier aprés aux Princes & Potentats estrangers de la nouuelle opinion, & leur faire voir qu'on ne leur faisoit pas la guerre pour aucune rebellion: mais en haine de la Religion qu'ils professoient: & par ce moien les interesser en leur cause. Ce qui estoit arriué soubs le regne de François II, lors que le Prince de Condé pere de celuy-ci enuoia en Alemagne les letres que la Roine-mere leur escriuit contre les Guises : lesquels elle disoit tenir le Roy son fils en captiuité : à cause que pour la consideration de la Roine leur niece ils auoient meilleure part au gouuernement de l'Estat qu'elle. Cependant (comme nous auös veu en son lieu) ces letres seruirent de pretexte aux Princes Alemans pour porter leurs armes en France : de quoy la Roine-mere fut aprés tres-marrie : mais elle ne pouuoit pas r'appeller cet aduis ny amander cete faute.

IX. Pourquoy il leur fut defendu de les mettre par escrit.

Or le Roy aiant recognu que la plus-part des deputés estoient passionnés pour la Ligue contre les Religionnaires, les conuoqua separément des autres, & faisant semblant d'en vouloir estre leur chef (quoy qu'il detestât & redoutât leur confederation & vnion) il leur protesta qu'il l'approuuoit, & en fit enuoier des copies aux gouuerneurs des pro-

X. Le Roy se declare feintement Chef de la Ligue.

Tome 4. G ij

uinces & bônes villes pour les faire signer aux habitans & à la Noblesse.

XI.
Edict pour la precedence des Princes du sang sur tous les Pairs de France.

Auec tout cela sa Majesté ne pouuant pas si bien dissimuler l'offense receuë par les auteurs de cete Ligue faite à son desceu, qu'il n'en tesmoignât du ressentiment contre les Guises, qui en estoient recognus les chefs, fit vn edict tres-juste : par lequel il ordonna que les Princes du sang precederoient tous les autres Princes & Pairs de France tant au sacre des Rois qu'en la Cour de Parlement, & en tous autres lieux : nonobstant que les Pairries de ceux-ci fussent d'erection plus ancienne. Ainsi le Duc de Guise estant plus ancien Pair de France que le Duc de Montpensier (lequel pour ne luy pas ceder auoit accoustumé de s'absenter de telles assemblées :) & la plus-part des autres Princes du sang estant sans Pairrie, fut desormais obligé de leur deferer la precedence en tous lieux, pour la seule consideration de leur extraction & naissance.

XII.
Actes d'hostilité faits par les Religionnaires en Guiene & en Daufiné.

En ce mesme temps la nouuelle vint à la Cour & aux Estats comme le Capitaine Fabas quitant la Religion Catholique auoit surpris les villes de Basas & de la Reole pour les Religionnaires : & que le Roy de Nauarre auoit assiegé Marmande à trois lieuës au dessus de la Reole sur Garonne. Que les Bourdelois auoient esté si esmeus de ces actes d'hostilité qu'ils s'estoient saisis de trois cens Religionnaires habitans de leur ville : afin de les retenir comme en ostage & pleges de ce qui se passeroit à Basas & à la Reole. Qu'en Daufiné les Religionnaires s'estoient emparés aussi de plusieurs places sur les Catholiques : & entre autres de Menerbe petite ville au pied des Alpes, tres-forte d'assiete entre la coste & Meaubec : mais elle fut reprise depuis par les Roiaux aprés vn long siege. Que les Rochellois par vne perfidie commune à tous les pirates auoient pillé les Aulonnois qui leur estoient confederés tant par la profession du Caluinisme que par le commerce ordinaire.

XIII.
Orateurs des trois Estats.

Le XVII du mois de Ianuier les Orateurs des trois Estats eurent audience : le Roy & toute la Cour seant au mesme Ordre que ci-dessus à leur ouuerture : si ce n'est que les Ducs de Guise & de Neuers n'agueres arriués y assisterent. Tous trois commencerent leurs harangues à genoux. L'Archeuesque de Lyon parlant pour le Clergé se leua aprés la premiere periode par le commandement du Roy, & discourut durant cinq quars d'heure. Le Baron de Senescey orateur de la Noblesse se leua aussi aprés quatre ou cinq periodes, & ne tint qu'vn quart d'heure. Versoris haranga durant vne heure & demie pour le tiers Estat, aiant demeuré à genoux enuiron demye-heure auant qu'il eût commandement de se leuer. Au commencement des harangues du Clergé & de la Noblesse tous les deputés des trois Estats se tenoient debout & descouuers : & peu aprés il leur fut commandé de la part du Roy de se r'asseoir & couurir. Mais tandis que l'Orateur du Tiers-Estat parla, tous les deputés du mesme Ordre demeurerent debout & descouuers : bien qu'aux Estats d'Orleans en l'an MDLXI

Henry III du nom, Roy LXII.

L'An de Christ. 1577.

A le Tiers-Estat eût joüi de mesme priuilege que les deux premiers, ainsi que remarquent la Popeliniere & Iean le Frere. Celuy du Clergé emporta la gloire du bien dire: celuy de la Noblesse d'auoir parlé franchement & hardiment: & celuy du Tiers-Estat ne respondit pas à la reputation qu'il s'estoit acquise au barreau & à la plaidoyerie.

Ie n'ay que faire de grossir mon histoire de leurs harangues, veu mesmes qu'elles se trouuent imprimées quasi dans tous les Annalistes. Ie diray tant seulement que tous trois demandèrent au Roy qu'il pleust à sa Majesté de maintenir vne seule Religion en son Roiaume: à sçauoir celle de ses ancestres, la Catholique, Apostolique, Romaine: & de defendre l'exercice de toutes autres Religions, qui ne sont qu'heresies, doctrine fausse ou erronée, & semences de diuision & de guerres ciuiles. Au demeurant tous consacroient leurs biens & leurs vies au seruice de sa Majesté.

XIV. Qui concluent tous à la manutention de la seule Religion Catholique.

Le Roy fit response qu'il auoit tres-agreable le zele que l'Assemblée tesmoignoit d'auoir à l'honneur de Dieu & de son Eglise, & au seruice de sa Majesté, offrit d'y contribuer de sa part tout ce qu'on pouuoit desirer d'vn Prince tres-Chrestien: & fit defenses à tous les deputés de se separer ny de partir de la Cour auant la conclusion & resolution finale des Estats: afin qu'ils en peussent emporter le fruict qu'en attendoient leurs prouinces.

XV. Le Roy conspire auec eux en cela.

Cependant il n'auoit rien tant auant dans ses projets que les moiens de tirer de l'argent de ses subjets afin de fournir à la guerre que tout le monde preuoyoit ineuitable: Mais quoy qu'il pinsast souuent cete corde, les deputés n'en vouloient point ouïr le son, & se défendoient tousiours de ses demandes, en disant qu'ils n'auoient nulle charge ny pouuoir de faire aucunes offres d'impos, leuée ou subside quelconque extraordinaire; le peuple se sentant assez greué des ordinaires.

XVI. Demande en vain des subuentiós de deniers.

Or l'article touchant l'exercice de la seule Religion Romaine resolu generalement par tout le Clergé & par la Noblesse dez le XXVI de Decembre dernier fut remis en deliberation par le Tiers-Estat le XIX de Feurier, afin de resoudre si cela se deuoit faire absolument & sans condition, ou bien par tous autres moiens que par la guerre. Car au surplus ils demeuroient d'accord auec les deux premiers Ordres que pour l'execution de cet article tout exercice de la Religion nouuelle tant public que priué fût interdit: & que tous Ministres, Dogmatizans, Diacres & Surueillans fussent bannis du Roiaume: les autres Protestans demeurant en leurs maisons & possessió de leurs biens soubs la protection du Roy, attendant leur conuersion à la foy Catholique. Mais de douze prouinces les cinq, à sçauoir Bourgogne, Bretagne, Guienne, Lyonnois, & Daufiné vouloient que ce fût par toutes autres voyes que par la guerre: & les sept, à sçauoir l'Isle de France, Normandie, Champagne, Languedoc, Orleans, Picardie & Prouence, concluoient tousiours absolument & sans restriction quelconque;

XVII. Le Tiers-Estat diuisé sur l'article touchant la Religió.

Tome 4. G iij

XIIX. Toutesfois les deputés de Paris aians senti que soubs couleur de la
Les Parisiens guerre (qu'on tenoit infallible par l'execution de cet article) le Roy
se relaschet auoit resolu de se saisir des rentes de l'Hostel de leur ville, tascherent
en faueur aprés de luy dissuader la guerre, & supplierent sa Majesté d'entretenir
des Reli- le dernier Edict de pacification pour le repos general de son Roiau-
gionnaires. me. Sur ce subject ils luy firent de longues remonstrances: lesquelles
furent trouuées aussi odieuses qu'ennuyeuses: tout le monde s'apperceuant assez que les Parisiens preferoient leurs interests bursaux à l'auancement de la gloire de Dieu & à l'vtilité de son Eglise.

L'An de
Christ.
1577.

XIX. Les deputés du Roy de Nauarre, du Prince de Condé & du Ma-
Plaintes des reschal de Dauille, de la Rochelle; & des autres Religionnaires (& sin-
deputésRe- gulierement le Baron de Mirembeau deputé des Eglises de Poictou &
ligionnaires de Saintonge) firent pareillement tous leurs efforts pour l'entretene-
& du Duc ment de l'Edict: en remonstrant qu'il n'appartenoit qu'à vn Concile
Casimir. libre de traicter du faict de la Religion, non à l'assemblée des Estats, qui
est purement Politique. Que le Roy par vn edict solennel aiant accordé l'exercice de la Religion Reformée, il n'y pouuoit estre contreuenu
sans rompre la paix generale: & que l'assemblée des Estats n'y pouuoit toucher sans entreprendre sur l'autorité roiale. Le Duc Ian Casimir, à leur instignation, donna particulierement requeste au Roy: &
outre qu'il demandoit son payement, il s'interessoit ouuertement en
la cause des Religionnaires François, touchant l'entretenement de l'E-
dict de paix, comme aiant traicté conjointement auec eux soubs la
foy publique. Mais son intercession leur fut infructueuse, & leurs demandes & remonstrances entierement rejettées. A raison dequoy
ils se retirerent secretement les vns aprés les autres, & emplirent
de trouble les villes de leur parti en publiant que cête assemblée
ne tendoit qu'à la destruction & abolition de la Religion Reformée: dont s'ensuyuit vne esmotion generale par toute la France.
Les Religionnaires croyent & se plaignoient de ce que l'Edict de pacification aiant esté fait auec tant de considerations & de prudence
par les plus sages Ministres de l'Estat, souscrit des Princes & des Officiers de la Couronne, juré solennellement par le Roy, estoit neantmoins violé par les artifices de ceux qui ne demandoient que rabbais-
ser les Princes du sang pour s'eleuer en autorité soubs ombre de Religion, à la foule & oppression de tout le peuple.

XX. Les Catholiques disoient au contraire, que le Roy auoit esté vio-
Raisons des lenté par les Rebelles fortifiés d'vne tres-puissante armée d'estran-
Catholi- gers, à leur accorder plusieurs articles de cet Edict contre sa conscien-
ques. ce, contre les loix fondementales de l'Estat, & contre le serment fait à
son sacre (lequel ne se peut enfreindre par aucun autre subsequét) comme s'estant lié par celuy-là à Dieu, à son Eglise & à ses subjets en receuant la Couronne. D'ailleurs qu'il n'y a rien si contraire au consentement que la crainte & la violence. Aprés tout, que cet Edict n'estoit
fait que prouisionnelement & jusqu'à ce que par l'assemblée des Estats

Henry III du nom, Roy LXII. 79

L'An de Christ 1577.

A eût esté pourueu au reglement du Roiaume. Partant qu'il falloit depēdre en cela de la resolution des Estats, & se conformer à icelle.

En ces entre-faites arriuerent les deputés enuoiés au Roy de Nauarre, au Prince de Condé, & au Mareschal de Damuille. Ceux qui auoient parlé au Prince retournerent les premiers dez le XV. de Feurier: & rapporterent qu'ils l'auoient trouué de si mauuaise humeur qu'il ne les auoit pas voulu seulement ouïr en qualité d'ambassadeurs ou deleguès des Estats: contre lesquels & sur les nullités de leur assemblée il auoit inueétiué auec beaucoup de passion & de vehemence. Qu'enfin après auoir declaré qu'il auoit en horreur les mal-heurs qu'apporteroit la guerre ineuitable par l'infraction de l'Edict de paix, il auoit protesté qu'il desiroit qu'elle se peût terminer par les armes entre les Chefs des partis contraires (le Roy excepté) sans y exposer tant de milliers d'ames.

XXI. Responfe du Prince de Condé aux Estats.

Le Roy de Nauarre moins possedé par les Ministres que le Prince de Condé son cousin, se monstra assez gracieux à l'endroit des deputés des Estats non seulement en son accueil, mais aussi en leur donnant vne audience fauorable: Après laquelle il deplora les calamités de la France auec grande effusion de larmes: protesta qu'il ne respiroit que le seruice & l'obeïssance du Roy, à qui il se recognoissoit tres-estroitement obligé: & qu'il aimeroit mieux s'en aller en vn païs estranger pour y exposer sa vie en quelque bonne occasion, que de prendre les armes contre sa Majesté, quand le mal-heur seroit si grand qu'il ne luy permît plus l'exercice de la Religion, en laquelle il auoit esté eleué & institué dez son enfance. Que si elle estoit bonne il prioit Dieu qu'il luy pleût de l'y maintenir. Si elle estoit mauuaise, qu'il luy fît la grace de le cognoistre: & après auoir purgé son esprit de tout erreur luy donner force & moiens pour l'abolir & esteindre.

XXII. Sage responfe du Roy de Nauarre.

Cete responfe prononcée de sa bouche auec preuue qu'elle procedoit du cœur, fut inserée aussi en celle qu'il fit par escrit aux Estats: & les Ministres en aiant fait rayer cete derniere clause par laquelle il sembloit mettre sa religion en compromis (notable augure de sa future conuersion) il l'y fit remettre sur le champ par apostille. Par ses letres il prioit les Estats d'interceder pour luy enuers le Roy d'Espagne aux fins qu'il luy rendît son roiaume de Nauarre, lequel il luy retenoit par vne vsurpation violente & tyrannique. Les mesmes Ambassadeurs rapporterent aussi qu'il auoit leué le siege de Marmande & s'estoit retiré à Agen pour leur donner audience hors du bruit des armes. Aubigné escrit que n'aiant pas moien de forcer la ville il fut bien-aise de prendre ce pretexte de l'arriuée des Ambassadeurs pour descamper & couurir ainsi sa retraite.

XXIII. Qui ne souffre point l'impudéce des Ministres.

Quant au Mareschal de Damuille il fit de belles protestations du desir qu'il auoit de maintenir la Religion Catholique, Apostolique, Romaine: de laquelle luy & ses ancestres auoient fait tousiours profession. Neantmoins preuoyant les calamités qui s'ensuyuroient in-

XXIV. Responfe du Mareschal de Damuille.

G iiij

falliblement si l'Edict de paix estoit enfreint, il exhortoit l'Assemblée à l'entretenir : & enfin declaroit qu'il ne pouuoit prendre vne derniere resolution sur le subjet de leurs remonstrances qu'après en auoir communiqué auec le Roy de Nauarre & le Prince de Condé. Ce qu'il auançoit à dessein de faire voir qu'il estoit encore ligué auec ces deux Princes. L'inscription ou adresse de sa letre estoit telle: *A Messieurs, Messieurs de l'Assemblée se tenans presentement en la ville de Blois,* sans faire mention d'Estats: afin qu'il ne semblât pas les approuuer non plus que le Prince de Condé. Mais le Roy de Nauarre auec plus de modestie & moins de scrupule leur escriuit: *A Messieurs, Messieurs les gens tenans les Estats à Blois.*

XXV.
Traicté de paix auec le Roy de Nauarre.

Or la disposition qui se trouua au Roy de Nauarre pour le bien & le salut du Roiaume (car il sembloit que desja Dieu luy en donât vn soin plus particulier qu'aux autres, comme y aiant plus de droit) obligea Biron delegué du Roy à luy parler de r'affermir la tranquilité de l'Estat par vne bonne paix en modifiant les articles de la derniere: afin de donner quelque satisfaction aux Catholiques: lesquels se plaignoient iustement de ce qu'elle estoit trop auantageuse aux pretendus Reformés. Le Nauarrois y presta volontiers l'oreille: & le Duc de Montpensier auec congé du Roy estant allé deuers luy pour le mesme subjet, ils en prirent vne ferme resolution tous trois ensemble: dont le Duc donna aduis en diligence à sa Majesté par Richelieu, en suite par Biron, & luy-mesme arriuant le dernier de Feurier à la Cour, fit entendre sa negociation aux Estats, & representa le fruict qui prouiendroit de la paix, laquelle se pouuoit faire auec le contentement des Catholiques.

XXVI.
Le Tiers-Estat y encline.

Le Clergé & la Noblesse, nonobstant les remonstrances du Duc de Montpensier, demeuroient tousiours fermes en leur premiere resolution touchant l'article de la Religion desja passé & inseré dás les cayers presentés au Roy, sans le vouloir alterer en aucune de ses circonstances. Mais le Tiers-Estat desja diuisé pour cela mesme en fut grandement esmeu: & ceux qui tenoient pour l'Edict prenás de là occasion de faire valoir leur opinió, firent de si puissans efforts que la conclusion precedente fut changée, & resolu à la pluralité de voix que le Roy seroit supplié de ne permettre point l'exercice d'autre Religion que de la Catholique, Apostolique, Romaine, pourueu que cela se peût faire sans guerre. Bodin deputé de Vermandois homme docte, mais libertin au fait de la Religion (ainsi qu'on peut juger par ses œuures) trauailla le plus à faire reussir cete resolution, jusques à en venir aux mains auec aucuns de l'opinion contraire.

XXVII.
Le Roy demande en vain l'alienation de son temporel.

Cependant le Roy faisoit grande instance enuers les Estats qu'on luy accordât l'alienation de son domaine jusques à la somme de trois cens mille liures de rente. A quoy ils refuserent de donner leur consentement: approuuás neantmoins que si la guerre ciuile renaissoit pour le fait de Religion, sa Majesté prît la moitié des rentes constituées sur les villes & cómunautés du Roiaume, excepté celles qui appartiédroient

Henry III du nom, Roy LXII.

A aux enfans orfelins & aux vefues.

L'an de Chrift. 1577.

Le Roy voiant donc que la refolution des Eftats eftoit qu'en France il n'y eût exercice d'autre Religion que de la Catholique, Apoftolique, Romaine, la confirma par fes letres patentes: declarant neantmoins que ceux de la Pretendue Reformée jouiffent paifiblement de tous leurs biens: les prenant en fa protection egalement auec fes autres fubjets: & faifant tres-expreffes defenfes à toutes perfonnes de quelque qualité qu'elles fuffent, foubs peine d'eftre punies comme perturbateurs du repos public, de les offenfer de faict ny de parole en leurs biens ny en leurs perfonnes.

XXVII. Refolution des Eftats pour la feule Religion Romaine.

B Guerre VII contre les Religionnaires, fuyuie de la paix par la modification de la precedente.

I. Troubles efmeus par les Religionnaires. II. Le Duc Cafimir s'intereffe auec eux. III. Ils conuient les Proteftans eftrangers à leur Ligue. IV. Le Prince de Condé commence la guerre. V. Le Roy de Nauarre enfuite. VI. La Nobleffe Catholique s'oppofe à fes armes. VII. Luffan luy fait fermer la porte à Condom & à Aux. IIX. Deux heureux combats du mefme Luffan. IX. La Nobleffe prefente la bataille au Nauarrois. X. La Mothe-Bardigues fe declare contre luy. XI. Les Religionnaires repouffés à S. Macaire. XII. Montferrand quite le parti du Nauarrois. XIII. Quereles de Lauerdin auec le Vicomte de Turene & la Noüe. XIV. Prife & reprife de Conquernant en Bretagne. XV. Les Religionnaires rompent les deffeins du Marefchal de Damuille. XVI. Le Roy encline à la paix. XVII. Le traicté s'en continue auec le Roy de Nauarre. XIIX. Les Proteftans d'Alemagne f'intereffent auec les Religionnaires de France. XIX. Refponfe de l'Ambaffadeur du Roy. XX. Sa Majefté met fur pied deux armées. XXI. Le Duc d'Alençon prend la Charité par compofition. XXII. Et Iffoire, où il permet toute violence. XXIII. Le Duc de Mayenne fait leuer le fiege de Saintes au Prince de Condé. XXIV. La Trimoüille prend Melle le iour de fon trefpas. XXV. Le Duc de Mayenne force Tonne-Charente. XXVI. Marans fe rend à luy. XXVII. Il affiege Broüage. XXIIX. Les Rochellois arment par mer. XXIX. Sont desfaits en deux combats. XXX. L'ifle d'Oleron reçoit Lanfac. XXXI. Broüage fe rend au Duc de Mayenne. XXXII. Le traicté de paix conclu. XXXIII. Entremetteurs d'icelle. XXXIV. Receüe du Prince de Condé & des Rochellois auec joye. XXXV. Par Thoré, Chaftillon & autres. XXXVI. Principaux articles de cete paix. XXXVII. Horrible comete. XXXIIX. Trefpas d'aucuns perfonnes illuftres.

I.
Troubles
esmeus par
les Religionnaires.

APRES que le Roy de Nauarre, le Prince de Condé & le Mareschal de Damuille se virent esconduits de leurs demandes, & des supplications faites au Roy par escrit & par leurs deputés: jugeans que la resolution des Estats tendoit à l'abolition de la pretendue Reformation, & (comme ils en parloient clairement) à violenter les consciences, ils esmeurent tout le parti à prendre les armes pour assaillir les premiers ceux qui pensoient qu'à grand'peine ils auroient moien de se mettre tant seulement en defense.

L'An de Christ. 1577.

II.
Le Duc Casimir s'interesse auec eux.

Ils susciterent aussi derechef le Duc Ian Casimir fils de Rodolfe Palatin du Rhin, non plus, comme n'agueres, afin d'interceder pour eux enuers le Roy: mais bien pour luy faire la guerre à toute outrance. Luy qui d'ailleurs estoit mal satisfait de sa Majesté, à cause qu'il n'auoit pas esté payé des sommes à luy accordées par le mesme traicté de paix, deputa deuers le Roy pour luy remettre tous les appointemens, dons, pensions & charges qu'il tenoit de sa Majesté, qui estoit tout autant qu'en renonçant à cet accord luy denoncer le premier la guerre.

III.
Ils conuient les Protestans estrãgets à leur Ligue.

Or les Religionnaires considerant que leur premiere ligue & confederation auoit esté rompue par la derniere paix, & qu'au contraire les Catholiques en auoient fait vne contr'eux, se resolurent de renoüer la leur, & d'y r'appeller les Catholiques Mal-contens. Et de fait le Roy de Nauarre, le Prince de Condé, les autres Chefs du parti auec les Rochellois l'aiant signée, ils y conuierent aussi la Roine d'Angleterre, les Rois de Suede & de Danemark, les Protestans d'Alemagne, & de Suisse. Mais cela mesme fut cause que plusieurs Catholiques jugeant par là qu'ils ne tendoient qu'à la destructiõ de la Religiõ Romaine, refuserent d'y donner leur nom comme auparauant: & mesmes le Mareschal de Damuille persuadé par Renée de Cossé sa femme (dame de singuliere vertu & grandement pieuse) rompit auec eux en cete occasion, & se remit au seruice du Roy pour ensuyure le loüable exemple de ses illustres ancestres.

IV.
Le Prince de Condé commence la guerre.

L'alarme est donc parmy tous les Religionnaires: & le Prince de Condé le premier, comme le plus outré, met la main à l'execution: laquelle il commence par l'oppression d'vn de ses plus affidés partisans. C'est qu'il se saisit de la ville de Broüage peu de iours apres l'auoir rendue au Baron de Mirembeau seigneur d'icelle: lequel venoit de defendre en l'assemblée des Estats la cause de tout le parti auec plus de hardiesse & de contention que nul autre. Mais le Prince considerant l'importance de la place & son assiete commode & auantageuse tant par mer que par terre, la voulut auoir en son pouuoir (comme autre-fois) afin de tenir en deuoir les Rochellois & leurs voisins Insulaires. Aussi soudain apres s'en estre emparé il mit garnison dans l'isle de Ré, obligea les Rochellois à faire la guerre par mer: & luy se jetta à la campagne auec tout ce qu'il peut ramasser tant de caualerie que d'infanterie,

Henry III du nom, Roy LXII.

courant & rauageant le Poictou, l'Engoumois & la Saintonge.

En mesme temps le Roy de Nauarre se rendit maistre des villes d'Agen, de Ville-neufue d'Agenois, Poymirol, Layrac, Lectoure, L'Isle-Iourdain, Auuilar, Mirande, & quelques petites places en son gouuernement de Guienne: de sorte qu'il alarma toute la prouince, & notamment la ville de Bourdeaus desja estonnée de ses menaces depuis qu'elle luy auoit refusé l'entrée.

L'Admiral de Villars Lieutenant de Roy en la mesme prouince, lequel se tenoit és enuirons de Bourdeaus pour la conseruation de cete bonne ville, n'aiant point de forces pour les opposer au Nauarrois, exhorta la Noblesse du païs à prendre les armes pour la defense de la Religion, & pour le seruice de sa Majesté: à quoy elle se porta auec d'autant plus de passion que desja la plus-part auoit iuré & signé la Ligue.

Ian-Pol d'Esparbez cadet de Lussan sieur de la Serre, auec letres du Roy, fit la premiere & plus grande assemblée à Condom: où le Roy de Nauarre (qui estoit à Neraça trois lieuës de là) se vint presenter auant qu'il y fût encore arriué six Gentils-hommes : mais la porte luy fut fermée par le conseil de Lussan, qui fit armer le peuple. En quoy (ainsi qu'il remarque en ses memoires) il fut vigoureusement assisté de Ian Dufranc Lieutenant general, & de Robert Imbert Lieutenant particulier au siege presidial de la mesme ville. Le Nauarrois passant outre pour surprendre Aux (où s'assembloit aussi la Noblesse du païs circonuoisin) Lussan descouurant son dessein luy gaigna le deuant par vn autre chemin : & luy fit refuser l'entrée, comme il auoit fait le iour precedent à Condom.

Lussan fit en ce mesme temps deux heureux combats contre les Religionnaires, qui luy auoient dressé des embusches : l'vn entre Condom & Agen: l'autre entre Agen & Poymirol : en tous deux desquels (quoy qu'il fût abandonné de la plus-part des siens) il se porta si vaillamment que la place luy demeura auec beaucoup de reputation & de gloire.

Sainct-Cric gentil-homme Catholique, mais seruiteur affidé du Nauarrois, tenant Mirande pour luy, y fût forcé par la Noblesse: & s'estant retiré au chasteau, y fut bruslé auec tous ses compagnons. Le Roy de Nauarre tournant de ce costé là auec toutes ses forces, la Noblesse Catholique marcha à l'encontre & luy alla au deuant jusqu'à Iegun entre Aux & Condom, aiāt à la teste Bernard de Nogarets l'aisné des deux fils de la Valete n'agueres decedé, & prit chāp de bataille à la portée de son artillerie. Toutesfois il n'y eut que des escarmouches, & quelques coups de lance pour la maistresse.

La Mothe-Bardigues gouuerneur d'Auuillar, qui estoit Catholique, mais plus religieux & plus prudent que Sainct-Cric, voiant que le Roy de Nauarre aprés estre retourné au Caluinisme faisoit la guerre au Roy se declara pour sa Majesté, & bien qu'il luy eût de l'obligation pour son gouuernement, se declara neantmoins pour le Roy, & luy refusa son obeïssance.

L'An de Christ. 1577.

V.
Le Roy de Nauarre en suite.

VI.
La Noblesse Catholique s'oppose à ses armes.

VII.
Lussan luy fait fermer la porte à Condom & à Aux.

IIX.
Deux heureux cōbats du mesme Lussan.

IX.
La Noblesse presente la bataille au Nauarrois.

X.
La Mothe-Bardigues se declare contre luy.

XI.
Les Religionnaires repoussés à S. Macaire.

Le Baron de Montferrand & le Capitaine Fabas aians quelque intelligence sur Sainct-Macaire sur Garonne, obligerent à cete entreprise les meilleurs hommes qui fussent auprés du Roy de Nauarre jusques à ses gardes : mais les habitans aduertis de leur dessein se preparerent si bien à les receuoir, que de deux cens hommes d'elite qui donnerent l'escalade (entre lesquels il y auoit quarante gentils-hommes) il n'en r'eschappa que douze qui ne fussent tués ou blessés : soit par vne contre-trahison, ou par ce que les eschelles se trouuerent trop courtes.

XII.
Montferrand quite le parti du Nauarrois.

Peu de iours aprés cet exploit funeste aux entrepreneurs, Montferrand quita le parti du Nauarrois, à cause de l'injure faite au Baron de Langoiran son frere : auquel il osta le gouuernement de la ville de Perigueux : laquelle (comme nous auons veu) Langoiran mesme auoit surprise. Il traicta auec les Bourdelois ses voisins pour jouïr de ses chasteaux & de ses Baronnies de Montferrand & de Langoiran, moienát que l'exercice de sa Religion luy fut accordé auec ses domestiques.

XIII.
Querelles de Lauerdin auec le Vicomte de Turenne & la Nouë.

Le Vicomte de Turene & le sieur de Lauerdin (qui n'agueres pour quelque mescontentement receu en Cour auoit pris le parti du Nauarrois, sans faire banque-route à sa religion) eurent ensemble de grosses paroles à Agen. Là mesmes Lauerdin eut querele auec la Noüe en la presence du Roy de Nauarre, qui se donna beaucoup de peine à les accorder. Car il cherissoit grandement l'vn & l'autre. Mais Lauerdin estoit odieux à sa Cour par l'induction des Ministres : lesquels n'aians sceu le porter au Caluinisme par aucune sorte de persuasion, desiroient s'en desfaire.

XIV.
Prise & reprise de Conquernant en Bretague.

En ce mesme temps la Vigne gentil-homme Breton aiant surpris n'agueres Conquernant place tres-forte en son païs, y fut surpris luy-mesme peu de iours aprés : toute la garnison taillée en pieces, & la ville remise en l'obeïssáce du Roy sans nulle perte de la part des Catholiques.

XV.
Les Religionnaires rompent les desseins du Mareschal de Dáuille.

Le Mareschal de Damuille tant par la consideration de la Religion Romaine, qu'il auoit tousiours professée, qu'à la persuasion de sa femme (comme i'ay desja dit) s'estoit remis és bonnes graces du Roy & de la Roine-mere. Mais pour faire sa reduction auec plus d'esclat, aiant desseigné de r'amener auec luy à l'obeïssance de sa Majesté les villes de Montpensier, Aigues-mortes, Lunel, Sommieres & quelques autres places d'importance, ses desseins furent la plus-part rompus par les Religionnaires : qui veilloient sur ses actions : & en haine de sa reduction au seruice du Roy, mirent injurieusement hors de Montpeslier sa femme. Tels donc estoient les exploits des Religionnaires peu heureux en leurs entreprises de ces derniers troubles. Voions maintenant comment est-ce que le Roy pouruoyoit à ses affaires.

XVI.
Le Roy encline à la paix.

Sa Majesté aiant aduis de tous costés que les pretendus Reformés prenoient les armes par tout & recommançoient la guerre, assembla son Conseil pour deliberer sur ce qu'elle auoit à faire. Les Ducs de Guise, de Neuers & de Mayenne tenoient qu'il falloit armer puissamment contr'eux, & sans entendre à nul accord les opprimer, ou les r'amener

à la

L'An de Christ. 1577.

Henry III du nom, Roy LXII. 85

à la Religion par la force. La Roine-mere, le Duc de Montpenfier, Monuilliers & Bellieure eftoient de contraire opinion : & la Roine-mere aiant reprefenté le defaut de finances, la mauuaife volonté des Eftats à contribuer extraordinairement à la guerre, le mefcontentement du Duc Ian Cafimir (qui auoit encore partie de fon armée en pied) & la bonne difpofition du Roy de Nauarre pour entendre à la paix, fa Majefté enclina auffi à cet aduis, fans pourtant oublier les preparatifs de la guerre.

L'an de Chrift. 1577.

Le Duc de Montpenfier donques & Biron (comme ils auoiēt heureufement commencé) continuerent le traicté de la paix auec l'adueu du Roy & à l'inftance de la Roine-mere : laquelle par letres, & meffagers qu'elle defpechoit fouuent vers le Nauarrois donnoit vn grand auancement à cete affaire. Nicolas de Neufuille fieur de Villeroy fut auffi employé à cete negociation, & y fut tres-vtile.

XVII. Le traicté s'en continue auec le Roy de Nauarre.

Le fieur de Villequier fut enuoié deuers les Princes Proteftans d'Alemagne, pour les prier de la part du Roy de n'affifter point de leurs armes les fubjets rebelles à fa Majefté, foubs ombre de Religion & de liberté de confcience. L'Ambaffadeur fut honorablement receu par tout : mais les Princes Alemans exhortans le Roy par leurs refponfes à donner indifferemment la paix à tous fes fubjets de quelque Religion qu'ils fuffent, fembloient denoncer la guerre à fa Majefté au cas qu'elle ne deferât à leurs remonftrances. Ils fouftenoient par l'exemple de plufieurs Eftats & bonnes villes d'Alemagne que la diuerfité des Religions n'eftoit pas incompatible en France.

XIIX. Les Proteftans d'Alemagne s'intereffent auec les Religionaires de France.

L'Ambaffadeur retorquant le mefme argument contr'eux, leur repartoit qu'il y auoit auffi plufieurs Eftats & bonnes villes en Alemagne, où les Proteftans fe trouuans les plus puiffans ne fouffroient point l'exercice de la Religion Romaine. A ce mefme propos il n'oublia pas l'exéple du roiaume d'Angleterre : où c'eftoit crime de lefe Majefté de profeffer la Religion Catholique. D'ailleurs il leur reprefentoit que la Religion des Caluiniftes François eftant plus differéte de celle des Proteftans d'Alemagne que celle-ci de la Romaine, à tout le moins fe deuoient-ils monftrer neutres : ou s'ils eftoient portés de bonne affection enuers l'Eftat François, fe rendre mediateurs entre le Roy & fes fubjets, qui auroient tous leur interceffion agreable. Mais cóme les heretiques, quoy que differens en erreur, communiquent tous enfemble en haine à l'encontre de la vraye Religion, auffi tefmoignerent-ils en tous leurs difcours la propenfion qu'ils auoient à fauorifer les Caluiniftes.

XIX. Refpófe de l'Ambaffadeur du Roy.

Cependant le Roy fe preparoit à tout euenement à la guerre : & pour cet effect il mit fur pied deux armées. L'vne & la plus puiffante foubs le cómandement du Duc d'Alençon fon frere, accompagné des Ducs de Guife, de Neuers, d'Aumale & des fieurs de Biron & de la Chaftre : lefquels peu de téps aprés furent faits Marefchaux de France. Cete armée eftoit cópofée de neuf regimens de gens de pied François & Italiens, de

XX. Sa Majefté met fur pied deux armées.

Tome 4. H

trois mille Suisses, trête-deux compagnies de gendarmes, & de vingt-deux canons de baterie. L'autre estoit beaucoup moindre soubs la conduite du Duc de Mayenne: qui n'auoit au commencement que six à sept cens cheuaux, & deux mille hommes de pied: mais elle grossit aprés peu à peu par l'arriuée des sieurs de Puygaillard, Ruffec, les Roches-Baritaud, & autres seigneurs & capitaines Catholiques. Sa Majesté voulut employer son frere à la guerre contre les Religionnaires rebelles: afin d'accroistre en luy l'auersion qu'il auoit à leur parti, pour n'y auoir esprouué que desfiance & perfidie.

L'An de Christ. 1577.

XXI.
Le Duc d'Aleçon prèd la Charité par composition.

Le Duc d'Alençon desirant aussi de son costé rendre preuue de sa fidelité enuers le Roy son frere planta le siege deuant la Charité enuiron la my-Auril, y fit dresser trois bateries à la fois, & aiant fait bresche raisonnable fit donner l'assaut par tout à mesme heure. Iaques Moroge sieur des Landes vn des plus notables habitans de la ville, hardi & valeureux Capitaine, qui commandoit dedans, aprés auoir soustenu tous ces assauts durant quelque heure, demanda à parlementer: & y estant receu rendit la ville au Duc le dernier du mesme mois, moienant qu'il luy permit d'en sortir auec tous ceux des assiegés qui le voudroiét suyure, & ce auec leurs armes & bagage, la mesche esteinte. Les Italiens irrités de ce que le Comte Martinengue leur Colonel auoit esté tué à l'assaut, se ruerent furieusement sur ceux qui sortoient soubs la foy publique: & Monsieur conniuant à leur rage, ils les eussent tous massacrés sans le Duc de Guise: lequel (ainsi que l'escrit Aubigné) se monstra conseruateur du droit des gens, & de la foy desja donnée.

XXII.
Et Issoire, où il y permet toute violence.

Aprés la reddition de la Charité, Monsieur mena son armée deuant Issoire, ville d'Auuergne n'agueres surprise par le capitaine Merle fils d'vn cardeur de laine d'Vzez, insigne & fameux voleur: mais nourri aux armes & au sang dez sa jeunesse. Cete place emportée d'assaut par les Roiaux auec peu de resistence fut exposée au pillage, au massacre des hommes, au violement des femmes & filles, & à toutes les cruautés que la licence de la guerre peut permettre. Le mesme Aubigné attribue encore ces brutalités à l'absence du Duc de Guise, afin d'en rejetter tout le blasme sur Monsieur, tant il se monstre passionné par tout contre la maison roiale.

XXIII.
Le Duc de Mayenne fait leuer le siege de Saintes au Prince de Condé.

Quant au Duc de Mayenne il fit aussi des heureux exploits d'armes en Poictou, Saintonge, & és enuirons de la Rochelle. Aiant aduis que le Prince de Condé auoit assiegé Saintes, il y auola auec sa caualerie: & le Prince quoy que tres-courageux ne voulant pas hazarder ce peu de forces qu'il auoit de peur d'exposer tout le parti à vn eminent peril, decampa & fit sa retraite à Brouäge.

XXIV.
La Trimoüille prèd Melle le iour de son trespas.

En ce mesme téps la Trimoüille, Duc de Toüars, chef de la Ligue de Poictou, assiegea & batit la ville de Melle: laquelle luy fut rédue par composition, luy estant si fort atteint d'vne fievre continue qu'il en mourut le mesme iour de la reddition d'icelle: de sorte que son ame

Henry III du nom, Roy LXII. 87

L'An de Christ 1577.

entrant glorieuse dans le Ciel, son corps porté par les Capitaines de son armée fit son entrée triomphante dans cete place.

Le XXV d'Auril le Duc de Mayenne se presenta deuãt Tonne-Charente à six lieuës de la Rochelle, & l'aiant canonnée la força par assaut auec grand carnage de ceux qui la defendoient. Lucas Capitaine de reputation parmi ceux de son parti, qui en estoit gouuerneur, demeura prisonnier de guerre; & peu de iours après faisant quelque effort pour se sauuer, fut occis: & cherchant ainsi sa liberté perdit la vie.

XXV. Le Duc de Mayenne force Tonne-Charenté.

De là le Duc de Mayenne s'en alla camper deuant Marans, qui se rendit sans attendre que le canon fût mis en baterie. L'armée roiale courant apres cela iusques aux portes de la Rochelle, incommodoit grandement le gouuernement & voisinage de cete superbe ville: laquelle estoit lors en tres-mauuais mesnage auec le Prince de Condé à cause des insolences que ses troupes auoient faites és enuirons d'icelle.

XXVI. Marans se rend à luy.

Le Duc de Mayenne s'estant ainsi rendu maistre de la campagne se resolut à planter le siege deuant Broüage tant par mer que par terre. A cet effect Lansac dressoit vne armée nouuelle à Bourdeaus: laquelle s'auança iusqu'au pertuis d'Antioche: qui est vn canal de trois lieües de large, faisant separation des isles de Ré & d'Oleron. Il moüilla en cet endroit, attendant cinq galeres du Roy parties de Nantes pour le ioindre. Et afin qu'il ne semblât estre à l'ancre sans rien oser attenter, il enuoia sommer l'isle de Ré de le receuoir & recognoistre comme gouuerneur des Isles: mais ceux qui s'y presenterent desa part n'eurent autre accueil que d'arcbusades.

XXVII. Il assiege Broüage.

La commune necessité des affaires aiant aucunement reconcilié les Rochellois auec le Prince de Condé, ils equiperent leurs vaisseaux soubs la conduite de Clermont d'Amboise, & demarerent à pleines voiles à l'encontre de Lansac: lequel refuyant le combat pour n'estre pas encore assez fort, relascha vers la Gironde, attendant son Admiral, qui estoit vn gros nauire Basque de six cens tonneaux, & les cinq galeres.

XXIIX. Les Rochellois arment par mer.

D'autre part le Duc de Mayenne ne perdoit pas vne heure de temps: & desja auoit inuesti Broüage par terre. Ce qui obligea Lansac à y retourner aussi: de sorte qu'il bloqua la place du costé de la mer le X de Iuillet, & le XVI du mesme mois les galeres se ioignirent à sa flote, nonobstant les efforts des Rochellois: lesquels perdirent grand nombre de vaillans hommes pour les auoir attaquées auec le calme, qui est grandement auantageux aux galeres pour se seruir de la rame, & est incommode aux vaisseaux ronds, lesquels à faute de vent demeurent immobiles & exposés aux foudres de leur artillerie. Peu de iours après cete attaque l'armée nauale des Rochellois fut entierement desfaite par vn autre combat, auec perte de plusieurs vaisseaux: entre lesquels furent pris les deux meilleurs nauires qu'ils eussent, nommés le Prince & la Florissante.

XXIX. Sont desfaits en deux combats.

Tome 4. H ij

88 Histoire de France,

XXX.
L'isle d'Oleron reçoit Lansac.

Cete perte fut suyuie de la reduction de l'isle d'Oleron en l'obeïssace du Roy. Car aiant perdu toute esperance de secours par la desfaite de la flote Rochelloise, elle receut Lansac sans aucune resistence.

L'An de Christ.
1577.

XXXI.
Broüage se rend au Duc de Mayéne.

Le XXIIX du mois d'Aoust ensuyuant, Broüage reduit à l'extremité, se rendit aussi au Duc de Mayenne par capitulation : laquelle fut religieusement gardée. Les assiegés sortirent vies & bagues saunes, & furent conduits en toute seureté auec leur canon à la Rochelle, à Pons, & ailleurs, où ils voulurent. Le Capitaine Seré, qui commandoit dedans, aiant esté tué durant le siege, Manducage succeda à sa charge : & celuy-ci aiant esté blessé, Beauuais-Montfermier fut eleu pour commander en sa place. Tous trois (mais singulierement Seré) y rendirent de signalées preuues de leur courage & bonne conduite.

XXXII.
Le traité de Paix conclu.

Cete grande prosperité des armes du Roy donna vn extreme effroy aux Rochellois : lesquels n'attendoient rien plus qu'aprés la perte des autres isles, voir leur ville bloquée par mer & par terre : tellement qu'ils ne desiroient rien tant que la paix. Les autres Religionnaires n'estant pas plus heureux qu'eux, ne la souhaitoient pas moins : & le Roy y estant porté de sa part, le traité en fut arresté à Bergerac sur la fin de Septembre, auec plus d'aisance qu'on ne s'estoit pas promis : & l'edict dressé peu de iours aprés à Poictiers, où sa Majesté pour en faciliter la conclusion, s'estoit auancée.

XXXIII.
Entremetteurs d'icelle.

Le Duc de Montpensier, l'Archeuesque de Vienne, Biron, Villeroy, Meruille, Richelieu & la Mothe-Fenelon trauaillerent tres-vtilement à cete negociation : mais l'instance de la Roine-mere, le defaut de finances, la crainte des menaces du Duc Casimir & des Protestás d'Alemagne y firét encliner le Roy, auec ce qu'il ne vouloit pas laisser longuement ses armes soubs le cómandement des Guises. Le Roy de Nauarre s'estant approché jusqu'à Bergerac pour traicter luy-mesme en personne, accelera grandement la conclusion des articles.

XXXIV.
Receüe du Prince de Condé & des Rochellois auec joye.

Le Prince de Condé aiant receu cete paix sur la nuict à la Rochelle, la fit publier aux flambeaux à l'heure mesme, pour monstrer combien elle luy estoit agreable : mais elle l'estoit encore plus aux Rochellois, lesquels áprés vne grosse despense auoient receu de grandes pertes tant par mer que par terre : Ioint que le Prince mesme estouffant toute l'autorité de leur Maire, faisoit ombre à leurs priuileges & franchises.

XXXV.
Par Thoré, Chastillon, & autres.

Le Mareschal de Bellegarde, qui tenoit le siege deuát Montpeslier, & Thoré & Chastillon, qui estoient venus au secours des assiegés, aians leurs armées en presence & rangées en bataille pour s'entre-choquer, receurent aussi fort à propos la mesme paix, qui leur fut enuoiée par la Noüe, la firent publier chacun de son costé : & le siege fut leué, & leurs armées rompues.

XXXVI.
Principaux articles de cete paix.

L'edict fait sur cete derniere paix (qui n'estoit qu'vne modification de la precedente en faueur des Catholiques) contenoit quatre-vingts

Henry III du nom, Roy LXII. 89

quatorze articles: la pluspart desquels estoient peu differés de ceux des pacifications dernieres, si cen'est en ceux qui s'ensuyuent.

Premierement en ce que par cet edict il estoit tres-expressement & tres-amplement pourueu aux interests des Ecclesiastiques.

II. *Que l'exercice de la Religion Pretendüe Reformée estoit restreint à certains lieux accordés en chaque Seneschaucée ou Bailliage.*

III. *Que les Religionnaires estoient obligés de garder les festes ordonnées de l'Eglise Catholique.*

IV. *Qu'ils estoient tenus aussi d'obseruer en leurs mariages les degrés de parenté ou d'affinité prohibés en l'Eglise Romaine.*

V. *Que les Chambres my-parties estoient reuoquées: & ordonné qu'és Parlemens de Paris, Roüen, Dijon, & Renes seroit erigée une Chambre composée d'un President & de douze (à Paris seze) Conseillers pris du corps des mesmes Parlemens, pour juger les procés tant ciuils que criminels, esquels ceux de la Religion P.R. seroient parties. Qu'és Parlemens de Toulouze, Bourdeaus, Grenoble & Aix, seroit establie une Chambre composée de deux Presidens, l'un Catholique & l'autre de la Religion P.R. & de douze Conseillers, huict Catholiques, & quatre de ladite Religion P.R.*

VI. *Que le Roy bailloit aux-dits Pretendus Reformés huict villes en garde pour six ans à sçauoir en Languedoc, Montpesiler, & Aiguesmortes: en Guienne, Perigueux, la Reole, & le Mas de Verdun: en Daufiné, Nyons & Serres, ville & chasteau: en Prouence, Seine-la grand' Tour, & le circuit d'icelle. Que le Roy de Nauarre, le Prince de Condé & vingt Seigneurs de leur parti tels qu'il plairoit au Roy de nommer, s'obligeroient solidairement de les luy fidelement garder: & le-dit terme de six ans passé (à compter la date du present Edict) de les remettre és mains de ceux que sa Majesté ordonneroit, sans y rien innouer ny alterer, & sans aucun retardement ny difficulté soubs pretexte quelconque.*

1577 — Le Ieudy VII de Nouembre en la mesme année MDLXXVII, commença de paroistre vne horrible Comete auec vne longue queüe courbée tirant de l'Aigle vers la bouche de Pegase. Aucuns ont escrit qu'elle s'estédoit à XXX degrés vers le Sagittaire & le Capricorne: & qu'elle n'estoit point en la region elementaire & sub-lunaire, mais en la celeste. Michel Mœslin demonstre qu'elle estoit soubs l'orbe de Venus. Si cela estoit ainsi (cóme d'autres ont asseuré de l'estoille nouuelle qui 1572 parut en la constellation de Cassiopée en l'an MDLXXII, dont i'ay parlé en son lieu) c'estoit chose prodigieuse, & contre les principes des Physiciens qui n'admettent point la generation des meteores dans les orbes celestes.

xxxvii. Horrible comete.

Plusieurs asseuroiët que cete Comete presageoit la mort de quelque grande Princesse: dont la Roine-mere conceut vne extreme frayeur, sans autre mal ny maladie. Mais l'année fut remarquable par le trespas d'aucuns illustres personnages: & entre autres de Nicolas de Lorraine, Comte de Vaudemont, pere de la Roine, de Louis de la

xxxiix. Trespas d'aucunes personnes illustres.

Tome 4. H iij

Trimoüille Duc de Toüars, de Blaise de Monluc, Mareschal de France, qui mourut à Condom, & fut enterré dans le chœur de l'eglise cathedrale. Armand de Gontaut, seigneur de Biron, comme le plus digne de succeder à la charge de ce grand Capitaine, en fut pourueu par sa Majesté.

Or dautant que nous auós touché ci-dessus soubs l'an MDLXXVI comme Monsieur frere du Roy fut sollicité de prendre la protection des Estats des Païs-bas, & que depuis il traicta auec eux & alla en personne à leur secours en l'année MDLXXIIX, il sera à propos, auant que de parler de son voiage, que nous voyons quel estoit alors l'estat de leurs affaires.

L'An de Christ.
1577.

1576

1578

B

Estat de Flandres & des Païs-bas. Le Duc d'Alençon y va au secours des Estats contre l'Espagnol.

I. *Comment les Païs-bas tomberent soubs la domination Espagnole.* II. *Le Duc d'Albe en est fait gouuerneur.* III. *Y fait heureusement la guerre.* IV. *Capitulation estrange.* V. *Le Duc d'Albe quite son gouuernement.* VI. *Roquescens luy succede.* VII. *Sa flote est desfaite.* IIX. *Il desfait le secours d'Alemagne.* IX. *Violences des Espagnols dans Anuers.* X. *Progrés de leurs armes és Païs-bas.* XI. *Trespas de Roquescens.* XII. *Les Espagnols saccagent & desolent Anuers.* XIII. *Les Flamans appellent le Duc d'Alençon pour estre leur protecteur.* XIV. *Ligue des Païs-bas.* XV. *Dom Ioan d'Austriche en est fait gouuerneur.* XVI. *Ses deportemens suspects.* XVII. *Ceux d'Anuers respirent de leurs maux.* XIIX. *La Roine de Nauarre sert vtilement le Duc d'Alençon.* XIX. *Le Prince d'Orenge se declare ennemi du Roy d'Espagne.* XX. *Prend plusieurs villes.* XXI. *Les Estats appellent pour gouuerneur l'Archiduc Mathias.* XXII. *Leur armée est desfaite en bataille.* XXIII. *Perdent plusieurs places.* XXIV. *Prennent Amsteradam.* XXV. *Le Duc d'Alençon leur offre son assistance.* XXVI. *Ils traictent ensemble.* XXVII. *Histoire tragique d'vne fille villageoise.* XXIIX. *Le Duc Ian Casimir vient au secours des Estats.* XXIX. *Qui refusent la paix.* XXX. *Monsieur mal traicté d'eux.* XXXI. *Trespas de dom Ioan.* XXXII. *Les François forcent Bin.* XXXIII. *Trespas du Comte de Bossu.* XXXIV. *Le Prince de Parme succede à dom Ioan.* XXXV. *Cruautés des Protestãs enuers les Catholiques.* XXVI. *Tiers-parti és Païs-bas.* XXXVII. *Monsieur se retire en France.* XXXIIX. *Et le Duc Casimir en Alemagne.*

Henry III du nom, Roy LXII.   91

L'An de Christ

1526
1529

PAR le traicté de Madrit de l'an MDXXVI, & depuis par celuy de Cábray de l'an MDXXIX le Roy François I aiant renoncé à la souueraineté de Flandres & de tous les Païs-bas en faueur de Charles V Empereur & Roy d'Espagne, Philippe II son fils en continua la possession au grand prejudice de la monarchie Françoise : les loix fondementales de laquelle ne permettent pas que nos Rois pour quelque cause ou pretexte que ce soit en puissent aliener, distraire ou desmembrer aucune piece. Ces païs donc estant ainsi tombés soubs la domination Espagnole firent quelque resistence à l'establissement de l'Inquisition introduite contre l'heresie ; & par le commerce qu'ils auoient auec les Protestans d'Alemagne, de France & d'Angleterre furent infectés de leurs erreurs : & (comme j'ay remarqué ailleurs) furent nommés *Gueux*, c'est à dire, rebelles.

I. Comment les Païs bas tomberent soubs la domination Espagnole.

1555

1559

L'Espagnol taschant d'arracher l'heresie auant qu'elle eût estendu ses racines, trouua qu'elle estoit fomentée & affermie par la rebellion, & que desja le Prince d'Orenge imbu de la fausse doctrine, fauorisoit secretement les heretiques rebelles. Pour les domter il despecha contr'eux le Duc d'Albe (les Espagnols escriuent Alve) auec huict mille hommes de pied & douze cens cheuaux : & le Prince d'Orenge n'aiát point de forces pour luy resister, se retira en Alemagne auec Ludouic son frere : où ils publierent leurs plaintes contre l'Espagnol par vn manifeste.

II. Le Duc d'Albe en est fait gouuerneur.

Le Duc d'Albe mettant serieusement la main à l'œuure fit la guerre aux Gueux, les traicta rudement, les combatit, & les desfit en plusieurs batailles & rencontres, & força grand nombre de villes par eux occupées : non toutesfois sans auoir receu de notables pertes, ainsi que i'ay marqué soubs le regne de Charles IX, en l'an MDLXIX. Tellement qu'il les vexa grandement : mais il ne domta pas leur fierté naturelle.

III. Y fait heureusement la guerre.

1569

C'est chose notable, & d'auenture sans exemple, que les habitans de Harlem aiant enduré vn siege de sept mois se rendirent au Duc à discretion pour leurs personnes, & racheterent le pillage de leur ville, moienant deux cens quarante mille florins. Miserable condition de ces hommes auares : lesquels pouruoyans à la conseruation de leurs richesses, exposent leurs personnes à la cruauté d'vn ennemi tres-seuere. Aussi en fit-il mourir deux mille par la main du bourreau, & laissa vne forte garnison dans cete ville desolée, pour faire mourir par des tourmens continuels les autres, ausquels il sembloit auoir donné la vie.

IV. Capitulation estrange.

1572

Ce capitaine Espagnol aiant aduis qu'on luy rendoit de mauuais offices à la Cour d'Espagne, demanda congé à son Roy pour se retirer, craignant d'en receuoir le commandement à sa honte. Ian de Cerda Duc de Medina luy estant enuoié pour successeur, fut si mal-heureux en son voiage (où il perdit quelques vaisseaux) & à son entrée és Païs

V. Le Duc d'Albe quite son gouuernement.

H iiij

bas (où il ne fit nul exploit memorable) qu'il obtint aussi son congé soubs pretexte de l'indisposition de sa personne.

L'An de Christ.
1573.

VI. Roquesens luy succede.
Dom Louis de Roquesens grand Commandeur de Castille estant subrogé en la place des deux premiers au gouuernement des Païs-bas, se monstra du commencement moins seuere que le Duc d'Albe : de sorte que tous ses peuples oppressés des continuelles guerres se promettoient quelque relasche de leurs calamités par vn bon accord, & s'y disposoient de leur part sans fraude. Mais la suite des deportemens de ce nouueau Gouuerneur n'aiant pas respondu aux premiers, la guerre se r'alluma aussi furieuse que soubs le Duc d'Albe.

VII. Sa flote est desfaite.
Le Prince d'Orenge reuenu d'Alemagne auec quelque secours se joignit à l'armée des Estats, mit le siege deuant la ville de Mildebourg tant par mer que par terre. Le Commandeur aiant entrepris de la secourir par mer dressa vne puissante flote. Mais aiant esté desfaite par celle des Gueux aprés vn tres-sanglant combat le XXIV de Feurier MDLXXIV, la ville fut renduë au Prince d'Orenge.

1573

1574

VIII. Il desfait le secours d'Alemagne.
Le Commandeur outré de la perte de sa flote ne songeoit plus qu'aux moiens d'en auoir reuenche. Estant donc aduerti que le Duc Christofle fils de l'Electeur Palatin, & les Comtes Ludouic & Henry de Nassau emmenoient vn gros secours au Prince d'Orenge leur frere, il leur alla au deuant, leur liura la bataille, desfit leurs troupes, & tua les trois Chefs sur le champ le XXIII de Mars en la mesme année auprés de Mookerherde.

IX. Violences des Espagnols dans Anuers.
Le XXVI du mois d'Auril ensuyuant, les Espagnols estans entrés dans la ville d'Anuers par la citadelle, contraignirent les habitans de leur fournir quatre millions de florins : & aprés les auoir ainsi rançonnés ne laisserent pas d'vser enuers eux de grandes extorsions & violences. Le Commandeur n'aiant point dequoy les soldoyer conniuoit à tous ces desordres & pilleries.

X. Progrés de leurs armes és Païs-bas.
En l'année MDLXXV le Commandeur aiant batu sans relasche la ville d'Ondeuuater l'emporta par assaut au mois d'Aoust auec grand carnage des assiegés : prit en suite Schoouhouen par composition : & peu aprés força la forteresse de Boimmené sur la fin du mois de Septembre.

1575

XI. Trespas de Roquesens.
Aprés tous ces heureux exploits le Commandeur estant decedé de peste à Bruxelles en l'année MDLXXVI, le commandement des armes Espagnoles fut deferé au Comte Pierre Ernest de Mansfeld, (qui estoit en l'armée) & depuis confirmé par le Roy Philippe jusqu'à ce qu'il y eût autrement pourueu. Cetuy-ci fut fait prisonnier peu de jours aprés, par la trahison de Glimes & de Guillaume d'Horme seigneur de Heze : lesquels s'estant declarés pour les Gueux se ietterent en campagne auec vne armée : & furent desfaits par Alonse de Vargas Colonnel de la caualerie Espagnole.

1576

XII.
Cependant les Espagnols tascherent de surprendre encore la ville d'Anuers pour la piller. Mais les habitans aians pourueu à ce coup à

Henry III du nom, Roy LXII. 93

A leur seureté ils s'en allerent descharger leur rage sur les villes d'Alost & de Mastrich: lesquelles ils saccagerent: & aprés retournerent à Anuers: où estans entrés par la citadelle le IV de Nouembre ils attirerent à leur entreprise les Lansknets de la garnison, & se rendirent maistres de la ville. Pour occuper & empescher les habitans (qui auoient pris les armes en nombre de quatorze mille outre les estrangers) ils mirent le feu en tant d'endroits de la ville que plus de huict cens maisons furent bruslées: dans lesquelles fut consumé pour plus de trois millions de marchandise. L'hostel de ville le plus somptueux & magnifique qui fut en autre cité de l'Europe, fut aussi reduit en cendre: & parmi ces horreurs perirent par le feu ou par le fer six à sept mille personnes de tout âge ou sexe. L'histoire raporte que le pillage fut de la valeur de vingt millions de ducats, & que ce qui fut gasté ou consumé par le feu n'estoit pas de moindre valeur.

L'an de Christ. 1577.

Les Espagnols saccagent & desolet Anuers.

1576

Francisco Lanaris.

Ces brutalités furent cause que les Païs-bas detestans la domination Espagnole desirerent d'auoir vn Prince François pour regenter sur eux: & pour cet effect ietterent les yeux sur le Duc d'Alençon frere de nostre Roy, & (comme nous auons touché ci-dessus) luy en firent escrire par le Prince d'Orenge. Mais ils recognurent depuis qu'en l'appellant ils changerent seulement de tyran au lieu d'oster la tyrannie. Ainsi en parloient ceux d'Anuers. Mais l'inciuilité & fierté de laquelle ils vserent enuers ce jeune Prince l'obligerent (comme nous verrons ci-aprés) à rechercher les moiens de se les assuiettir entierement pour domter leur arrogance.

XIII. *Les Flamäs appellent le Duc d'Alençon pour estre leur protecteur.*

1576.

Cependant ils firent vne ligue de quinze prouinces en la ville de Gand, afin de se defendre auec plus d'intelligence contre les Espagnols: lesquels traictoient auec pareille cruauté les villes de leur obeïssance que les plus rebelles.

XIV. *Ligue des Païs-bas.*

D'autre-part le Roy d'Espagne enuoia és Païs-bas don Ioan d'Austriche son frere naturel pour y commander en son nom auec charge d'attirer ces peuples à leur deuoir plustot par artifices & par la douceur que par la force. Et de fait y estant arriué sur l'entrée de l'an MDLXXVII, il fit semblant de vouloir maintenir en paix ces prouinces lassées & foulées des guerres passées. Ce qui fut cause qu'il fut receu auec de grands honneurs par toutes les villes de Flandres.

XV. *Dom Ioan d'Austriche en est fait gouuerneur.*

1577

Mais aprés qu'on eut veu qu'il retenoit prisonnier le Comte de Bure soubs des pretextes recherchés & pour des crimes supposés: qu'il s'estoit saisi du chasteau de Namur: qu'il auoit tiré le Prince de Chimez de la citadelle d'Anuers pour y mettre Trelon affidé partisan des Espagnols: & qu'on eut descouuert ses secrets desseins par des letres interceptées sur le chemin des landes de Bourdeaus & enuoiées aux Estats; on commença à redoubter le joug de l'Espagnol plus que ci-deuant, soubs ce Prince dissimulé, cauteleux, & d'ailleurs né aux armes. Les Annalistes Espagnols au contraire escriuent que dom Ioan n'eut jamais commandement ny dessein que de restablir la Religion Catholi-

XVI. *Ses deportemens.*

que és Païs-bas, & que ces letres-là estoient supposées par les heretiques.

XVII.
Ceux d'Anuers respirent de leurs maux.

Quoy qu'il en soit ceux d'Anuers (qui auoient desja esprouué deux fois en deux ans les effects de la tyrannie & perfidie Espagnole à l'extreme desolation de leur ville) conceurent vn si grand effroy de ce bruit qu'ils commençoient à charger leurs moiens sur des vaisseaux, pour s'enfuir en Holande & Zelande: de sorte que cete belle & opulente cité s'en alloit desertée sans vne querele qui arriua dans la citadelle entre Bours & Trelon. Car celuy-ci s'estant trouué le plus foible, fut liuré aux Estats: & par ce moien la ville demeura affranchie de la terreur de l'oppression Espagnole.

XIIX.
La Roine de Nauarre sert vtilement le Duc d'Alençon.

En mesme temps la Roine de Nauarre soubs couleur d'aller aux bains de Spa au Liege pour quelque infirmité feinte, passa en Flandres, afin d'attirer aucuns Seigneurs du païs au seruice du Duc d'Alençon son frere bien-aimé, & n'oublia en cela aucune sorte d'artifice. Elle fut receüe auec grand honneur par tout: & dom Ioan l'accompagnant tousiours soubs ombre de compliment & de courtoisie taschoit de descouurir ses desseins, & veilloit sur les actions de cete accorte Princesse. Mais nonobstant tout cela elle ne laissa pas d'auancer grandement les affaires de son frere. Car passant à Cambray elle luy practiqua & gaigna le sieur d'Ainsy gouuerneur de la citadelle: & à Valenciennes le Comte de Lalaing gouuerneur du païs de Hainaut & le sieur de Montigny son frere. Ses menées estant aucunement descouuertes elle courut fortune d'estre arrestée à son retour par les partisans d'Espagne: mais sa bonne fortune eluda toutes leurs embusches.

XIX.
Le Prince d'Orege se declare ennemi du Roy d'Espagne.

En fin les violences & cruautés des Espagnols obligerent les Estats de Flandres à secoüer le joug de leur domination: & le Prince d'Orenge (lequel jusqu'à ce temps-là auoit protesté de n'en vouloir qu'aux gens de guerre Espagnols à cause de leurs insolences) commença à se declarer ouuertement ennemi du Roy d'Espagne & de l'eglise Romaine, en faisant publier par tous les Païs-bas liberté de conscience: les premiers effects de laquelle furent de casser & chasser les officiers de son Roy, abbatre ses armoiries des lieux publics pour y arborer les siennes: s'emparer des reuenus Ecclesiastiques, piller, brusler & raser les monasteres, & les Eglises, & abolir de tout son pouuoir la Religion Catholique.

XX.
Prend plusieurs villes.

Les villes d'Anuers, Bergopson, Bolsduc & autres vindrent és mains des Estats: qui firent raser les citadelles & chasteaux d'Anuers, de Gand & de toutes les villes de Flandres, excepté ceux de Cambray & de Tournay.

XXI.
Les Estats appellent pour gouuerneur l'Archiduc Mathias.

Peu de iours après ils appellerent l'Archiduc Mathias frere de Rodolfe II, Empereur pour estre leur gouuerneur: esperans par ce moien auoir l'Empereur plus fauorable: mais en effect le Prince d'Orenge soubs le titre de Lieutenant du Gouuerneur auoit toute l'autorité & commandement tant és villes que dans les armées: & l'Archiduc te-

L'An de Christ.
1578.

1577.

Henry III du nom, Roy LXII.

L'An de Chriſt. 1578.

A nant ſa petite Cour à Anuers n'eſtoit que ſpectateur de la conduite des affaires. Auſſi l'Empereur recognoiſſant aſſez leur malice teſmoigna qu'il eſtoit marri de ce que ſon frere auoit accepté cete charge.

Il y eut en ſuite quelque traicté de paix : mais n'aiant pas reuſſi tout eſclata derechef en guerre, qui fut tres-funeſte aux Eſtats. Car aiant mis le ſiege deuant la cité de Namur ils le leuerent entendans que dom Ioan venoit au ſecours des aſſiegés : & quoy qu'ils fuſſent ſix fois plus forts que luy en nombre de combatans, neantmoins leur armée fut desfaite auprés de Gebluts auec vne tres-ſanglante boucherie. Cete victoire fut inopinée & contre l'eſperance du vainqueur : lequel ſans l'eſtonnement des Gueux & la hardieſſe du Prince de Parme, lequel n'agueres arriué en ſon armée les obligea au combat, ne croyoit pas tant ſeulement donner bataille.

XXII. Leur armée eſt desfaite en bataille.

Aprés vn exploit ſi heureux pour l'Eſpagnol les villes de Louuain, Tilemont, Arſcot, Diep, Chimay, Limbourg, Niuel, Roux, Sognies, Binche, Beaumont, Vvalcourt, Maubuge, Philippe-ville, Dalem & autres ſe rendirent au victorieux. Sichenen aiant voulu reſiſter fut forcée & ſaccagée.

XXIII. Perdet pluſieurs places.

En ce meſme tẽps les Eſtats receurent deux tres-agreables nouuelles, qui leur apporterent vn tres-grand allegement en cete conſternation publique. L'vne fut la priſe de l'opulente & admirable ville d'Amſtelredam en Holande, aſſiſe dans la mer : laquelle ſe rendit par capitulation à eux par faute de viures & de ſecours aprés auoir ſouſtenu longuement le ſiege. Mais la compoſition y fut mal gardée : les Egliſes aiant eſté pillées & ruinées contre la foy publique : tant les heretiques ont en horreur les choſes ſacrées, & meſmes ces anciens edifices, admirables monumens & preuues ſenſibles de la vraye Egliſe.

XXIV. Amſtelredam.

L'autre nouuelle fut que le Duc d'Alençon (la protection duquel ils auoient recherchée) iugeant bien que l'Archiduc Mathias eſtant de la maiſon d'Auſtriche ne ſçauroit eſtre jamais en credit parmi des nations rebelles au Roy d'Eſpagne le plus puiſſant Prince de la meſme maiſon : & que luy à cauſe du voiſinage & des forces qu'il pouuoit tirer de France, leur pouuoit eſtre plus agreable comme plus vtile, leur enuoia offrir ſon ſecours auec l'aſſiſtance de ſa perſonne.

XXV. Le Duc d'Alençon leur offre ſon aſſiſtance.

Ces offres furent tres-bien receües : & en ſuite les ſieurs de la Rochepot & des Pruneaux ſe trouuerent de la part de Monſieur en la ville de Giſlain : & de la part des Eſtats le Comte de Lalaing, le Baron de Frezin, & Lieffelt vn de leur Conſeil, pour conferer enſemble ſur les propoſitions de Monſieur & ſur les aſſeurances qu'il en deuoit prendre. La concluſion fut que Monſieur entretiendroit à ſes deſpens dix mille hommes de pied & deux mille cheuaux durant trois mois : aprés leſquels ſi la guerre continuoit il leur continueroit auſſi ſon aſſiſtance auec trois mille hommes de pied & cinq cens cheuaux : & qu'il ſe declareroit ennemi de dom Ioan & de l'Eſpagne. Les Eſtats moienãt cela luy donnerent le titre de *Protecteur de la patrie*, & s'obligerent de

XXVI. Ils traictent enſemble.

le preferer à tous autres, en cas qu'ils fussent contrains de changer de Prince & de Seigneur: luy donnans dors & desja le Duché de Luxembourg & le Comté de Bourgogne. Pour sa seureté & retraicte les villes de Landrecy, le Quesnoy & Bauais luy furent baillées. Cete conuention fut publiée à Anuers en la presence du Prince d'Orenge le XIX d'Aoust MDLXXIIX.

L'An de Christ.
1577.
1578

XXVII. Histoire tragique d'vne fille villageoise.

Ie ne veux pas oublier à ce propos vne histoire autant memorable que tragique d'vne fille villageoise, laquelle se monstra plus vertueuse & plus courageuse que la Lucrece Romaine. Monsieur aiant enuoié aux Estats vn regiment de François, duquel Colombelle estoit Maistre de cáp: dom Ioan eut aduis qu'ils dormoient à la Françoise & ne s'attendoient qu'à faire bône chere. Il destacha soudain sept cornetes d'hómes d'armes soubs Octauian de Gózague General de sa cauallerie pour les aller esueiller. Ce Capitaine aiant surpris quatre cópagnies de ce regiment sur la frontiere de Hainaut les tailla en pieces sans point de resistence. A cete alarme les autres se retirerent au Quesnoy & à Hesdin. Vn de ces Capitaines qui s'estoient sauués, nommé du Pont au lieu de loüer Dieu de son salut commit dez le lendemain vne action execrable. C'est qu'estant logé au bourg de Becourt chez vn villageois nommé Ian Millet, qui auoit trois belles filles, Marie, Iane & Anne, il se fit seruir à table par elles & par le pere. A prés estre bien saoul & yure aux despens du bon homme, il luy parla ainsi: *Mon hoste, ie vous demande vostre fille Marie pour l'auoir à femme & espouse.* Le pere respond: *Monsieur, elle est trop pauure & de trop basse condition pour espouser vn si grand & braue seigneur que vous.* Comment vilain (repart le Capitaine) *as-tu donc la hardiesse de m'esconduire puis que ie te fay trop d'honneur?* Et adjoustant à ces paroles des blasfemes & des menaces mit la main à l'espée pour l'en frapper. Millet tout effrayé gaigne la porte & s'enfuit: & le Capitaine prend la fille, la force: & aprés auoir assouui sa luxure l'abandonne à tous les siens qui en voulurent. Finissant ces violences par la moquerie ils l'assirent à table & luy dirent mille saletés & iniures. Elle pourtant qui n'auoit pas souillé son ame par aucun consentement, ores que ces boucs eussent souillé son corps ne perdit pas cœur ny le jugement. Mais aiant espié l'occasion qu'vn autre Capitaine vint parler à du Pont à l'oreille, elle prenant vn couteau sur la table se lança sur luy, & luy plongeant dans les entrailles luy donna dans le cœur, & rauit ainsi la vie à celuy qui luy auoit raui l'honneur. Les soldats s'estás saisis d'elle l'attacherent à vn arbre & l'arcbuserent: la pauure fille tesmoignant en ce martyre vne extreme alegresse & contentement de ce qu'elle ne suruiuoit point son honneur. Le pere entendant ces brutalités esmeut par ces pitoyables cris le peuple des bourgs & villages circonuoisins desja assez irrité du mauuais traictemét qu'il auoit receu au logement de ces barbares: si bien que leur courant sus auec les premieres armes que la fureur luy mit en main, il massacra ces compagnies sans qu'il en reschappât vn seul homme pour porter en France la nouuelle

Henry III du nom, Roy LXII. 97

quelle de leur desfaite. Quand les Generaux d'armée souffrent des actions si detestables, ils ne doiuent point attendre de leurs entreprises qu'vne fin tres-funeste & mal-heureuse.

En ce mesme temps le Duc Casimir vint aussi au secours des Estats auec huict mille hommes de pied & sept mille cheuaux: & estant entré en Brabant reprit Diest & Niuel. L'armée des Estats n'estoit alors que de cinq mille hommes de pied & deux mille six cens cheuaux: en laquelle la Noüe capitaine de grande reputation appellé de France faisoit la charge de Mareschal de camp: & rendit de signalées preuues de sa vertu, experience & courage.

XXIIX. Le Duc Ian Casimir vient au secours des Estats.

La nouuelle de ces deux grands refors de France & d'Alemagne encouragea si bien les Estats qu'ils ne voulurent point accepter les conditions de paix qui leur furent proposées de la part de l'Espagnol: & mesmes l'intercession de nostre Roy, de l'Empereur, & de la Roine d'Angleterre y fut inutile.

XXIX. Qui refusent la paix.

Or Monsieur aiant conduit en Flandres les forces qu'il auoit promises aux Estats, les villes de Landrecy & du Quesnoy refuserent de le receuoir: à raison dequoy il en demanda d'autres au lieu de celles-là aux Estats: lesquels luy promirent toute sorte de satisfaction: mais ils n'en tindrent pas pourtant grand compte.

XXX. Monsieur mal traicté d'eux.

Cependant dom Ioan, qui s'estoit retrenché auprés de Namur auec douze mille hommes de pied des vieilles bandes & six mille cheuaux, deceda d'vne maladie pestilentielle en son camp le premier jour d'Octobre en la mesme année MDLXXIIX: & fut enterré en l'Eglise cathedrale de Namur auec vne pompe tres-magnifique, grandement regretté des gens de guerre, & mesmes du Roy d'Espagne, qui en auoit receu & en esperoit encore retirer de bons seruices.

XXXI. Trespas de dom Ioan.

Soudain aprés son trespas les François mirent le siege deuant la ville de Bins, la batirent en diuers endroits, & y aiant donné deux assauts longuement opiniastrés furent enfin repoussés auec perte de plus de trois mille hommes. Cete perte aiant refroidi leur ardeur, ils ne bougerẽt rien de huict iours: & les assiegés ne croiant plus estre attaqués negligerent de reparer leurs bresches. Mais les Frãçois aiant receu vn nouueau renfort retournerent à l'assaut auec tant de furie qu'ils emporterent la place, passerent au trenchant de l'espée tous ceux qui tomberent en leurs mains, saccagerent les maisons, & mesmes les eglises qui estoient tres-richement ornées. L'impieté fit commencer ces sacrileges aux Caluinistes qui estoient dans leurs troupes, & l'auarice y attira en suite plusieurs Catholiques.

XXXII. Les François forcẽt Bins.

Le XX de Nouembre ensuyuant passa aussi de cete vie à vne plus heureuse Maximilian Comte de Bossu, General de l'armée des Estats pour l'Archiduc Mathias. Il mourut d'vne fieure chaude à Anuers: & estant bon Catholique (mais tres-aspre defenseur de la liberté de sa patrie) fut inhumé auec les ceremonies de l'Eglise.

XXXIII. Trespas du Comte de Bossu.

Alexandre Farnese fils d'Octaue Duc de Parme & de Plaisance

XXXIV.

Tome 4. I

L'an de Christ. 1578.

Le Prince de Parme succede à Dom Ioan. desja grandement renommé pour sa generosité & courage, & qui portera ci-aprés ses armes en France, receut commandement du Roy d'Espagne pour succeder à la charge de Dom Ioan en laquelle il se monstra grand homme d'Estat & excellent Capitaine. *L'An de Christ. 1578.*

XXXV. *Cruautés des Protestans enuers les Catholiques.* En ces entre-faites les Gandois, peuple insolent & turbulent, la pluspart infectés des heresies de ce temps, se mirent en armes, massacrerent ou chasserent de leur ville tous les Catholiques, pillerent & ruinerent les eglises, & estant entrés dans Ypre y exercerent les mesmes cruautés & violences. Les Protestans d'Artois aiant voulu imiter la fureur des Gandois, il y eut vn tres-sanglant combat dans la ville. Mais enfin les Catholiques demeurerent les maistres auec grand carnage des auteurs de cete sedition, & pourueurent à leur seureté contre les attentats des heretiques. Le contraire arriua à Bruges, à Vtrech, à Bruxelles, à Anuers, à Malines: où les Protestans opprimerent les Catholiques, interdirent l'exercice de leur Religion, & massacrerent tous les gens d'Eglise.

XXXVI. *Tiers parti és Païs-bas.* Leurs cruautés furent cause qu'en ce mesme temps vn tiers parti appellé des Malcontens se forma en Hainaut & en Artois: duquel les seigneurs de Heez & de Capres estoient les chefs principaux: ausquels se joignirent les sieurs de Montigny & de la Motte. Leur but n'estant autre que de s'opposer aux efforts que les Gueux faisoient pour abolir la religion Catholique, il ne fut pas mal-aisé au Prince de Parme de les attirer au seruice du Roy d'Espagne: & mesmes la Motte remit en l'obeïssance de la Majesté Catholique la ville de Grauelines: de laquelle il estoit gouuerneur. Sainct-Omer se declara pareillemét pour l'Espagne.

XXXVII. *Monsieur se retire en France.* D'autre-part le peu de contentemét que le Duc d'Alençon receuoit des Estats des Païs-bas (auec ce que la peste & l'hyuer incommodoient grandement les siens) le fit resoudre à se retirer en France, aprés s'estre excusé enuers eux sur vn mandemét du Roy son frere qui le r'appelloit pour de tres-vrgentes affaires: leur promettant neantmoins de retourner en bref auec de plus grandes forces. Cependant il leur laissa le sieur des Pruneaux pour son ambassadeur ordinaire.

XXXIIX. *Et le Duc Casimir en Alemagne.* Le Duc Casimir aussi peu satisfait des Estats que Mósieur, les abandonna aussi aprés auoir receu quelque payement de l'or & de l'argent qui fut assemblé à Gand des vases des eglises. Il se plaignoit de ce qu'ils n'auoient pas effectué leurs promesses en son endroit: & eux de ce qu'ils auoient receu de son armée plus d'incommodité que d'assistance. Car ou par faute de bonne intelligence, ou par ambition, ou à cause de la difficulté qu'on auoit à recouurer des viures, il ne se voulut ou ne se peut iamais joindre à l'armée de Mósieur ny à celle des Estats, non plus que celles-ci à la sienne: estant certain qne si elles se fussent jointes ensemble, le Prince de Parme n'eût sceu resister à vne si grosse puissance.

Or puis que nous ramenons Monsieur en France, voions par mesme moyen l'estat des affaires du Roiaume.

Desfiances des diuers partis.

I. *L'Euesque de Valence pacifie le Languedoc.* II. *Son trespas & ses mœurs.* III. *Biron fait la guerre au Roy de Nauarre en Guienne.* IV. *Auquel la Roine-mere emmene son espouse.* V. *Qui anime son mari contre le Roy son frere.* VI. *La Roine-mere passe en Languedoc.* VII. *Retourne à la Cour.* IIX. *Le Roy de Nauarre s'occupe à faire l'amour.* IX. *Les Catholiques maltraictés en Bearn.* X. *Duel des mignons du Roy.* XI. *Sainct-Maigrin assassiné.* XII. *Edicts bursaux.* XIII. *Chiuerny garde des seaux.* XIV. *Matignon Mareschal de France.* XV. *Bonne maxime d'Estat.*

QVAND il fut question de mettre à execution le dernier edict de pacification fait à Poictiers, il s'y rencontra tant de difficultés & en tant de lieux, qu'il sembloit que ce fût plustost vn moien de r'allumer la guerre qu'vn remede pour l'esteindre. Le Roy desirant de le faire entretenir despescha en Languedoc (où il y auoit plus de rumeur qu'ailleurs) Ian de Moluc Euesque de Valence pour y adoucir les esprits encore aigris des esmotions precedentes, où il fit si bien par son eloquence que les Estats de la prouince assemblés à Beziers au mois d'Auril de l'an MDLXXIIX, deferans entierement à ses remonstrances promirent de viure en paix & en bonne vnion soubs l'obeïssance du Roy & de ses Edicts sans distinction de Religion, les vns prenant la protection des autres.

Ce grand homme qui auoit fait de tres-signalés seruices à l'Estat deceda l'année ensuyuant à Tolouse. Le mal-heur du temps luy auoit donné quelque mauuaise teinture en ce qui est de la Religion, ainsi que j'ay marqué ci-deuant: de sorte qu'aiant le Caluinisme en horreur il penchoit neantmoins au Lutheranisme en quelques poincts: & mesmes pour le mariage des prestres. Toutefois Dieu luy fit la grace de recognoistre ses fautes & ses erreurs à la fin de ses iours, & aprés auoir reclamé l'infinité de sa misericorde auec vne contrition vrayemét Chrestienne, quiter ce monde qui l'auoit retenu vn temps lié dans ses vanités, pour aller prendre possession de la felicité eternelle.

D'autre-part le Mareschal de Biron fait n'agueres Lieutenant de Roy en Guienne apporta quelque nouueauté aux affaires de cete prouince, s'estant saisi des villes d'Agen, de Villeneufue d'Agenois & autres sur le Roy de Nauarre. A raison dequoy ce Prince (d'ailleurs odieux aux Agenois à cause du desordre qui arriua en vn bal dans l'Euesché de la mesme ville où les flambeaux furent inopinément esteins au grand scandale des Dames) traduisit sa petite Cour à Lectoure.

Tome 4. I ij

IV.
Auquel la Roine-mete emmena son espouse.

Il ne manqua pas de faire des plaintes au Roy touchant les attentats de Biron contre son autorité : & par mesme moien demandoit que la Roine Marguerite son espouse luy fût renuoiée. Elle qui se plaisoit beaucoup plus à la Cour de France qu'auprez de son mari (auec ce qu'elle desiroit fauoriser les affaires du Duc d'Alençon son frere és Païs-bas) resistoit au voiage de Gascogne. Mais le Roy, qui n'aimoit pas sa sœur, luy fit commandement tres-exprés d'aller trouuer son mari, & la Roine-mere l'y conduisit auec bonne compagnie. Elles arriuerent à Bourdeaus au mois d'Aoust : & le Roy de Nauarre accompagné de six cens gentils-hommes leur vint au deuant à huict lieües de la mesme ville, quoy qu'elle escriue en ses Memoires qu'il s'auança jusqu'à la Rochelle.

L'An de Christ.
1578.

V.
Qui anime son mary contre le Roy son frere.

L'accueil se fit auec beaucoup de joye & d'alegresse d'vne part & d'autre, à tout le moins exterieure. Mais Marguerite qui faisoit ce voiage à regret ne songeoit qu'aux moiens de se venger du Roy son frere qui l'y auoit forcée, auec ce que d'ailleurs ils n'eurent jamais de l'amitié l'vn pour l'autre. Elle donc qui estoit habile & malicieuse animoit autant son mari à la vengeance contre le Roy par des rappors calomnieux & aduis inuentés, que la Roine-mere taschoit de le retenir au deuoir enuers sa Majesté par toutes sortes d'artifices. Tellement que la contrarieté de leurs inuentions tenoit en suspens l'esprit de ce Prince qui les recognoissoit egalement artificieuses.

VI.
La Roine-mere passe en Languedoc.

La Roine-mere voulant retourner en France passa en Foix, aiant tousiours le Roy & Roine de Nauarre en sa compagnie. S'estans separés elle trauersa le païs de Languedoc pour trauailler à l'entiere pacification de cete prouince : dautant que le sieur de Chastillon y contrepoinctoit en tout le Mareschal de Damuille, en haine de ce qu'il auoit rompu sa confederation auec les Religionnaires. Elle employoit en cela l'eloqueuce de Pibrac, qui estoit tousiours auprés d'elle.

VII.
Retourne à la Cour.

De Languedoc elle entra en Prouence, où le Duc de Sauoye la vint rencontrer : & de là elle reuint à la Cour à grandes iournées, craignant que son absence diminuât quelque chose de l'autorité qu'elle s'y estoit tousiours conseruée. Cete apprehension procedoit de ce qu'elle auoit aduis que les fauoris du Roy (qu'on appelloit les Mignons de sa Majesté) possedoient grandement l'esprit de leur Maistre.

IIX.
Le Roy de Nauarre s'occupe à faire l'amour.

Quant au Roy de Nauarre il s'en alla à Pau : où il ne s'attendoit gueres à autre chose qu'à caresser les filles de la Roine Marguerite son espouse, & entre autres Dayelle, Rebours & Fosseuse : ausquelles il fit l'amour l'vne aprés l'autre, Marguerite le souffrant d'autant plus patiemment que son mari ne contre-rólloit pas ses actions : quoy qu'elle se plaigne en ses Memoires de ce que ses filles luy rendoient de mauuais offices enuers luy : ce qu'elle dit ainsi pour couurir les pechés qui se commettoient de sa part contre les loix du mariage. L'escriture ne rougit point : mais ie rougirois en l'escriuant si ie couchois

Henry III du nom, Roy LXII. 101

A sur le papier ce que ie luy en ay ouï dire serieusement à elle-mesme. Certainement c'estoit vne Princesse qui auoit de tres-excellentes conditions & toutes roiales : mais elle auoit aussi de grandes foiblesses & mesmes aucunes mauuaises habitudes. Parauenture en parleray-je plus amplement & plus à propos soubs le regne de Henry le Grand : & le subject m'y obligeant, encore le feray-je à regret aiant eu l'honneur d'estre de sa maison durant six ans tousiours tres-fauorablement traicté de cete tres-illustre Princesse.

L'An de Christ. 1578.

L'exercice de sa Religion ne luy fut jamais interdit, ny empesché pour son regard, tandis qu'elle estoit auprés du Roy de Nauarre son mari : mais pourtant elle n'auoit pas le credit de faire introduire au diuin seruice vne seule personne Catholique outre ses domestiques. Elle mesme rapporte qu'aucuns Catholiques de Pau estans entrés en sa chappelle vn iour de Pentecoste pour ouïr la Messe, furent condamnés en grosses amandes. Et c'est ainsi que là où les Religionnaires se B trouuent les maistres ils permettent la liberté de conscience aux Catholiques.

IX. Les Catholiques mal-traités en Bearn.

Or toute la France estant troublée par les factions du temps, il ne se pouuoit pas faire que la Cour, où elles se formoient, en fût exempte. Les partisans de la Ligue y estans desja assez forts auoient souuent des prises auec les fauoris du Roy : les vns & les autres estant liés aux interests & aux passions de leurs maistres. En voicy vn exemple funeste. Le XXVI d'Auril suruint vne querele au Louure entre le Comte de Quelus vn des mignons du Roy, & C le puisné d'Entragues, dit Entraguet fauori de la maison de Guise. Le deffi estant donné & accepté entr'eux la partie fut liée de trois contre trois : à sçauoir de Quelus, Maugiron & Liuarot d'vne part : Entragues, le Baron de Riberac & le jeune Schomberg d'autre. Le lendemain le combat se fit au marché aux cheuaux, qui est aujourd'huy la place Roiale. Ces champions s'estans furieusement attachés deux à deux en trois couples combatirent auec tant de courage & de rage que Maugiron & Schomberg demeurerent estendus morts sur la place : Riberac mourut le iour ensuyuant : Liuarot fut malade de ses blesseures durant six mois : Quelus auteur de la querele & aggresseur blessé de XIX coups languit XXXIII iours, D & aprés mourut au tres-grand regret du Roy, qui le visitoit tous les iours : & promettoit cent mille francs aux Chirurgiens s'ils le guerissoient, & au blessé cent mille escus, afin de luy donner courage. Mais les Rois estant eux-mesmes tributaires de la mort n'en peuuent pas exempter les autres. La Majesté Roiale se trouuant donc impuissante en cet endroit, voulut paroistre magnifique en leur pompe funebre, qui fut pareille à celle des Princes : & fit eleuer leurs effigies en marbre deuant le grand autel de l'Eglise S. Pol : en laquelle ils furent inhumés contre la coustume de ceux qui meurent en cet estat. Aus-

X. Duel des mignons du Roy.

Tome I iij

fi dix ans aprés cela leurs ſtatues furent abbatues & briſées le iour des Barricades.

L'an de Chriſt. 1578.

XI. Sainct Maigrin aſſaſſiné.

Le Lundy XXI de Iuillet Pol Stuart de Cauſſade dit le ieune Sainct-Maigrin, qui eſtoit auſſi vn des mignons du Roy, fut aſſaſſiné ſortant du Louure. On parla diuerſement de cet aſſaſſinat: aucuns l'attribuant à vne querele particuliere que ſon ennemi n'oſoit pourſuyure par les voies de l'honneur militaire de peur d'auoir le Roy à partie: mais la pluſpart tenoit que cela auoit eſté fait du mandement du Duc de Mayenne qui ne pouuoit ſouffrir que ce ieune mignon fît les doux yeux à vne ſienne proche alliée.

XII. Edicts burſaux.

Pendant ce peu de relaſche que le peuple reſſentit des deſordres de la guerre, les courtiſans inuentoient de nouueaux moiens de l'opprimer par des edicts burſaux dreſſés ſur des aduis que les eſprits diaboliques leur ſuggeroient: ce qui s'eſt tourné depuis en abus par vn trop frequent vſage. Le Roy (lequel à cauſe de ſes profuſions eſtoit touſiours en indigence) y preſtoit volontiers l'oreille: & s'en allant à Fontainebleau le IV de Septembre, enuoia XXII edicts forgés à ce coing à ſa Cour de Parlement: laquelle n'en aiant voulu verifier que deux tāt ſeulement, declara les autres eſtre à la charge & foule du peuple, d'inuention ſubtile & dommageable au public, & qui pourroit engendrer vne eſmotion & ſedition à la ruine de l'Eſtat. Elle enuoia ſon arreſt au Roy par Briſſon Aduocat pour ſa Majeſté en la meſme Cour: lequel luy rendit raiſon du motif de cete ſage Compagnie. Le Roy offenſé de ce procedé extraordinaire deſpecha les ſieurs de Champuy & de Bellieure deuers le Parlement pour luy faire entendre ſon reſſentiment, ſa volonté & ſon commandement tres-exprés, qui eſtoit que la Cour paſſât outre à la verification de tous ces edicts, eſtant ainſi expedient pour l'vrgente neceſſité des affaires de ſa Majeſté: & que ſi elle n'y obbeïſſoit promptement, le Roy les iroit faire verifier en ſa preſence. La Cour conſiderant que ſi ſa Majeſté executoit ſa reſolution il en arriueroit plus de mal & de deſordre, relaſcha encore de ſa ſeuerité, & verifia aucuns de ces edicts les moins dommageables.

XIII. Chiuerny Garde-des Seaux.

Cete meſme année MDLXXIIX René de Birague Chancellier de France aiant eſté honoré par le Pape Gregoire XIII du chapeau de Cardinal, remit par commandement du Roy les ſeaux és mains de Philippe Huraut, ſieur de Chiuerny, perſonnage de grand merite: lequel auoit eſté chef du Conſeil de ſa Majeſté eſtant Duc d'Anjou auant ſon auenement à la Couronne: & aprés le decés de Birague ſera Chancellier de France.

XIV. Matignon Mareſchal de France.

En ce meſme temps Iaques de Gojon ſeigneur de Marignon Cheualier hardi, courageux & doüé d'vne ſinguliere prudence fut fait Mareſchal de France, en remettant entre les mains du Roy le gouuernement de la baſſe Normandie en faueur de François d'O Sur-intendant des finances. Mais au lieu de ce gouuernement Marignon fut pourueu

Henry III du nom, Roy LXII. 103

A deux ans aprés de la Lieutenance de Roy en Guienne.

L'An de Chrift 1578

Ainſi ſe paſſa cete année MDLXXIIX auec plus de trouble que de guerre: à cauſe que (comme nous auons veu) elle auoit eſté tranſportée en Flandres. Car c'eſt vne bonne & aſſeurée maxime d'Eſtat que pour euiter les guerres ciuiles il faut employer les mauuais garçons aux eſtrãgeres. En ces entre-faites & durãt ce peu de relaſche le Roy eſtoit occupé aprés l'inſtitution de l'Ordre des Cheualiers du S. Eſprit le plus illuſtre, auguſte & magnifique qui ſoit en Monarchie de la terre.

XV. Bonne maxime d'Eſtat.

Inſtitution de l'Ordre du S. Eſprit.

I. *Motif 1 pour l'inſtitution de l'Ordre du S. Eſprit.* II. *Motif 2.* III. *Motif 3.* IV. *Motif 4.* V. *Motifs 5.* VI. *Pourquoy il eſt denommé du S. Eſprit.* VII. *Nombre des Cheualiers de l'Ordre.* IIX. *Deuoirs auſquels ils ſont obligés.* IX. *Vœu & ſerment du Roy Chef de l'Ordre.* X. *Vœu & ſerment des Cheualiers.* XI. *Ordre du S. Eſprit inſtitué par vn Roy de Sicile.* XII. *A l'imitation duquel le Roy inſtitua le ſien.* XIII. *Extrait de celuy du Roy de Sicile.*

Ly a quatre motifs ou conſiderations de ce Roy inſtituteur & fondateur de l'Ordre des Cheualiers du S. Eſprit, qui peuuent eſtre colligés de la pancarte de l'inſtitution de cete milice Roiale. Le I c'eſt que ce pieux Roy ſe ramenteuãt comme par la grace diuine il auoit eſté honoré des Couronnes de deux diuers Roiaumes le jour de la Pentecoſte à vn an l'vne de l'autre (c'eſt à ſçauoir de celle de Pologne en l'an MDLXXIII par l'election des Eſtats du meſme Roiaume, & de celle de France l'année ſuyuante par la ſucceſſion du Roy Charles IX ſon frere) en memoire de deux tant ſignalés & excellens benefices, voulut inſtituer cet Ordre en l'honneur du benoit S. Eſprit: la feſte duquel eſt celebrée par l'Egliſe en ce meſme iour de Pentecoſte.

I. Motif 1 pour l'inſtitution de l'Ordre du S. Eſprit.

1573

Le II & le plus important motif eſt que ce Roy vrayement tres-Chreſtien conſiderant que tous les efforts qu'il auoit faits pour extirper l'hereſie de ſon Roiaume, non ſeulement auoient eſté inutiles, mais auſſi dommageables, voulut ſe ſeruir d'vn nouueau remede pour appeller les chefs des heretiques au giron de l'Egliſe Catholique. Car cet Ordre eſtant vn grade neceſſaire pour monter aux premieres charges & dignités de l'Eſtat, auquel nul gentil-homme, ſeigneur, ny meſmes Prince ne pouuoit aſpirer ſans faire profeſſion de la Religion Romaine: & la tacite excluſion des heretiques eſtant comme vne priuation d'vn honneur ſi eſclatant & ſi auguſte (comme c'eſt le naturel des hommes de deſirer plus ardemment ce qui leur eſt refuſé) pouuoit

II. Motif 2.

I iiij

104 Histoire de France,

eueiller & exciter en eux cete ambition qui regente és cœurs les plus genereux pour s'en rendre capables en abjurant leurs erreurs & embraſſant religieuſement la foy & la doctrine orthodoxe.

L'An de Chriſt. 1578.

III. Motif 3. Le III. motif dependant du precedent eſtoit que les heretiques, quoy qu'interieurement loups rauiſſans, s'eſtans introduits ſoubs des veſtemens de brebis, n'aians en leur bouche que l'Euangile, l'Eſcriture ſaincte & autres paroles emmiellées, auoient tellement ſeduit la pluſpart des Catholiques qu'ils penchoient à leur doctrine, ou s'eſtoient grandement r'affroidis en leur croiance. Ce religieux Prince donques pour r'eſchauffer le zele des plus Grands du Roiaume (à l'exemple deſquels quaſi tout le reſte ſe conforme) & r'allumer en eux la vraye foy de leurs peres, fonda cet Ordre, auec vne tres-eſtroite obligation à certaines deuotiós: leſquelles continuées tous les iours ſans relaſche pourroient conſeruer en eux les graces celeſtes à la grande gloire de Dieu & à la manutention de la religion Catholique.

IV. Motif 4. Le IV motif eſtoit que deſja l'Ordre de S. Michel inſtitué par le Roy Loïs XI en l'an MCDLXIX s'eſtoit tellement abaſtardi & auili par la promotion des perſonnes de bas lieu & de peu de merite (à raiſon dequoy on l'appelloit *le collier à toutes beſtes*) que les ſeigneurs illuſtres le dedaignoient & meſpriſoient tout autant qu'il auoit eſté priſé par leurs anceſtres. C'eſt pourquoy ce ſage Prince deſirant remettre en ſon ancien luſtre & premiere ſplendeur cete confrairie roiale, fonda ce nouuel Ordre de Cheualiers, auec cete condition (entre autres) que nul n'y pourroit eſtre receu qu'il ne fût gentil-homme de trois races paternelles. *1469*

V. Motif 5. Ie laiſſe à part la cinquieſme conſideration pour eſtre commune à tous autres ſemblables inſtituts, à ſçauoir, pour recompenſer les gentils-hommes vertueux par ce grade d'honneur qui aſſocie en quelque ſorte le vaſſal & le ſubjet à ſon Roy & Maiſtre. Car le vray loier de la vertu n'eſtant autre que l'honneur, il eſt de ſi haut prix & en ſi grande eſtime aux ames genereuſes, qu'elles le tiennent beaucoup plus cher que leur propre vie.

VI. Pourquoy il eſt denómé du S. Eſprit. Or jaçoit que le fondateur eût conſacré cet Ordre au S. Eſprit en l'honneur de la feſte de Pentecoſte dediée à cete troiſieſme perſonne de la ſacrée-ſaincte Trinité, pour la recognoiſſance (comme i'ay deſja dit) qu'en ce iour-là il auoit eſté honoré de deux Couronnes: ſi eſt-ce qu'auec cete conſideration il s'en rencontroit vne autre plus importante, qui eſtoit de r'allumer és cœurs des fideles la deuotion enuers le S. Eſprit conſolateur de nos ames quaſi eſteinte en ce temps-là par l'impieté des heretiques: leſquels ne luy adreſſoient jamais aucune oraiſon particuliere: & de fait il ne s'en trouuera pas à grand'peine vne ſeule parmi leurs prieres. Ce qui a fait croire à pluſieurs qu'auec le temps (ſi Dieu n'eût deſcouuert leur malice) ils euſſent renouuellé quelqu'vne des anciennes hereſies touchant la troiſieſme perſonne de la diuinité ineffable.

Henry III du nom, Roy LXII.

L'An de Chriſt 1578.

Le nombre des Cheualiers eſt de cent, outre les Eccleſiaſtiques, qui ſont quatre Cardinaux le Grand-Aulmoſnier de France, & quatre autres Prelats: & outre les Officiers du meſme Ordre, à ſçauoir le Chancellier, le Grand-Preuoſt Maiſtre des Ceremonies, le Grand-Threſorier & le Greffier. Tous ceux-là ont eſté inſtitués ſoubs le titre de Cōmandeurs, parce que le fondateur auoit deſſeigné de leur bailler des reuenus des meilleures Abbayes de France en titre de Commanderie. Mais l'oppoſition & reſiſtence du Clergé l'empeſcha. Il y a auſſi vn Heraut-d'armes & vn Huiſſier.

VII. Nombre des Cheualiers de cet Ordre.

Ie n'ay que faire de tranſcrire ici tous les articles des ſtatuts de cet Ordre inſtitué en Decembre MDLXXIIX. Il me ſuffira de raporter tant ſeulement celuy par lequel on void à quoy le Chef de l'Ordre & les Cheualiers ou Commandeurs ſont obligés par leur vœu & ſerment.

IIX. Deuoirs auſquels ils ſont obligés.

Le Roy Chef de l'Ordre fait vœu & iure de viure & mourir en la ſainĉte foy, Religion Catholique, Apoſtolique, Romaine. De maintenir l'Ordre de tout ſon pouuoir, & de ne ſouffrir point qu'il ſoit amoindri. De ne changer point ny alterer les ſtatuts. De n'en diſpenſer point les Cheualiers: & notamment du ſtatut qui les oblige à communier & receuoir le precieux corps de noſtre Seigneur IESVS-CHRIST aux iours ordonnés, qui ſont le premier iour de l'an, & de la Pentecoſte: ny de celuy qui porte qu'ils ne pourront eſtre autres que Catholiques & Gentils-hommes de trois races paternelles, &c.

X. Vœu & ſerment du Roy Chef de l'Ordre.

Les Cheualiers ou Commandeurs font vœu & iurent pareillement de viure & mourir en la ſaincte foy, Religion Catholique, Apoſtolique, Romaine. De rendre obeïſſance au Roy ſans jamais y manquer. De defendre ſon honneur, ſes droits & ſes quereles. De le ſeruir en temps de guerre auec l'equipage de Cheualier: & meſmes toutes les fois qu'ils ſeront mandés par ſa Majeſté. De n'abandonner jamais ſa perſonne, ny le lieu où ils auront commandement de ſeruir, ſans congé & permiſſion eſcrite ou ſignée de la main de ſa Majeſté. De ne prendre gages, penſion, ny eſtat d'autre Prince quelconque, ny s'obliger à autre perſonne du monde que ce ſoit ſans ſon expreſſe permiſſion. De taſcher d'entretenir l'Ordre en ſon luſtre & ſplendeur, & meſmes de l'augmenter. De porter la Croix couſuë en leurs habits & celle d'or au col. De ſe trouuer à toutes aſſemblées de Chapitres. D'obſeruer les ſtatuts, &c.

X. Vœu & ſerment des Cheualiers.

Au demeurant Henry III n'inſtitua pas cet Ordre de ſa propre inuention: mais bien ſur vn ancien formulaire & modele d'vn pareil Ordre de Cheualerie qui luy en fut baillé par la Seigneurie de Veniſe lors qu'il paſſa en cete admirable cité à ſon retour de Pologne. Ce formulaire d'Ordre auoit eſté projetté par Louïs Roy de Hieruſalem & de Sicile en l'an MCCCLII, & conſacré au S. Eſprit en memoire de ce que le iour de la Pentecoſte il auoit receu ſes deux Courônes, qui eſtoit vne des principales & meſmes la premiere conſideration & motif de l'inſtitut de Henry III. Les ſtatuts de cet Ordre eſtoient contenus en XXV articles, le nombre des Cheualiers deuoit eſtre de trois cens, &

XI. Ordre du S. Eſprit inſtitué par vn Roy de Sicile.

& le Roy fondateur d'iceluy & ſes ſucceſſeurs Rois eſtoient les Chefs & Grands-maiſtres du meſme Ordre.

XII.
A l'imitation duquel Henry inſtitua le ſien.

Henry donc aiant receu en don de la Seigneurie de Veniſe le liuret où cete inſtitution eſtoit contenue, & y remarquant vne auenture des deux Couronnes pareille à la ſienne, ſe reſolut d'inſtituer auſſi & fonder vn pareil Ordre. A cet effect il bailla le liuret aux ſieurs de Chiuerny & de Villeroy pour en extraire ce qui ſeruiroit à ſon intention : & leur commanda qu'aprés en auoir dreſſé les ſtatuts ils le fiſſent bruſler, afin que toute la gloire de cet inſtitut en demeurât à ſa Majeſté tres-Chreſtienne. Neantmoins aprés que tout fut fait, Chiuerny au lieu de faire bruſler le liuret ſuyuant le commandement du Roy, le retint & le garda comme vne piece antique & rare, qui pouuoit adiouſter quelque ornement à ſon cabinet. Aprés ſon decés il fut tiré de ſa bibliotheque & vendu à feu Meſſire Nicolas Cheualier premier Preſident en la Cour des Aydes de Paris & Chancellier de la Roine : lequel (comme il eſtoit grandement officieux enuers ceux de ma profeſſion) m'a fait la faueur de me le mettre en main & de m'en donner vn extrait. Ce liuret eſt delicatement eſcrit & orné d'vne riche enlumineure. Il ſuffira d'en tranſcrire le commencement auec quelque petite remarque en ſes propres termes.

L'An de Chriſt. 1578.

XIII.
Extrait de celuy du Roy de Sicile.

Ce ſont les Chapitres faites & trouuées pour le excellent Prince Monſeigneur le Roy Loys, pour la grace de Dieu Roy de Hieruſalem & de Secile alle honneur du S. Eſperit, trouueur & fondeur de la tres-noble compagnie du S. Eſperit au droit deſir encommencée le iour de la Pentecouſte l'an de grace MCCCLIII.

NOVS LOYS pour la grace de Dieu Rois de Hieruſalem & de Secile alle honneur du S. Eſperit, lequel iour pour ſa grace nous fumes couronnés de nos Roiaumes, en eſſaucement de Cheualerie & accroiſſement d'honneur, auons ordené de faire vne compagnie de Cheualiers qui ſeront appellés les Cheualiers du S. Eſperit au droit deſir. Et leſ-dits Cheualiers ſeront en nombre de trois cens ; deſquels nous comme trouueur & fondeur de cete Compagnie ſerons Princeps, & auſſi doyuent eſtre tous nous ſucceſſeurs Rois de Hieruſalem & de Secile. Et à tous ceux que nous auons eſleus & eſlierons à eſtre de la-dite Compagnie faiſons aſſauoir que nous penſons à faire ſe Dieux plet la premiere feſte au Chaſtel de l'Euſenchanté du merueilleux peril le iour de la Pentecouſte prochaine venant, &c.

Premierement euls ſont tenus de iurer que à tout leur pouuoir & ſauoir douront abandonnéement loial conſeil & ayde au Princes de tout ce qu'il leur requerra ſoit d'armes ſoit d'autres choſes loialement, & d'obſeruer les entreſcrits chapitres.

Item chaſcun Cheualier de la-dite Compagnie eſt tenus de porter lenneu en fait d'armes ſur ſoy en lieu où il ſoit bien apparaiſſant & bien cognu & en tous autres veſtimens continuellement tout ainſi que auſdits Cheualiers de la-dite Compagnie leur plaira porter. Et doiuent deſſus ou deſſous porter lettres bien luiſans, qui diront. Se Dieux plait. Et le Vendredy en la re-

Henry III du nom, Roy LXII. 107

A*membrance de la passion de Nostre-Seigneur IESVS-CHRIST & de son sainct sepulchre chacun doit porter vn chaperon noir à vn nœu de blanc soye tout simple sans or, perles, ne argent: & doit chascun vestir ce iour vne robbe & chames de la plus honneste & simple collour qu'il pourroit bonnement. &c.*

L'An de Christ 1579.

Item chascun doit porter vne espée & enuiron le pomel soit escrit en belles letres bien parans le nom & le sornom à cells à qu'elle sera & ou milieu du pomel d'vn costé soit l'enneu à letres qui dient Se Dieux plaist. Et de l'autre costé soit le tymbre mis de celli à qui la dite espée sera, &c.

Item au-dit Chastel aura vne table appellée la table desirée, en laquelle seront assis le-dit iour de Pentecouste tous les Cheualiers qui celle année auront desnoé l'enneu, &c.

B Mais laissant à part ces antiquités inutiles, reprenons le fil des affaires de la France.

Deuotions du Roy. Traicté de Nerac.

I. *Le Roy desire la paix.* II. *Et la Roine-mere pour ses interests.* III. *Diuers iugemens touchant les deuotions du Roy.* IV. *Conférence de Nerac.* V. *Murmure de la Ligue.* VI. *Les Religionnaires se preparent à la guerre.* VI[I]. *[Entre]uées de Bellegarde auec le Roy de Nauarre & auec le Duc de Sauoye.* IIX. *Dont il retire des auantages.* IX. *Pluye prodigieuse.* X. *Trespas de François de Montmorency.* XI. *Mort de Bussy d'Amboise.* XII. *Le Roy prend Geneue en sa protection.* XIII. *Le ieune la Valete secourt Bellegarde son cousin.* XIV. *Mareschal d'Aumont.* XV. *Propositions du Clergé au Roy.* XVI. *Response de sa Majesté.* XVII. *Qui obtient ce qu'elle desire.*

D LES mesmes considerations que i'ay marquées ci-dessus, à sçauoir le defaut de finances, les auantages que les Chefs de la Ligue prenoient en cōmandant les armes de sa Majesté (qui n'eût osé les commettre à d'autres) & sur tout le desir du repos, se rencontrant encore en l'esprit du Roy luy faisoient desirer la paix plus que jamais: & la Roine-mere secondoit ses desseins tant pour le bien de l'Estat que pour ses interests particuliers, qui estoient de participer au gouuernement: à quoy elle fut tousiours attachée. Car voyāt que la Ligue s'esleuoit à tous momens: elle desira luy opposer le Roy de Nauarre afin de la r'abbaisser, comme par vn contre-poids, qu'elle balança pour vn temps & jusques après le trespas du Duc d'Alençon qu'elle fut deceüe par la Ligue, soubs l'esperance qu'on luy donnoit de porter à la Couronne de France vn des enfans du Duc de Lorraine son gendre.

I. Le Roy désire la paix.

Histoire de France,

**II.
Et la Roine-mere pour ses interests.**

Elle voyoit aussi que le Roy estoit extrememẽt haï de ses subjets Religionnaires depuis le tumulte de la S. Barthelemy : lequel ils luy imputoient sur tous autres : & que d'ailleurs il estoit mesprisé de la Ligue tant à cause des foiblesses que l'on remarquoit en luy depuis son retour de Pologne, que pour ses deuotions extraordinaires : par lesquelles il pensoit se faire estimer plus zelé à la Religion Catholique. Elle craignoit que le Roy venant à defaillir, le Duc d'Alençon son autre fils la traictât comme il auoit esté traicté d'elle : ou que la Ligue vsurpant le gouuernement de l'Estat elle en fût eloignée. A raison dequoy elle procuroit aussi l'entretenement de l'Edict de pacification pour le particulier contentement du Roy de Nauarre, auquel elle vouloit complaire en tout, afin d'effacer la memoire des mauuais offices qu'il auoit receus d'elle durant sa Regence.

III. Diuers iugemẽs touchãt les deuotions du Roy.

Quant aux deuotions du Roy, on en parloit diuersement selon les passions differentes. Les Religionnaires (qui ont abrogé toutes ceremonies & actes exterieurs de deuotion) appelloient tout cela abomination, superstition & idolatrie. Les Ligueurs n'en pouuans pas faire pareil iugement, se iettoient à l'autre extremité & disoient que c'estoit foiblesse ou maladie d'esprit, cafardise, bigoterie & hypocrisie : qui le rendoient indigne de porter sceptre ny espée, puis qu'il faisoit profession de porter vn sac pour vestement & vn foüet à sa ceinture. Aucuns tenoient qu'il en vsoit ainsi artificieusement afin de dementir par tant d'actions pieuses & religieuses les discours de ceux qui publioient qu'il fauorisoit les heretiques, & n'estimoient pas que ces deuotions fussent agreables à Dieu ny exemplaires à ses subjets tandis qu'il fouleroit son peuple par des subsides extraordinaires. Les plus equitables loüoient sa pieté & deuotion, mais ils blasmoient cet excés exterieur qu'on remarquoit auec trop d'affectation en l'exercice. Car deux fois la semaine il se couuroit du sac bleu des Hieronymites (qui estoit vne Confrairie de penitens par luy instituée à l'imitatiõ de celles d'Auignon) & le voyoit-on souuent par les ruës de Paris, & mesmes à la campagne par les grãds chemins en procession auec ses confreres, le rosaire pendu à la ceinture d'vn costé, & le foüet à l'autre, allant d'eglise en eglise. Certes S. Louïs estoit encore plus deuot & plus religieux que Henry ; mais il faisoit ses mortifications & austerités en secret dans son cabinet, auec vn seul aumosnier, protestant neantmoins que si cela n'eût derogé à la grandeur & à la dignité de la Majesté roiale il les eût faites publiquement, afin de seruir de bon exemple à tous ses subjets, & notamment à la Noblesse. Il arriuoit souuent que la Roine-mere alloit retirer le Roy son fils de ces deuotions monacales : auec de grosses paroles, & mesmes aucunefois luy a deschiré son sac aprés des remonstrances tres-seueres, & qui en vne autre occasion luy eussent esté injurieuses.

IV. Conference de Nerac.

La Roine-mere desirant donc donner satisfaction au Roy de Nauarre, afin que par son moien les Religionnaires demeurans contens, la paix fût affermie par tout le Roiaume, l'alla trouuer en la ville de

Nerac :

L'An de Christ. 1579.

Henry III du nom, Roy LXII.

L'an de Chrift. 1579.

1579.

A Nerac : où aprés vne longue conference auec luy & les députés du Prince de Condé & des Eglifes Pretendues Reformées, s'enfuyuit vn accord conclu le dernier iour de Feurier MDLXXIX : par lequel plufieurs articles du dernier edict eftoient changés, efclaircis, modifiés ou plus eftendus, le tout à l'auantage des Religionnaires : & notamment pour l'exercice de leur Religion en faueur des Seigneurs haut-iufticiers & aians fief de Haubert : pour les gages de leurs Miniftres & Diacres, pour le payement defquels il leur eftoit permis de fe quotifer, comme pareillement pour le baftiment de leurs temples. Il y fut fait auffi des reglemens en faueur des Chambres de l'Edict contre les entreprifes des Parlemens. Certaines villes furent accordées au Roy de Nauarre & à ceux de fon parti pour l'affeurance de l'execution de l'Edict : c'eft à fçauoir en Guienne, Bazas, Poymirol & Figeac jufques au mois d'Aouft prochain. En Languedoc, Rauel, Briatefte, Alets, Saincte-Agreue, Beys, Baignols, Alais, Lunel, Sommieres, Aimargues, & Gignac jufqu'au mois d'Octobre enfuyuant : à la charge qu'il n'y feroit fait aucune fortification, ny demolition des eglifes, ny chofe aucune innouée contre l'Edict : & qu'elles feroient gardées par des Gouuerneurs nommés par le Roy de Nauarre, & agreés par la Roine-mere.

Ce traicté confirmé par la declaration du Roy du XIV de Mars enfuyuant, fut vn emplaftre pour adoucir aucunement d'vn cofté la douleur de la playe, non pas pour la confolider entierement. Car ceux de la Ligue offenfés de ces changemens d'articles en faueur des Religionnaires, s'aigriffoient d'auantage contr'eux, & en murmuroient ouuertement contre le Roy & contre fa mere. Les Predicateurs, qui eftoient les plus efclatantes trompetes de l'vnion, en entretenoient leur auditoire en leurs chaires auec plus de zele que de raifon. Car bien que l'intention de la pluf-part fuft bonne & pieufe : ils fe trompoient pourtant au jugement qu'ils faifoient indifcretement de celle du Roy, qui eftoit vrayement tres-Chreftien : mais l'eftat prefent de fes affaires (ce qu'ils ne confideroient ou n'entendoient pas) l'obligeoit à retrencher toutes occafions de guerre. Il fit venir en fa prefence les plus infolens de ces predicateurs, & fe contenta de leur faire des remonftrances auec quelques legeres menaces de chaftiment s'ils continuoient leurs infolences.

V.
Murmure de la Ligue.

Cependant les Religionnaires alarmés des murmures & des menaces de la Ligue pouruoyent fecretement à leur feureté pour n'eftre pas furpris : & voiant que la Roine-mere s'accommodoit auec tant de foupleffe aux volontés du Roy de Nauarre, en prenoient plus de desfiance que d'affeurance, les fraudes paffées leur faifant doubter des foufmiffions d'vne Princeffe qui ne manquoit jamais d'artifices. Le Roy de Nauarre eftant en la ville de Mazeres au Comté de Foix, les députés des Eglifes de Languedoc & du Daufiné l'y vindrent trouuer, pour luy

VI.
Les Religionnaires fe preparét à la guerre.

Tome 4.   K

representer les infractions que les Catholiques faisoient aux Edicts de pacification, & se resoudre auec luy de ce qu'ils auoient à faire. Luy qui ne vouloit pas rompre legerement de son costé, les admonesta de temporiser vn peu attendant que le Roy effectuât ses promesses: & afin de se tenir prest à tout euenement partit deux escus d'or en deux pieces: bailla l'vne piece de l'vn à Antoine du Pleix. sieur de Lecques (nommé quelquefois en l'histoire sieur de Gremian) deputé des Eglises de Languedoc: & la moitié de l'autre escu à Sofroy de Calignon deputé des Eglises de Daufiné, & depuis Chancellier de Nauarre: & retenant deuers soy les deux autres moitiés commanda à l'vn de porter sa moitié au sieur de Chastillon fils de l'Admiral, Gouuerneur pour les Religionnaires en Languedoc: & à l'autre la sienne au sieur de Les-Esdiguieres, qui auoit esté fait Gouuerneur de Daufiné en la place de Montbrun par le Roy de Nauarre. Le secret estoit qu'en leur enuoiant à chacun l'autre moitié de l'escu, ils prissent en mesme temps les armes: comme feroit generalement le parti de toutes les Eglises de France. Ils se deuoient saisir en vn mesme iour (lequel comme dit Aubigné, estoit marqué au XV d'Auril de l'année suyuante) de plus de soixante villes ou places d'importance.

L'An de Christ. 1580.

Thuan. lib. 68. & 72.

VII.
Menées de Bellegarde auec le Roy de Nauarre & auec le Duc de Sauoye.

En ce mesme temps le Mareschal de Bellegarde traictoit aussi par vne secrete negociation auec le Nauarrois, offrant de suyure son parti à cause des mescontentemens qu'il auoit de la Roine-mere. Cete Princesse (qui ne pouuoit affectionner ceux que le Roy auançoit si elle n'y contribuoit aussi, afin que tenans d'elle partie de leur fortune ils ne luy rendissent que de bons offices enuers leur Maistre) supportoit à contre-cœur l'auancement de Bellegarde: lequel (comme nous auons veu) auoit esté fait Mareschal de France par sa Majesté à son retour de Pologne, commandoit son armée en Daufiné, & estoit gouuerneur au Marquisat de Salusses. Elle luy auoit fait desja vne niche au siege de Liuron: & depuis pour l'eloigner de la bien-veillance du Roy en l'eloignant de la France elle auoit persuadé au Roy de l'enuoier ambassadeur en Pologne. Luy qui estoit prudent & courageux tout ensemble aiant descouuert cete mine la fit euenter en se retirant en son gouuernement: & là commença d'ourdir vne trame de laquelle l'on a parlé diuersement dans l'incertitude. C'est que d'vne part il traicta secretement auec Philibert Duc de Sauoye pour luy mettre en main le Marquisat de Salusses: & en mesme temps auec le Roy de Nauarre, l'vn au desceu de l'autre: tous deux prenans d'autant plus de confiance en luy qu'ils le sçauoient estre piqué contre la Roine-mere. Mais jamais on n'a sçeu au vray quel estoit son dessein, parce qu'auant que de rien executer il se reconcilia à elle à Montluet en Bresse: où le Duc de Sauoye se trouua: & peu après sa reconciliation il mourut de la grauelle.

IIX. Cependant il retira profit de tous les trois partis. De celuy du Roy,

Henry III du nom, Roy LXII. 111

A qui luy confirma le gouuernement de Salusses. Du Duc de Sauoye, lequel luy fit obtenir dispense du Pape pour espouser Marguerite de Salusses, vefue du feu Mareschal de Thermes oncle maternel de Bellegarde. Des Religionnaires, lesquels le tenant desja pour leur confederé permirent qu'il mît telles garnisons que bon luy sembla dans les meilleures villes du Daufiné, soubs ombre d'y faire executer les edicts de paix en leur faueur. Car il laissa par tout des personnes qui luy estoient parfaitement affidées. D'ailleurs il abusa les Religionnaires en leur donnant à entendre qu'il auoit vne entreprise infallible sur Auignon. Car ils iugeoient bien qu'il ne la pouuoit executer sans irriter le Roy contre luy en offensant si sensiblement le Pape. D'auenture traictoit-il serieusement auec le Nauarrois & auec le Sauoyard: afin de choisir le parti le plus auantageux pour se mettre à couuert côtre l'indignation de la Roine-mere. Certes c'est chose de dagereuse consequence de porter au desespoir vn homme courageux qui s'est acquis de l'honneur par sa vertu: estant indubitable qu'il aimeroit mieux choisir tout autre parti que de souffrir laschement d'estre degradé des dignités ausquelles il est monté par ses merites.

Dont il retire des auantages.

Cete mesme année la nuict du I. iour d'Auril tôba vne pluye si prodigieuse & si violente que les estangs qui coulent dans la riuiere de Bieure firent esbouler leurs chaussées, & côme des torrens se dechargerent auec vne horrible rapidité par les valées de Cachant, Arcueil & Gentilly, sur le faux-bourg S. Marcel: où l'eau aiant creu de quatorze piés plusieurs maisons & moulins, & grande quantité de personnes surprises dans leurs licts y perirent, cete rauine & rauage aiant duré enuiron trente heures.

IX. Pluye prodigieuse.

Le VI de May deceda François Duc de Montmorency Mareschal de France, fils aisné d'Anne de Montmorency Connestable de France: par le decés duquel sans enfans Henry l'aisné de ses freres luy succeda en vertu de la substitution apposée au testament de leur père. Cetuy-ci aiant porté iusqu'ici le titre de Mareschal de Damuille, sera qualifié desormais Duc de Montmorency & tantost après, comme son pere, Connestable de France.

X. Trespas de François de Montmorency.

Le XIX d'Aoust Louïs de Clermont d'Amboise, dit le ieune Bussy, gentil-homme Barrois, Gouuerneur d'Anjou grandement cheri de Monsieur frere du Roy fut tué en vne maison du Côté de Monsoreau: où il auoit eu vne assignation pour coucher auec la Dame du lieu par le commandement du mari, afin de le surprendre. Estant introduit dans la maison il fut chargé par Monsoreau & dix à douze autres bien-armés: & neantmoins se defendit tousiours tandis qu'il eut vn pied d'espée en sa main. Ne luy restant plus que la poignée il se seruit des bancs & des chaires, blessa aucuns des assaillans: & en fin se voulant lancer dehors par vne fenestre fut accablé de coups & estendu mort sur le carreau. C'estoit vn gentil-homme de courage inuincible & qui eût merité d'estre mis au nombre des Heros de

XI. Mort de Bussy d'Amboise.

Tome 4. K ij

ce siecle s'il n'eût pas terni le lustre de ses vertus par les soüilleures de ses vices. Car outre qu'il estoit vain, orgueilleux, outrageux, luxurieux & blasphemateur, il exerça de grandes rapines en son gouuernement, se confiant en la faueur de son Maistre : lequel estant lassé des plaintes qu'on luy faisoit de ses deportemens tyranniques fut bien-aise d'en estre deschargé, & mesmes on croyoit qu'il auoit donné son consentement à luy dresser cete partie. De cela on alleguoit deux raisons : l'vne qu'il estoit aimé de la Roine de Nauarre, ce que ie luy ay oüi dire souuent à elle mesme, qui n'a sceu le dissimuler en ses Memoires. L'autre (& c'est la principale raison) fut que Monsieur reprochant vn iour à Bussy ses vices en se joüant, luy permit aussi de luy dire à son tour ses defauts : de sorte qu'auec son effronterie accoustumée il repartit en ces mots : *Si Bussy auoit aussi mauuaise mine que Monsieur il seroit banni de toutes bonnes compagnies.* Ce repart aiant viuement piqué Monsieur, qui estoit laid (comme la verité offense le plus) il ne luy pardonna jamais cete indiscretion, & fauorisa la conspiration faite par Monsoreau contre sa vie. Ainsi est ordinairement mal-heureuse la fin de tels Rodomons : lesquels ne recognoissant pas que les graces dont ils sont auantageusement partagés, procedent totalement de Dieu, se trouuent abandonnés de celuy qui leur auoit conferées : & estre abandonné de l'assistance diuine c'est estre l'objet de tout mal-heur, & de toute sorte de misere.

XII.
Le Roy prend Geneue en sa protection.

Le Duc de Sauoye estant en resolution d'assieger la cité de Geneue, dont il est Comte, le Roy despecha deuers luy le ieune la Valete depuis Duc d'Espernon pour luy denoncer que sa Majesté l'auoit prise en sa protection, comme c'estoit la verité : & n'auoit peu faire autrement en renouuellant l'ancienne alliance auec les Suisses : lesquels le desiroient ainsi. Ioint qu'estant comme vne barriere entre la France & l'Alemagne, les Rois de France ont interest qu'elle depende d'eux plustost que de nul autre Prince. Mais nonobstant ces considerations la Ligue fit sonner haut cete protection de Geneue contre sa Majesté, comme protegeant l'heresie.

XIII.
Le ieune la Valete secourt Bellegarde.

Le ieune la Valete estant prez du Duc de Sauoye eut aduis que les habitans de Salusses s'estoient reuoltés contre Cæsar de Sanlary son cousin fils du Mareschal de Bellegarde : ce qui l'obligea à prendre des forces que le Duc de Sauoye luy bailla : auec lesquelles il passa en Piedmont, rangea les Salussiens soubs l'obeissance de son parent, & de là retourna en France.

XIV.
Mareschal d'Aumont.

En ce mesme temps Ian d'Aumont seigneur illustre en extraction en vertu, & en merite, fut honoré par le Roy du baston de Mareschal de France, & depuis fit de tres-bons seruices à sa Majesté & au Roy Henry IV.

XV.

Sur la fin de cete mesme année MDLXXIX les deputés du Clergé de Frāce obtindrent du Roy permission de s'assembler à Melun, non

Henry III du nom, Roy LXII.

A sans grande difficulté, sa Majesté voulant que ce fût à Paris : où il es- Propositiōs peroit les pouuoir plus aisément gouuerner qu'ailleurs. Leur assemblée du Clergé tendoit à trois fins principales. La I, de se descharger du payement des decimes, ou à tout le moins d'en estre soulagés en partie. La II, de faire publier en France le Concile de Trente. La III, de supplier le Roy de remettre sus l'election des benefices. C'est chose notable que l'Assemblée eleut deux Archeuesques pour Presidens, c'est à sçauoir celuy de Lyon & celuy de Bourdeaux. Celuy de Lyon, comme docte & eloquent y parut grandement & Arnaut de Pontac Euesque de Bazas deputé deuers le Roy ne s'acquit pas moins de reputation pour auoir parlé à sa Majesté auec beaucoup d'eloquence & de franchise.

Le Roy neantmoins les surmonta tous à bien dire, & respondit XVI. sur le champ à leurs trois propositions par ordre. A la premiere, que ses de sa Maje-
B affaires ne luy permettoient pas de les descharger encore des decimes : mais qu'au plustot il pouruoiroit de tout son pouuoir au soulagement de leur Ordre. A la seconde, qu'elle estoit de telle importance qu'auant que de rien resoudre il en vouloit communiquer auec son Conseil & auec les gens de son Parlement. A la troisiesme, que de nommer aux prelatures de son Roiaume, c'estoit vn droit roial practiqué en toutes les trois lignées de ses predecesseurs, comme sçauoient bien tous ceux qui estoient tant soit peu versés en l'histoire : non pas (comme ils pensoient) vn droit vsurpé depuis le Concordat passé entre François I son aieul & le Pape Leon X. Que c'estoit chose trop manifeste qu'au temps que les elections des prelats auoient lieu, il y auoit tousiours vn prelat ou quelque
C autre personne de marque de la part du Roy : soubs pretexte d'empescher les abus : mais en effect pour faire entendre sa volonté : & que l'election estoit de nul effect si elle n'estoit confirmée par le Monarque. Tellement qu'elire celuy que le Prince veut est mesme chose que si l'election estoit faite par le Prince. Au demeurant qu'eux-mesmes tenant leurs Prelatures par le benefice de leur Roy ne deuoient pas enuier pareille grace à ceux qui viendroient apres eux : mais plustot considerer que plusieurs d'entr'eux-mesmes ne seroient pas prelats si au temps de leur promotion l'election eût eu lieu en son Roiaume.

Par ces derniers mots il touchoit la basse extraction, ou les mœurs XVII.
D ou l'insuffisance d'aucuns de l'Assemblée. Tant y a que se trou- ce qu'elle uans conuaincus & confus par les raisons de sa Majesté ils luy ac- desire. corderent contre leur premiere resolution vne bonne partie de ses demandes, à sçauoir treze cens mille liures par an pour six années prochaines : à la charge d'en auoir l'approbation du Pape, sans laquelle ils soustenoient que le Roy ne pouuoit rien imposer sur le Clergé de France, ny le Pape en donner son approbation sans le consentement du mesme Clergé : & allegoient pour eux les protestatiōs que François I fit sur ce subjet lors qu'il commença à leuer des decimes : *qu'il n'entendoit en rien prejudicier aux priuileges du Clergé de son Roiaume.* Ils vin-

Tome 4. K iij

drent rechanter la mesme chose en l'assemblée de l'an MDXXCII. & en remporterent mesme response.

L'An de Christ. 1579.

Guerre IIX contre les Religionnaires suyuie du traicté du Flex.

I. *Troubles en l'Estat.* II. *Les Religionnaires recommencent la guerre.* III. *Prennent la Fere.* IV. *Mende.* V. *Motagu.* VI. *Cahors.* VII. *Le Roy dresse deux armées.* IIX. *Le Duc de Mayenne reduit le Daufiné en l'obeïssance de sa Majesté.* IX. *Siege de la Fere.* X. *Qui se rend à composition.* XI. *Exploits du Mareschal de Biron en Guienne.* XII. *Viuant leue le siege de Montignac-le Comte.* XIII. *La Reole remise en l'obeïssance du Roy.* XIV. *Le Baron d'Arros desfait par Roquepine.* XV. *Le Mont-de Marsan pris par Poyane.* XVI. *Le chasteau se rend à Biron.* XVII. *Le Roy de Nauarre les reprend.* XIIX. *Biron offense la Roine de Nauarre.* XIX. *Il romp sa cuise d'vne cheute du cheual.* XX. *Trespas du pere de l'auteur de cete histoire.* XXI. *Valence en Armagnac demantelée.* XXII. *Traicté du Flex.* XXIII. *Grands-iours à Poictiers.* XXIV. *Edicts bursaux.* XXV. *Erection de Ioyeuse en Duché & Pairrie.* XXVI. *Noces du Duc de Ioyeuse.* XXVII. *Erection du Duché d'Espernon.* XXIIX. *Les Suisses blasment la profusion du Roy.*

I. Troubles en l'Estat.

R l'accord arresté à la conference de Nerac entre la Roine-mere & le Roy de Nauarre aiant autant aigri la Ligue que contenté les pretendus Reformés, il fut impossible de le ramener à execution : à cause que les vns y resistoiét de tout leur pouuoir, & les autres en procuroient l'auancement par toutes voyes. Le Roy desiroit tousiours la paix : non pas pour fauoriser les heretiques (ainsi que les Ligueurs publioient) mais bien pour desarmer la Ligue : laquelle (à son grand regret) il voyoit se fortifier & autoriser par les armes de sa Majesté auec la guerre. Toutesfois les affaires estant venues à ce poinct que (comme i'ay desja dit) il estoit haï des vns & mesprisé des autres, & ne se trouuoit pas en estat de les pouuoir ranger au deuoir ny de les destruire, il falloit de necessité qu'il se joignit à l'vn des partis afin de maintenir son autorité contre l'autre. Choisissant dóc de deux maux le moindre (& ne pouuant dignement retenir le tres-auguste titre de tres-Chrestien faisant le contraire) il se portoit tousiours pour souuerain Chef des Catholiques, & mesmes de la Ligue.

II. Cete declaratió du Roy ne pouuoit que r'allumer la guerre en augmentant la desfiance que de tout temps les Religionnaires auoient

Henry III du nom, Roy LXII.

A conceüe de sa Majesté, estimant que toutes les promesses qu'elle leur faisoit par ses edicts, n'estoient que des appas pour les amuser & des pieges pour les surprendre. Ils prirent donc resolution de se maintenir par les armes. & à cet effect le Roy de Nauarre enuoia les deux moitiés des deux escus d'or qu'il auoit partis en l'assemblée de Mazeres, sçauoir est l'vne en Languedoc à Chastillon & à du Pleix : l'autre en Dauphiné à Les-Esdiguieres & à Calignon. Et comme par ce signal il leur donnoit l'alarme : aussi les Religionnaires coururent aussi-tost aux armes en ces deux prouinces, plusieurs les aiant desia prises ailleurs sur des occasions auantageuses.

L'An de Christ 1579.

Les Religionnaires recommécent la guerre.

Thuan. lib. 72. in princ.

Toutefois d'enuiron soixante entreprises, lesquelles (comme i'ay touché ci-dessus) ils deuoient executer en mesme iour, ils n'en sçeurent faire reüssir que quatre : à sçauoir sur la Fere, sur Mende, sur Montagu & sur Cahors : dont les deux premieres furent anticipées. Car la Fere en Picardie fut surprise le dernier iour de Nouembre de l'an MDLXXIX par le Prince de Condé : lequel craignant d'y estre bloqué y mit bonne garnison soubs la charge de François de la Personne, & s'enfuit en Alemagne pour implorer le secours des Princes Protestans, sans lequel les Religionnaires François estoient trop foibles contre les Catholiques.

III. Prennent la Fere.

1579

Mende en Gibaudan (appellée anciennement *Minates vicus Gabalorum*) fut surprise aussi en la mesme année la veille de Noël, par le Capitaine Merle ci-dessus remarqué pour fameux voleur, mais d'ailleurs homme de courage : lequel y entra par escalade pendant qu'on sonnoit les cloches : vne desquelles estoit si grosse qu'on n'en sçauoit point ailleurs de pareille. Il saccagea la ville & les Eglises, lesquelles il ruina aussi : & de cete grosse cloche fit fondre deux canons & vne moienne.

IV. Mende.

Montagu au bas Poictou fut surpris par le Chasteau, & depuis assiegé par le Comte de Lude : lequel leua le siege à la publication de la paix sur la fin de l'année suyuante.

V. Montagu.

Quant à Cahors grande & vaste cité (nommée anciennement *Diuona Cadurcorum*) capitale du païs de Quercy, elle fut attaquée le V de May en la mesme année MDXXC par le Roy de Nauarre, pendât vne nuict pluuieuse & sombre : y aiant fait joüer le petard machine de metal nouuellement inuentée : laquelle attachée à vne porte la peut mettre en pieces, ou la faire sauter hors des gons en se creuant par l'effort de la poudre dont elle est toute remplie. Vezins Lieutenât de Roy estant dans la ville accourut au bruit du petard, que l'on croyoit du commencement estre vn esclat de tonnerre : & trouuant qu'il n'auoit fait qu'vn trou à la porte (laquelle les assaillans taschoient de rompre ou d'abbatre) le combat fut tres-aspre & tres-obstiné durant six jours & six nuicts : dautant qu'outre le bon deuoir que les habitans faisoient pour la defense de leurs foyers, il s'y rencontra vne compagnie d'hommes d'armes, laquelle y auoit fait monstre le jour precedent, & que les

VI. Cahors.

1580

K iiij

deux partis se fortifioient d'heure en autre de nouueau secours. En fin le Roy de Nauarre gaignant & s'auançant pied à pied en forçant les barricades de rue en rue, demeura le maistre. Entre les siens se firent le plus signaler Lauerdin, le Vicomte de Gordon de la maison de Terride, Antoine de Roquelaure depuis Mareschal de France, Ian de Gontaud de Biron, Baron de Salignac, Sainct Martin Capitaine des gardes du Roy de Nauarre, Charles le Clerc & Pierre Choupes, lequel emmena vn gros renfort du Vicomte de Turene. Toutes sortes de cruauté y furent exercées en haine d'vn massacre des Religionnaires qui y auoit esté fait à l'exemple de celuy de Paris. La ville & les eglises furent pillées, aucunes ruinées ou bruslées.

L'An de Christ. 1580.

VII.
Le Roy dresse deux armées.

Le Roy voiant que les Religionnaires faisoient par tout des effors pour surprendre des villes, dressa à la haste deux armées pour s'opposer à leurs desseins: l'vne soubs le Duc de Mayenne pour la conduire en Daufiné : l'autre soubs le Mareschal de Matignon, auec commandement d'assieger la Fere. Et enuoia ordre au Mareschal de Biron Lieutenant de Roy en Guienne pour faire la guerre au Roy de Nauarre.

IIX.
Le Duc de Mayenne reduit le Daufiné en l'obeïssance de sa Majesté.

Le Duc de Mayenne arriuant en Daufiné auec sept mille hommes de pied & mille cheuaux, dissipa soudain tout ce qui paroissoit auparauant à la campagne soubs Les-Esdiguieres, prit plusieurs petites places sans resistence, & assiegea la Mure : laquelle, quoy que tres-bien munie & fortifiée d'vne grosse garnison, se rendit neantmoins à composition après le siege de quarante iours : & la capitulation honorable aux assiegés fut religieusement gardée. Ainsi tout fit ioug aux armes du Roy en Daufiné : & Les-Esdiguieres mesme vint trouuer le Duc auec sauf-conduit, & la Noblesse de son parti lay promit obeïssance au nom de sa Majesté: en suite dequoy il y eut des courses de bague & des joustes auec vne joye & alegresse publique.

IX.
Siege de la Fere.

D'autre-part le Mareschal de Matignon planta le siege deuant la Fere sur la fin du mois de Iuin, aiant en son armée le Duc d'Aumale, le sieur de Creue-cœur Lieutenant de Roy en Picardie, le Comte de Grammont, Puy-gaillard Mareschal de camp general des armées du Roy, Anne de Ioyeuse sieur d'Arques depuis Duc & Pair de France, le jeune la Valete depuis Duc d'Espernon, commandant alors le regiment de Champagne, Beauuais-Nangy celuy des Gardes du Roy, François de Cerillac depuis Comte de Belin celuy de Picardie. Dedans estoient auec le sieur de la Personne Gouuerneur, les sieurs de Mouï, Vignoles, la Mothe-Sainct-Mars, Montglas, Iumelles, Ionquiere, des Rosiers : le Capitaine Attys qui qui y fut tué, Belon, Montigny, la Tour, Pré, & autres vaillans hommes resolus à tres-bien se defendre.

X.

A ce siege se firent de bonnes actions d'vne part & d'autre. Le jeune la Valete qui commandoit à vne baterie, fit faire vne forme

Henry III du nom, Roy LXII.

L'an de Chrift. 1580.

A pont-leuis fur la riuiere: lequel leué eftoit auancé fur vn bac & cou- *Qui fe rend*
uroit de fa hauteur les foldats qui eftoient derriere. Cete machine *à compofi-*
eftant approchée des murs fans danger donna vn tel effroy aux af- *tion.*
fiegés qu'ils demanderent à capituler auec le mefme la Valete. Le
Marefchal entendant cela (auffi luy appartenoit-il comme General
de l'armée) fit promptement la capitulation: mais auffi tefmoigna-t'il
fa jaloufie en ce qu'il n'en communiqua rien à la Valete: lequel
piqué de ce que la ville s'en allant prife par fon adreffe (enquoy
il s'eftoit ferui de l'induftrie d'vn ingenieur Italien nommé Augu-
ftin) le Marefchal s'en attribuoit toute la gloire, continua fa baterie durant le traicté, nonobftant les defenfes du Marefchal: & le
Duc d'Aumale, qui n'eftoit non plus d'aduis de capituler s'en alla
fans luy dire mot. Mais le Normand ne laiffa pas auffi de clorre
froidement la capitulation le dernier iour d'Aouft, par laquelle la
place luy fut renduë au nom du Roy: & permis aux affiegés de fortir
vies & bagues fauues, enfeignes laiffées dans la place, mefche efteinte, caiffe debandée. Les affiegés y perdirent huict cens foldats, &
enuiron trente gentil-hommes: les Roiaux deux mille hommes qui
y furent tués (& entre autres le Comte de Grammont) outre ceux
qui y perirent de maladie. Ioyeufe eut les dens brifées d'vne mouf-
quetade.

Quant au Marefchal de Biron il faifoit auffi tres-bien fon deuoir *XI.*
en Guienne. Aiant affemblé des forces & pris du canon à Bour- *Exploits du*
deaus il remit plufieurs villes & fortereffes en l'obeïffance du Roy, *Marefchal*
r'affeura celles qui chanceloient: & Gontaud petite ville en Agen- *de Biron en*
nois (de laquelle il portoit le nom) luy aiant refufé l'entrée, fut fu- *Guienne,*
rieufement batuë, emportée d'affaut, tous ceux qui portoient les armes
paffés au trenchant de l'efpée, & la ville brufléé aprés auoir efté facca-
gée. Lardimalié gentil-homme Perigordin, qui eftoit au camp des
Catholiques, fut mis en pieces par vn coup de canon des affiegeans: &
fur le foupçon qu'on eut de la malice du canonnier auec quelques legers indices, il fut pendu & eftranglé.

En ce mefme temps fe faifoient diuers combats: où la Nobleffe *XII.*
de Gafcogne & de Perigort rendit de fignalées preuues de fa ge- *Viuat leue*
nerofité & hardieffe. Viuant gouuerneur de Perigueux pour le Roy *le fiege de*
de Nauarre aiant mis le fiege deuant Montignac-le Comte, les af- *Motignac-*
fiegés eftoient en termes de capituler lors que la Nobleffe Catholique *le Comte,*
du païs s'eftant affemblée fe prefenta pour le combatre. Luy qui
eftoit vaillant & hardi Capitaine tournant la tefte de fes troupes contre ce fecours la meflée fut tres-afpre & funefte d'vne part & d'autre:
mais Viuant y aiant perdu fes meilleurs hommes fut contraint de
leuer le fiege. De la part des Catholiques fut regreté le fieur de Loffa
perfonnage illuftre en vertu & en extraction entre tous ceux de la
prouince.

XIII.
La Reole remise en l'obeissance du Roy.

Duſſac Gentil-homme Perigordin que le Roy de Nauarre auoit eſtabli gouuerneur dans la Reole ſur Garonne, liura la place au Seigneur de Duras, en haine de quelque traict de moquerie dont le Nauarrois & le Vicomte de Turene auoient vſé en ſon endroit ſur ce qu'il eſtoit amoureux d'Atrie depuis Comteſſe de Chaſteau-vilain. Le Roy de Nauarre fut grandement faſché de la perte de cete place: mais ne la pouuant reparer il s'en alla paſſer ſa colere ſur Fleurence au Comté de Gaure: laquelle il prit par eſcalade, & y perdit Montbertier ieune gentil-homme de belle eſperance.

L'An de Chriſt. 1580.

XIV.
Le Baron d'Arros desfait par Roquepine.

Bernard du Bouzet ſieur de Roquepine eſtant en garniſon dans Tonnenx auſſi ſur Garonne le Baron d'Arros gouuerneur de Clayrac le vint harceller pour l'attirer dans vne embuſcade d'arcbuſiers : mais Roquepine auec Podenas ſon frere ſortant bruſquement ſur luy meſla ſi promptement auec les gens de cheual (qui tournerent ſoudain le dos pour faire reüſſir leur ſtratageme) qu'ils furent quaſi tous tués auec leur chef ou faits priſonniers, auant qu'ils fuſſent à la portée des arcbuſades de l'embuſcade.

XV.
Le Mont-de Marſan pris par Poyane.

Bertrand de Baylenx ſieur de Poyane fit en ce meſme temps vne entrepriſe ſur la ville du Mont-de Marſan pareille à celle que Monluc y auoit executée onze ans auparauant. Vray eſt que Monluc fit l'execution en plein iour, & Poyane de nuict: mais auſſi celuy-ci n'auoit qu'vne poignée de gens au reſpect de l'autre qui fit l'attaque auec vne petite armée. Son ordre fut de paſſer les riuieres de la Douze & du Midou (qui ſe joignent au deſſoubs de la ville) auec ſa compagnie d'hommes-d'armes & enuiron trente argolets, & ſe ſaiſit d'vn moulin qui aboutit à vne des portes de la ville. Il y entra le premier par eſcalade auec vingt-cinq des ſiens, & Lartigue ſon Lieutenant (qui le deuoit ſouſtenir) y fut receu en ſuite auec le reſte de ſa troupe à la file. A cete porte il y auoit vn corps de garde: & ouuroit-on toutes les nuicts le guichet pour faire paſſer la ronde dans le faux-bourg, qui eſt clos de muraille. Poyane ſe tint ſi coy auec les ſiens que la ronde repaſſant du fauxbourg dans la ville il y entra peſle-meſle, & tailla en pieces le corps de garde, non toutefois ſans reſiſtence : de ſorte qu'il y fut eſtropié de la main droite d'vn coup d'eſpée. Durant ce combat vn des habitans ferma le guichet auant que toute la troupe fut entrée. Ce que Poyane apperceuant l'alla ouurir nonobſtant ſa bleſſeure, & introduiſit le reſte de ſa Compagnie. Le Capitaine Borda Maire de la ville d'Aqs qui deuoit donner aprés luy auec trois cens ſoldats n'aiant point trouué de bateau fut contraint de faire vn long circuit pour aller à la porte appellée de Campet, où à cet euenement il auoit le rendez-vous : & Poyane auant toute œuure s'y en alla & rompant la porte receut Borda dans la ville. La garniſon qui eſtoit de quatre compagnies de gens de pied ſoubs les Capitaines Meſmes,

Henry III du nom, Roy LXII. 119

A Campet, Escanebaque & Dart, outre vingt-cinq cuirasses & les habitans quasi tous Religionnaires, fit quelque mine de rendre combat: mais ployant à la premiere attaque tout se ietta dans le chasteau, que Poyane fit soudain bloquer par des barricades.

S'estant ainsi rendu maistre de la ville il donna aduis du succés de son entreprise au Mareschal de Biron qui estoit à Montreal en Condomois à neuf lieuës du Mont-de-Marsan. Mais n'y aiant que des Landes entre-deux, Biron fit rouler l'artillerie auec tant de diligence, qu'elle y arriua le lendemain aprés la nouuelle receuë: & le chasteau fut rendu au Mareschal sans nul delay, en permettant à ceux de dedans d'en sortir vies & bagues sauues.

XVI. Le chasteau se rend à Biron.

La ville fut laissée soubs le gouuernement de Poyane qui l'auoit prise. Pour le regard du chasteau il commençoit à le faire demolir: mais le Roy de Nauarre (parce que c'estoit és terres de son domaine) obtint de sa Majesté defenses de continuer la demolition: & la paix suruint en ces entre-faites. Mais quatre ans aprés cete execution le Roy de Nauarre reprit la ville, & en suite le chasteau par la trahison de quelques habitans auec lesquels Castelnau de Chalosse auoit des intelligences secretes.

XVII. Le Roy de Nauarre les reprend.

De là Biron s'en alla en Agenois: & aiant repassé la riuiere de Garonne se presenta deuant Nerac, où estoit la Roine de Nauarre accompagnée de braue Noblesse, qui sortit d'autant plus gaillardement à l'escarmouche que la Roine auec ses Dames & filles estant montée dans vne tour les voyoit faire. Or à la priere de sa sœur le Roy auoit defendu à Biron de faire la guerre à trois lieuës de Nerac, si ce n'est que le Roy de Nauarre fût dedans: neantmoins voiant sortir cete Noblesse auec les habitans pour escarmoucher dans les vignes, il fit tirer trois volées de canon: dont vne porta contre le chasteau, & vne autre prez de la tour où estoit la Roine. Ce qu'elle prit à brauade & injure: voulut voir & toucher les boulets, & iura que Biron porteroit en bref la peine de son audace. Et de fait la paix se traictant deux mois aprés au Flex entre le Duc d'Anjou & le Roy de Nauarre, elle obtint d'eux par vn article secret que la charge de Lieutenant de Roy en Guienne fût ostée à Biron: ce qui fut executé: & le Mareschal de Matignon fut enuoié Lieutenant de Roy en Guienne. Mais aussi afin qu'vn si excellent Capitaine ne demeurât pas sans employ, Biron fut au seruice de Monsieur en Flandres.

XIIX. Biron offense la Roine de Nauarre.

Ce mal-heur de Biron fut accompagné d'vn autre accident sinistre. C'est que conduisant son armée prez de l'Isle-Iourdain à quatre lieuës de Toulouse, il tomba de son cheual, & se rompit en deux endroits la cuisse de laquelle il estoit desja boiteux: de sorte que pour se faire guerir il fut contraint de quiter la conduite de l'armée. Et ne sçachant à qui la commettre à cause de l'emulation qui estoit entre les plus illustres Seigneurs & Capitaines, il les

XIX. Il rompt sa cuisse d'vne cheute de cheual.

pria d'en faire eux-mesmes la nomination & l'election : & tous d'vn consentement nommerent Charles son fils (qui se fera renommer ci-aprés sur tous les Capitaines de son temps) âgé tant seulement de quinze ans : tant les iugemens & resolutions de l'enuie sont iniques.

XX.
Trespas du pere de l'auteur de cete histoire.

Guy du Pleix mon pere receut commandement de Biron de faire la charge de Mareschal de camp soubs son fils : mais il ne l'exerça pas trois mois : dautant que l'armée repassant prez de sa maison lez Condom, il prit congé pour aller visiter sa famille : & y estant arriué fut atteint de la Coqueluche, maladie populaire, de laquelle & l'armée & toute la prouince estoit affligée. N'estant pas mortelle son cours pourtant ne pouuoit estre empeché par aucun remede. Cete maladie qui estoit contagieuse s'estant aussi attachée à ma mere, ils furent tous deux empoisonnés par vn compagnon apothicaire Caluiniste estranger, enuoié de la ville pour les seruir. Elle mourut le Sammedy, luy (comme plus robuste aiant resisté plus longuement au venin) le Lundy ensuyuant en l'âge de quarante ans : & sa maison fut pillée huict iours aprés par vn nommé Rissan capitaine Religionnaire.

XXI.
Valence en Armagnac demantelée.

Cetuy-ci s'estant ietté dans Valence place tres-forte d'assiete à vne lieüe de Condom (car elle est sise sur vn tertre separé, & a pour fossé le conflans de deux petites riuieres) y fut assiegé par le Mareschal de Biron, auquel il la rendit par composition, luy estant permis auec tous les siens d'en sortir vies & bagues sauues. Le Mareschal la fit demanteler : mais le Marquis de Montespan fit depuis reparer les bresches, & y mit garnison pour la Ligue. Elle a esté nagueres derechef demantellée.

XXII.
Traicté du Flex.

Or le Duc d'Alençon qui auoit nouuellement renoüé ses affaires auec les Estats des Païs-bas, desirant retourner en Flandres trauailloit à la paix : & pour l'auancer s'estoit auancé iusques en Perigord, accompagné du Duc de Montpensier & de Bellieure, afin de s'abboucher auec le Roy de Nauarre : lequel estant mal-mené en son gouuernement par Biron, & voiant que les affaires des Religionnaires alloient en decadence par tout, fut bien-aise de venir à cete conference : laquelle fut tenue au Flex, maison du Comte de Gurson prez de Saincte-Foy : où fut fait vn traicté entr'eux le XXVI de Nouēbre MDXXC, ratifié par le Roy le XXVI de Decembre, & verifié au Parlement de Paris le XXVI de Ianuier ensuyuant. Cet accord contenoit XLVII articles (compris le dernier qui y fut adjousté à Coutras :) par lesquels il fut pourueu à l'explication & esclaircissement d'aucuns poincts des trois derniers edicts de pacification, la plus-part à l'auantage des Religionnaires : auec la prorogation du terme desja expiré pour rendre les villes de seureté, jusques au I d'Octobre prochain.

Cete

Henry III du nom, Roy LXII.

L'An de Chriſt. 1581.

Cete meſme année les Grands-jours furent tenus à Poictiers : où la juſtice fut rigoureuſement exercée contre ceux leſquels pendant les troubles s'eſtoient portés licentieuſement à des brutalités execrables. La reformation des couſtumes de Paris fut faite auſſi en la meſme année: & entre autres choſes le droit de repreſentation y fut introduit.

XXIII. Grands-jours à Poictiers.

L'année ſuyuante fut aſſez paiſible. Mais les edicts burſaux faits par le Roy pour fournir à ſes profuſions, ſemblerent vne eſpece de guerre. Le IV de Iuillet ſa Majeſté entra en ſon Parlement & en fit verifier neuf en ſa preſence, tous à la foule du peuple. Meſſire Chriſtofle de Thou premier Preſident ne pouuant reſiſter à l'autorité ſouueraine, qui eſtoit preſente, dit tout haut que par la loy du Roy, qui eſt la puiſſance abſoluë, ces Edicts pouuoient paſſer : mais ſelon la loy du Roiaume, qui eſt la raiſon & l'equité, ils deuoient eſtre refuſés.

XXIV. Edicts burſaux.

Apres la verification de ces Edicts on vid au mois de Septembre le mariage d'Anne de Ioieuſe ſieur d'Arques auec Marguerite de Lorraine ſœur de la Roine : en conſideration duquel le Vicomté de Ioieuſe fut erigé en Duché & Pairrie auec cete prerogatiue que ce nouueau Duc precederoit tous autres Pairs fors les Princes : laquelle exception fut depuis eſtendue en faueur du Duc de Montmorency du conſentement meſmes des Ducs de Ioieuſe & d'Eſpernon qui auoit eſté fait Duc & Pair de France auec pareille prerogatiue que Ioyeuſe.

XXV. Erection de Ioieuſe en Duché & Pairrie.

Ces noces furent faites auec tant de magnificence & ſomptuoſité que le Roy y employa plus de douze cens mille eſcus, outre trois cens mille eſcus qu'il conſtitua en dot à la mariée. Il y eut dix-ſept feſtins faits par les Princes & grands Seigneurs de la Cour, deſireux de complaire au Roy en cete occaſion : à chacun deſquels feſtins tous les conuiés changerent d'habits à l'enui les vns des autres. Ioyeuſe auoit fiancé auparauant Marguerite Chabot fille & heritiere du Comte de Charny, qui eſtoit vn grand parti : mais la faueur du Roy luy hauſſant le courage luy fit quiter ſa fiancée pour auoir l'honneur d'eſpouſer la belle-ſœur de ſon Roy & bon Maiſtre.

XXVI. Noces du Duc de Ioieuſe.

Sa Majeſté qui cheriſſoit le jeune la Valete à l'egal de Ioyeuſe acheta pour luy la ſeigneurie d'Eſpernon au baillage de Chartres & l'erigea en Duché ſur la fin de la meſme année, auec pareille prerogatiue (comme j'ay deſia dit) que le Duché de Ioieuſe. Auſſi luy fit il rompre le mariage accordé entre luy & l'heritiere de Mouy, parti bien agreable au Duc d'Eſpernon, pour luy faire fiancer Chriſtierne de Lorraine vne autre ſœur de la Roine & de la Ducheſſe de Ioyeuſe, attendant qu'elle fut en âge nubile pour l'eſpouſer. Mais ce mariage ne fut pas accompli pour les raiſons que ie diray ci-aprés en ſon lieu.

XXVII. Erection du Duché d'Eſpernon.

Tome 4.   L

122　　　Histoire de France,

XXIIX.　　En ce mesme temps les deputés des Suisses estant venus en France　L'An de
Les Suisses　pour receuoir leur pension, le Roy voulut s'excuser du payement sur　Christ.
blasment la　le defaut de finances espuisées par les dernieres guerres. A quoy ils re-　1580.
profusion　partirent hardiment que puis que le Roy despensoit quinze cens mille
du Roy.　escus aux noces d'vn gentil-homme, il falloit croire qu'il auoit de
grands thresors, ou bien qu'il estoit le plus mal-conseillé Prince de la
terre. Cela fut cause que l'année suyuante il fit faire les noces de Bernard de Nogarets l'aisné de la Valete auec Anne de Baternay damoiselle de Bouchage dans le Louure sans somptuosité : ce qu'on attribua
à l'aduis & à la prudence du Duc d'Espernon : afin de ne donner point
subjet de discourir aux enuieux de sa fortune.

De la reformation du Calendrier faite par le Pape Gregoire XIII.

I. *Reformation du Calendrier par Gregoire 13.* II. *An solaire & Bissextil.* III. *Retrenchement de dix iours.* IV. *A quoy vtile.* V. *Que cete Reformation appartient au Pape.* VI. *L'Empereur ne la peut pretendre.* VII. *Que ce seroit en vain.* IIX. *Embrion empierré.* IX. *Edicts bursaux.* X. *Trespas du Chācelier de Birague.* XI. *Le Roy institue des Penitens-blancs.* XII. *Persecution des Financiers.* XIII. *De pernicieuse consequence.*

1.　　　N l'an de salut MDXXCII fut faite la Refor-　1582.
Reforma-　mation du Calendrier par le Pape Gregoire
tion du Ca-　XIII : à quoy plusieurs excellens Mathemati-
lendrier par　ciens, & entre-autres Christofle des Claueaux dit
Gregoire　Clauius Iesuite le premier de ce siecle, contri-
13.　buerent leur trauail & industrie. Mais aussi l'autorité du souuerain Pontife & l'instrument duquel il se seruit principalement à l'accomplissement de ce grand dessein, furent si odieux aux heretiques & libertins
de ce temps, que tous ceux qui auoient parmi-eux quelque cognoissance des Mathematiques, aiguiserent leurs plumes pour censurer cete
Reformation à tort ou à droit : & ceux qui n'y trouuerent rien à redire (mesmes des François) publierent qu'elle appartenoit à l'Empereur,
non pas au Pape.

II.　　Ce seroit outre-passer les loix de l'Histoire de raporter ici tou-
An Solaire　tes les raisons des vns & des autres, lesquelles empliroient vn gros vo-
& Bissextil.　lume. Mais cete Reformation de Gregoire XIII aiant esté receüe

Henry III du nom, Roy LXII. 123

A par tous les Estats Catholiques de l'Vniuers, ie me contenteray de renuoier le lecteur curieux, pour en voir les preuues & demonstrations, au traicté particulier qu'en a fait le mesme Clauius, & à ce que pour la defense de son opinion en a escrit le R. P. Denys Petau de la mesme Compagnie vn des plus doctes de nostre âge tant és letres humaines qu'és sciences. Ie diray seulement ici que selon le calcul du Roy Alfonse tres-grand Astronome, le Soleil fait son cours (qui est la mesure & l'estendue d'vne de nos années) en 365 jours, 49 minutes & 16 Secondes: & chaque heure contient 60 Minutes. Ceux qui dresserent la reformation attribuée à Iules Cæsar n'aiant pas esté assez exactes estendirent le cours du Soleil precisément (mais trop grossierement) à 365 jours & six heures completes. Et dautant que ces six heures en quatre années faisoient vn jour, ils auoient accoustumé (comme nous fai-
B sons encore) d'interposer de quatre en quatre ans vn jour (à cete cause appellé Intercalaire ou Entre-lassé) & nommoient ce quatriesme an, *Bissextil*, parce que ce iour interposé estoit compté deux fois le vingt-quatriesme de Feurier, auquel on compte à la façon Romaine, *sexto Calendas*, c'est à dire, le sixiesme jour deuant les Calendes ou premier jour de Mars: & quãd ce jour-là estoit ainsi doublé compté deux fois la quatriesme année, lon disoit *bis sexto Calendas*; d'où viennent les mots *Bissexte & Bissextil*. Les Romains choisirent plustot le mois de Feurier qu'vn autre pour entre-lasser ce jour bissextil, par ce que c'estoit le mois intercalaire auant le reformation de Iulles Cæsar: &
C plustot encore le vingt-quatriesme du mesme mois qu'vn autre à cause qu'il estoit vn des plus remarquables de l'année en ce qu'il se rencontroit entre la feste qu'ils appelloient *Terminalia*, & la memoire & celebrité du bannissement ou fuite de leurs Rois, qu'ils nommoient *Regifugium*.

Or parce qu'il est euident que le surplus des 49 Minutes & 16 Secondes (à sçauoir 10 Minutes & 44 Secondes) qui reste chacune année pour parfaire la sus-dite sixiesme heure par dessus les 365 jours : ces 10 Minutes & 44 Secondes, dy-je, gaignent & auancent vn iour en 133 ans & vn tiers d'année (ce qui reuient à trois iours entiers en 400 ans)
D le mesme Pape concluant de là que depuis le premier Concile de Ni-
325 cée tenu en l'an de grace CCCXXV jusques en l'an MDXXII (au-
1582 quel il fit sa Reformation) les saisons s'estoient auancées d'enuiron dix jours, retrencha aussi dix iours par son decret. Vray est que l'accomplissemẽt du dixiesme iour (selon la supposition precedente) n'escher-
1558 roit qu'en l'ã MDCLIIX: & par ainsi le Pape l'a anticipé de quelques heures. Mais afin que la Pleine-Lune, apres laquelle se doit celebrer la Pasque (qui estoit son but) tombât apres l'Equinocce du Printemps, il aima mieux retrencher dix iours (encore qu'ils ne fussent pas entierement accomplis) que si en retrenchant tãt seulemẽt neuf, il se fût trouué court en la reductiõ de cete feste à son ancien ordre. Ioint qu'il n'est

III. Retrenchement de dix iours.

Tome 4. L ij

atriué & n'arriuera jamais que le retrenchement se puisse faire si pre- A L'An de
cisément & ponctuellement en journées entieres (& de le faire autre- Chrift.
ment ce seroit confusion) qu'il n'y ait quelque mescompte d'heures ou 1582.
à tout le moins de minutes, ou de Secondes, dont les 60 font vne
minute.

IV.
A quoy vti-le.

Et ores qu'en ces Reformations du Calendrier la principale intention du Concile de Nicée & du Pape Gregoire XIII fût de remettre la solemnité des festes mobiles (& notamment celle de Pasques) chacune en son lieu, à cause des sacrés mysteres qu'elles nous representent. Neantmoins elles seruent d'ailleurs à garder l'ordre & entre-suite naturelle des saisons de l'année. Car par l'auancement de ces dix jours de sur-croist les saisons se trouuoient reculées d'autant de jours, ou enuiron, au-dit an 1582 depuis le Concile de Nicée, en B tant que les Equinocces (ausquels les nuicts egalent les jours) au lieu de tomber au 21 de Mars & 24 de Septembre, se faisoient le dernier jour de Mars & le 4 d'Octobre: & les Solstices (qui marquent le jour le plus long & le plus court de l'année, & se doiuent rencontrer au 22 de Iuin & 24 de Decembre) arriuoient le 2 de Iuillet & le 3 de Ianuier: tellement que par succession de temps (à sçauoir en l'espace de 24500 ans) les mesmes saisons eussent esté totalement peruerties: & l'hyuer se fût trouué en la saison de l'Esté, & le Printemps changé en Automne.

V.
Que cete Reformation appartenoit au Pape.

Quant à ceux qui soustiennent que cete Reformation du Calendrier appartenoit à l'Empereur non pas au Pape, ils fondent leur raison sur ce que les deux Reformations sus-dites ont esté faites par deux Empereurs, l'vne par Iulles-Cæsar, l'autre par Constantin le Grand. C Mais leur raison a vn faux fondement, qui procede ou de leur malice ou de leur ignorance. Car il est certain que jamais Iulles Cæsar ne prit le titre d'Empereur (si ce n'est en guerre à la façon des autres Capitaines Romains apres quelque grand exploit d'armes:) mais seulement celuy de Dictateur: auquel il joignit celuy de tres-grand ou souuerain Pontife, pour auoir la sur-intendance & direction des choses sacrées, & à cause des grands priuileges & autorité qui estoit attachée à cete dignité. A raison dequoy Auguste & tous les Empereurs la retindrent successiuement & sans intermission jusques à Gratian: lequel l'estimant indigne d'vn Prince Chrestien puis qu'il y auoit vn souuerain Pontife vicaire de Christ en terre, ne la D voulut point prendre. Ainsi donc Iulles Cæsar fit la I reformation du Calendrier (si tant est qu'il en ait fait aucune) en qualité de Pontife.

VI.
Que l'Empereur ne la peut pretendre.

Quant à Constantin le Grand il assista bien au Concile de Nicée: mais son autorité ny son ordonnance n'interuint en la reformation du Calendrier, ny en pas vn decret du Concile. Et mesmes l'histoire du mesme Concile raporte que les Peres luy aiant fait preparer vne

Henry III du nom, Roy LXII. 125

A chaire pour assister à l'ouuerture, il ne voulut point s'y asseoir qu'ils ne luy eussent fait signe qu'il prît cete place. Et supposé que Constantin eût autorisé cete Reformation: cela luy pouuoit appartenir, à cause qu'il regnoit sur toute la Chrestienté & ailleurs : de sorte qu'il eût esté mal-aisé de la faire receuoir sans son ordonnance : mais l'autorité de l'Empereur estant aujourd'huy bornée dans les limites d'vn petit Estat, en vain pretendroit-il la mesme prerogatiue.

L'An de Christ. 1582.

Au demeurant cet erreur (entant qu'il procede d'vne malice noire & haine enuers le Sainct-siege) est moins pardonnable aux François qu'à nuls autres : dautant que nos Rois ne recognoissant point de puissance temporelle pour superieur, n'eussent jamais receu cete reformation de la part de l'Empereur : & eux & tous les autres Princes souuerains en eussent fait faire d'autres differentes de celle de l'Empereur, plustot que d'approuuer la sienne : ce qui eût grandement troublé le commerce entre les nations Chrestiennes. Mais venant de l'autorité du Pape chef de l'Eglise visible, veu mesmes que c'est par vne consideration spirituelle (pour remettre en leur poinct les festes mysterieuses) tous les Princes & Estats Catholiques, & particulierement nos Rois, comme fils aisnés de l'Eglise, l'ont tres-volontiers receüe.

VII. Que ce seroit en vain.

Cete mesme année vne femme nommée Colombe de Charry de la ville de Sens estant decedée, fut trouuée grosse d'vn embrion bien formé en toutes ses parties : mais les exterieures estoient endurcies en pierre ou plastre tres-solide : les interieures, comme le cœur, le foye & les boiaux estoient de chair, mais tres-dure : les ossemens de la teste reluisoient comme des cornes. La plus grande merueille estoit qu'elle auoit porté cete masse durant vingt-huict ans, & pendant tout ce temps-là elle se disoit estre enceinte : dequoy ses voisines se moquoient, la croyant estre hydropique.

IIX. Embrion empierré.

1583. L'année suyuante MDXXCIII se passa assez paisiblement si le peuple (comme deux ans auparauant) n'eût senti vne guerre bursale par douze nouueaux edicts tous à sa foule : lesquels furent verifiés par l'exprés commandement du Roy seant en son Parlement, apres que sa Majesté & le Cardinal de Birague son Chancellier eurent representé qu'il estoit ainsi necessaire pour les vrgentes affaires de son Estat, sans pourtant en specifier aucune. Messire Achille du Harlay premier President resista à la verification par de hardies remonstrances. Messire Augustin de Thou Aduocat du Roy au contraire (dit le Iournal de ce regne) apres auoir magnifié la presence de sa Majesté qui faisoit cete faueur à sa Cour de Parlement de la venir voir en son lict de justice, conclud à la lecture, publication & registrement de tous ces Edicts, combien qu'ils reuinssent tous à la manifeste oppression du peuple.

IX. Edits bursaux.

Peu de iours apres cete action Birague deceda, & Messire

X.

L iij

Trespas du Chancellier de Birague. Philippe de Huraut Côte de Chiuerny, qui estoit Garde des seaux, demeura Chacellier en titre d'office. Birague mourut pauure pour vn hóme de sa condition : ce qu'on attribuoit à la despense qu'il faisoit pour ses plaisirs, auec ce qu'il estoit indulgent à ses seruiteurs. On disoit de luy qu'il estoit mort Cardinal sans titre, Chancellier sans seaux, Prebstre sans benefice, & Docteur sans doctrine.

L'An de Christ. 1583.

XI. Le Roy institue des Penitens blancs. En ce mesme temps que le Roy fouloit ainsi son peuple par l'execution de ces nouueaux edicts il institua vne nouuelle Confrairie de Penitens blancs : à laquelle il conuia les Princes & Seigneurs de sa Cour, & les principaux Officiers des Compagnies souueraines : plusieurs desquels s'y enrollerent plustot par complaisance que par deuotion : les autres le refuserent, n'estimans pas religieuse cete penitence, ny qu'elle iustifiât enuers Dieu parmi tant d'actions d'iniustice.

XII. Persecutió des Financiers. Apres auoir espuisé les bourses du peuple la profusion des vns & l'auarice des autres cherchoit de nouueaux moiens de recouurer de l'argent. Les Financiers comme les plus riches & les plus enuiés, furent l'objet des Courtisans en cete indigence. Vne Chambre roiale fut establie pour la recherche de leurs maluersations, composée de trois Presidens, quatorze Conseillers du Parlement de Paris, & d'vn President & deux Maistres de la Chambre des Comptes, faisans tous ensemble vingt Iuges. Elle commença ses procedures par les Thresoriers Habert & Iaupitre. Mais puis qu'on ne demandoit que de l'argent ces rigoureuses poursuites furent arrestées par vne composition qui produisit de l'argent au Roy, & aux Financiers l'abolition de tous crimes.

XIII. De pernicieuse consequence. C'est grand mal-heur qu'en France les actions d'iniustice sont exemplaires, & celles de iustice sont abolies. Nous auons veu de nostre téps practiquer le mesme abus à diuerses fois auec pareil succés, par la contagion du siecle. En quoy il y a deux sortes d'iniquité tres-manifeste : l'vne que moienant de l'argent les criminels se rediment de la peine qu'ils auoient meritée : l'autre que les innocés sont mulctés indifferemment auec les coulpables. Et de là mesme peut arriuer que les gens de bien se peruertissent, voiant qu'il est indifferent d'obseruer ou d'enfreindre les loix, & que mesmes ils sont contrains de se munir de quelque prouision pour fournir vn iour à des actions tortionnaires.

Or dautant que durant ce calme, dont la France a joüi depuis quatre ans, nos François ont fait deux notables, quoy que funestes, expeditions, l'vne vers les isles Açores pour le restablissement d'Antoine Roy de Portugal : l'autre en Flandres, pour contenter l'ambition du Duc d'Alençon frere du Roy, il les nous faut descrire en suite. Et pour mieux comprendre le subjet de la premiere, il faut prendre vn peu de plus loing le fil de l'histoire.

Henry III du nom, Roy LXII. 127

L'An de Chriſt. 1583.

Sebaſtien Roy de Portugal eſt defait en Afrique. Philippe Roy d'Eſpagne s'empare de ſon Eſtat.

I. *Muley-Mahamed vſurpateur des Roiaumes de Fez & de Maroc.* II. *Abdala ſon fils perſecute ſes freres.* III. *Son fils enſuit ſon exemple.* IV. *Ses oncles arment contre luy.* V. *Il meſpriſe le ſecours de Sebaſtien Roy de Portugal.* VI. *Eſt deffait.* VII. *Perd le Royaume de Fez.* IIX. *Eſt derechef vaincu.* IX. *Implore le ſecours de Sebaſtien.* X. *Qui luy accorde.* XI. *Et regle ſon Eſtat.* XII. *Ses forces.* XIII. *Aborde en Mauritanie.* XIV. *Forces de l'ennemi.* XV. *Sebaſtien ſe prepare à la bataille.* XVI. *Abdel-Melec pareillement.* XVII. *Qui meurt.* XIIX. *Les Chreſtiens ſont deffaits.* XIX. *Muley-Mahamed ſe noye.* XX. *Mort de Sebaſtien.* XXI. *Morts de part & d'autre.* XXII. *Seigneurs de marque.* XXIII. *Hamed recognu Roy de Fez & de Maroc.* XXIV. *Henry Cardinal Roy de Portugal.* XXV. *Princes pretendans droit au Roiaume de Portugal.* XXVI. *Fondemens de leurs pretētions.* XXVII. *Droit de la Roine Caterine de Medicis.* XXIIX. *Ses reſponſes aux obiections.* XXIX. *Elle s'accomode du droit d'Antoine.* XXX. *Enfans d'Emanuel Roy de Portugal.* XXXI. *Diſpoſition teſtamentaire de Henry.* XXXII. *L'Eſpagnol s'empare du Portugal.* XXXIII. *Où Antoine eſtoit recognu Roy.* XXXIV. *Lequel ſe cache.* XXXV. *Eſt bleſſé.* XXXVI. *Philippe vient en Portugal.* XXXVII. *Ses cruautés.* XXXIIX. *Meſmes enuers les gens d'Egliſe.* XXXIX. *Deſtruit les Priuileges du Roiaume.*

1548

MVley-Mahamed de la race des Scherifiens (lequel n'agueres auoit vſurpé les roiaumes de Fez & de Maroc ſur celle des Merinois) eut quatre fils, à ſçauoir Abdala, Abdel-Munen, Abdel-Melec legitimes, & Hamed baſtard. Du conſentement des Eſtats de ſes Roiaumes il ordonna que tous quatre ſuccederoient à ſes deux Couronnes l'vn apres le treſpas de l'autre, ſelon l'ordre de naiſſance, à l'excluſion des enfans de ſon fils aiſné déja marié: lequel dez-lors il declara Roy & luy fit faire homage par ſes vaſſaux & par ſes freres.

I. *Muley-Mahamed vſurpateur des roiaumes de Fez & de Maroc.*

1557 Abdala apres la mort de ſon pere ne voulut point garder ſon ordonnance: mais fit couronner Roy ſon fils Muley-Mahamed qui portoit le nom de ſon aieul: & traicta ſi brutalement les freres qu'Abdel-Munen aiant eſté mis à mort par ſon commandement, les deux autres

II. *Abdala ſon fils perſecute ſes freres.*

L iiij

s'enfuyrent deuers les Turcs en Alger : & mesmes Abdel-Melec passa la mer pour aller à Constantinople: où par sa vertu il s'acquit les bonnes graces de Selim Empereur des Turcs, & d'Amurath son fils, ausquels il rendit de bons seruices.

III. Son fils ensuit son exemple.

Abdala estant decedé, Muley-Mahamed son fils desja couronné & recognu Roy, ensuyuant l'exemple de son pere, persecuta si furieusement ses deux freres, qu'il en fit assassiner l'vn, & confina en prison l'autre encore enfant pour s'en pouuoir desfaire quand bon luy sembleroit.

IV. Ses oncles arment contre luy.

Cependant Abdel-Melec aiant obtenu secours du Vice-roy d'Alger par le commandement d'Amurath, s'en vint à main-armée contre Muley-Mahamed son neueu, & Hamed son frere bastard s'estant joint à luy, ils faisoient ensemble douze mille lances, cinq mille hommes de pied & quatre cens argolets ou arcbusiers à cheual : Muley-Mahamed arma aussi de sa part beaucoup plus puissamment qu'eux, aiant assemblé en vn corps d'armée quatre-vingts mille cheuaux, quatre mille argolets, & trois mille hommes de pied, fortifiés de trente-six pieces de campagne. La quantité des bons cheuaux qu'il y a en ces regions fait qu'elles sont plus puissantes en cauallerie qu'en infanterie.

V. Il mesprise le secours de Sebastié Roy de Portugal.

Au bruit de leur armement Sebastien Roy de Portugal, le plus robuste, courageux & hardi Prince de son temps, qui ne demandoit que rendre preuue de sa valeur en quelque belle occasion, enuoia offrir ses armes & sa personne à Muley-Mahamed, auec les subjets duquel les Portugais auoient grand commerce. Mais le Barbare se confiant trop en ses propres forces mesprisa les offres de Sebastien, & recueillit froidement & orgueilleusement son ambassade.

VI. Est desfait.

Estant venu aux mains auec ses oncles il fut desfait en vne grosse bataille le XVII de Mars MDLXX: luy-mesme aiant pris la fuite des premiers par vne desfiance ordinaire & commune à tous les tyrans. Car aiant veu qu'vn de ses Capitaines s'estoit jetté du costé de ses ennemis, il creut que par quelque secrete conspiration les autres deussent faire de mesme.

VII. Perd le roiaume de Fez.

Abdel-Melec victorieux se presenta deuant la cité de Fez : laquelle comme capitale donne auec son nom la loy à tout le Roiaume : où il fut receu en triomphe comme Roy legitime. Aussi estant Prince moderé, discret, affable (& mesmes bien-affectionné aux Chrestiens) ses vertus reluisoient en luy d'autant plus que son neueu estoit souillé des vices contraires.

IIX. Est derechef vaincu.

Sebastien croiant que cet eschec auroit humilié Muley-Mahamed luy enuoia faire pareilles offres que deuant : lesquelles il refusa auec pareille arrogance qu'à la premiere ambassade. Et aiant remis sus vne armée de trente mille lances, mille argolets, & dix mille hommes de pied esprouua derechef le sort des armes à son grand dommage, aiant esté entierement desfait à la iournée de Salle ou Halla à la Motte d'Arrajahan sur le bord de la mer, le XIX de Iuin MDLXXVII. S'estant sauué 1577.

Henry III du nom, Roy LXII. 129

L'An de Chrift.

auec beaucoup de peine à Maroc, il n'ofa point s'y arrefter: mais s'enfuit au mont Atlas (aujour-d'huy nommé par les Efpagnols *Montes-Claros*) à fix lieües de Maroc capitale de fon autre Roiaume.

Le Tyran reduit en ces extremités enuoia vne ambaffade au Roy Sebaftien pour implorer auec tres-humbles prieres & des conditiós tres-auantageufes fon fecours qu'il auoit deux fois refufé auec mefpris & arrogance. Le Portugais qui defiroit plus s'acquerir de la gloire par les armes que fe venger d'vn glorieux, ne luy rendit pas fon change en l'efconduifant de fa demande: mais au contraire il receut gracieufement & honorablement fes Ambaffadeurs, & leur donna affeurance qu'en bref il pafferoit la mer auec de fi grandes forces qu'il le reftabliroit en fes Eftats à main armée.

IX. Implore le fecours de Sebaftien.

Sebaftien n'eut pas grande peine à faire approuuer fon deffein aux Eftats de Portugal: lefquels aiant en veneration vn Roy fi genereux ne refpiroient qu'obeïffance. Il enuoia confulter fur ce fubjet Philippe II Roy d'Efpagne ou par quelque forme de deuoir (l'Efpagnol, comme coufin germain du pere du Portugais tenant lieu d'oncle en fon endroit) ou afin que par ce compliment il l'obligeât à ne rien entreprendre fur fon Eftat en fon abfence. L'Efpagnol cauteleux luy reprefentant la grandeur d'vne fi haute entreprife fembloit du commencement l'y vouloir pluftot encourager par le defir d'vne gloire nompareille, que l'en deftourner par la crainte des dangers qui fe rencontroient en l'execution: veu que ce jeune Prince s'en alloit expofer les forces de fon petit roiaume & fa propre perfonne parmi des nations Africaines fi defloyales que les alliés eftoient autant à redouter que les ennemis les plus barbares. Mais depuis aiant confideré la vigoureufe refolution de ce Heros, fon appareil, & que les Efpagnols mefmes accouroient à luy pour le feruir en cete expedition, il commença de craindre le fucés des armes d'vn Prince voifin qu'on tenoit inuincible: & neantmoins luy permit (d'auanture n'ofant ou ne le pouuant empecher) d'emmener deux regimens affemblés en fes Roiaumes.

X. Qui luy accorde.

Sebaftien donc aiant pris affeurance des conditions, que le More luy offroit (par lefquelles entre autres chofes il luy donnoit toutes fes places maritimes auec le territoire à fix lieües à la ronde, & permiffion de faire precher la foy Chreftienne par toutes fes terres) pria Henry Cardinal fon grand oncle paternel de prendre en main la Regence & gouuernement de fon Roiaume durant fon abfence: ce qu'il refufa, preferant fon repos au commandement. A fon refus l'adminiftration de l'Eftat fut baillée à quatre ou cinq directeurs auec autorité fouueraine.

XI. Et regle fon Eftat.

1578. Apres auoir ainfi pourueu aux affaires de Portugal il demara de Lifbonne le XXVI de Iuin MDLXXIIX auec vne flote d'enuiron mille vaiffeaux chargés d'hommes ou de viures & de munitions de guerre. Entre autres il y auoit douze galeres pleines de braue Nobleffe, qui accompagnoit ce genereux Prince pour la feule efperance de s'acque-

XII. Ses forces.

rir de l'honneur par les armes au peril de sa vie. Toute l'armée estoit composée de dix mille homme de pied Portugais la plus-part Bisognes & mal-armés, trois mille Lansknets, quinze cens Espagnols, & six cens Italiens : mille hommes d'armes, ou selon ceux qui en comptent le plus, deux mille. J'estime que ceux-ci y comprennent la Noblesse volontaire.

XIII.
Aborde en Mauritanie.

La plus grande partie de la flote alla surgir heureusement à Arzille, & luy auec ses galeres descendit à Tanger : où Muley-Mahamed l'attendoit auec huict cens arcbusiers & peu de cauallerie. Car depuis sa derniere desfaite il n'osoit plus paroistre auec de grandes forces, craignant qu'elles pourroient plustot le descouurir & le faire perdre que le sauuer ou defendre.

XIV.
Forces de l'ennemi.

Abdel-Melec Prince sage & prouident, mais valetudinaire & alors affligé d'vne grosse fieure, aiant aduis de la descente des Portugais leur alla à l'encontre, resolu de les combatre auant qu'ils eussent recognu ny pris leur ordre. Son armée estoit quatre fois aussi forte en nombre d'hommes que la Portugaise, & tres-puissante en cauallerie. Car il auoit quarante-cinq mille cheuaux, & quatorze à quinze mille hommes de pied ou arbusiers à cheual, faisans tous ensemble enuiron soixante mille combatans.

XV.
Sebastien se prepare à la bataille.

Muley-Mahamed qui s'estoit promis (comme il en auoit asseurance) qu'aussi tost que son secours seroit arriué la plus-part des troupes de son ennemi se rangeroient de son costé, se trouua frustré de son esperance, & commençant à perdre cœur dissuadoit la bataille à Sebastien, & les plus sages Capitaines estoient du mesme aduis, luy representans combien il estoit perilleux de combatre à forces tant inegales. Mais ce Prince, au cœur duquel la peur ne donna jamais atteinte, auoit tant de confience en son propre courage & en la force de ses bras qu'il ne demandoit pas combien estoient les ennemis, mais où c'est qu'ils estoient. Tellement que rejettant les conseils les plus sains & les plus asseurés, il fit mettre son armée en ordonnance de bataille.

XVI.
Abdel-Melec pareillement.

Abdel-Melec ne voulant pas perdre son auantage fit le mesme de sa part, & harangant les siens leur dit entre autres choses que ceux qui voudroient passer du costé de ses ennemis le pouuoient faire franchement & auec sa permission. Il disoit cela non pas qu'il creust que pas vn des trahistres (car il estoit aduerti qu'il y en auoit grand nombre en son armée) deust se manifester auant la bataille : mais afin de les obliger à demeurer dans leur deuoir par sa franchise, ou de crainte qu'il eut pourueu à leur courir sus s'ils bransloient au manche : car la nation Moresque est la plus desfiance de la terre. Sur tous les autres il tenoit suspects trois mille cheuaux : lesquels il mit en vn esquadron à la teste de son armée auec commandement d'aller les premiers à la charge. Car il jugeoit prudemment que s'ils auoient enuie de se rendre aux ennemis ils le pourroient ainsi faire commodément, & prenant place en leur ar-

Henry III du nom, Roy LXII. 131

L'An de Chriſt. 1578.

Amée y apporteroient du deſordre quand ce ne ſeroit qu'en la conuerſion de leur eſquadron: & au contraire s'ils faiſoient leur deuoir, il s'aſſeuroit que les autres ne chancelleroient point, & qu'il emporteroit la victoire. Ce coup de prouidence fut cauſe que ces trois mille caualliers receuans à honneur ce commandement de leur Roy changerent de volonté, comme firent auſſi les autres trahiſtres à leur imitation, tous s'eſtans portés fidelement & valeureuſement en cete journée.

XVII. Qui meurt.

Les Chreſtiens aiant vigoureuſement repouſſé les Mores au premier choq de la bataille, Abdala-Melec (lequel preſſé de ſa fieure ſe tenoit dans vne lictiere) ſe fit mettre dehors, armer & monter à cheual pour encourager les ſiens par ſa preſence. Mais le courroux, l'effroy & les efforts qu'il fit rengregeans ſon mal & luy oſtans la reſpiration il eſtouffa ſur le champ, apres auoir commandé à ceux qui le ſouſtenoient, de cacher ſa mort iuſques apres la bataille.

B

XIIX. Les Chreſtiens ſont desfaits.

La meſlée aiant duré plus de quatre heures il fallut que le petit nombre des Chreſtiens vainqueur du commencement par ſon courage fût vaincu en fin par la multitude. Car l'infanterie Portugaiſe aiant eſté entierement desfaite & la caualerie rompue, les Eſpagnols auec les Italiens & les Lansknets reſiſterent iuſqu'au dernier ſouſpir; & firent acheter cherement leurs vies.

XIX. Muley-Mahamed ſe noye.

Muley-Mahamed fuyant laſchement auec peu des ſiens vers Arzille ſe noya en paſſant la riuiere de Larache, l'eſpouuente & l'apprehenſion de tomber entre les mains de ſes ennemis luy aiant ſi fort troublé le jugement que ſans recognoiſtre le gué il ſe precipita dedans: comme s'il eût en plus de haſte de trouuer la mort que de chercher ſon ſalut en ſa retraite.

C

XX. Mort de Sebaſtien.

Quant à Sebaſtien il combatit continuellement auec vn courage inuincible. Trois cheuaux furent tués ſoubs luy, & tandis qu'il fut môté nul des ennemis n'eut la hardieſſe de s'attacher à luy: tous aians en admiration les heroïques efforts de ſes bras & ſa vigueur infatigable. Cependant celuy qui portoit ſa Cornete aiant eſté terraſſé & les ſiens diſſipés ne le pouuans ſecourir, il ſe trouua abandonné de tous, excepté trois: à ſçauoir Alfonſe de Portugal Comte de Vimioſe, François Tauera, & Nonio Maſcaregna: leſquels le priant de ſe rendre aux Mores, qui crioyent inceſſamment qu'ils luy ſauueroient la vie & luy feroient bonne guerre, il reſpondit ſeulement : *Mais qui me ſauuera l'honneur?*

D Et ſe meſlant derechef parmi les ennemis pour mourir les armes à la main, apres auoir fait des coups ſur-humains il ſe trouua en fin homme, & l'haleine luy defaillant auec les forces, non pas le courage, il fut pris, deſarmé, & peu apres mis à mort par vn capitaine More; qui le tua de ſang froid entre les mains de ceux qui le tenoient priſonnier: ainſi que le meſme Maſcaragna le rapporta depuis pour en auoir veu faire l'execution, luy eſtant auſſi priſonnier, ſelon les hiſtoires Eſpagnoles. Car (comme nous verrons incontinent apres) les Portugais ont eu vne croiance contraire: & meſmes dom Antoine, qui depuis fut Roy de Portugal asseuroit qu'il l'auoit veu tant seulement blessé: & Antoine mesme aiant esté fait prisonnier à cete journée fut mis en liberté le XIV jour apres la bataille, en payant rançon en qualité de simple prebstre, sans auoir esté recognu des Mores.

L'An de Chrit. 1578.

XXI. Morts de part & d'autre.
En cete journée (qu'aucuns nomment de l'Arache, d'autres d'Alcaçar-Quibir perirent dix ou (selon aucuns) douze mille Chrestiens & enuiron vingt mille Mores. Ce qu'on y void de plus remarquable c'est que les trois chefs des deux armées, Abdel-Melec, Muley-Mahamed & Sebastien (ces deux aians leurs forces jointes ensemble) y moururent : le premier & le dernier en vrais Rois & vaillans Capitaines auec gloire: & l'autre en tyran par vn desespoir ignominieux, & en vne honteuse fuite.

XXII. Seigneurs de marque.
Entre les Chrestiens furent regrettés sur tous le Duc d'Auero, le Nóce du Pape, les Euesques de Coïmbre & de Porto, le Côte d'Irlande, Christofle Tauora, & son frere Aluaro Perez. La mort du Roy Sebastien ne fut pas si tost cognue: & mesmes les Portugais creurent long temps apres qu'il viuoit encore. Il n'estoit âgé que de XXIV ans: & s'il eût esté victorieux des Mores, il y auoit apparence qu'il eût estendu aussi auant ses conquestes en Afrique qu'Alexandre le Grand fit en Asie.

XXIII. Hamed recognu Roy de Fez & de Maroc.
Hamed fut recognu Roy & legitime successeur d'Abdel-Melec son frere victorieux en mourant: & aiant trouué le corps de Muley-Mahamed son neueu, le fit escorcher, saler la peau, l'emplir de foin & là porter en monstre par toute la Mauritanie. Mais (comme asseurent les Espagnols) il rendit aux Portugais celuy de Sebastien leur Roy. & ce à la priere de Philippe Roy d'Espagne, lequel desiroit obliger par là ses voisins, afin qu'ils fauorisassent le dessein qu'il auoit de s'emparer du roiaume de Portugal, en vertu du droit qu'il y pretendoit du chef d'Isabelle sa mere.

XXIV. Henry Cardinal Roy de Portugal.
La nouuelle de la mort du Roy Sebastien estant portée en Portugal, les quatre directeurs par luy establis au gouuernement de l'Estat se demirent de leur administration, & saluerent pour leur Roy Henry Cardinal grand oncle paternel de Sebastien: ce qui fut approuué par tous les Ordres du Roiaume, quoy qu'auec peu de contentement; preuoyâs bien que ce vieillard âgé de LXVI ans passés & Prebstre, duquel on ne pouuoit esperer successeur legitime, venant à defaillir bien-tost, sa succession seroit debatue entre plusieurs Princes: lesquels publioient desja leur pretendu droit: ce qui ne se pourroit faire qu'à la ruine & desolation du Roiaume.

XXV. Princes pretendans droit au Roiaume de Portugal.
La vie de ce nouueau Roy, d'ailleurs valetudinaire, ne tenant qu'à vn filet, voici ceux qui se presentoient des-ja pour recueillir la succession de son Estat: les plus puissans desquels faisoient bruit de fortifier leur droit par les armes. Philippe II Roy d'Espagne, comme fils d'Isabelle fille aisnée du Roy Emanuel pere de Henry Roy & Cardinal, & bisaieul paternel de Sebastié. Philibert-Emanuel Duc de Sauoye cóme

fils

Henry III du nom, Roy LXII. 133

A fils de Beatrix fille du mesme Emanuel. Rainuce Farnese comme fils d'Alexandre Farnese, Prince de Parme, & de Marie fille aisnée d'Edouard dernier fils d'Emanuel. Ian Duc de Bragantz du chef de Caterine son espouse fille du mesme Edoüard. Dom Antoine fils de Louis Duc de Beya Connestable de Portugal, & Prieur de Crato, & d'Yoláđ sa concubine, mais legitimé par bulle expresse du Pape Gregoire XIII, & Louïs estoit fils d'Emanuel. Caterine de Medicis Roine-mere de nos Rois, qui prenoit son droict de si loing qu'il sembloit estre esteint par la prescription de plus de trois siecles.

L'an de Christ. 1582.

Les plus habiles Iurisconsultes de ce temps furent employés pour deduire le droit de succession en faueur de tous ces pretendus heritiers de Henry Roy de Portugal, luy viuant encore. Mais la coustume de B ce Roiaume aiant souuent preferé les bastars des masles aux filles legitimes en la succession de la Couronne, il n'y auoit point de doubte que dom Antoine, d'ailleurs legitimé, ne la deût emporter sur tous les autres. Aprés luy Caterine Duchesse de Bragantz y auoit la meilleure part : parce qu'encore que Philippe Roy d'Espagne, & Philibert Emanuel Duc de Sauoye fussent en pareil degré, & issus des sœurs aisnées d'Edoüard : neantmoins elle comme fille du frere sembloit preferable : & Rainuce ne procedant que du chef de Marie sa mere desja decedée estoit reculé d'vn degré : le droit de representation n'aiant pas lieu entre cousins germains en la succession d'vn oncle ou tante, s'il n'y C a concurrence d'vn autre oncle ou tante. Et bien qu'en Portugal il n'y ait point de loy escrite pour la preference des masles en la succession de la Couronne : la coustume pourtant & l'vsage y estoient tels qu'en France par vne loy que les Portugais appelloient *mentale*, c'est à dire, conseruée en l'entendement & en la memoire : dautant que (suyuant l'opinion de Balde parlant de la loy de France en pareil subject) *non est plus in caussato quàm in causa*: c'est à dire, à parler clairement, *les branches n'ont pas plus de droit que la souche, ny les enfans que la mere*: de sorte que les filles n'estant pas habiles à succeder au Roiaume de Portugal, leurs enfans, mesmes les masles, ne pouuoient pas l'estre de leur chef non plus qu'elles.

XXVI. Fondement de leurs pretensions.

Quant à la Roine Caterine de Medicis, elle monstroit qu'elle estoit descendue d'Alfonse III & de Mathilde ou Mahaut Comtesse de Bo-D logne en Picardie : lequel Alfonse auoit esté subrogé au Roiaume de Portugal auec l'approbation du Pape Innocent IV enuiron l'an MCCXLV, en la place de Sance II son frere incapable de regner. A quoy les autres parties formoient deux objections. L'vne que le mesme Alfonse aiant repudié Mathilde auoit espousé Beatrix fille d'Alfonse X, Roy de Castille : les descendans de laquelle auoient succedé à la Couronne de Portugal. L'autre, vne prescription de plus de trois cens ans qui esteint tout droit & toute action pour le poursuyure : puis que la prescription de cent ans impose silence mesmes à

XXVII. Droit de la Roine Caterine de Medicis.

Tome 4. M

l'eglife Romaine plus auantageufement priuilegiée que maifon où communauté de la terre.

XXIIX. Ses refpontes.

Caterine refpondit à cela que les enfans d'Alfonfe eftoient illegitimes comme le mariage de luy mefme auec Beatrix : dautant qu'il auoit efté contracté du viuant de Mathilde, fans difpenfe, & fans feparation de luy & de Mathilde par autorité de l'Eglife. Que les poffeffeurs illegitimes ne prefcriuant jamais valablement, vne vfurpation violente & tyrannique (mefmement en matiere de Roiaume) ne pouuoit induire vne prefcription legitime. Et partant que le fceptre de Portugal eftant aujourd'huy en la main d'vn Roy hors d'efperance d'auoir jamais des hoirs de fon corps, il falloit qu'aprés fon decés il retournât à fon principe & origine.

XXIX. Elle s'accómode du droit d'Antoine.

Ceux qui luy faifoient côtre-quarre repartoient qu'en cete refponfe il y auoit plus de fubtilité que de raifon, & ce qui luy nuifoit le plus, c'eft que l'affaire fe traictoit deuant Henry, juge intereffé & mefmes offenfé par les raifons de Caterine, entant qu'il ne pouuoit eftre Roy legitime fi l'vfurpation de fes predeceffeurs continuée par l'entrefuite de tant d'années ne luy feruoit de titre fuffifant & valable. Auffi preuoiant bien que ce iuge ne luy rendroit jamais iuftice, & mefmes qu'vne fi longue poffeffion pouuoit eftre mal-aifément deftruite, elle s'accommoda & tranfigea peu aprés auec Antoine, qui auoit le droit le plus apparent. Mais (comme nous verrons bié-toft) ce fut fans fruict aprés vne trés-groffe defpenfe.

XXX. Enfans d'Emanuel Roy de Portugal.

Or pour mieux comprendre les droits de toutes ces parties il faut fçauoir qu'Emanuel Roy de Portugal fut marié trois fois. Sa premiere femme fut Ifabelle fille aifnée de Ferdinand Roy d'Arragon & d'Efpagne : de laquelle il n'eut qu'vn fils nommé Michel, qui deceda fans enfans du viuant du pere. La II fut Marie fœur de la mefme Ifabelle : de laquelle il eut vn grand nombre d'enfans, que ie marqueray par leurs noms incontinent aprés. La III fut Eleonor fa niece, fœur de Charles V Empereur : de laquelle il eut vn fils nommé Charles & vne fille nommée Marie, qui decederent jeunes fans enfans. Ainfi donc les enfans de la premiere ny de la troifiefme femme n'eftant point ici confiderables, ie veux reprefenter tant feulement la genealogie de la feconde entant qu'elle fert à noftre fubjet.

L'An de Chrift. 1579.

Henry III du nom, Roy LXII. 135

L'An de Christ 1580.

Emanuel I du nom Roy de Portugal & Marie d'Espagne eurent neuf enfans de leur mariage.

I	II	III	IV	V	VI	VII	IIX	IX
Ian 2 du nom son successeur.	Isabelle.	Beatrix	Louis	Ferdinand sans enfans.	Alfonse sans enfans.	Henry Roy & Cardinal, sans enfans.	Edouard.	Antoine sans enfans.
|	|	|	|					
Ian 3 son fils & successeur.	Philippe 2 Roy d'Espagne.	Philibert Emanuel Duc de Sauoye.	Antoine son bastard legitimé par le Pape.				Marie | Rainuce Farnese.	Caterine | Duchesse de Bragantz.
|								
Sebastien son fils & successeur.								

Au commencement de ces remuemens Henry Roy de Portugal fauorisoit autant la Duchesse de Bragantz qu'il haïssoit Antoine : lequel il declara incapable de la succession de sa Couronne & le bannit du Roiaume. Mais après il sembloit pencher entierement du costé de Philippe Roy d'Espagne, quoy qu'il en vsât ainsi plustost pour se descharger de ses importunités que de sa propre inclination, ainsi qu'il apparut par son ordonnance testamentaire. Car l'Espagnol croiant l'auoir gaigné empecha qu'il ne deferât au Pape ny aux Estats de Portugal la decision & le iugement touchant la succession de son Estat : l'encourageant tousiours à ordonner de son autorité tout ce qui seroit de sa volonté en cete affaire. Mais le bon vieillard laissa tout en incertitude : aiant ordonné par son testament que celui des contendans qui gaigneroit sa cause en iugement contradictoire fût recognu Roy après son decés : si luy-mesme (ce qu'il ne fit pas) ne nommoit son successeur pendant sa vie. Par cete ordonnance il vouloit que la question touchant la succession de son Roiaume fût agitée en iugement contradictoire comme celle d'vn particulier heritage. Mais deuant quels iuges? Il n'en constituoit point, & n'en pouuoit point constituer aux parties : & luy suffisoit de declarer qu'il vouloit que la loy fondamentale du Roiaume fût gardée.

XXXI. Disposition testamentaire de Henry.

1580. Henry donc deceda le dernier iour de Ianuier l'an MDXXC, vn an & demy après la desfaite de Sebastien son petit neueu : & l'Espagnol, qui attendoit son trespas à gueule beante pour engloutir son Estat, fit soudain auancer vne armée qu'il auoit toute preste pour entrer en Portugal soubs la conduite du Duc d'Albe (les Espagnols prononcent Alve) quoy qu'il feignît que c'estoit pour la faire embarquer & l'enuoier en Afrique.

XXXII. L'Espagnol s'empare du Portugal.

D'autre part Antoine retourna aussi en Portugal : où du commencement il fut mal receu des Grands : mais le peuple luy estant fauorable

XXXIII.

Tome 4. M ij

Histoire de France,

Où Antoine estoit recognu Roy. pour la haine naturelle qu'il portoit aux Castillans, il fut couroné Roy, & en cete qualité fit son entrée en plusieurs villes, & mesmes en celle de Lisbonne capitale du Roiaume: où il assembla toutes les forces qu'il peut pour s'opposer aux desseins de l'Espagnol: lequel s'asseurant de l'emporter de haute lucte ne voulut point ouïr les remonstrances du Cardinal Rialio Legat du Pape, qui auoit esté enuoié par sa Sainceté en Portugal pour disposer les parties à terminer leurs affaires sans violence.

XXXIV. Lequel se tache. Cependant le Duc d'Albe rapporta tant de diligence à l'auancemét des affaires de son Maistre, qu'aiant empli d'effroy tout le païs, il n'y trouuoit quasi point de resistence. Approchant de Lisbonne il prit la Roque de S. Iulien, Cabezaceca, la Tour de Bethleem, Alcantara & autres forts, qui luy furent rendus à la premiere volée de canon, ou à la premiere sommation, contre l'esperance d'Antoine: lequel aiant esté blessé à vne charge qu'il fit sur les ennemis, fut contraint de se retirer, & abandonné de tous les siens abandonner aussi Lisbonne. Par sa fuite cete opulente cité fit sa capitulation auec le Duc d'Albe, qui exposa les faux-bourgs à la discretion de son armée: laquelle y trouua des richesses inestimables.

XXXV. Est blessé. Philippe aiant aduis de l'heureux succés de ses armes en Portugal soubs le Duc d'Albe se resolut d'y venir luy-mesme en personne: mais estant tombé malade le bruit courut qu'il estoit mort: ce qui donna encore quelque esperance à Antoine de restablir ses affaires. Tellement qu'aiant r'assemblé quelques troupes il se mit en campagne, prit & saccagea quelques petites villes qui luy refuserent l'entrée. Mais Sancio d'Auilla enuoié contre luy par le Duc d'Albe auec partie de son armée le fit retirer derechef & musser dans les plus secretes cauernes des lieux desers ou inaccessibles.

XXXVI. Philippe vient en Portugal. En mesme temps Philippe releué de sa maladie entra dans le Portugal: & pour gaigner la bien-veillance du peuple fit publier vn edict portant diminution des impos & vn pardon general pour tous ceux qui auoient porté les armes contre luy, sans restriction quelconque. Pour clorre la bouche au Duc de Bragantz, qui pretendoit auoir la meilleure part au Roiaume, il le fit Connestable de Portugal: mais toute l'autorité demeuroit entre les mains des Espagnols, & le Duc d'Albe exerçoit en effect cete grande charge.

XXXVII. Ses cruautés. Nonobstant la publication de ce pardon: il ne laissoit pas de faire mourir par diuers supplices les Grands de Portugal qui faisoient ombre à sa tyrannie: le seul soupçon faisant naistre des crimes supposés & des calomnies. Entre ceux-là furent tués de sang froid Diego de Menezes & Henric Pereria. Les Predicateurs furent aussi tres-cruellement traictés par tout: parce qu'ils exhortoient le peuple à la defense de leur patrie contre l'oppression Espagnole.

XXXIIX. Aprés que Philippe eut receu le serment des bonnes villes en qua-

L'An de Christ. 1580.

Henry III du nom, Roy LXII.

lité de Roy, & le Prince d'Espagne son fils aprés luy, comme son successeur, il fit publier vn nouueau pardon auec reseruation de cinquantedeux testes qui furent proscrites: & celle d'Antoine la premiere auec promesse de quatre-vingts mille ducats à celuy qui luy apporteroit, ou qui l'emmeneroit vif en sa presence. Et dez-lors la persecution fut redoublée contre les Predicateurs & bons Religieux qui auoient tesmoigné leur zele enuers la patrie. Le Bref du pardon qu'il en obtint du Pape contenoit en termes exprés qu'il auoit fait mourir sur ce subject deux mille hommes d'Eglise.

L'An de Christ. 1580.
Mesmes enuers les gés d'Eglise.

Il recompensa neantmoins assez largement les trahistres. Mais le nombre des demandeurs se multipliant tous les iours il eluda leurs requestes & se deschargea de leurs importunités par vn arrest general de son Conseil d'Estat cöceu en ces termes: *Attendu que le Roy Philippe est le vray heritier du roiaume de Portugal, il n'a pas esté loisible aux supplians de le vendre argent comptant.* Il tournoit pareillement en risée les priuileges & coustumes que ses nouueaux subjects allegoient pour les opposer à ses ordonnances. Ainsi donc Philippe le plus heureux Prince qui jamais regna en Espagne vnit en peu de iours auec peu de peine & de despense le Portugal à ses autres Estats d'Espagne.

XXXIX. Destruit les priuileges du Roiaume.

Henry donne secours à Antoine Roy de Portugal pour aller aux isles Açores.

I. *Antoine va en Angleterre pour implorer le secours de la Roine sans effect.* II. *Transige auec la Roine-mere.* III. *Qui luy promet secours pour les isles Açores.* IV. *Assiete de ces isles.* V. *Leur nombre & denomination.* VI. *Leurs commodités.* VII. *Secours de France pour les conquerir.* IIX. *Antoine change de gouuerneur à la Tercere.* IX. *Lequel gaste les affaires.* X. *Querele Landereau.* XI. *Strozzi aborde à l'isle S. Michel.* XII. *Desfait la garnison Espagnole.* XIII. *Faute d'Antoine.* XIV. *Armée naualle des Espagnols.* XV. *Combat naual.* XVI. *Auquel les François sont desfaits.* XVII. *Cruautés des Espagnols victorieux.* XIIX. *Trespas d'Antoine. Ses enfans.* XIX. *Christofle son fils puisné est son heritier.* XX. *Vn homme se produit soubs le nom du Roy Sebastien.*

138　Histoire de France,

L'An de Christ. 1581.

I. Antoine va en Angleterre pour implorer le secours de la Roine, sans effect.

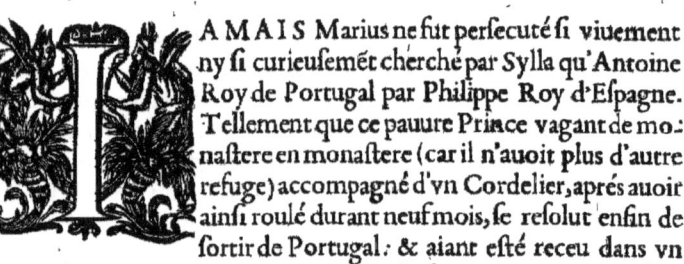AMAIS Marius ne fut persecuté si viuement ny si curieusemét cherché par Sylla qu'Antoine Roy de Portugal par Philippe Roy d'Espagne. Tellement que ce pauure Prince vagant de monastere en monastere (car il n'auoit plus d'autre refuge) accompagné d'vn Cordelier, aprés auoir ainsi roulé durant neuf mois, se resolut enfin de sortir de Portugal: & aiant esté receu dans vn nauire Flamand au port de Viana auec dix hommes que le mesme Cordelier luy practiqua en cete fuite, il vint surgir heureusement à Calais, passa en Flandres, & de là en Angleterre. La haine mortelle qui estoit entre les Espagnols & les Anglois luy faisant esperer vn puissant & prompt secours de la Roine Elizabeth, il n'y trouua pas son compte: cete Princesse iugeant prudemment que les affaires d'Antoine estoient si desesperées qu'il n'estoit plus temps de parler de le secourir: & que d'armer en sa faueur ce seroit vouloir entreprendre la conqueste de Portugal contre toutes les forces d'Espagne.

II. Il transige auec la Roine-mere.

Ce rebut l'aiant obligé de repasser en France il y fut humainement & honorablement accueilli par la faueur de la Roine-mere: laquelle (comme i'ay touché ci-dessus) aiant quelque pretention assez eloignée sur le Portugal estoit bien-aise de la fortifier du droit d'Antoine, qui estoit le plus clair & le plus solide. Et de fait elle promit de luy faire donner secours moiennant vne cession qu'il luy fit de certaines Seigneuries en Portugal. Aucuns escriuent qu'il luy ceda le Bresil ou Brasil region de l'Amerique. Quoy qu'il en soit l'vn & l'autre cherchoit ses auantages en cete conuention, le Portugais faisant son compte que s'il ne recouuroit pas son Roiaume il ne donnoit rien à Caterine: & que le recouurant il la contenteroit auec de l'argent ou auec quelque terre escartée. Caterine, faisant estat qu'en restablissant Antoine en son heritage auec les forces de la France, elle en retiendroit à soy quelque bonne piece tant pour le droit qu'elle y pretendoit que pour les frais de la guerre. Mais tous deux furent frustrés de leurs esperances, & ne remporterent de leur entreprise que perte, confusion & despense.

III. Le Roy luy promet secours pour les isles Açores.

1582.

Certes la France estoit si eneruée & si affoiblie par la longueur des guerres ciuiles (auec ce qu'en mesme temps le Duc d'Alençon l'espuisoit d'hommes & de finances) qu'elle ne pouuoit pas mettre sus vne armée assez puissante pour restablir Antoine au Roiaume de Portugal. C'est pourquoy il fut resolu au Conseil que le Roy luy donneroit des forces suffisantes pour mettre en son obeïssáce les isles Açores ou Azores: par la conqueste desquelles il pouuoit commodement descendre en Portugal & rompre à l'Espagnol la nauigatió des Indes. Ce qui rendoit l'entreprise plus aisée, c'est que la plus-part de ces isles, & mesmes la Tercière ou Tercere la plus fertile & la plus importante des Açores,

Henry III du nom, Roy LXII. 139

A tenoient encore pour Antoine, & auoient refusé de receuoir gouuerneur & garnison Espagnole.

Ces isles Açores (quoy qu'aucuns n'en comprenent soubs ce nom que sept) sont neuf en nombre en la mer Atlantique: distantes de deux à trois cens lieües (car les vnes en sont plus eloignées que les autres) du continent d'Espagne & d'Afrique: soubs la hauteur de 39, 38, & 37 degrés: & la plus Septentrionale est distante d'enuiron trois à quatre degrés de la plus Meridionale. La I vers le Midy est celle de S. Marie vis à vis du destroit de Gibraltar, & c'est vne des plus petites. La II, celle de S. Michel, en laquelle comme la plus grande (car elle a trente-sept lieües de tour) est le siege episcopal de toutes. La III est appellée Tercere pour cela mesme qu'elle paroit la tierce à ceux qui nauigent du Midy au Septentrion. C'est la plus fertile & plantureuse en bós fruicts: & a de tour quinze lieües. Dans celle-ci est la ville d'Angra capitale de toutes ces isles. La IV isle est celle de S. George de peu d'importance. La V, a nom Gracieuse, comme qui diroit agreable, mais elle est de petite estendue. La VI est l'isle de Fayal, qui a pris son nom du Latin *Fagus*, c'est à dire, hestre, à cause qu'il y a des bois de cete espece d'arbres. Celle-ci est plus grande que les deux prochaines, mais beaucoup moindre que celle de S. Michel & que la Tercere. La VII est l'isle de Pico, qui a pris son nom d'vne montagne qui vomit des flammes comme le mont Ætna. La IIX & la IX sont les isles de Corues & des Flores, des plus petites à vne lieüe & demye l'vne de l'autre.

Aucuns tiennent que toutes ces isles estoient anciennement nommées d'vn nom commun *Cassiterides*, & aujourd'huy Açores, comme qui diroit *Autourieres* (car *Açor* en langue Espagnole signifie *Autour*:) à cause de la quantité des autours qu'on y voyoit autrefois: mais on tient qu'à present il ne s'y en nourrit gueres. Il y en a qui croyent qu'elles sont denommées du mot Latin *acus*, qui signifie aiguille: à cause de l'aiguille marine, de laquelle les pilotes se seruent de marans de ces isles. Mais cet instrument estant commun aux pilotes des autres regions, cete denominaison a moins d'apparence. D'autres encore les nomment Flamandes, parce que les Flamans les descouurirent les premiers en l'an MDV: mais elles estoient cognues auparauant si ce sont les Cassiterides. Ceux-là se trompent qui croyet que l'an de Betencour sieur de Gramuille la Teinturiere en Normandie les conquit dez l'an MCDXXIV & qu'il les vendit aux Espagnols. Car il ne conquit que les Canaries, & sa nauigation commença en l'an MCDII, ainsi que fait foy l'histoire de sa conqueste.

Elles sont toutes assez foisonnantes en chairs, poisson, fruicts, pasturages, & herbages. Toutes ont manque de sel: & la Tercere & celle du Pic, seules ont des vignes. En celle du Pic il y a des cedres & encore vne autre sorte de bois appellé Teixo si precieux que par edict du Roy d'Espagne il est defendu à toute sorte de personnes d'y toucher, excepté les officiers de sa Majesté. Leurs vins sont assez delicats: mais ils ne se

L'An de Christ 1582.

IV. Assiette de ces isles.

V. Leur nombre & denominaison.

Marmol.

P. Bouttier.

VI. Leurs commodités.

gardent pas longuement: à raison dequoy ces insulaires en font venir de tres-bons des Canaries.

VII.
Secours de Frãce pour les conquerir.

Philippe Strozzi Florentin, parent de la Roine-mere, & fils de Pierre Strozzi Mareschal de France qui fut tué deuant Thionuille en l'an MDLIIX fut fait Admiral de l'armée dreffée à Bourdeaus pour cete entreprise. Charles de Cossé Comte de Brissac estoit son Lieutenant. Les sieurs de Beaumont, Saincte-Soline & Bus maistres de cãp: Borda mareschal de camp; les Capitaines Montmor, la Barge, du Dresnay, du Mesnil, du Plessis, Scauenoc, Armãt, Leure, Coquigny, Saubat, Bazet, Montmeran, Goninuille, Fautriere, Brame, la Barre, Alexandre, Aimar, la Valade, Sauget, Riuaux, Fauelle, Escalin, Doriual, Roquemoret, Thomas, Busey, Crinuille, Maucoble, la Ralde, Porquet, Ocagne, tous aiãt charge. Les sieurs de la Chasteneraye, de Fumée, du Puy Champenois, Nippeuille Norman, vn cadet de Roquepine depuis sieur d'Aüeas, & grand nõbre de Noblesse volontaire s'embarqua aussi pour acquerir de la gloire. Le Roy Antoine voulut estre de la partie, & entra dans la Reale à Belle-isle, où se fit l'embarquemẽt: sans qu'il eût auec luy aucun hõme de marque que le Côte de Vimiose. Toute la flote estoit cõposée de trente-cinq nauires & vingt pataches: qui portoient vingt-quatre cõpagnies faisant toutes ensemble enuiron cinq mille hõmes de guerre outre les mariniers, & plus de deux cẽs gẽtils-hõmes volõtaires.

IIX.
Antoine change de gouuerneur à la Tercere.

Antoine aiant aduis que Figuerede gouuerneur pour luy en la Tercere, ne luy estoit pas fidele, y defera legerement, sans considerer qu'il venoit de la part de ses haineux & enuieux : de sorte qu'auant le partement de Strozzi il y enuoia Emanuel de Sylues Comte de Torres-Vedras pour y commander en la place de Figuerede : & pour le mettre en possession du gouuernemẽt (car il n'auoit que deux cens Bisognes Portugais auec luy) la Roine-mere le fit accompagner par Nicolas Carles capitaine experimenté au fait de la marine auec six cens François ou Anglois. Le sieur de Landereau ci-deuant renõmé les suyuit peu aprés auec neuf nauires chargés de huict cens hommes de guerre.

IX.
Lequel gaste les affaires.

Tous aborderent heureusement à la Tercere. Mais de Sylues estant homme imperieux & arrogant non seulement se rendit incontinent odieux aux insulaires: mais aussi offensa les François, & particulierement Landereau, auec lequel il eut de grosses paroles. Ce qui mit toute l'isle en trouble, & apporta grand dommage aux affaires du Roy Antoine. Car de Sylues estoit plus curieux de punir les Tercerins qui s'opposoient à sa tyrannie & de se venger des François qui ne vouloient point receuoir la loy de luy, & en tout contenter ses passions, que du seruice de son maistre.

X.
Querele Landereau.

Cela pourtant n'empecha pas que Landereau n'allât attaquer les ennemis : auec lesquels estant venu aux mains, le cõbat fut sanglant & funeste d'vne part & d'autre: dont de Sylues se rendit spectateur, comme s'il eût esté neutre, pour garder les gages. Car s'il eût assisté les François, comme il y estoit obligé par toute sorte de deuoir, Landereau en pouuoit esperer vne signalée victoire.

Henry III du nom, Roy LXII. 141

L'an de Chrift. 1582.

Strozzi furgit auec pareil bon-heur en l'ifle de S. Michel le XVI de Iuillet en l'an MDXXCII, que les autres à la Tercere: & aiant fait defcendre à terre deux mille hommes de pied marcha enfeignes defployées droit à Villa-franca, cité Epifcopale, laquelle il efperoit emporter d'emblée.

XI. Strozzi aborde à l'ifle S. Michel.

Nogera gouuerneur de l'Ifle pour le Roy d'Efpagne, aiant fait recognoiftre les François, leur vint à l'encontre auec deux mille infulaires & enuiron fix cens hommes tirés des garnifons des fortereffes. Il y eut du commencement vne furieufe efcarmouche: mais les François enfoncerent fi vigoureufement leurs ennemis qu'ils ployerent & tournerent le dos à vau-de route. Nogera auec fes Efpagnols faifant tout deuoir de Capitaine & de foldat fouftint les efforts des noftres & en expofant courageufement fa vie pour le falut des fuyans, fe mit fur la retraite, couuert de playes, regagna la forterefle de la ville auec huict cens des fiens, & peu d'heures après rendit l'ame auec vne refolution & conftance Chreftienne.

XII. Desfait la garnifon Efpagnole.

Par cete victoire Villa-franca receut Antoine auec les honneurs que les fubjets ont accouftumé de deferer à leurs Rois: & luy s'amufant ainfi à telles vanités au lieu d'affaillir la citadelle à viue force, fe contenta de l'inueftir, vfant tant feulement de menaces enuers les affiegés: lefquels par faute d'eau ne pouuoient fubfifter longuement. Et cela mefmes fut caufe que Strozzi (auec ce qu'il eftoit bien-aife d'efpargner le fang des fiens) condefcendit contre l'ordre de la guerre, à la refolution d'Antoine.

XIII. Faute d'Antoine.

De là proceda la ruine entiere des affaires du Portugais. Car les affiegés (qui eftoient fur le poinct de fe rendre s'ils euffent efté preffés) reprirét cœur & enuoierét dóner aduis à Lisbonne de l'arriuée des François & de leur victoire. A cete nouuelle l'Efpagnol dreffa vne puiffante armée naualle: laquelle mit incontinét les voiles au vent & cingla droit aux Açores. Il y auoit en cete flote trente nauires, douze galeres, deux gros gallions chacun de mille tonneaux, qui portoient quatre mille combatans Efpagnols, & fix cens Lansknets foubs la conduite d'Aluaro Baffan Marquis de Saincte-Croix, accompagné de dom Pedro de Tolede, Hugues de Moncade Marquis de Fauora, Michel de Cardone, François Bodauille, Michel Oquende, & autres feigneurs Efpagnols, tous bons Capitaines. Vray eft qu'ils n'auoient pas encore toutes leurs forces enfemble. Mais le peril auquel eftoit la citadelle de Villa-franca fit auancer les vaiffeaux qui fe trouuerent prefts au port de Lisbonne, & le refte partit peu de iours après de Seuille.

XIV. Armée naualle des Efpagnols.

Ce fecours commença à paroiftre de loing le XXII du mefme mois: & Strozzi l'aiant fait recognoiftre, & entédant que les ennemis attendoient encore vn renfort fit leuer l'ancre à tous fes vaiffeaux le XXV, en bonne refolution de les combatre par mer: d'autát que les attendant fur terre, il eut eu affaire auffi aux Infulaires, & eût donné temps aux Efpagnols de joindre toutes leurs forces enfemble. S'eftant donc mis

XV. Combat naual.

dans vn vaiſſeau des plus legers auec le Côte de Vimioſe ils s'en alla gaillardement attaquer l'Admiral Eſpagnol. Le Comte de Briſſac ſuyuoit aprés dans noſtre Admiral plein de braue Nobleſſe, accōpagné de trois nauires Anglois. Tous ceux-là firent tres-bon deuoir. Mais le reſte de nos vaiſſeaux rompit ſon ordre dez le cōmencement de la meſlée. Car noſtre armée eſtant la pluſpart compoſée de gens nullement exercés à ces combats maritimes, ils prirent l'effroy par le tōnerre du canon des groſſes naues Eſpagnoles, & abandonnerent laſchement leurs Capitaines. Entre autres Saincte-Soleine fut blaſmé d'auoir relaſché auec neuf nauires ſans s'eſtre approché à la portée de l'artillerie: & eſtāt de retour en France coutut fortune de perdre la vie par vn honteux ſupplice. Il s'excuſa ſur la laſcheté des ſoldats: mais les Portugais eſcriuent qu'il auoit eſté corrompu par l'Eſpagnol auant qu'il partit de France.

XVI.
Auquel les François ſont desfaits.

Les ennemis euſſent bien deſiré de raffreſchir la citadelle de Villafranca deuant que de combatre: mais ſe voyant attaqués ils ſe mirent en ordonnance de bataille, garniſſant le front de leur armée des plus gros & plus peſans vaiſſeaux: où eſtoient leurs plus vaillans hommes & leur meilleure artillerie. L'attaque fut merueilleuſement furieuſe. Mais Strozzi & Briſſac laſchement abandonnés (comme ie vien de dire) de la pluſ-part de leurs vaiſſeaux ſe trouuerent incontinent inueſtis de toute la flote des ennemis, & aprés auoir fait des efforts ſur-humains furent contrains de ceder à la multitude. L'Admiral François, & le nauire dans lequel Strozzi combattoit auec ſix autres, furent mis à fond ou pris par les ennemis. Briſſac & Nippeuille eſchapperent miraculeuſement de leurs mains, leur vaiſſeau aiant eſté desja accroché.

XVII.
Cruautés des Eſpagnols victorieux.

Nous perdimes à cete bataille prez de deux mille hommes. Les Eſpagnols n'en comptent de leur coſté que deux cens de morts & cinq cens de bleſſés, les noſtres n'en pouuant rien rapporter de certain que par leur organe. Toutesfois j'ay appris d'aucuns François qui en reſchapperent, que dans vn ſeul galion plus de trois cens Eſpagnols furent tués au commencement de la bataille. Le Mareſchal de Saincte-Croix victorieux ſe comporta tres-brutalement enuers les priſonniers: les aiant fait tous executer à mort comme pirates. Les gentils-hommes furent eſgorgés, & les autres pendus & à demy eſtranglés, afin qu'ils periſſent d'vne mort languiſſante: nonobſtant les remonſtrances des Capitaines Eſpagnols qui repreſentoient à leur Admiral qu'eſtans priſonniers de guerre le Duc d'Alençon en pourroit faire autāt en pareille occaſion à l'endroit des Eſpagnols en Flandres. Strozzi bleſſé d'vne mouſquetade au deſſous du genoüil & porté en ſa preſence il luy tourna le dos, & fit ſigne qu'on le jettât dans la mer: ce qui fut incontinent executé aprés qu'on luy eut encore donné quelques eſtocades dans le ventre. Le Comte de Vimioſe mourut de ſes bleſſeures. Aucuns ont eſcrit que ce brutal Marquis fit pendre les corps morts de Strozzi, de Vimioſe, de la Chaſteneraye, & autres Seigneurs & Gentil-hommes.

Henry III du nom, Roy LXII. 143

Antoine, qui estoit demeuré à terre, voiant ses affaires desesperées s'en retourna en France auec Brissac & dix-neuf nauires. Landereau blessé depuis son combat ne se trouua point à la bataille, & se retira aussi en France: & les Espagnols victorieux demeurerent maistres des isles Açores. Antoine estant de retour en France sollicita en vain vn nouueau secours: ce Roiaume estant tellement diuisé par les factions de la Ligue & des Religionnaires que le Roy Henry III les redoubtant egalement, se trouuoit assez empesché à defendre son Estat & son autorité, sans auoir moien de secourir ce Prince estranger. La Roine d'Angleterre luy donna vne armée nauale pour le restablir en son roiaume. Mais estant descendue en Galice pour piller, elle fut repoussée auec grande perte: tellemẽt qu'elle ne fit qu'alarmer le Portugal, & le Roy Antoine estant retourné encore en France deceda à Paris en l'an MDXCV, laissant deux fils Emanuel & Christofle, successeurs de sa condition deplorable.

XIIX.
Trespas d'Antoine. Ses enfans.

L'An de Christ. 1580.

1595.

Emanuel, qui a espousé Emilie de Nassau sœur du Comte Maurice s'estant n'agueres mis au pouuoir de l'Espagnol demeure decheu de tous ses droits par clause expresse inserée au testament du Roy Antoine: qui desherite ses-dits enfans au cas qu'ils traiteront ou s'accorderont auec les detenteurs de son Roiaume, sans le consentement du Prince ou Estat en la protection duquel ils serõt. Tellement que tout le droit du Roiaume de Portugal est deuolu & trãsmis au Prince Christofle son frere puis-né, lequel est parfaitement affectionné à la Frãce.

XIX.
Christofle son fils puis-né est son heritier.

Quelque temps aprés se produisit vn homme qui se disoit estre le Roy Sebastien eschappé de la journée d'Alcaçar-Quibit en la Mauritanie. Il en donnoit tant d'apparences, & mesmes (selon aucuns) tant de preuues que les Portugais tenoient pour certain que c'estoit leur valeureux Roy dom Sebastien. Les Espagnols troublés de cet accident ne sçauoient comment le conuaincre qu'en disant que c'estoit vn Magicien imposteur: veu que le corps de Sebastien auoit esté racheté des Mores par Philippe & porté en la sepulture de ses ancestres. Les Portugais repartoiẽt à cela que ce n'estoit pas là le vray corps de Sebastien: & qu'en ce rachat & en cete sepulture il y auoit plus de fraude Espagnole que de charité Chrestienne. Il passa de Sicile en Italie, & fut arresté à Venise: où se fit vn grand concours de Portugais pour le retirer. Le Roy d'Espagne au contraire le demanda pour le punir: mais la Seigneurie ne voulant point estre coulpable de son sang en le liurant à l'Espagnol, ny luy desplaire en le remettant entre les mains des Portugais, le laissa en sa liberté. Ce miserable passant en la Toscane le grãd Duc se saisit de luy, & pour obliger le Roy d'Espagne l'enuoia au Viceroy de Naples: lequel le fit condamner aux galeres comme imposteur. Depuis il fut retiré de la cadene & confiné dans le chasteau de Sainct-Lucar: où il est decedé au grand regret des Portugais, qui se promettoient sa liberté & son restablissement par certaines propheties.

XX.
Vn homme se produit sonbs le nõ du Roy Sebastien.

Voila l'estat des affaires de Portugal, & le mal-heureux succés de noſtre ſecours és Açores. Celuy que Monſieur frere du Roy donna aux Païs-bas n'eut pas vne iſſuë moins funeſte : mais (qui pis eſt) plus honteuſe pour la France.

A
L'an de Chriſt.
1582.

Le Duc d'Alençon retourne en Flandres. Sa funeſte entrepriſe ſur Anuers. Son treſpas.

I. *Mauuais eſtat des affaires des Païs-bas.* II. *Heureux exploits du Prince de Parme.* III. *Villes priſes par les Eſtats.* IV. *Qui declarent Monſieur leur Prince ſouuerain.* V. *Lequel mene vne armée à leur ſecours.* VI. *Chaſſe l'ennemi de deuant Cambray & s'en ſaiſit.* VII. *L'Archiduc Mathias abandonne les Eſtats.* IIX. *Ambaſſadeurs de France en Angleterre.* IX. *Qui concluent le mariage entre le Duc d'Alençon & Elizabeth.* X. *Diuerſes affections des Anglois.* XI. *Le Duc d'Alençon proclamé Duc de Brabant.* XII. *Ses titres.* XIII. *Son entrée és villes de Flandres.* XIV. *Conjuration de Salcede contre luy.* XV. *Qui fut ce Salcede.* XVI. *Opinion 1 touchant cete conjuration.* XVII. *Autre opinion.* XIIX. *Raport de M. I. A. de Thou.* XIX. *Raiſons pour la déſcharge des Guiſes.* XX. *Noms des accuſés par Salcede.* XXI. *Armée du Prince de Parme.* XXII. *Renfort de celle de Monſieur.* XXIII. *Qui eſt mal ſatisfait des Eſtats.* XXIV. *Outrageuſement offenſé & en peril de ſa vie.* XXV. *Se ſaiſit de pluſieurs villes en Flandres.* XXVI. *Entreprend temerairement ſur Anuers.* XXVII. *Se ſaiſit d'vne porte.* XXIIX. *Desfaite des Frãçois.* XXIX. *Morts & priſonniers.* XXX. *Retraite de Monſieur.* XXXI. *Le Prince d'Orenge trauaille à le reconcilier auec les Flamans.* XXXII. *Ses raiſons.* XXXIII. *L'accord qui s'en enſuyuit.* XXXIV. *Retour de Monſieur en France.* XXXV. *Sa maladie & ſon treſpas.* XXXVI. *Sa ſepulture.* XXXVII. *Ses mœurs.* XXXIIX. *Mort du Prince d'Orenge.* XXXIX. *Le Comte Maurice ſon fils eleu en ſa place.* XL. *Conjuration deſcouuerte contre la Roine d'Angleterre.*

B

C

D

I.
Mauuais eſtat des affaires des Païs-bas.

NOVS auons veu ci-deuant comme le Duc d'Alençon & le Duc Ian Caſimir s'eſtoient retirés des Païs-bas aſſez mal-ſatisfaits des Eſtats: leſquels par la retraite de ces deux Princes ſe trouuerent trop foibles pour reſiſter aux armes d'Eſpagne. Le Prince d'Orenge n'oublioit pourtant aucune ſorte de deuoir pour redreſſer leurs affaires qui alloient en decadence par l'vnion des Mal-contens auec Alexandre Farneſe, fils d'Octauio Duc de Parme : par la reduction des Comtés

1578.
&
1579.

Henry III du nom, Roy LXII. 145

L'An de Chrift. 1583.

Comtés d'Artois & de Hainaut, & des Seigneuries de l'Isle, de Doüay & d'Orquies à l'obeïssance de l'Espagnol: & par la reconciliation du Duc d'Arascot, & des Comtes de Renéberg & de Berg (celuy-ci gouuerneur de Gueldres pour les Estats) auec la Majesté Catholique.

La guerre se faisoit à outrance par toute l'estendue des Païs-bas. Le Prince de Parme prit Mastrich par siege. Malines & Bouchain se rendirent à luy sans resistence: & Hautepenne prit Breda sur les Estats. Le Comte de Benemberg leur osta aussi la ville de Groningue qui donne le nom à sa prouince: & le Comte de Hola aiant fait vn effort pour la recouurer, fut par luy desfait auec perte de plus de quinze cens hômes. La Noüe aiant vne entreprise sur la ville de l'Isle fut luy-mesme surpris & fait prisonnier de guerre par le Marquis de Rubais, qui luy tua bon nôbre de vaillans hômes. Ce Capitaine François estoit en si belle reputation parmi les Espagnols mesmes qu'ils le retindrent longuemét prisonnier sans le vouloir mettre à rançon ny l'eschanger auec pas vn prisonnier de leur parti. Toutefois il fut en fin eschangé auec le Comte d'Ecmód seigneur tres illustre & par sa propre vertu & par sa naissáce.

II. Heureox exploits du Prince de Parme.

D'autre part les Capitaines qui faisoient la guerre pour les Estats prirent les villes de Diest, Sikem, Arascot, Condé & Malines, qui fut entierement desolée. Mais ils n'osoient paroistre en campagne deuant les ennemis à cause de l'inegalité de leurs forces. Le Prince d'Orenge se dônoit beaucoup de peine à retirer les Mal-côtens à son parti: & ne fut pas gueres plus heureux à liguer ensemble les prouinces d'Holáde Zelande, Frise, Gueldres & Zutfen: à cause que les Mal-contens luy faisoient par tout grand obstacle.

III. Villes prises par les Estats.

Ses desseins ne reussissant pas de ce costé-là à son souhait, il fit si grâde instance enuers les Estats pour r'appeller le Duc d'Alençó qu'ils s'y resolurent: & pour l'asseurer de leur bonne volonté en son endroit luy enuoyerent offrir le titre de Prince souuerain des Païs-bas par vn ambassade de six notables persónages. Le Duc accepta leurs offres au Plessis lez Tours auec vn côtentement incroiable, & en passa auec les Ambassadeurs vn acte public qui fut confirmé par l'assemblée des Estats à la Haye le XXVI de Iuillet l'année suyuante: où par mesme moien ils declarerent les causes pour lesquelles ils se distrayoient de l'obeïssance de Philippe Roy d'Espagne: les principales desquelles estoient la violence qu'il faisoit à leurs consciences & sa tyrannie.

IV. Qui declarent Monsieur leur Prince souuerain.

Dez-lors aussi le Duc d'Alençon prit peine d'assembler des troupes, pour s'en aller prendre possession de sa principauté auec le côsentemét du Roy son frere: qui croyoit restablir la paix en son Roiaume en enuoiant és Païs-bas ceux qui n'auoiét inclinatió qu'aux troubles & à la guerre ciuile. Toutes les forces du Duc consistoiét en dix mille hômes de pied & quatre mille cheuaux, la plus-part Noblesse: qui n'endossoit les armes que pour acquerir de l'hôneur au prix de sô sâg & de la gloire à sa patrie. Les plus illustres estoient apres le Duc, le Marquis d'Elbeuf, le Mareschal de Belle-garde, Feruaques premier Mareschal de

V. Lequel mene vne armée à leur secours.

Tome 4. N

cáp, Bellefont aussi Mareschal de cáp: Claude de la Chastre Colonnel
de la gédarmerie, & la Rochepot de l'infanterie. Les Comtes de Laual,
de Montgommery, de S. Aignan, de Ventadour fils du Duc de Ventadour, les Vicomtes de Turene & de la Guerche: le Vidame d'Amiens
les Seigneurs de Sainct-Luc, la Ferté, Beaupré, Bussy, Mauuissiere,
Drou, Sandricourt & autres.

L'An de Christ. 1583.

VI.
Chasse l'ennemi de deuant Cambray & s'en saisit.

Il arriua tres-bien à propos sur la my-Septembre deuant la cité de Cambray : laquelle reduite à vne extreme necessité de viures par le Prince de Parme qui la tenoit assiegée, estoit à la veille de capituler & de se rendre. Et quoy que du commencement les assiegeans fissent mine de vouloir combatre : neantmoins considerans la resolution des François & redoutans leurs premiers esfors, ils leuerent le siege & se retirerent à Valenciennes. Par leur retraite le Duc d'Alençon fut receu en triomphe dans la ville. Le Chasteau-Cambresis se rendit aussi à luy sans resistence : mais le Prince de Parme le reprit l'année suyuante. Monsieur laissa gouuerneur dans Cambray Ian de Monluc Seigneur de Balagny, qui auoit esté blessé d'vne arcbusade en vne escarmouche. Le ieune Ventadour & le Vicomte de Turene aians fait quelque esfort pour se jetter dans Cambray à l'arriuée de Monsieur, furent pris par les ennemis : & Ventadour estant eschappé de leurs mains ils renforcerent les gardes au Vicomte : lequel fut mis en liberté peu de temps aprés, moienant la rançon de cinquante mille escus, par l'intercession de la Roine-mere.

VII.
L'Archiduc Mathias abandonne les Estats.

L'Archiduc Mathias considerant que l'election du Duc d'Alençon faite par les Estats pour leur Prince luy estoit vn affront, & qu'il ne pouuoit plus estre parmy-eux qu'auec mespris & honte, prit congé d'eux & se retira en Alemagne. Les Estats qui luy auoient ordonné vne pension de six vingts mille florins tandis qu'il seroit auec eux, luy continuerent encore de cinquante mille florins apres sa retraite, en recognoissance de son secours & assistance.

IIX.
Ambassadeurs de France en Angleterre.

En ces entrefaites le Roy à l'instance de la Roine sa mere, despecha en Angleterre François de Bourbon Prince Daufin d'Auuergne, accompagné du Mareschal de Cossé, des sieurs de Lansac, de la Mote-Fenelon, de Mauuissiere, du President Brisson & de Pinard Secretaire d'Estat pour renouer le mariage, duquel il auoit esté si souuent parlé d'entre le Duc d'Alençon & Elizabeth Roine d'Angleterre. A quoy elle aiant de l'inclination, les pactes en furent dressés, les Ambassadeurs François estant fondés de procuration valable.

IX.
Qui concluent le mariage entre le Duc d'Alençon & Elizabeth.

Entre autres choses il estoit accordé, *Que le Duc porteroit le titre de Roy d'Angleterre tant durant ledit mariage qu'aprés pendant sa Regéce, si la Roine decedoit auant luy auec enfans, durant leur minorité. Neantmoins que tous les benefices, charges & offices seroient conferés par la Roine: & ce aux seuls naturels Anglois. Qu'elle seule disposeroit du Domaine, & des reuenus du Roiaume: & qu'vne pension conuenable à sa qualité seroit*

Henry III du nom, Roy LXII.

L'An de Chrift. 1581.

A ordonnée au Duc par l'aduis du Parlement d'Angleterre. Que tous les actes publiques feroient inscrits & autorifés coniointement du nom du Duc & de celuy de la Roine. Qu'il ne pourroit rien innouer ny changer en l'eftat de la Religion: toutefois qu'en quelque part du Roiaume qu'il fe trouuât, il auroit toufiours vn lieu pour y faire l'exercice de fa Religion auec fes domeftiques & tous eftrangers de quelque nation qu'ils fuffent, autres qu'Anglois. Que si de ce mariage naiffoient deux ou plufieurs enfans mafles, l'aifné feroit Roy d'Angleterre. Et s'il auenoit que le Duc fuccedât à la couronne de France par le deces du Roy Henry III fon frere (à la fucceßion duquel il n'entendoit nullement renoncer le cas arriuant) l'aifné feroit Roy de Frâce apres luy, & le puif-né Roy d'Angleterre. S'il n'y en auoit qu'vn fans filles, qu'il fuccederoit à tous les deux Roiaumes: à la charge de venir demeurer à tous B le moins huict mois en deux ans en Angleterre. Que s'il y auoit vne ou plufieurs filles auec vn feul fils, il fuccederoit à la couronne de France, & la fille aifnée (à l'exclufion de fon frere) au Roiaume d'Angleterre. Les deputés Anglois firent grande inftance à ce qu'il y eût ligue offenfiue & defenfiue entre la France & l'Angleterre. Mais nos ambaffadeurs ne leur voulurent jamais accorder que pour la defenfiue. Ie n'ay que faire de rapporter ici les autres articles de moindre importance, veu mefmes que ce mariage ne fut jamais accompli, Dieu en aiant difpofé outre l'intention des hommes.

1581. Les chofes eftant ainfi refoluës au contentement des parties, le Duc paffa de Flandres en Angleterre le XXII de Nouembre MDXXCI: C où il fut magnifiquement receu de la part de la Roine & careffé d'elle durant deux mois auec grande demonftration d'vne affection cordiale. Les Catholiques Anglois fe ref-jouïrent merueilleufemét de ce mariage, fur l'efperance qu'ils auoient que le Prince François leur feroit permettre l'exercice de leur Religion. Les Lutheriens au contraire en murmuroient affez ouuertement craignans qu'il voulût faire comme Philippe II Roy d'Efpagne apres qu'il eut efpoufé Marie fœur aifnée d'Elizabeth: & mefmes publierent fur ce fubject des liures pleins de mefdifance.

X. Diuerfes affections des Anglois.

La celebration du mariage eftant remife à vn autre temps, le Duc reD paffa la mer auec vn renfort d'hommes & de finance qu'il receut d'Eli1582. zabeth: & le III de Feurier MDXXCII vint furgir à Flexingues en Zelande: & de là fut conduit auec vne flote de XLIV nauires à Anuers: où il fut proclamé Duc de Brabant: en prit les ornemens (qui font le Bonnet, la Robbe & la Couronne Ducale:) prefta le ferment, & le receut des Seigneurs & Magiftrats, auec toute forte d'honeurs & acclamation generale de tous les Ordres de la ville & de la prouince. Il octroya graces aux criminels, & mit en liberté plus de trois cens prifonniers, efpancha de la monnoye d'or & d'argent emmy le peuple, qui faifoit retentir l'air de benedictions, loüanges, & cris d'alegreffe.

XI. Le Duc d'Alençon proclamé Duc de Brabant.

Dez-lors il prit les titres qui s'enfuiuent: François fils de France, frere vnique du Roy, par la grace de Dieu, Duc de Lauthier, de Brabant, de

XII. Ses titres.

Tome 4. N ij

Luxembourg, de Gueldres, d'Alençõ, d'Aniou, de Touraine, de Berry, d'E-
ureux, & de Chasteau-Thierry: Comte de Flãdres, d'Holande, de Zelande,
de Zufen, du Mayne, du Perche, de Mante, Meulans & Beaufort: Mar-
quis du Sainct-Empire: Seigneur de Frise & de Malines: Defenseur de la
liberté Belgique.

L'An de
Christ.
1582.

XIII.
Son arriuée
és villes de
Flandres.

Il fut receu auec pareille magnificence & honneurs à Gand, à l'Escluse, à Bruges, & autres bonnes villes de Flandres, le Prince d'Orenge l'accompagnant par tout: aussi sans luy il ne pouuoit pas esperer grande satisfaction de ces nations farouches. Car nous auons veu tout le long de l'Histoire qu'elles n'aiment gueres leurs Princes naturels: & n'honoroient celuy-ci que par la necessité qui les obligeoit à implorer le secours de ses armes. Dieu veuïlle que leur mauuais exemple, ny leurs armes mesmes, apres que nous aurons assez trauaillé pour les affranchir de la domination estrangere, ne soiét funestes à la France. Certes les superbes Respubliques des nations fieres sont de tres-pernicieuses voisines aux Monarchies, parce que tous les hommes aiment naturellement leur liberté, la croyent mieux maintenir en la Democratie & soubs le gouuernement populaire.

XIV.
Coniuratiõ
de Salcede
contre luy.

Monsieur estant à Bruges vne coniuration contre sa vie & contre celle du Prince d'Orenge y fut descouuerte: vn des principaux complices de laquelle estoit Nicolas Salcede sieur de Damuilliers fils de ce Pierre Salcede qui eut de sanglantes prises (comme nous auons veu en son lieu) auec Charles Cardinal de Lorraine en l'an MDLXV soubs Charles IX: en haine de quoy il fut assassiné à Paris à la S. Barthelemy, parmy les Religionnaires, encore qu'il fût Catholique.

XV.
Qui fut ce
Salcede.

Aucuns ont tenu que Salcede le pere estoit Espagnol de nation: les autres qu'il auoit appris si parfaitement la langue Espagnole & s'estoit tellement conformé aux humeurs Espagnoles (auec ce qu'il estoit basané) qu'estant habitué longuement auec eux on le prenoit pour Espagnol naturel. Mais la verité est, & le nom mesme le marque, qu'il estoit natif d'Espagne, parent ou allié des Mendozzes: & que s'estant refugié en France pour euiter la punition de certain forfait, il y engendra Nicolas Salcede son fils, homme autant enclin au vice, à la perfidie, & à la trahison que son pere.

XVI.
Opinion
touchant
cete conju-
ration.

Les Historiens ont escrit diuersement de cete coniuration, selon l'affection qu'ils auoient aux diuers partis qui diuisoient en ce temps-là ce Roiaume. Car qui est l'auteur qui en a parlé sans vne passion manifeste? Ceux qui ont eu de l'affectation contre les Guises prenans argument de ce que la Ligue commença d'esclater ouuertement apres le trespas de Monsieur, leur improperent desormais toutes les plus dãnables & plus execrables actions que l'artifice d'Enfer & la malice du monde ait enfantées en suite. L'auteur sans nom du Iournal de ce regne, Religionnaire desguisé & passionné contre le Roy mesme quasi autant que contre les Guises, raporte en termes exprés, *Que les complices de cete coniuration estoient trente Espagnols soubs la conduite*

Henry III du nom, Roy LXII. 149

L'An de Christ 1582.

d'vn Balduïn Italianisé induit à ce parricide, par le Prince de Parme: que tous ces trente furent pendus, bruslés, ou punis exemplairemēt par les formes de justice. Que Balduïn aiant esté mis en prison, craignāt vn plus cruel supplice se donna quelques coups d'vne dague dans l'estomac, dont il mourut; & neantmoins son corps fut publiquement roüé. Que le jeune Salcede né en France fils de ce vieil Espagnol Salcede, qui auoit tāt fait la guerre au Cardinal de Lorraine & qui fut tué à Paris en l'an MDLXXII le jour de la S. Barthelemy par ceux de Guise, estant trouué complice de cete entreprise fut aresté prisonnier: & luy fut commencé à faire son procés en Flandres: & que se sentant perdu il s'aduisa de charger de cete coniuration ceux de Lorraine & de Guise: & quelques autres grāds Seigneurs de la Cour auprés du Roy, afin d'estre mené en Frāce pour leur estre confronté, esperāt estre recous en chemin par le moien du Prince de Parme. De fait il fut enuoié en France: mais le sieur de Bellieure le fit si dextrement & seurement conduire en Frāce qu'il ne peut estre recous: & son procés luy fut fait & parfait par la Cour de Parlement: & atteint & conuaincu de la conspiratiō de mort côtre Mōsieur, & mesmes contre le Roy d'autres enormes crimes fut condāné par arrest d'estre tiré à quatre cheuaux: ce qui fut executé en la place de Greue à Paris le XXVI d'Octobre ensuyuant. Que le Roy & les Roines assisterent à l'execution en vne chābre de l'Hostel de ville. Que Tâchou Lieutenāt criminel de robbe courte present à l'execution auec ses archers estāt venu dire au Roy que le Criminel s'estoit fait deslier les deux mains pour signer sa derniere confession, à sçauoir qu'il n'estoit rien de toutes les charges qu'il auoit mises sus aux plus grands de ce Roiaume, sa Majesté s'escria: O le meschāt homme, voici le plus mechant dont jamais j'ay ouï parler. Ce que le Roy disoit pour autāt qu'à la derniere question qu'on luy auoit baillée (ou sa Majesté auoit assisté caché derriere vne tapisserie) il luy auoit ouï jurer & affermer au milieu des tourmens que tout ce qu'il auoit dit contr' eux estoit vray: comme beaucoup aussi l'ont creu & le croyent encore aujourd'huy, veu les tragedies qui se sont jouées en France par les accusés.

XVII. Autre opinion.

Les derniers mots de ce discours tesmoignent assez la passion de cet Historien: lequel faisant vn si mauuais jugement des accusés, deuoit excepter à tout le moins ceux qui manifestement estoient exempts de ce crime. Aubigné le plus insigne & hardi imposteur qui iamais ait mis la main à la plume apres la Planche lequel il ensuit comme son precepteur, ne dit que ceci sur le subjet de Salcede. Monsieur ne fut gueres au Païs-bas que l'affaire de Salcede se descouurit. Celuy-ci & vn sien compagnon nommé Baza confesserent & soubs-signerent que leur dessein auoit esté d'assassiner ou tuer le Duc d'Anjou & le Prince d'Orenge: cela à la sollicitation du conseil d'Espagne: en quoy ils esperoient fauur du ieune Comte d'Ecmond. Baza apres estre condamné se tua en prison. Salcede mené à Paris à la requeste du Roy & de la Roine sa mere confessa de plus auoir receu quatre mille ducats, & d'auoir encore à executer contre la personne du Roy à l'instigation de plusieurs Princes qu'il nomma à l'oreille, & desquels le nom fut supprimé.

Tome 4.   N iij

Il deuoit adjouster, à l'oreille de qui est-ce que cela fut dit. Car quiconque fût-il qui supprima vne delation qui regardoit le salut de la personne sacrée de l'Oinct de Dieu, estoit luy-mesme criminel de lese-Majesté diuine & humaine.

L'An de Christ. 1582.

XIIX. Raport de M. de Thou.

Messire Iaques Auguste de Thou le plus elegãt historien des François, mais ouuertemẽt passioné cõtre la maison de Lorraine (ce qu'Aubigné mesmes luy reproche) a deduit amplement toute la conjuration de Salcede, & la procedure faite contre luy, auec des circonstances si apparantes que les Guises & Villeroy y sont marqués pour les auteurs, & promoteurs de ce crime: au lieu que les deux precedens Historiens le rejettent sur les Espagnols, n'en faisant mesmes Salcede que complice. Ie ne sçay d'où est-ce qu'il a tiré aussi que le Pape (c'estoit Gregoire XIII) participoit à cete conjuration execrable: attendu que ce Pape tant par son propre tesmoignage que de tous les autres Historiens, mesmes des Religionnaires, eut tousiours de l'auersion contre la Ligue.

XIX. Raisons pour la descharge des Guises.

Quant à ceux qui en parlent à la descharge des Guises ils disent que la conjuration venoit des seuls Espagnols sans que pas vn François y trempât, & moins les Princes Lorrains que nuls autres: n'y aiant point d'apparence que quand ils auroient eu vn si horrible dessein contre Monsieur, ils eussent voulu employer à l'execution vn homme duquel ils auoient fait mourir le pere pour auoir esté ennemi capital de leur maison toute sa vie: ny que jamais Salcede se fût confié en eux, ny en leurs promesses. Ils adjoustent à cela que le criminel a meslé entre les complices non seulement ceux que les factions presentes & celles qui suyuirent pouuoient rendre suspects: mais aussi plusieurs autres lesquels jamais ne chancellerent en leur deuoir, ny enuers le Roy ny enuers l'Estat. Ioint qu'il n'y auoit aucune sorte de preuue ny par tesmoins, ny par escrit, ny mesmes par presomption quelconque, si ce n'est la seule declaration d'vn Criminel, qui desiroit se faire des complices ou pour se sauuer auec eux, ou pour prolonger sa vie par l'instruction d'vne procedure qu'il croyoit deuoir estre sans fin en y embarrassant tant de personnes illustres. Et pour vne raison inuincible, c'est qu'il a souuent varié en deschargeant tantost les vns, tantost les autres: & en fin tous sur le poinct qu'il deuoit estre executé à mort, & à l'heure que toutes considerations humaines cessant il deuoit estre plus curieux du salut de son ame. Apres tout que par le mesme arrest de sa condamnation tous les Princes, Seigneurs & Gentils-hommes par luy accusés furent absous à pur & à plein, declarés innocens: & tous les actes qui les chargeoient jettés au feu comme calomnieux & execrables.

XX. Noms des accusés par Salcede.

Les noms de ceux qu'il accusa sont ceux qui s'ensuyuent: les Ducs de Lorraine, de Guise, de Neuers, de Mayenne, d'Aumale, le Marquis d'Elbœuf, le Mareschal d'Aumont, les Comtes de Grand-Pré & de Suse, Claude & René de Villequier freres, George fils du mesme Clau-

Henry III du nom, Roy LXII.

A de, Villeroy Secretaire d'Estat & son pere, la Chastre gouuerneur de Bourges, Mandelot gouuerneur de Lyon, Girard de Mauleon sieur de Gourdan gouuerneur de Calais, Cigogne gouuerneur de Dieppe, Sarlabous gouuerneur du Havre de Grace, Denys de la Illere gouuerneur de Baionne, la Hunaudaye, la Milleraye, Entragues & Dunes freres, François & Iean d'O freres, Maugiron Lieutenãt de Roy en Daufiné, Philibert de la Guiche Grand-maistre de l'Artillerie, François de Cerillac depuis Comte de Belin, Lansac, Sessac, Barlemont, Chanteloup, Bellanger, Aussonuille, & Nicolas Hotman grandement accredité à Paris emmy la bourgeoisie.

L'An de Christ. 1582.

Cependant le Prince de Parme r'appella les troupes qu'il auoit cideuant congediées, en leua de nouuelles, & mit sur pied vne tres-puissante armée: en laquelle aucuns comptent soixante-mille combatans: B & tenãt largemẽt la campagne reprit Chasteau-Cambresis, Gaësbech, Ninouen & Lyre à deux liëues d'Anuers: ce qui incommoda grandement cete bonne ville.

XXI. Armée du Prince de Parme.

D'autre part le Duc de Montpensier & le Mareschal de Biron emmenerent à Monsieur huict cens cheuaux, deux mille hommes de pied François, & trois mille Suisses. Peu apres leur arriuée le sieur de Bonniuet prit Eindoven par escalade. Mais les deux armées n'estant pas en termes de s'entre-choquer, à cause de leur eloignement, on ne voyoit que prises & surprises de villes tant d'vne part que d'autre, auec la desolation du plat païs & cessation de tout commerce.

XXII. Renfort de celle de Monsieur.

C Ces calamités faisoient que les Estats n'estoient pas si contens de Monsieur qu'ils s'estoient promis, & que luy-mesme demeuroit tresmal satisfait d'eux, voiant bien qu'il n'estoit Duc de Brabant que de nom tant seulement: & qu'en effect le Prince d'Orenge tenant en sa main toute l'autorité, le pouuoit desfaire quãd il voudroit: ce que sans doubte il entreprendroit aussi-tost qu'auec son secours il auroit affranchi les Païs-bas de la domination Espagnole. D'ailleurs il estoit incommodé par faute que ses troupes n'estoient pas payées: & grandement offensé de ce qu'il n'auoit pas l'exercice de sa Religion si libre qu'il le desiroit: & que dans Anuers mesmes de si grand nombre d'Eglises, on D ne luy en auoit voulu accorder que celle de S. Michel seule pour y faire dire la Messe. Mais voici vne consideration toute sanglante qui perce viuement le cœur de ce jeune Prince.

XXIII. Qui est mal satisfait des Estats.

Le Prince d'Orenge estant à Anuers auec Monsieur, vn Espagnol nommé Ian de Iaureques le blessa d'vn coup de pistolet à la joüe, & soudain fut occis par ses Gardes. Cet assassin estant habillé à la Françoise le peuple d'Anuers sans autre perquisition attribua cet attentat aux François, courut aux armes & aiant inuesti le logis du Duc, taschoit de le forcer, en criãt: *Voici les noces de Paris massacrõs tous ces massacreurs:* ce qu'il eût executé, sans les remonstrances du Prince d'Orenge & l'opposition de ses capitaines & domestiques, qui dechargeoiẽt les François de ce crime. Cela arrestoit aucunement leurs efforts: mais

XXIV. Outrageusement offensé & en peril de sa vie.

neantmoins ils euſſent exercé leur cruauté ſur le Duc & ſur les ſiens
ſans que les papiers qu'on trouua ſur l'aſſaſſin les iuſtifierent entierement, faiſans foy qu'il auoit eſté induit par les Eſpagnols à commettre
cet attentat ſoubs de grandes promeſſes. Qu'euſſent fait ces brutaux ſi
le Prince d'Orenge eût eſté occis?Certes & le Duc & tous les François
euſſent eſté ſacrifiés aux ombres du Prince. Auſſi Monſieur deliuré de
ce danger juroit que jamais il n'auoit eu ſi belle peur, ny prié Dieu de
ſi bon cœur qu'à cete occaſion effroyable.

XXV.
Se ſaiſit de pluſieurs villes en Flandres.

Ces conſiderations donques porterent Monſieur à vne reſolution
violente: à ſçauoir de ſe ſaiſir en vn meſme jour (qui fut marqué au
XVII de Ianuier MDXXCIII) de bon nombre de villes & forteresses 1583.
en Flandres, & notamment d'Anuers. A cet effect il diſpoſa des troupes en diuers lieux: & fit venir ſes principales forces aux faux-bourgs
d'Anuers ſoubs ombre d'y faire monſtre, & ſa Nobleſſe ſoubs couleur
de curioſité de la voir faire. Cete entrepriſe luy reuſſit à Donkerque,
Diſmade, Termonde & à Burges de Sainct Vinoque. Mais à Anuers
elle fut funeſte aux entrepreneurs, dommageable au chef, & honteuſe
à toute la nation Françoiſe. Car nos voiſins diſoient que les François
appellés en Flandres pour y eſteindre la tyrannie Eſpagnole, y auoiët
voulu eſtablir la leur par vne perfidie execrable. Toutefois qui conſi-
derera ſans paſſion les cauſes ſuſ-dites, & l'humeur des Flamans enuers
leurs Princes, parauenture ne condamnera-t-il pas cete action à la rigueur, encore qu'elle ſemble inexcuſable.

XXVI.
Entreprend temerairement ſur Anuers.

Or le Duc d'Anjou n'auoit pas communiqué ſon deſſein au Prince
d'Orenge qui tenoit la citadelle, ny au Duc de Montpenſier, ny aux
Comtes de la Roche-foucaud & de Laual. En aiant ouuert le propos
aux trois derniers ſur le poinct de l'execution, ils taſcherent de l'en diuertir par leurs remonſtrances: & n'ayant rien ſceu gaigner ſur vn eſprit trop reſolu, refuſerët d'eſtre de la partie. Biró n'approuua pas non
plus ce conſeil. Mais Feruaques preſſé & coniuré par Monſieur (apres
s'en eſtre defendu longuement) prit en fin la charge de conduire les
troupes qui deuoient faire l'execution dans la ville. Lon tenoit que la
Rochepot & Seſſeual auoient donné ce mauuais conſeil à Monſieur,
& qu'ils s'en eſtoient repentis trop tard eux-meſmes.

XXVII.
Se ſaiſit d'v- ne porte.

Ceux d'Anuers qui auoient quelque desfiance des François, nonobſtant le pretexte de la monſtre, faiſoient bonne garde aux portes de
leur ville. Neantmoins Monſieur ſortant par la porte de Kippedorp
pour aller (à ce qu'il diſoit) au Camp és faux-bourgs, eſtoit ſi bien accōpagné qu'il fut aiſé aux ſiens de s'en ſaiſir en tuät les gardes aſſez foibles (car c'eſtoit ſur l'heure du diſner) & de donner entrée aux troupes
à ce ordonnées: leſquelles filerent incontinent dans la ville, criant *viue
la Meſſe*. Elles conſiſtoient en quatre cornetes de caualleire, trois
mille hommes de pied François & autant de Suiſſes.

XXIIX.
Desfaite des Fräçois.

A ce cri les habitans la plus-part Proteſtans coururent ſoudain aux
armes, tendirent les chaines par les rues & s'oppoſerent vigoureuſemët

Henry III du nom, Roy LXII.

L'An de Christ. 1583.

aux François, les femmes mesmes s'y estant virilement encouragées & engagées. Tellement qu'aprés vn horrible chamaillis, les vns combatans pour l'ambition & pour le pillage: les autres pour la defense de leur liberté & pour la patrie: les habitans repousserent & chasserent les François : la foule desquels fut si grande en leur fuite que les corps morts & de ceux qui estoient terrassés empechoient la sortie aux autres: & mesmes aucuns montés à cheual se precipitoient desesperément du haut des murs dans les fossés.

Le nombre des François qui y furent tués fut de douze, ou selon aucuns, de quinze cens hommes, & autant de prisonniers. Entre les morts il y auoit plus de trois cens gentils-hommes: & parmi ceux-là se trouuerent le Côte de S. Aignan, les sieurs de Chasteau-Roux, de Sainct-Blancard fils du Mareschal de Biron, Gedeon de Pons fils du Baron de Mirembeau, Sesseual & Thuange. Feruaques fut sauué par le Prince d'Orenge qui accourut à ce tumulte. Les habitans n'y perdirent qu'enuiron cent hommes & autant qui moururent depuis de leurs blesseures.

XXIX. Morts & prisonniers.

Monsieur qui estoit és faux-bourgs attendant toute autre issue de son entreprise fut bien estonné d'en voir vn si mal-heureux succés : & se retira à Roque de Berguem, & de là à Termonde auec le reste de ses troupes: lesquelles endurerent vne extreme disete de viures depuis la desfaite de leurs compagnons: & mesmes faillirent à estre submergées: les Flamans aians rompu leurs digues & ouuert leurs escluses pour les faire engloutir & enseuelir dans les plaines ondoyantes.

XXX. Retraite de Monsieur.

La necessité l'obligeant d'vser de prieres enuers ceux qu'il venoit de violenter, il escriuit au Senat d'Anuers taschant d'attenuer vn attentat qui n'auoit point de defense : & afin que par l'intercession du Prince d'Orenge tous actes d'hostilité cessant on luy fournît des viures. Cetuy-ci bien qu'il condamnât à part-soy l'action de Monsieur, en imputoit pourtant la cause aux inciuilités dont les Flamans auoient vsé en son endroit: & mesmes en leur ramenteuant comme n'agueres ils auoient pris les armes sur vn simple soupçon pour couper la gorge à tous les François, il s'efforçoit de les rendre plus capables d'vn accord en les faisant eux-mesmes coulpables.

XXXI. Le Prince d'Orenge trauaille à le reconcilier auec les Flamans.

La Roine d'Angleterre bien faschée de cet accident s'employoit de tout son pouuoir pour adoucir l'aigreur de ces cœurs vlcerés, & les recôcilier auec leur Prince. Le Roy en escriuit aussi aux Estats, & entremeslant les plaintes des François auec ses exhortations à la reconciliation, se lioit ouuertement aux interests de son frere. Le Prince d'Orenge prit de là occasion de leur remonstrer qu'il falloit se resoudre à vne de trois choses: à sçauoir à se reconcilier auec le Duc d'Alençon, à rendre obeïssance au Roy d'Espagne, ou à se defendre auec leurs seules forces. Que le premier estoit le plus aisé: le second les mettoit en captiuité: & le troisiesme estoit impossible.

XXXII. Ses raisons.

Ces raisons obligerent les Estats à prester l'oreille à vn traité auec le

XXXIII.

Histoire de France,

L'accord qui s'en suiuit.

Duc d'Alençon: lequel fut conclu le XXIIX de Mars de la mesme année. Par cet accord ils iuroient & promettoient reciproquement d'oublier le passé & d'entretenir leurs premieres conuentions, moienant certaines asseurances qui furent prises d'vne part & d'autre: le tout par l'adresse du Prince d'Orenge: lequel preuoyoit bien que les Païs-bas ne sçauroient resister aux forces de l'Espagnol sans le secours des armes de France & d'Angleterre.

L'An de Christ. 1583.

XXXIV. Retour de Monsieur en France.

Il sembloit bien quant aux apparences exterieures qu'il y eût de la satisfaction reciproque. Toutefois les offenses estoient si recentes qu'elles leur donnoient vne commune deffiance: & les troupes Françoises estant grandement affoiblies (mesmes par vne strete que le Mareschal de Biron venoit de receuoir du Prince de Parme,) Monsieur se resolut à se retirer en France auec tous les siens: afin que les Flamans demeurans exposés à l'oppression de leurs ennemis par son absence, fussent contrains de le r'appeller pour les proteger de ses armes.

XXXV. Sa maladie & son trespas.

Il s'embarqua donc à Dunkerque, vint descendre à Calais, & apres auoir visité le Roy & la Roine-mere & pris asseurance d'vn nouueau renfort pour renoüer ses affaires és Païs-bas, alla faire quelque sejour à Chasteau-Thierry: où estant tombé malade il passa de cete vie à vne plus heureuse le X de Iuin en l'an MDXXCIV, en l'âge de trète ans & trois mois. Sa maladie fut vn flux de sang qui couloit par tous les pores de son corps, causé de la rupture de quelque vaisseau par des efforts faits à cheual: & luy dura quarante iours continuels sans que les Medecins y sceussent trouuer aucun remede. Aucuns ont escrit que ces iours luy furent abbregés par poison: & que les Chirurgiens apres son trespas en trouuerent les marques en son corps, en faisant la dissection de ses entrailles. La longueur de sa maladie sans espoir de guerison luy donna temps de recognoistre ses pechés, reclamer la misericorde de Dieu & receuoir les Sacremens de l'Eglise auec vne contrition Chrestienne.

1584.

XXXVI. Sa sepulture.

Son corps fut porté à Paris dans l'Eglise Sainct-Magloire au faux-bourg S. Iaques: où le Roy & les Roines en habit lugubre luy allerent donner l'eau benite. De là il fut traduit en l'Eglise Nostre-Dame: où vn seruice luy fut fait auec vne magnificence & pompe roiale. De Nostre-Dame il fut encore porté à Sainct Denys, & inhumé auec les cendres de ses ancestres.

XXXVII. Ses mœurs.

Ce Prince fut orné de vertus & conditions vrayement roiales. Car il fut genereux, ambitieux, magnifique, actif, vigilant, eloquent, courtois & affable. Les bouillons de la ieunesse & le conseil des jeunes gens (auquel il deferoit souuent le plus) joints à son ambition naturelle, le porterent quelquefois à des actions violentes: desquelles (comme nous auons veu) & la France & la Flandre receurent de grandes calamités, & luy du regret accompagné de repentir & de honte.

XXXIIX. Mort du Prince d'Orenge.

Or le Prince de Parme prenant auantage des desordres suruenus entre les Flamans & leur nouueau Prince, leur enleua en peu de iours les

Henry III du nom, Roy LXII.

A villes d'Ypre & de Bruges: & par vn surcroit de mal-heur aux Estats, le Prince d'Orenge fut tué à Delft le X de Iuillet (vn mois apres le trespas du Duc d'Alençon) par Baltazar Girard natif de la Franche-Comté: lequel en luy faisant signer vn passe-port luy donna dans l'estomac vn coup de pistolet chargé de trois bales; par l'induction des Espagnols, & mesmes (si vne si sale lascheté peut tomber en vn cœur si genereux) par la sollicitation & promesses du Prince de Parme. Les Chroniqueurs Espagnols nient tout cela: soustenans que Girard ne fut porté à cete action que par vn zele parfait enuers sa religion & son Roy: & qu'entre les horribles tourmens, dont il fut bourrelé, il persista en cete protestation jusqu'au dernier souspir de sa vie auec vne admirable constance. Mais ceux du parti contraire attribuent tout cela à vne obstination diabolique.

L'An de Christ. 1582.

B

XXXIX. Le Comte Maurice son fils eleu en sa place.

Le Comte Maurice son second fils fut eleu des Estats pour succeder à la direction & gouuernement des Païs-bas en la place de son pere. Cetuy-ci fera voir ci après par sa valeur, prudence, vigilance & bonne conduite qu'ils ne pouuoient faire vne election plus heureuse. Car il establit vn si bel ordre & vne si parfaite discipline en son armée qu'il en a merité le titre de plus excellent Capitaine de nostre temps, de restaurateur de l'art militaire & de la milice Romaine.

XL. Coniuratiō descouuerte contre la Roine d'Angleterre.

En ce mesme temps vne conjuration contre la Roine d'Angleterre & contre son Estat fut descouuerte. Les Religionnaires Anglois ne manquerent pas de rejetter tout le crime sur les Iesuistes: lesquels trauestis rouloient par toute l'Isle: & Guillaume Parri de la mesme compagnie conuaincu d'estre vn des complices fut executé à mort à Londres. Les Catholiques Escossois estoient grandement soupçonnés de tremper à telles conspirations (car elles furent assez frequentes) à cause de la captiuité de Marie Roine d'Escosse. Les Catholiques Anglois oppressés soubs le joug d'Elizabeth y donnoient aussi tres-volontiers leurs noms, oublians la reuerence deuë à la Majesté roiale pour suiure l'erreur d'vn zele indiscret, & practiquoient mal le diuin precepte: *Quand ils vous persecuteront en cete cité fuyez en vne autre.*

C

Nouueaux & plus hauts desseins de la Ligue. Le Duc d'Espernon enuoié au Roy de Nauarre.

D

I. *La ligue plausible en son origine.* II. *Desseins du Duc de Guise chef d'icelle.* III. *Moien 1. pour y paruenir.* IV. *Moien 2.* V. *Moien 3.*

VI. *Moien* 4. VII. *Traicté de Ioinuille.* IIX. *Pourquoy le Duc de* A
Neuers renonça à la Ligue. IX. *Moien* 5. X. *Moien* 6. XI. *Moien* L'An de
7. XII. *Le Roy permet vne assemblée aux Religionnaires.* XIII. Chrift.
Causes de la haine du Roy enuers le Duc de Guise. XIV. *Le Roy en-* 1584.
uoie le Duc d'Espernon deuers le Nauarrois. XV. *Qui luy fait vn*
accueil tres-fauorable. XVI. *Discours du Duc d'Espernon au Na-*
uarrois. XVII. *Lequel est destourné de sa conuersion par les Mini-*
stres. XIIX. *Dont Roquelaure les offense.* XIX. *Response du Roy de*
Nauarre. XX. *Le Duc d'Espernon visite la Roine de Nauarre.* XXI.
Le Nauarrois traicte auec l'Espagnol. XXII. *Le saut d'Espernon.*
XXIII. *Le Roy calomnié par la Ligue.* XXIV. *Le Duc d'Espernon*
Colonnel general de l'infanterie. XXV. *Le Roy prend l'ordre d'Angle-*
terre. XXVI. *Confederation des Estats heretiques auec ceux de Fran-* B
ce. XXVII. *Hardi repart du Nauarrois au Roy.* XXIIX. *Prise*
d'Anuers par le Prince de Parme. XXIX. *Les Pais-bas offrent de se*
donner au Roy. XXX. *Qui n'ose accepter leurs offres.* XXXI. *Ils*
se mettent soubs la protection Angloise. XXXII. *Phare de Cour-*
doüan.

I.
La ligue
plausible en
son origine.

N OVS auons marqué soubs l'an MDLXXVI
l'origine de la Ligue: laquelle ne pouuoit estre 1576.
que grandement plausible en ses commence-
mens à tous des Catholiques zelés, entant qu'elle
se produisoit comme vne contre-ligue pour
s'opposer à celle qui n'agueres auoit esté faite
par les Religionnaires & les Catholiques C
dits Mal-contents ou Politiques, vnis & conju-
rés ensemble à la ruine de l'Estat & de la Religion Romaine. Mais
le sentiment de ceux qui auoient meilleur nez alloit plus auant.
Car cete ligue leur sembloit vicieuse en son origine, en ce que le nom
du chef principal estoit secret, & point autorisé ny approuué du Roy:
combien que depuis sa Majesté s'en fût declarée le chef plus par necessité & par consideration d'Estat que par vne resolution volontaire.

II.
Desseins du
Duc de
Guise chef
d'icelle.

Et combien que durant la vie du Duc d'Alençon frere du Roy, ce
chef de la ligue (qui n'estoit pas si secret que tout le monde ne sceût
que c'estoit le Duc de Guise) n'ambitionnât que le commandement D
general des armes de sa Majesté: neantmoins la mort de ce Prince luy
faisant ouuerture à vn plus haut dessein: dez-lors il commença d'aspirer à la Roiauté pour luy s'il suruiuoit le Roy, ou pour les siens, s'il
decedoit auant sa Majesté: esperant qu'auec les armes du Roy mesme
il opprimeroit tous ceux qui s'opposeroient à son entreprise. C'estoit
ensuyure l'exemple de Charles Martel: lequel par ce mesme moien re-
genta en France durant le regne d'aucuns Rois fay-neans, & laissant le
commande-

Henry III du nom, Roy LXII.

A mandement general des armes de France à Pepin son fils, cetuy-ci se trouua si puissant qu'il vsurpa la Couronne sur les Rois Merouingiens, aiant confiné le dernier dans vn monastere.

L'an de Christ 1584.

Pour paruenir à son but, voicy les principaux articles, desquels ce grand homme se seruit, aiant trouué assez d'instrumens & de ressors pour les faire iöuer à l'auancement de ses affaires. Premierement il falloit faire declarer incapables de la succession de la Couronne le Roy de Nauarre, le Prince de Condé & ses freres, premiers Princes du sang roial. Ce qu'il estimoit bien aisé à faire en vne assemblée des Estats generaux : & pour y apporter de la disposition il fit si grande instance enuers le Pape Sixte V qu'il excommunia les deux premiers comme heretiques relaps, & les declara incapables de principauté.

III. Moien 1 pour y paruenir.

B Le Marquis de Conty & le Comte de Soissons freres du Prince de Condé s'en alloient enueloppés en mesme paquet comme fauteurs des heretiques, & rebelles à sa Majesté : & eux-mesmes en donnerent des preuues trop manifestes. Le Comte de Soissons aiant côbatu à la journée de Coutras auec le Roy de Nauarre, & tous deux auec les Reistres. Pour les rendre odieux à tous les Catholiques il faisoit publier que Dieu disposant de Henry III, il ne falloit attendre que l'abolition de la vraye Religion, si aucun de ces Princes-là paruenoit à la Couronne. Il ne manquoit point d'hommes capables d'imprimer cete opinion en l'esprit du peuple : & les plus habiles predicateurs en faisoient le plus ordinaire argument de leurs sermons dans les chaires de verité : & quantité de liurets escrits artificieusement sur le mesme subjet voloient par les mains des hommes. L'exemple d'Angleterre estoit mis en auant auec des plaintes des Catholiques Anglois gemissans soubs le joug insupportable d'vne Roine heretique. Quant au Duc de Montpensier qui restoit seul des Princes du sang dans le deuoir, on le voyoit dez sa jeunesse si valetudinaire & si mal sain qu'il ne sembloit pas redoutable.

En second lieu, parce que le Roy estant hors d'esperance d'auoir des enfans, il eût semblé que le Chef de la Ligue (qui auoit voulu estre secret jusqu'à present) eût descouuert trop tost son ambition, s'il ne produisoit vn successeur à sa Majesté, en cas que Dieu disposât d'elle ; il s'adressa à Charles Cardinal de Bourbon oncle du Roy de Nauarre : auquel il persuada aisément de se declarer premier Prince du sang capable de la succession de la Couronne : & afin de l'attacher plus estroitement à ses volontés il desseignoit de luy faire espouser Caterine de Lorraine sa sœur, doüairiere de Montpensier, femme habile & violente. L'exemple recent de Henry recognu Roy de Portugal, quoy que Cardinal, prestre, & cassé d'années, seruit grandement à persuader cete vanité au Cardinal de Bourbon qui auoit les mesmes qualités, & la mesme ambition.

IV. Moien 2.

Tome 4. O

mais moins de droit & de jugement que l'autre.

V.
Moien 3.

En troisiesme lieu, considerant l'esprit de la Roine-mere, qui n'auoit inclination qu'au commandement. & se representoit assez souuent qu'elle n'auoit plus de fils que le Roy, duquel elle n'esperoit point de posterité, non plus que du Roy de Nauarre son gendre : lequel d'ailleurs (& plus encore le Prince de Condé & ses freres) la haïssoit, à cause des mauuais traictemens qu'il auoit receus d'elle : le Chef de la Ligue (ie dy le Duc de Guise) luy fit entendre qu'il exposeroit volontiers tous ses moiens & sa propre vie, auec ses freres, parens alliés & amis pour l'auancement des enfans du Duc de Lorraine (de la maison duquel il auoit l'honneur de sortir) si elle de sa part vouloit appuyer de son autorité ses petits fils, puis qu'aprés le Roy ils luy estoient les plus proches. Elle qui cherissoit tendrement les enfans du Lorrain (ce qu'il sçauoit bien) comme elle auoit cheri sa fille leur mere, princesse parfaitement vertueuse, presta l'oreille à ces persuasions, & bien qu'elle fût tres-habile, l'ambition du gouuernement l'esblouïssant, elle se laissa prendre à la pipée. Tellement que receuant ces offres pour des asseurées preuues de bonne volonté elle s'obligea legerement à embrasser en tout & par tout les interests du Duc de Guise. Elle approuua aussi que cependant on fit porter la marote au Cardinal de Bourbon : auquel, comme n'estant pas pour viure longuement, on feroit subroger le fils aisné du Duc de Lorraine.

VI.
Moien 4.

Pour le quatriesme, il sçauoit bien que Philippe II Roy d'Espagne affectoit le titre glorieux d'extirpateur de l'heresie, & qu'il ne desiroit rien tant que d'entretenir la guerre ciuile en France, afin que les Païs-bas demeurans priués du secours des François, luy fissent moins de resistence : outre qu'il s'imaginoit qu'aprés auoir subjugué les Païs-bas il pourroit aisément entreprendre la conqueste de la France. Le Duc de Guise donc s'adresse à luy, demande son appuy pour extirper l'heresie qui a largement estendu ses racines en France & assisté de ses forces les Estats des Païs-bas contre la Majesté Catholique, & luy offre son seruice à toutes occasions moienant qu'il luy fournisse vne notable sóme de deniers tandis qu'il fera la guerre aux heretiques. Ce ressort ioüa aussi heureusement que le precedent. Car par le traicté fait à Ioinuille le dernier iour de Decembre MDXXCIV 1584. l'Espagnol luy accorda cinquante mille escus de pension par mois : & la Ligue ne s'obligea qu'à des promesses incertaines : comme de tenir la main à ce que Cambray & autres places prises par les François és Païs-bas luy fussent rendües, & nul empeschement ne luy fût donné en la nauigation des Indes.

VII.
Traicté de Ioinuille.

A ce traicté assisterét en personne les Ducs de Guise & de Mayenne auec ample pouuoir du Cardinal de Guise leur frere, du Duc d'Aumale & du Marquis d'Elbeuf leurs cousins. Le sieur de Meneuille y estoit auec procuration du Cardinal de Bourbon, & Iean-Baptiste Taxis

Henry III du nom, Roy LXII. 159

L'an de Chrift. 1584.

A ambaſſadeur de Philippe traictoit pour le Roy ſon maiſtre. Il y fut reſerué place pour les Ducs de Lorraine, de Neuers, de Mercœur, & autres Princes, Seigneurs, Gentils-hommes, Villes, Communautés, Colleges & Vniuerſités qui y voudroient entrer & s'vnir enſemble pour l'extirpation de l'hereſie. Le Duc de Mercœur y donna volōtiers ſon ſeing ſur l'eſperance d'emporter pour ſa part le païs & Duché de Bretagne ſur lequel il auoit quelques pretentions du chef de ſa femme. Le Duc de Lorraine n'auoit garde de faillir à le ſigner auſſi quand meſmes ce deût eſtre de ſon propre ſang tant pour les eſperāces que la Roine-mere luy donnoit, que parce qu'il ſe promettoit de ſe ſaiſir par precipu des villes de Metz, Toul & Verdun, qui eſtoiēt à ſa bien-ſeāce.

Quand au Duc de Neuers il s'eſtoit auſſi joint à cete Vnion: mais il n'y demeura gueres, ainſi s'en departit aprés auoir failli à executer vne entrepriſe qu'il auoit ſur Marſeille (ainſi qu'aucuns ont eſcrit?) par le moien de laquelle il penſoit ſe rendre maiſtre, & d'auenture Comte de Prouence. I'ay appris de bonne part que ce fut à cauſe qu'aiant trou-ué les reſolutions de la Ligue trop molles (le Duc de Guiſe reſiſtant ſur tous à ce que rien ne fût attenté ſur la perſonne ſacrée du Roy) il jugea & conclud que le Roy ruineroit la Ligue: & qu'aprés l'auoir ainſi predit à vne aſſemblée des Princes liguês, il prit congé d'eux, re-nonça à leur confederation, & de ce pas s'en alla demander pardon à ſa Majeſté auec proteſtation de luy eſtre fidele à l'aduenir, & le fut depuis toute ſa vie.

VIII. Pourquoy le Duc de Neuers re-nonça à la Ligue.

Le cinquieſme moien que tint le Duc de Guiſe fut d'auoir le Pape de ſon coſté. Mais nonobſtant le pretexte ſpecieux de l'extirpation de l'hereſie, n'aiant rien ſceu obtenir de Gregoire XIII, il perſuada Six-te V ſon ſucceſſeur: lequel (ainſi que i'ay touché ci-deſſus) excom-munia le Roy de Nauarre & le Prince de Condé comme heretiques relaps: & meſmes (ce que la Ligue deſiroit le plus) les declara inca-pables de toute principauté temporelle, & par conſequent inhabiles à la ſucceſſion de la couronne Françoiſe, par la bule du IX de Sep-tembre de l'année ſuyuante. Mais le Parlement de Paris rejetta cete bule, comme eſtant de pernicieuſe conſequence en ce qu'elle entre-prenoit ſur l'Eſtat temporel, & eſtoit contraire aux loix fondamenta-les du Roiaume.

IX. Moien 5.

La ſixieſme conſideration eſtoit que pour l'execution de ſi hauts deſſeins il falloit ſe rendre puiſſant dans le Roiaume: & que l'vnique moien eſtoit de faire tomber les gouuernemēs des prouinces, des bon-nes villes & des foreterſſes entre les mains de la Nobleſſe de ſa faction: & que luy & le Duc de Mayenne ſon frere tant par la neceſſité du tēps que par la faueur de la Roine-mere (joint leur experience, courage, & reputation au fait des armes) euſſent la conduite des armées roi-ales. Et dautant que la ville de Paris pouuoit grandement fauoriſer ſes projets ſi elle penchoit à ſon parti: il ſe reſolut auſſi d'y faire vne puiſſante bate-rie, les effects de laquelle nous verrons ci-aprés.

X. Moien 6.

Tome 4. Q ij

XI.
Moien 7.

En septiesme lieu, recognoissant assez que le Roy (& non sans cause) auoit vne extreme auersion contre la Ligue, il iugea qu'il le falloit rendre odieux à ses subjets : ce qu'il esperoit faire fort aisément à cause de sa profusion, qui l'obligeoit à faire tous les iours de nouueaux edicts pour recouurer de l'argent par des inuentions qui estoient toutes à l'oppression de son peuple. Surquoy le Parlement de Paris luy auoit fait souuent des remonstrances qu'il auoit tousiours mesprisées. Il adjoustoit à cela que nagueres il auoit pris en sa protection Geneue la source de l'heresie, l'estoc des erreurs du siecle & l'Academie de la fausse doctrine.

XII.
Le Roy permet vne assemblée aux Religionnaires.

En mesme temps suruindrent trois accidens qui seruirẽt d'argument pour fortifier ce bruit & publier que vrayement le Roy se monstrant ouuertement fauteur des heretiques, la Religion ancienne s'en alloit destruite en France si elle n'estoit appuyée des bons Catholiques. Le premier fut que sa Majesté permit aux Religionnaires de faire vne assemblée generale de leurs Eglises à Montauban : où ils traicterent principalement des moiens qu'il falloit tenir pour ruiner la Ligue, se promettans que le Roy les fauoriseroit en cela pour la haine qu'il portoit au Duc de Guise chef d'icelle.

XIII.
Causes de la haine du Roy enuers le Duc de Guise.

Il est certain que le Duc de Guise auoit tousiours affectionné le seruice de Henry auãt son retour de Pologne, & mesmes auoit desiré qu'il retournast en Frãce apres le trespas de Charles, de peur que le Duc d'Alençon (lequel il n'aimoit pas) empietãt ou la Roiauté ou la Regence. Sa bonne volonté obligeoit reciproquement le Roy à le cherir & à l'estimer tãdis qu'il se contint dans les bornes du deuoir de vassal fidele. Mais à mesure que Henry relaschoit de sa premiere generosité & vigueur, le Duc de Guise relaschant aussi de son affection premiere enuers sa Majesté, & en suite faisant des entreprises sur son autorité, le Roy cõmença de le haïr, & sans les trauerses des Religionnaires, l'eût chastié de punition exẽplaire. La Ligue formée apres par le Duc de Guise offensa encore plus sensiblement sa Majesté & fut vn surcroit de son indignation & iuste courroux contre luy & toute la faction liguée. Aucuns tiennent que la haine de Henry enuers le Duc de Guise procedoit principalement de ce que passant à Venise à son retour de Pologne & s'enquestant trop curieusement du cours de sa vie & de son regne auec vn Astrologue, celuy-ci luy dit que celuy duquel il faisoit le plus d'Estat en France entreprendroit vn iour sur son autorité & dignité, & seroit cause de sa mort en la fleur de son âge : toutefois qu'il auroit le contentement de le voir mourir le premier.

XIV.
Le Roy enuoie le Duc d'Espernon deuers le Nauarrois.

Le second subjet pour imposer au Roy qu'il estoit fauteur des heretiques fut pris du voiage que le Duc d'Espernon fit en Gascogne pour visiter la Dame de la Valete sa mere, laquelle il n'auoit point veüe depuis sa grande faueur auprés de sa Majesté. Le Roy luy permit volontiers d'y aller afin de l'employer enuers le Roy de Nauarre, duquel il desiroit plus ardãment que jamais la cõuersion à la religion Catholique,

L'An de Christ. 1584.

Henry III du nom, Roy LXII. 161

L'An de Chrift 1584.

A comme le seul moien de le faire declarer legitime successeur de la Couronne & destruire entierement la Ligue. Il instruisit donc le Duc d'Espernon de ses volontés sur ce subjet, & luy donna pour conseil és occurrences necessaires Bellieure.

Le Roy de Nauarre aiant cognoissance du credit que le Duc d'Espernon auoit auprez du Roy & de la commission qu'il luy auoit donnée, n'attendit pas qu'il le vînt trouuer: mais ainsi que le Duc s'y acheminoit & desja estoit à Sauerdun pour descendre à Pamiez où estoit le Roy de Nauarre à quatre lieües l'vn de l'autre, le Nauarrois par vne caualcade inopinée le deuança & l'alla trouuer à Sauerdun: où il n'y eut que des complimens, le Duc se reser-
B uant à luy exposer les commandemens de sa Majesté auec plus de bien-seance en luy rendant ailleurs ses deuoirs. Le Roy de Nauarre estant donc retourné à Pamiez le Duc d'Espernon y alla le lendemain accompagné de plus de cinq cens gentils-hommes. Le Nauarrois par vn excés de faueur auoit deliberé de luy venir au deuant: mais n'aiant que peu de Noblesse pour l'accompagner, son Conseil trouua plus à propos qu'il l'attendît à pied hors de la ville. Ce qu'il fit: & aiant accueilli tres-gracieusement le Duc, le traicta auec toute sorte de magnificence.

XV. Qui luy fait vn accueil tres-fauorable.

Ce fut là que le Duc pour s'acquiter de sa charge *luy representa les*
C *hauts desseins de la Ligue tous à son prejudice & à sa ruine: les auantages qu'elle prenoit de ce qu'il demeuroit obstiné en son heresie. Combien cela mesme alienoit de luy les affections de la Noblesse & generalement de tous les Catholiques. Que le Roy n'aiant plus de frere le desiroit tenir au lieu de frere: & qu'aiant perdu toute esperance d'auoir des enfans de son mariage il le vouloit faire declarer & recognoistre pour le plus proche & legitime successeur de sa Couronne: & en suite luy faire si bonne part de l'administration de l'Estat qu'il pourroit domter l'audace de ses ennemis & leur donner la loy en paix & en guerre. Qu'à cet effect donc il le conjuroit de la part du Roy son Maistre vrayement tres-pieux & tres-religieux de quiter au plustot ces nouuelles opinions touchant la foy, & d'embrasser la Religion de ses ancestres qui auoient porté durant prez de mille ans le tres-auguste*
D *& tres-eminent titre de tres-Chrestien pour auoir fait profession de la Religion Catholique, Apostolique, Romaine, protegé le Sainct-siege, & exposé genereusement leurs vies & celles de leurs subjets pour l'extirpation des heresies. Que se resoluant à la conuersion & à la reconciliation auec Dieu, il possederoit parfaitement les affections & le cœur du Roy, & par ce moien (auec les graces dont le Ciel l'auoit auantageusement partagé) il dissiperoit les menées de leurs communs ennemis, destruiroit leurs artifices, dementiroit leurs impostures, confondroit leurs desseins, prendroit le rang & l'autorité au gouuernement de l'Estat que sa naissance & merite luy donnoient, & aprés la fin du Roy, si Dieu en disposoit ainsi, la succession de sa Couronne.*

XVI. Discours du Duc d'Espernon au Nauarrois.

Ces remonstrances furent souuent reïterées par le Duc d'Espernon

XVII.

Tome 4. O iij

162   Histoire de France,

Lequel est destourné de sa conuersion par les Ministres.

au Roy de Nauarre : lequel sans doubte en fut grandement esmeu : & Roquelaure (qui estoit tousiours auprés de la personne du Nauarrois nonobstant la diuersité de leurs religions) se passionnoit auec vn tres-bon & tres-loüable zele pour luy persuader la mesme chose. Mais les Ministres desquels il estoit obsedé l'en diuertirent tousiours par deux raisons: l'vne fondée sur la foy de la religion qu'il professoit, à laquelle aiãt esté institué dez son enfance, on attribueroit à legereté voire à impieté qu'il la quitât ainsi soubs des promesses incertaines, voire mesmes quand les effects en seroient certains & infaillibles. Car que sert-il de gaigner vn roiaume temporel (disoient-ils) ny mesmes tout le monde, si on perd quand & quand son ame ? L'autre raison estoit politique: à sçauoir qu'il se deuoit ramenteuoir le passé pour iuger du present & preuoir l'aduenir: & que s'il consideroit combien de fois on l'auoit repeu de belles promesses sans effect, & mesmes pour le deceuoir en le separant de ses plus confidens amis, ou en le priuant de ses plus fideles seruiteurs, qu'il trouueroit qu'en toutes ces offres du Duc d'Espernon, grandes en apparence, il y auoit plus à craindre qu'à esperer: le Roy mesme n'estant pas assez puissant pour s'en faire croire. Tellement qu'en se faisant Catholique il perdroit certainement l'amitié de ses parens & de ses alliés tant François qu'estrangers, incertain neantmoins si les Catholiques se pourront si facilement persuader (aprés deux precedens changemens de Religion) qu'à ce coup il y procede plus serieusement & en bonne conscience.

A

L'An de Christ. 1584.

B

XIIX. Dont Roquelaure les offense.

Telle' estoit la contre-batterie que les Ministres faisoient aux remonstrances du Duc d'Espernon : & Roquelaure perdant patience (bien qu'il fût assez moderé de son naturel) en eut de grosses paroles auec Mermet Ministre de Nerac, pere de celuy qui a longuement esté auprés du Duc de Rohan, au grand dommage de ce genereux Seigneur & de toute la France. Venez-ça (disoit Roquelaure) malheureux que vous estes: mettez vne paire de pseaumes de Marot d'vn costé sur la table, & d'vn autre la Couronne de France: voudriez-vous conseiller au Roy nostre maistre de quitter la Couronne pour les pseaumes ?

C

XIX. Response du Roy de Nauarre.

Tant y a qu'aprés tout le Duc d'Espernon ne sceut tirer autre response du Nauarrois que de grandes protestations de fidelité & d'obeïssance enuers le Roy, des remerciemens du soing qu'il prenoit de ses interests, & mesmes du salut de son ame. Toutesfois qu'il ne luy seroit ny vtile ny bien-seant de changer si souuent de religion. Qu'il estoit resolu de ne quiter iamais celle qu'il professoit à present, y aiant esté nourri & instruit toute sa vie, si Dieu par quelque inspiration ou autre secret ressort ne luy faisoit changer de volonté ; & qu'en cela mesmes il desireroit vne parfaite instruction au precedent, afin qu'elle peût donner autant de satisfaction à la croiance d'autruy qu'à sa propre conscience. Au surplus qu'il esperoit que Dieu luy feroit la grace de le defendre des embusches de ses ennemis : & que venans ouuertement à la force il croyoit

D

Henry III du nom, Roy LXII. 163

estre assez fort & assez puissant pour leur rompre à tous la teste.

L'An de Christ. 1584.

Tout cela fut dit à Pamiez, redit à Pau, où le Duc d'Espernon alla retrouuer le Nauarrois qui le vint accueillir à Pontac à quatre lieües de Pau, & repeté encore à Nerac: où le Duc visita la Roine de Nauarre à sa tres-instante priere. Car elle estant en ce temps-là en diuorce auec son mari, & doubtant que le Roy son frere (qui ne l'aimoit pas) luy voulust faire joüer quelque mauuais tour par l'entremise du Duc d'Espernon, desiroit de s'en esclarcir en entretenant celuy-ci: qui ne manqua pas de rendre ce deuoir à vne si grande Princesse. Mais aussi le Roy de Nauarre (qui redoubtoit l'esprit de sa femme) auola incontinent à Nerac: où le Duc d'Espernon (comme il a esté tousiours accort & prudent) leua de leurs esprits toute sorte de soupçon & de deffiance.

XX. Le Duc d'Espernon visite la Roine de Nauarre.

Aubigné rend vne autre raison pour laquelle le Nauarrois refusa les conditions proposées par le Duc d'Espernon: c'est (dit-il) que peu de iours auant cela le Roy d'Espagne & luy auoient fait vne conference par leurs deputez, qui estoient vn Secretaire major de la part de l'Espagnol, & Segur de la part du Nauarrois: lesquels se trouuerent és maisons des sieurs de Guerre & de Mazere Gentils-hommes Basques: où ils firent vn traicté qui n'auoit qu'vn article d'importance, à sçauoir que le Nauarrois r'allumeroit la guerre ciuile en France: & sur la seule asseurance qu'il en donneroit il toucheroit deux cens mille ducats rendus en la maison de Chaux en la basse Nauarre. Qu'aprés qu'il auroit pris quatre villes pour preuue d'auoir commencé la guerre il toucheroit encore quatre cens mille ducats: & en la continuant il luy seroit fourni annuellement au premier iour de Ianuier six cens mille ducats. Cete conuention ne fut pas pourtant executée, à cause qu'en ces entrefaites l'Espagnol demeura d'accord à Ioinuille auec la Ligue: laquelle s'estant obligée à faire la guerre aux Religionnaires, il y trouuoit mieux son compte: parce qu'il ne demandoit qu'entretenir la guerre ciuile en quelque façon que ce fût en ce Roiaume. Ce traicté auec le Nauarrois est vne preuue suffisante que les Guises n'auoient point encore rien resolu auec l'Espagnol, comme plusieurs leur imposent. Car le but de l'Espagnol n'estant que de faire continuer la guerre ciuile en France, s'il eût obtenu ce poinct par le moien de la Ligue, il n'auoit garde de traicter auec le Nauarrois, auec lequel il y auoit moins d'asseurance à cause de la diuersité de leur religion & de leur ancienne haine.

XXI. *Aubigné* tom. 3. l. 5. c. 16. Le Nauarrois traicté auec l'Espagnol.

Le Roy estoit alors à Lyon, attendant auec impatience le retour du Duc d'Espernon pour sçauoir l'issue de sa conference auec le Roy de Nauarre. Le Duc approchant de Lyon sa Majesté enuoia tous les Seigneurs & la Noblesse de sa Cour au deuant de luy jusqu'au deça d'Escueilly: & à la rencontre l'espée d'vn cauallier aiant accroché la bride du cheual du Duc d'Espernon, le cheual qui auoit la bouche

XXII. Le saut d'Espernō.

Q iiij

delicate, se mit en action, & bronchant tomba dans vn precipice: où le Duc se desnoüa l'espaule, & faillit à se tuer de cete cheute. Le lieu en retient encore aujourd'huy le nom *du saut d'Espernon*. Le Roy aiant aduis de cet accident l'alla voir sur l'heure, & le lendemain le fit porter sur vne chaire à Lyon: l'obstination du Nauarrois jointe à la blesseure du Duc d'Espernon comblant son esprit d'vne extreme fascherie.

L'An de Christ. 1584.

XXIII. Le Roy calomnié par la Ligue.

Or combien que les intentions du Roy en cete conference qui se fit de sa part par le Duc d'Espernon auec le Roy de Nauarre fussent sainctés: neantmoins la Ligue publia par tout que c'estoit vne confederation secrete qui ne tendoit qu'à la ruine des bons Catholiques & à l'abolition de la vraye Religion, en faisant deferer la succession de la Couronne à vn Prince heretique relaps, auteur & chef de la rebellion & felonnie de ceux de sa secte. Voici encore vn nouueau subjet d'inuectiue.

XXIV. Le Duc d'Espernon Colonnel general de l'Infanterie.

Le Roy honora le Duc d'Espernon de la charge de Colonnel general de l'infanterie Françoise tant deçà que delà les mons, vne des plus importantes de la milice. Pour adjouster encore le lustre à l'autorité sa Majesté voulut que ce fût auec le titre d'Officier de la Couronne. L'edict en fut verifié en Parlemét le XVIIiour de Iauier MDXXCV: 1585. auquel le Duc d'Espernon assisté du Marquis de Conty, du Comte de Soissons, des Ducs de Montpensier, de Neuers, d'Aumale, de Ioyeuse, de Rais, & accompagné de grand nombre de Seigneurs & Gentils-hommes, en aiant presté le serment au Parlement y prit seance en l'audience. Toutefois le premier President luy dit ces mots: *Duc d'Espernon montez ici comme Pair de France, & non comme Colonnel general: car en cete derniere qualité vous n'auez point ici de seance.* Ce surcroit de la faueur du Roy enuers ce Seigneur accreut l'enuie de la Ligue contre le seruiteur & la mesdisance contre le Maistre.

XXV. Le Roy prend l'Ordre d'Angleterre.

Le troisiesme subjet ou pretexte d'imposer au Roy qu'il auoit confederation secrete auec les heretiques fut qu'au commencement de cete année le Duc d'Erby, ambassadeur extraordinaire pour la Roine d'Angleterre accompagné de deux cens cheuaux, porta au Roy l'Ordre de la Iartiere: lequel sa Majesté receut, en fit le serment publiquement & traicta tres-magnifiquement l'ambassade Angloise.

XXVI. Confederation des Estats heretiques auec ceux de France.

Quant au Roy de Nauarre, Prince de Condé & parti des pretendus Reformés, dez-lors qu'ils sceurent les monopoles de la Ligue, ils se resolurent aussi à former vne Contre-Ligue & confederation de tous les Estats heretiques. Segur de Pardeillan fut vn des principaux ambassadeurs & negociateurs de cete affaire: lequel y trauailla auec tant de diligence & de bon-heur pour le parti, que s'interessans tous en la defense des Religionnaires de France ils promirent d'y contribuer de leurs forces: c'est à sçauoir la Roine d'Angleterre douze mille Anglois, cinq mille Reistres, & quatre mille Suisses. Le Comte Palatin, le Duc Casimir & le Duc de Pomeranie chacun quatre mille Reistres; le Ládgraue de Hessen deux mille cinq cens, le Duc de Virtéberg

Henry III du nom, Roy LXII. 165

L'An de Chrift 1580.

A deux mille : les Seigneurs des Ligues des cantons cinq mille Suisses: les Escoſſois deux mille combatans de leur nation : & les Religionnaires François offroient de paroiſtre en campagne en nombre de vingt-cinq mille hommes de pied & quatre mille cheuaux. Auec ces forces ainſi vnies ils ſe promettoient de faire la loy à la France, chaſſer l'Eſpagnol des Païs-bas : & reſtablir l'Empereur dans les terres du Sainct-ſiege. Et d'autant que toutes ces nations quoy que bien accordantes enſemble contre l'egliſe Romaine (marque ordinaire de tous heretiques) eſtoient en controuerſe touchant les principaux articles de Foy, elles arreſterent d'enuoier leurs deputés à Baſle pour les decider & determiner à l'amiable, & ſpecialement celuy de la Cene. Mais ils n'en ſceurent demeurer d'accord, & ne le feront jamais, cete conformité & vniformité de croiance n'appartenant qu'à la vraye Egliſe regie par l'Eſprit de verité, laquelle n'a jamais qu'vne face.

XXVII. Hardi repart du Nauarrois au Roy.

Le Roy redoubtant les menaces de cete Ligue tant contre l'Eſtat que contre la Religion en fit reproche au Roy de Nauarre: lequel eſtant vaſſal de la France ne pouuoit faire des ligues & des confederations auec les Potentats eſtrangers au deſceu de ſa Majeſté ſans encourir le meſme crime dont il accuſoit les Guiſes. Neantmoins comme le Nauarrois eſtoit en vn degré d'Eſtat au deſſus d'eux: auſſi repartit-il courageuſement au Roy qu'encore qu'il eût perdu la meilleure partie de ſon Roiaume vſurpée par leur commun ennemi; ſi ne laiſſoit-il pas d'eſtre Roy : & qu'en cete qualité il luy eſtoit permis de traicter auec les Eſtats eſtrangers, notamment pour la defenſe de ſes droits, de ſon honneur, de ſa dignité & de ſa perſonne.

XXIIX. Priſe d'Anuers par le Prince de Parme.

En ces entre-faites les armes de l'Eſpagnol faiſoient vn tres heureux progrés és Païs-bas ſoubs la conduite du Prince de Parme. Car il prit Teremonde, Viuorde, & autres villes & forteresses, & meſmes Gand la plus grande cité de Flandres ſe rendit à luy : & Bruxelles en ſuite ſans attendre le ſiege. Celle d'Anuers capitale de Brabant fut eſtroitement bloquée par vn pont qu'il bâtit ſur la riuiere de l'Eſcaud, de la longueur de quinze cens pas, qui eſtoit la trauerſe ou trajeϛt du canal : ſur lequel pont dix hommes pouuoient marcher de front : & combien que les aſſiegés euſſent dreſſé pluſieurs machines pour l'abbatre ou le bruſler, il le remit touſiours en ſi bon eſtat qu'ils furent en fin contrains de ſe rendre.

XXIX. Les Païs-bas offrent de ſe dóner au Roy.

Les Eſtats voiant leurs affaires en vne deſolation extreme, eurent recours au Roy : & la neceſſité aiant adouci leur fierté naturelle, humilié leur arrogance, & abbatu leurs courages, ils commencerent à parler bon François, ne demandant pas ſeulement ſecours & protection, mais offrant de ſe ſoufmettre à ſa Majeſté comme tres-fideles & tres-obeïſſans ſubjets de ſa Couronne.

XXX. Qui n'oſe accepter leurs offres.

C'eſt bien ſans doubte qu'on les eût pris au mot, ſi en ce meſme temps la Ligue leuant les cornes n'eût eſtonné le Roy & ſon Conſeil. de ſorte qu'aprés auoir vſé de tous les artifices & delais dont on ſe peut aduiser pour entretenir & amuser les Ambassadeurs des Estats, il fut enfin contraint de leur declarer *qu'il eût desiré de leur tesmoigner en cete occasion combien il les cherissoit : mais qu'eux-mesmes voyoient que ses subjets François de l'vne & de l'autre Religion armoient puissamment & passionnément contre sa volonté. Qu'il n'auoit non plus de confiance és vns qu'és autres : & neantmoins qu'il ne pouuoit secourir les Estats sans attirer encore contre luy les armes de l'Espagnol : lequel aiant vne secrete confederation auec la Ligue ne demandoit qu'vn pretexte de joindre ses forces auec elle pour la destruction de ce Roiaume. Qu'aussi-tost que Dieu luy feroit la grace de voir son Estat hors de peril il n'auroit rien en si estroite recommandation que de pouruoir à leur contentement en les assistant de toute sa puissance. Que cependant il intercederoit enuers la Roine d'Angleterre & enuers le Roy de Nauarre afin qu'ils les secourussent au plustot : & n'empescheroit point que les François volontaires allassent à leur seruice.*

L'An de Christ. 1585.

XXXI.
Ils se mettent soubs la protectiō Angloise.

Les Anglois n'attendoient que cete response afin que les Estats des Païs-bas fussent contrains de recourir à eux auec pareilles soumissions : à quoy ils n'auoient encore disposition ny inclination quelconque. Car quoy que la conformité de leur Religion ou plustot leur haine commune enuers la vraye Religion peût auancer leur confederation. Toutefois l'arrogance de la nation Angloise ne leur sembloit pas moins insupportable que l'Espagnole. Ioint que tousiours en pareilles occasions les Anglois auoient demandé quantité de villes & de forteresses pour l'asseurance de leurs conuentions : ce qui augmentoit la desfiance qu'ils auoient de ces Insulaires. Tellement que leur protectiō auec de si rudes conditions ne leur sembloit pas tát vn secours contr'vn tyran qu'vn changement de tyrannie. Enfin neantmoins la necessité les obligea à traicter auec la Roine d'Angleterre, en luy baillant certaines villes d'asseurance. Et voilà comme nos dissensions intestines nous firent perdre vne occasion de reunir à la Couronne les Païs-bas : laquelle parauenture iamais plus ne s'offrira si fauorable.

XXXII.
Phare de Courdoüã.

Cete mesme année Louïs de Foix natif de Paris (qui auoit pris son nom & son extraction au Comté de Foix) entreprit la construction de la Tour de Courdoüan, qui est vn Phare assis sur vne roche vers l'embouchure du fleuue de Gironde en la mer Oceane, non moins admirable & vtile à ceux qui nauigent que celuy d'Alexandrie en Egypte.

Guerre I de la Ligue. Edict d'vnion iuré par le Roy. Contraire edict du Roy de Nauarre.

I. *La Ligue met vne armée sur pied.* II. *Manifeste de Charles Cardinal de Bourbon.* III. *Articles de la Ligue.* IV. *Qui se saisit d'aucunes villes.*

Henry III du nom, Roy LXII. 167

V. *Son entreprise sur Marseille rompue.* VI. *Mandelot rase la citadelle de Lyon.* VII. *La Ligue puissante en Picardie & en Champagne.* IIX. *Ligueurs les plus zelés de Paris.* IX. *Leur contribution.* X. *Leurs sollicitations enuers les autres villes.* XI. *Le Mareschal de Matignon sert bien le Roy en Guienne.* XII. *Edict du Roy contre la Ligue.* XIII. *Reglement pour les Conseillers d'Estat.* XIV. *Pour les requestes touchât dons ou bien-faits.* XV. *Pour l'accés à sa Majesté.* XVI. *Il respond au Manifeste du Cardinal de Bourbon.* XVII. *Diuers aduis de son Conseil touchant la Ligue.* XIIX. *Le Roy arme.* XIX. *Les Ducs de Montpensier, de Ioyeuse & d'Espernon le seruent fidelement.* XX. *Le Duc de Guise approche de Paris.* XXI. *Demandes de la Ligue au Roy.* XXII. *Qui y preste l'oreille.* XXIII. *Fait vn edict en faueur d'icelle.* XXIV. *Articles secrets en faueur des Chefs.* XXV. *Le Roy jure l'edict.* XXVI. *Parle seuerement aux Chefs des Ordres de l'Estat.* XXVII. *Interrõpt ceux qui luy veulent respõdre.* XXIIX. *Response du Roy de Nauarre au Manifeste du Cardinal de Bourbon.* XXIX. *Ses plaintes au Roy.* XXX. *Qui luy enuoie vne ambassade.* XXXI. *Sa froide response.* XXXII. *Il est excommunié par le Pape.* XXXIII. *Qui en reçoit vne injure.* XXXIV. *Commination du Roy contre les Religionnaires.* XXXV. *Le Nauarrois en fait vne contraire.* XXXVI. *Le Duc de Montmorency se ligue auec luy & auec le Prince de Condé.*

L'An de Christ, 1584.

PHILIPPE Roy d'Espagne pressoit la Ligue de mettre à execution les conuentions accordées à Ioinuille, & en ce faisant commencer la guerre, offrant d'y contribuer de sa part hommes & finance. Les Chefs de la Ligue ne demandoient pas mieux que cela : jugeans bien que pour maintenir leur parti il falloit contenter vn confederé si puissant que celuy-là : & que leurs desseins ne pouuoient reussir que par la force des armes. Ils enuoyent donc des commissions de tous costés, leuent des troupes tant de caualerie que d'infanterie & dans le Roiaume & dehors. Aiant fait entrer trois mille Lansknetz payés des doublons d'Espagne, ils les joignent à pareil nombre de François en vn corps d'armée fortifié de quantité d'artillerie.

I. La Ligue met vne armée sur pied.

Et dautant que cet armement fait sans le consentement du Roy pouuoit sembler odieux, ils publient en mesme temps vn manifeste soubs le nom de Charles de Bourbon Cardinal & premier Prince du sang (car il prenoit ce titre) par lequel il represente le pitoyable estat de la France, le progrés de l'heresie, les exactions & leudes extraordinaires qui se font sur le peuple, la profusion du Roy, lequel pour enrichir deux ou trois de ses mignons foule tous ses subjets, & neantmoins demeure tousiours dans l'indigence : l'oppression des Ecclesiastiques, l'auilissement de la Noblesse : bref tous les manquemens qui se rencontrent au gouuernement : lesquels il attribue principalement à la faitardise du Roy & à la conniuence des ministres de

II. Manifeste de Charles Cardinal de Bourbon.

l'*Eftat*, la plufpart fauteurs des heretiques. Aprés cela il protefte que luy, comme premier Prince du fang, les autres Princes, Prelats, Officiers de la Couronne, Seigneurs, Gentils-hommes & tous les bons Catholiques François ont resolu ensemble de pourouir à ces defauts, & ne se proposans autre but que la gloire de Dieu, le seruice du Roy; & le bien de l'*Eftat*, ont juré d'extirper l'herefie de ce Roiaume pour y restablir par tout l'exercice de la Religion Catholique, Apoftolique, Romaine, maintenir les Ecclefiaftiques en leurs exemptions, immunités & priuileges, remettre la Nobleffe en fon ancien luftre, rang & honneurs, descharger le peuple de tous fubfides inuentés depuis le regne de Charles IX, & bannir de la Cour ces fang-fues qui fe gorgent de fa fubftance. Que le Roy feroit fupplié de proceder à la nomination de fon fucceffeur à la Couronne, en cas que Dieu ne luy donnât point d'enfans mafles. Que les frequentes remonftrances des vrais Catholiques fes tres-fideles & tres-humbles fubjets aiant efté jufqu'à prefent fans fruict, ils proteftent de pourfuyure l'execution de ce deffus par les armes : & de ne les pofer jamais qu'elle ne foit entierement accomplie. Ils promettent auec cela d'eftablir vne fi bonne difcipline parmi leurs troupes qu'elles payeront par tout, & ne feront aucune forte de defordre. Ce Manifefte eftoit fouferit du feul Cardinal: auffi portoit-il la marote pour tous les autres.

L'An de Chrift. 1585.

III.
Artifices de la Ligue.

Plufieurs liurets volerent en mefme temps par les mains du peuple pour confirmer les plaintes de la Ligue contre le Roy, & les proteftations de la fainéte vnion (ainfi en parloient les fuppofts de la Ligue) & les predicateurs declamoient là deffus plus hardiment que jamais en leurs chaires, les vns par vn zele indifcret, les autres comme factieux & par malice. Le Bearnois (ainfi le qualifioient-ils) y eftoit defchiré comme Chef des heretiques & perfecuteur de l'Eglife Catholique.

IV.
Qui fe faifit d'aucunes villes.

Cependant que ceux-ci inuectiuoient de viue voix & par escrit l'armée tenoit la campagne, & faifoit des entreprifes fur les plus importantes places du Roiaume, & entre autres fur Mets, Toul & Verdun: lefquelles furent heureufement executées fur Toul & Verdun. Mais le Duc d'Efpernon aiant auolé à Metz pourueut fi bien à la feureté de cete bonne ville, qu'il y fit auorter toutes les intelligences de la Ligue. Et dautant qu'il entra en quelque desfiance du fieur de Montcaffin fon coufin germain qu'il y auoit eftabli gouuerneur (l'vn des freres duquel nommé Hoeillez tenoit le parti de la Ligue) il luy en ofta le gouuernement pour le donner à Sobole : l'ingratitude duquel l'obligea depuis à faire vn grand effort pour le tirer (comme il fit) de la mefme place : & Montcaffin iuftifia enuers luy fon integrité & innocence.

V.
Son entreprife fur Marfeille rompue.

Daries vn des Confuls de Marfeille auec le capitaine Boniface, efmeurent le peuple à crier *viue la Ligue*, maffacrerent aucuns des principaux habitans qui pouuoient faire obftacle à leurs deffeins, en emprifonnerent plufieurs : & attendans en vain le fecours du fieur de Vins, Henry Grand prieur de France fils naturel du feu Roy Hëry II & gouuerneur de Prouence y auola auec deux à trois cens cheuaux, appaifa le trouble, deliura les prifonniers, fit pendre les auteurs de la fedition, & fit crier

Henry III du nom, Roy LXII. 169

fit crier par tout *viue le Roy* en signe d'obeïssance.

En mesme temps (c'estoit au mois d'Auril) François de Mandelot gouuerneur de Lyon qui penchoit du costé de la Ligue, voiant que la citadelle (dans laquelle le Duc d'Espernon auoit mis Passage) estoit comme vn frein pour le contenir en deuoir, fit sousleuer le peuple pour s'en saisir & la demolir: ce qu'il executa heureusement, & apres s'en excusa enuers le Roy, en rejettant le crime sur le peuple. Le Roy, quoy que bien instruit de la verité du fait, fut contraint de le dissimuler, de peur de perdre la ville apres la citadelle. Ioint que Villeroy qui traictoit le mariage du sieur d'Alincour son fils auec la fille de Mandelot (lequel entre autres choses luy donnoit son gouuernement) appaisa le juste courroux de sa Majesté irritée.

VI. Mandelot rase la citadelle de Lyon.

La Picardie, laquelle dez l'an MDLXXVI, auoit formé vne Ligue particuliere soubs le sieur de Humieres, se declara pour la Ligue generale: & n'y eut point de bonne ville qui ne fit le saut, excepté Boulogne, qui refusa la porte au Duc d'Aumale reuenant de prendre Dourlens. Le Duc de Guise estant gouuerneur de Champagne disposoit aussi de toutes les places de cete prouince.

VII. La Ligue puissante en Picardie & en Champagne.

Les practiques & menées de la Ligue furent si fortes dans Paris qu'il n'y eut Copagnie, Corps, College, Ordre, ny Mestier qui n'y contribuât vn grand nombre de personnes: les vnes par vn zele indiscret enuers leur Religion y donnans leur nom & s'y lians par serment: les autres, qui auoient leurs affaires desesperées, esperans de faire quelque fortune parmi les desordres & dissensions ciuiles de President le Maistre se chargea de practiquer les Officiers de la Cour. Le Parlement: la Chappelle-Marteau, ceux de la Chambre des Comptes: le President de Nully, ceux de la Cour des Aides: Roland, ceux des Monnoyes: la Bruyere Lieutenant particulier, ceux du Chastellet: Bussy-le Clerc & Michel, les Procureurs en la Cour de Parlement; Crucé, ceux du Chastellet: Hate & Morliere, les Notaires: Bart & Louchart, les Commissaires: & d'ailleurs Louchart par vn excés de zele se chargea de gaigner les maquignons & marchans de cheuaux. Leu, les Huissiers du Parlement: Senaut, les Clercs de greffe: Choulier, les Clercs du Palais; Poccart & Gilbert les bouchers & chaircutiers. D'autres auoiét charge de desbaucher l'Vniuersité: en quoy ils n'eurent pas beaucoup de peine: tous les Ordres Ecclesiastiques, les Colleges & la Sorbonne mesme tenant que la Ligue deuoit extirper l'heresie. Entre les plus zelés estoiét encore remarqués Acarie maistre des Comptes, Hénequin Thresorier de France, Loüis d'Orleans Aduocat en Parlement, Droüart Aduocat au Chastellet, Hoteman Thresorier de l'Euesque de Paris, Santueil, Bray, le Turc & Ameline.

IIX. Ligueurs les plus zelés de Paris.

Tous contribuoient aux frais necessaires pour maintenir cete confederation: dont il y auoit vn Estat ou roolle contenant ce que chacun deuoit fournir, & l'inscription estoit pour les boües: le roolle

IX. Leur contribution.

Tome 4.   P

marqué par fols, qui fignifioient autant d'efcus. Aucuns efcriuent que le Duc de Guife en retira à diuerfes fois plus de trois cens mille efcus.

X. Leurs follicitations enuers les autres villes.

Ces Parifiens liguez ne fe contenterent pas d'auoir ainfi bafti leur vnion: mais auffi deputerent les plus factieux d'entr'eux par toutes les prouinces & bonnes villes du Roiaume pour folliciter les bons Catholiques à fe liguer auec eux foubs la conduite du Duc de Guife: lequel (difoient-ils) auoit fi bien ordonné les affaires que dans peu de iours il mettroit en campagne quatre-vingts mille hommes de guerre, & s'affeuroit que dans trois ans il n'y auroit pas vn heretique en France. Ces follicitations de la part de la ville capitale du Roiaume confirmerent ceux qui def-ja auoient de l'inclination à la Ligue, & en attirerent grande multitude d'autres.

XI. Le Marefchal de Matignon fert bien le Roy en Guienne.

Les Bourdelois redoutans les menaces du Roy de Nauarre (dont nous auons parlé ci-deffus) auoient auffi vne extreme propenfion à la Ligue, & Louis de Genoillac Baron & depuis Comte de Vaillac (lequel l'auoit foufcrite) y encourageoit les plus grands, auec lefquels il auoit d'autant plus de credit qu'il eftoit gouuerneur du chafteau Tropeite (dit vulgairement Trompete) qui eft fur la riuiere. Mais le Marefchal de Matignon fe faifit de fa perfonne, & par menaces le contraignit de luy remettre le chafteau: ce qui fut caufe de retenir en deuoir non feulement la ville de Bourdeaus, mais auffi vne bonne partie de la Guienne, qui eftoit fur le poinct de crier, *viue la Ligue*.

XII. Edict du Roy contre la Ligue.

Pendant que la Ligue faifoit ainfi vn grand progrés pour deftruire l'autorité roiale, le Roy s'amufoit à faire des Edits pour l'empecher. Sur la fin de l'année derniere il en fit vn portant defenfes foubs de groffes peines à tous fes fubjets de faire aucunes ligues, focietés, ny confederations, ny leuée de gens de guerre dans le Roiaume ny dehors fans fa permiffion.

XIII. Reglement pour les Confeillers d'Eftat.

L'année precedente il auoit fait certains reglemens pour fon Côfeil & pour la maifon roiale, qui furent trouués tous hors de faifon, & aucuns grandement odieux. Il reftreignit le nombre des Confeillers d'Eftat à trente-trois, à fçauoir fix Ecclefiaftiques, fix de robbe-longue & vingt-vn d'efpée. Les Ecclefiaftiques & ceux de robbe-longue deuoient eftre veftus de robbes longues, ceux-ci à manches larges & ceux là eftroites: & ceux d'efpée de manteaux longs fendus au cofté droit & retrouffés du gauche. L'eftoffe eftoit de velours violet cramoifi pour l'hyuer & de fatin pour l'Efté. Ils eftoient obligés à feruir par quartier: fans exclufion des Princes, Cardinaux, Ducs, Pairs, Officiers de la Couronne, Prefidens au Parlement de Paris, Premiers Prefidens és autres Parlemens, & en la Chambre des Comptes, Secretaires d'Eftat, Intendans & Contre-roolleur des Finances, Grand-Preuoft de France, Capitaines des Gardes du corps. Le Roy entrant en fon Confeil les Cheualiers de fon Ordre y auoiét auffi entrée. La desfiance luy faifoit exiger d'eux vne nouuelle forme de ferment.

Henry III du nom, Roy LXII. 171

L'an de Chrift. 1585.

Ainſi s'amuſoit-il à veſtir decemment les gens de ſon Conſeil pendant que la Ligue trauailloit à le deſpoüiller de l'autorité ſouueraine.

Par vn autre reglement il defendit à toutes perſonnes (les Roines ſa mere & ſon eſpouſe exceptées) d'interceder enuers ſa Majeſté en faueur de perſonne quelconque, pour obtenir offices, benefices, dons, penſions où recompenſes: afin qu'il ſemblât que tous bienfaits procedaſſent de la ſeule liberalité du Prince. Et neantmoins il n'en conferoit gueres que par l'interceſſion des Ducs de Ioyeuſe & d'Eſpernon.

XIV. Pour les requeſtes touchant dons ou bienfaits.

Cela meſme rendoit ces deux Seigneurs grandement odieux aux Princes. Mais vn autre reglement qu'il fit en leur faueur attira ſur eux l'enuie de tous les grands du Roiaume. Car il defendit à toutes perſonnes l'entrée de ſon cabinet, qu'à certaines heures: excepté aux Duc de Ioyeuſe & d'Eſpernon: auſquels il permettoit d'y entrer à toutes heures. Cete exception ainſi exprimée procedoit d'vne grande imprudence, pouuant eſtre faite par vn commandement ſecret ſans enuie.

XV. Pour l'accés à ſa Majeſté.

Il fit faire vne reſponſe au Manifeſte du Cardinal de Bourbon: en laquelle on remarquoit plus d'elegance que de raiſon. Car encore qu'en vn autre temps il ſuffit d'interpoſer l'autorité de ſa Majeſté à telles menées: neantmoins l'impudence des ſubjets eſtoit venue à ce poinct qu'il falloit que le Monarque deſarmé rendît compte de ſes deportemens à ſes ſubjets armés par la licence du ſiecle. Et luy n'aiant pas de juſtes defenſes, ſi l'on venoit à la diſcuſſion de pluſieurs affaires, les plus judicieux eſtimoient qu'il eſtoit plus à propos de laiſſer courir ces libelles que d'y reſpondre.

XVI. Reſpond au Manifeſte du Cardinal de Bourbon.

Tels edicts, reglemens & defenſes de parole eſtans donc vn remede de peu d'efficace pour guerir les vlceres dont l'Eſtat eſtoit affligé, le Duc d'Eſpernon exhortoit, encourageoit & conjuroit le Roy par le ſalut de ſa Majeſté & de ſon Eſtat, à vſer d'vne punition ſeuere enuers les chefs de la Ligue & enuers les ſeducteurs du peuple. Mais la Roine mere au contraire, auec les principaux du Conſeil qui dependoient la pluſ-part d'elle, ou fauoriſoient la Ligue (aucuns craignans auſſi que ſi le Roy l'entreprenoit & ne le pouuoit executer rédît le mal incurable) luy conſeilloient de faire quelque bon accord auec la Ligue, la cauſe ou le pretexte de laquelle eſtoit plauſible aux Catholiques encore que le procedé en fût de pernicieuſe conſequence. Ils fondoient cet aduis ſur ce que ſa Majeſté ne pouuoit prendre aſſeurance des Religionnaires, ny eux confiance en luy, y aiant entr'eux vne auerſion reciproque. Ioint que s'vniſſant à eux, il confirmeroit entierement les calomnies de la Ligue.

XVII. Diuers aduis de ſon Conſeil touchant la Ligue.

Neantmoins afin que la Majeſté roiale ne demeurât pas expoſée aux iniures de ſes ſubjets, le Roy commença d'armer auſſi de ſon coſté,

XIIX. Le Roy arme.

Tome 4. P ij

donne des commissions à ses seruiteurs desquels la fidelité luy estoit co- gnue: enuoia faire vne leuée de six mille Suisses, & despecha en Alema- gne Gaspar de Schomberg Comte de Nantueil pour emmener vn ren- fort de Reistres. Mais celuy-ci arresté prisonnier en chemin n'eut pas moien de s'acquiter de sa charge.

L'An de Christ, 1585.

XIX.
Les Ducs de Mont- pensier, de Ioieuse & d'Espernon le seruent fidelement.

Le Duc d'Espernon estant retourné de Mets fut malade d'vne de- fluxion sur la joüe droite. Mais aussi-tost qu'il commença à se bien porter il s'en alla à Orleans auec ce qu'il peut ramasser de gens de guer- re à la haste, & dissipa par tout le païs circonuoisin les forces de la Li- gue, qui tenoient des-ja la campagne. Les Ducs de Montpensier & de Ioyeuse firent aussi tres-bon deuoir en cete ocasion pour le seruice du Roy: l'vn aiant chassé du Poitou les troupes du Duc de Mer- cœur, & l'autre celles du Duc d'Elbeuf le long de Loire vers la Touraine.

XX.
Le Duc de Guise ap- proche de Paris.

Tous ces exploits n'empeschoient pas que le Duc de Guise n'appro- chât de Paris auec son armée, qui grossissoit tous les jours, emmenant quand & luy le Cardinal de Bourbon, comme chef du parti, en qualité de premier Prince du sang (ainsi se qualifioit-il) & d'heritier presom- ptif de la Couronne. Spectacle vrayement plein de commiseration pour la France & digne de risée pour les estrangers, de voir vn Preb- stre plus que septuagenaire enerué & cassé, qui pretend de succeder à vn Roy sain, vigoureux & en la fleur de son âge, à l'exclusion d'vn autre Prince plus proche que luy qui est encore plus jeune, plus robuste & vigoureux que le Roy mesme: & ce chetif vieil- lard ne recognoit pas qu'il ne sert que de joüet à ceux qui l'en- tretiennent en cete humeur & le produisent pour estre la fable du peuple.

XXI.
Demandes de la Ligue au Roy.

Le Roy donc se trouuant surpris & redoutant les menaces de la Ligue & la rebellion des Parisiens, lesquels s'en monstroient ouuer- tement partisans, fit proposer aux chefs toutes les conditions qu'ils pouuoient desirer, ne leur en demandant qu'vne qui estoit qu'ils desar- massent. Mais eux qui apprehendoient aussi la vengeance de la Maje- sté offensée s'ils n'estoient les plus forts pour faire la loy à celuy du- quel ils la deuoient prendre, s'obstinerent à demeurer armés: prote- stans tousiours que ce n'estoit que pour le bien & repos de l'Estat afin d'extirper l'heresie. Au surplus ils offroient toute obeïssance au Roy pourueu que par vn edict exprés il decernât la guerre contre les Reli- gionnaires: qu'il jurât le premier de le faire executer de tout son pou- uoir, & que tous ses subjects Catholiques le jurassent aussi à son ex- emple. Ils demandoient aussi que sa Majesté quittât la protection de Geneue, synagogue des heretiques, qui produisoit à la France les Ministres trompetes de rebellion & de felonnie: auec quelques autres articles inserés dans l'edict qui s'ensuyuit sur leurs de- mandes.

Henry III du nom, Roy LXII. 173

L'An de Christ 1585.

Ainsi le Roy contraint de flechir aux volontés de la Ligue choisit de deux maux celuy qui sembloit le moindre, & practiqua derechef vne des maximes de la Roine sa mere : laquelle tenoit que pour ruiner plus aisément vn parti, il s'y falloit mesler ; dautant qu'en apprenant les secrets & les ressors, il estoit aisé (mesmement à vn Roy parmi ses subjets) de le renuerser & destruire.

XXII. Qui y preste l'oreille.

Voilà donc vn edict extorqué du Roy par la violence de la Ligue, par lequel sa Majesté declare qu'elle defend par tout son Roiaume l'exercice de toute autre religion que de la Catholique, Apostolique, Romaine. Que les Ministres de la Pretendue Reformée viuderont de la France dans vn mois, & les autres de la mesme religion dans six mois apres la publication de l'Edict soubs peine de confiscation de corps & de biens : permettant à ceux qui obeïront de disposer de leurs biens tant meubles qu'immeubles. Il reuoque les Chambres triparties. Il declare que tout ce que la Ligue a fait & procuré dans le Roiaume & dehors (& mesmes les leuées des gens de guerre) a esté pour le bien de la Religion & de l'Estat. Apres tout il ordonne que tous ses subjets iureront d'entretenir cet edict & de le mettre à execution de tout leur pouuoir : & qu'il seroit fait registre des noms & surnoms de ceux qui feroient le serment ainsi ordonné par toutes les villes & iurisdictions du Roiaume. Le Roy mesme assista en personne à la verification qui en fut faite au Parlement de Paris le XIIX de Iuillet MDXXCV.

XXIII. Fait vn edict en faueur d'icelle.

Il y auoit encore quelques articles secrets en faueur des Chefs de la Ligue : par lesquels sa Majesté leur accordoit certaines villes & places de seureté, à sçauoir Chaalons, Sainct-Disier, Reims, Soissons, Dinan, Concq en Bretagne, Dijon ville & chasteau, Beaune, Toul & Verdun, où le Roy feroit bastir à ses despens vne citadelle. Que la somme de deux cens mille escus seroit baillée au Duc de Guise pour le remboursement de ce qu'il auoit auancé à la leuée des troupes estrangeres : auec la descharge de cent six mille escus enleués des Receptes generales : & ample abolition des choses passées.

XXIV. Articles secrets en faueur des Chefs.

Cet edict ainsi verifié en presence du Roy & iuré par sa Majesté, Princes, Prelats, Officiers de la Couronne, & de toutes les Compagnies de la ville de Paris, le Roy conuoqua au Louure vne assemblée des Prelats, qui estoient à la Cour, auec les Chefs des Cours souueraines & le Preuost des Marchans : & en leur manifestant assez par la seuerité de sa face, par la grauité de son accent & par tous ses mouuemens exterieurs le mescontement qu'il auoit en son cœur, leur dit ces paroles.

XXV. Le Roy iure l'edict.

Vous l'auez voulu ainsi, Messieurs, vous auez voulu que ie iurasse l'vnion des Catholiques pour l'extirpation de l'heresie. Si ç'a esté pour seruir d'exemple à vous & à mes autres subjets, ie louë vos intentions : mais si c'est pensant m'obliger plus estroitement par ce serment à faire la guerre aux Huguenots, c'est m'offenser par la doubte ou desfiance que vous auez de mon zele enuers ma Religion : en quoy ie ne cede à nul Prince de la terre.

XXVI. Parle seuerement aux chefs des Ordres de l'Estat.

Tome 4. P iij

Le Roy Charles d'heureuse memoire mon frere m'aiant fait l'honneur en l'âge de seze ans de me donner le commandement general sur ses armées, ie fy vœu d'exposer ma vie pour exterminer les Huguenots de la France, & l'accomply, si heureusement, qu'outre cent combats, cent rencontres & cent sieges quasi tous heureux aux Catholiques, ie gaignay deux batailles generales contre les ennemis: ésquelles ils perdirent leurs meilleurs soldats auec le Prince de Condé, & au tumulte de la Sainct-Barthelemy leurs Capitaines. Personne n'a douté que ie n'eusse pris la Rochelle & domté entierement les Huguenots si soubs pretexte de me procurer de l'honneur, l'enuie qui se glisse souuent entre les plus proches, ou plustot le mal-heur de la France & le mien ne m'eût enuoié en Pologne.

Dieu aiant appellé à soy le Roy Charles mon frere & m'aiant reconduit heureusement de Pologne en France, pour luy succeder à la Couronne, ie fy à mon sacre le vœu solennel selon la coustume des Rois tres-Chrestiens, d'employer tous mes moiens & ma propre vie pour la defense de l'Eglise & pour l'extirpation des heresies.

Apres un vœu volontaire & vn serment necessaire confirmés par tous mes deportemens & en paix & en guerre, qui pourra doubter de la ferueur de mon zele à l'auancement de la gloire de Dieu & au restablissement de la Religion Catholique par tout mon Roiaume? Certes ie ne veux viure que pour cela: & sans cela ie tiendroy que ma vie ne me seroit plus qu'vne mort languissante.

Ainsi donc nous conspirons tous à vne mesme fin: nous prenons tous vne mesme resolution: mais parauenture nous n'auons pas tous pensé aux moiens de l'executer: lesquels consistent principalement au recouurement des finances, comme les nerfs de la guerre. Vous sçauez tous assez que les troubles & les guerres quasi continuelles ont espuisé mes coffres. Que de tout ce qui reuient de bon des impositions & subsides ordinaires, à peine puis-je fournir à la despense de ma maison & au payement des gens de guerre & des garnisons entretenues. Que mon peuple est si foulé & chargé que la moindre sur-charge est suffisante pour l'affaisser & accabler entierement. Tellement que puis qu'il faut faire la guerre, il faut aussi de necessité recourir à des moiens extraordinaires pour en retirer des finances.

Sçachez donc, Messieurs les Prelats, que comme vous auez esté les plus piqués à la conclusion de la guerre contre les Huguenots (auec ce que vous y estes le plus interessés pour la haine qu'ils ont particulierement contre vostre Ordre) aussi suis-je resolu de prendre de vos reuenus ce que ie iugeray estre de raison sans attendre ny les deliberations de vos assemblées ny le consentement du Pape. L'affaire est trop vrgente pour s'arrester à toutes les formalités ausquelles la bien-seance plustot qu'aucune franchise ou priuilege de vostre Ordre m'a lié ci-deuant à l'exemple de mes ancestres. Vous m'imposez la necessité de faire la guerre par vos importunités, & moy i'impose sur vos biens vne partie des frais ausquels la mesme necessité m'oblige. Et vous, Messieurs les Officiers, faites estat qu'à ce mesme effect ie

A
L'An de Christ.
1585.

B

C

D

Henry III du nom, Roy LXII.

L'An de Chrift. 1585.

creeray de nouueaux offices & me feruiray de vos gages. Et vous, Monfieur le Preuoft des Marchans, ne trouuez pas eftrange que ie prenne des rentes de l'hoftel de ma bonne ville de Paris pour les employer à la guerre, à laquelle vous auez tous conclu auec plus d'impetuofité que de prouidence.

XXVII. Interrompt ceux qui ny veulent refpondre.

Le plus ancien des Prelats prenant la parole pour reprefenter à fa Majefté l'indigence & incommodités du Clergé, il l'interrompit, difant que puis que les Ecclefiaftiques s'eftoient le plus aheurtés à la conclufion de la guerre, auffi eftoit-il tres-iufte qu'ils y contribuaffent de leurs biens pendant que les autres y expoferoient leurs vies.

XXIIX. Reponfe du Roy de Nauarre, au Manifefte du Cardinal de Bourbon.

D'autre part le Roy de Nauarre aduerti du Manifefte du Cardinal de Bourbon & des demandes de la Ligue, publia vn Manifefte contraire: par lequel entre autres chofes il tafchoit de monftrer, qu'il n'eftoit pas heretique, puis que iamais il n'auoit fait choix de Religion, aiāt efté nourri & inftruit dez fon enfance en celle qu'il profeffoit, & qu'il offroit de foufmettre fa croiance à vn concile libre. Il proteftoit auffi que iamais il n'auoit procuré que le bien de cet Eftat & le feruice du Roy: qu'il auoit detefté les guerres ciuiles comme il faifoit encore: qu'auec la reuerence deuë à fa Majefté il feroit mentir tous ceux qui diroient le contraire. Cela en termes genereux: & apres tout que pour efpargner le fang de tant d'hommes qui periffoient par les guerres ciuiles, il offroit de terminer la querele, qui eftoit entre luy & le Duc de Guife, par le combat d'homme à homme, ou de plufieurs contre plufieurs en pareil nombre, en tel lieu qu'il plairoit au Roy leur affigner dans fon Roiaume, ou bien dehors, pourueu qu'il y peut eftre en affeurance.

XXIX. Ses plaintes au Roy.

Apres qu'il eut eu aduis de la publication de l'edict d'Vnion fait contre les Religionnaires par l'importunité de la Ligue, il efcriuit de grandes plaintes au Roy: & mefmes de ce que luy ny fes predeceffeurs n'aiant fceu rien auancer contre la Religion Reformée ny par tant d'autres edicts ny à force d'armes en temps plus opportun, fa Majefté pretendoit à prefent l'abolir par vn fimple edict extorqué de fes mains par les violentes inductions de ceux lefquels nagueres il publioit pour fes ennemis & de fon Eftat enfemble.

XXX. Qui luy enuoie vne ambaffade.

Le Roy voulant adoucir l'aigreur du Nauarrois defpecha deuers luy vne ambaffade de laquelle Philippe de Lenoncour Cardinal eftoit chef, accompagné d'aucuns notables perfonnages du Confeil de fa Majefté. Sa charge tendoit à deux fins: l'vne de le preffer d'abiurer la nouuelle opinion pour embraffer la Religion de fes anceftres: l'autre d'agréer vne conference entre la Roine-mere & luy pour la paix & repos du Roiaume; & que cependant il fit retarder l'entrée des Reiftres en France, offrant de fa part de r'appeller deça Loire les troupes qui s'auançoient vers la Guienne.

P iiij

176   **Histoire de France,**

XXXI. Sa froide responſe.

Le Nauarrois reſpondit au premier chef (ce qu'il auoit ſouuent declaré) qu'aiant eſté inſtitué dez ſon enfance en la Religion Reformée, laquelle il tenoit eſtre la meilleure, il n'eſtoit pas en termes de la quiter ſi legerement, quand meſmes ce ſeroit pour gaigner mille Roiaumes. Quant à la conference auec la Roine-mere qu'il y ſeroit touſiours diſpoſé : mais pourtant que ce ſeroit ſans aucun retardement du ſecours qu'il attédoit d'Alemagne. Ainſi les Ambaſſadeurs du Roy retournerent deuers ſa Majeſté ſans auoir rien fait : le Nauarrois recognoiſſant bien qu'ils n'eſtoient venus que pour retarder l'arriuée des Reiſtres, que ſes ennemis croyoient eſtre plus preſts qu'ils ne l'eſtoient pas pour entrer dans le Roiaume. Tout ce qu'ils en peurent arracher fut donc l'eſperance d'vne conference du Nauarrois auec la Roine-mere : laquelle ſe fit l'année ſuyuante ſans produire autre fruict qu'vne trefue aſſez mal gardée.

L'An de Chriſt. 1585.

XXXII. Il eſt excommunié par le Pape.

En ces entrefaites le Pape Gregoire XIII eſtant decedé le X d'Auril en l'an MDXXCV, Sixte V fut aſſis en la chaire Apoſtolique. Cetuy-ci eſtant homme violent au lieu d'employer la houlete paſtorale à la conuerſion du Roy de Nauarre & du Prince de Condé, deſgaina ſoudain le glaiue de S. Pierre pour les en frapper, & s'eloignant de la moderation que ſon predeceſſeur auoit apportée en cete affaire lança les foudres d'excommunication contr'eux : les declara decheus & incapables de toute principauté, comme heretiques relaps & obſtinés en leurs erreurs. Mais parce qu'il fut trouué qu'il outrepaſſoit les bornes de l'autorité pontificale en touchant à la temporalité, ſa bulle ne fut pas bien receüe du Roy, ny du Parlement de Paris, ny de ceux qui jugeoient combien elle eſtoit de pernicieuſe conſequence.

XXXIII. Qui en reçoit vne injure.

Il ſe trouua meſmes dans Rome quelque bon ſeruiteur des Princes excommuniés qui eut la hardieſſe d'afficher contre la ſtatue appellée Paſquin (où l'on lit tous les matins quelque nouueauté le plus ſouuent ſatyrique) vn placart contenant des termes injurieux contre le Pape, & entre autres qu'il mentoit par ſa gorge en qualifiant heretiques les ſuſ dits Princes.

XXXIV. Commination du Roy contre les Religionnaires.

Or les Religionnaires aiant pris les armes pour leur defenſe & ſurpris aucunes villes, le Roy à l'induction de la Ligue, qui eſtoit puiſſante en ſon Conſeil, fit vn ſecond edict par lequel il abregea à quinzaine le delay de ſix mois porté par le precedent : dans laquelle il enjoignoit aux Religionnaires de vuider de la France, ſur peine de confiſcation de corps & de biens, leſquels le delay paſſé il vouloit eſtre mis ſoubs ſa main par ſes officiers par toute l'eſtendue de ſon Roiaume.

XXXV. Le Nauarrois en fait vne contraire.

Le Roy de Nauarre aiant eu cognoiſſance de ce ſecond edict en fit vn du tout ſemblable contre tous ceux qui auoient juré l'edit d'Vnion, & commença de le faire executer par toutes les villes de ſon obeiſſance, auec pareille rigueur que faiſoient les officiers du Roy celuy de ſa Majeſté à l'inſtance de la Ligue. Tellement que l'on ne voyoit plus par toutes les villes de France qu'exils, proſcriptions & voleries ſoubs

Henry III du nom, Roy LXII. 177

A pretexte de l'execution de ces deux edicts contraires.

En mesme temps le Nauarrois enuoia deuers Henry Duc de Montmorency (qualifié ci-deuant Mareschal de Damuille & depuis Connestable de France soubs Henry le Grand) pour le solliciter de se vouloir rejoindre à luy & au Prince de Condé contre les Guises leurs communs ennemis, lesquels aspiroient à la tyrannie soubs le voile de la Religion & le pretexte d'extirper l'heresie. A quoy le Duc de Montmorency entendit tres-volontiers, tant pour la haine & l'enuie qui estoit entre sa maison & celle de Guise, que parce qu'il ne pouuoit estre en autorité là où ses ennemis auoient le commandement en main: joint qu'il sçauoit bien que le Roy n'auroit pas desagreable sa confederation auec le Roy de Nauarre. Pour lier donc leur partie ils se trouuerent tous trois (ie dy le Nauarrois, le Prince de Condé & le Duc de Montmorency) à Sainct-Pol en Lauragais: où le X d'Aoust de la mesme année ils jurerent ensemble vne Ligue contre celle des Guises. Et dez-lors le Duc de Montmorency joignit derechef ses armes auec celles des Religionnaires.

L'An de Christ. 1585.

XXXVI. Le Duc de Montmorency se ligue auec luy & auec le Prince de Condé.

Guerre IX contre les Religionnaires.

I. Deux Ligues contraires. II. Le Roy de Nauarre temporise encore. III. Menées du Vicomte de Turenne. IV. Lenteur du Mareschal de Matignon. V. Brigandages en Guienne. VI. Genereuse action de Leberon. VII. Autre hardie action de luy & de Gohas. IIX. Vignoles entre dans Vic au trauers des assiegeans. IX. Le Prince de Condé repousse le Duc de Mercœur. X. La Trimouille se fait Huguenot. XI. Valeureux exploits de Sainct-Luc. XII. Matignon luy promet secours. XIII. Les Rochellois contribuent au siege de Broüage. XIV. Le Prince de Condé, vuole deuant Angers. XV. Le chasteau aiant esté pris par ceux de son parti. XVI. Il est enueloppé des Catholiques. XVII. S'enfuit & ses troupes se dissipent. XIIX. Il se sauue en Angleterre. XIX. Les siens leuent le siege de Broüage. XX. Et sont desfaits. XXI. Exploits de Les-Esdiguieres en Daufiné. XXII. Entreprise sur Lyon rompue. XXIII. Desfaite des troupes de Vins. XXIV. Trespas de Ronsard.

Insi donc deux Ligues & deux factions contraires s'estant formées par les plus puissans Princes & Seigneurs de France, contre la volonté du Roy, il ne pouuoit voir leur progrés qu'auec vn regret extreme: de l'vne parce qu'elle taschoit de destruire l'authorité roiale: de l'autre, parce qu'elle s'efforçoit de r'affermir l'heresie. Leurs pretextes estoient grandement specieux. Car la Ligue des Catholiques protestoit de n'auoir autre dessein ny but que

1. Deux Ligues contraires.

l'extirpation de l'heresie: & celle du Roy de Nauarre, du Prince de Condé & du Duc de Montmorency que la defense des loix fondamentales de l'Estat contre l'ambition tyrannique de la maison de Lorraine. Apres auoir combatu assez auec la plume & fait rouler par toute la France & par tous les Estats voisins leurs manifestes, declarations, accusations, iustifications & responses sans autre fruict que d'aigrir dauantage les passions par leurs outrages & iniures reciproques, puis qu'ils auoient armé par tout il en falloit venir aux armes.

II. Le Roy de Nauare temporise encore.

Le Roy de Nauarre plus moderé que le Prince de Condé ne faisoit pas encore de grandes entreprises en son gouuernement de Guienne: donnant tant seulement ordre à la conseruation des villes & places de son domaine, sans faire aucune violence à celles du Roy: & par cete consideration il auoit repris la ville du Mont-de-Marsan, comme dependante du domaine de Nauarre. Neantmoins pour n'estre pas surpris il distribua des commissions à ses Capitaines pour leuer des troupes tant de cauallerie que d'infanterie.

III. Menées du Vicomte de Turene.

Le Vicomte de Turene (qui prit en ce temps Tule en Limosin) recognoissant que le Roy de Nauarre n'estoit pas si attaché au Caluinisme qu'il ne souffrît volontiers d'estre instruit à la Religion Catholique, veilloit sur luy, le faisant continuellement obseder par les Ministres: & à tout euenement auoit gaigné cela sur le parti que si le Nauarrois faisoit banqueroute à la pretendue Reformation, il demeureroit leur General en Languedoc, Guienne, Daufiné & Prouence: & mesmes de toutes les Eglises de France si auec cela le Prince de Condé venoit à deceder: ne croyant pas qu'autre accident que la mort le peût arracher à la Religion Reformée.

IV. Lenteur du Mareschal de Matignon.

Le Mareschal de Matignon Lieutenant de Roy en Guienne auoit vne armée sur pied pour contre-quarrer le Nauarrois: mais celuy-ci ne faisant pas de grandes entreprises, celuy-là ne faisoit pas aussi des exploits dignes de ses forces. Tellemēt que le bruit estoit (& les Ligueurs le publioient hautement par tout) que par la conniuence du Roy le Nauarrois & le Mareschal estoient de bonne intelligence. Ce qui confirmoit leur dire & la commune croiāce estoit que le Mareschal pressé par la Cour de Parlement de Bourdeaus & par les Capitaines Catholiques d'executer certaines entreprises qu'ils luy faisoient bien-aisées, il ne s'en esmouuoit nullement: disant qu'il faisoit beaucoup en faisant les commandemens du Roy son maistre. Ce qui obligea depuis la plus-part de la Noblesse Catholique à prendre le parti de la Ligue.

V. Brigandages en Guienne.

Cependant la Prouince ne laissoit pas d'estre foulée de contributions, impositions, leuées, pilleries & rançonnemens: de sorte que cete guerre n'estoit qu'vn brigandage, la plus-part des Capitaines n'aiant autre but que le sac de quelque ville ou chasteau, ou la rançon de quelque riche prisonnier trahi d'vn parti à l'autre. Si quelque combat se faisoit c'estoit plustot par rencontre ou par necessité que par dessein: & le plus souuent les plus forts donnoient passage aux plus foibles pour les

Henry III du nom, Roy LXII.

obliger à pareille courtoisie, ou plustot lascheté ignominieuse.

Ce ne sont donc pas ces actions-là que ie veux recommander à la posterité: mais tant seulement celles qui sont dignes des ames genereuses: comme ces deux faites en ce temps par Lysander de Gelas Marquis de Leberon, desquelles aiant ouï souuent faire le recit en ma jeunesse j'en ay bonne memoire. Aussi l'vne fut faite à vne lieuë de chez moy, & l'autre à deux journées. Ce gentil-homme âgé tant seulement de XXIII ans estoit arriué n'agueres de la Cour, où il s'estoit arresté quelque temps apres le trespas du Duc d'Anjou son maistre, soubs lequel il auoit fait de tres-bonnes & hardies actions, & notamment en vne retraicte deuant Cambray aiant aux trousses luy deuxiesme vne compagnie de gendarmes. Or le sieur d'Estignoz du parti contraire aiant eu aduis qu'il se diuertissoit ordinairement à la chasse, se mit en embusche prez de sa maison accompagné de trois gendarmes & trois archubusiers à cheual, esperant le surprendre. Mais aiant esté descouuert, Leberon monta promptement à cheual & sans attendre trois des siens qui s'apprestoient pour le suyure, s'en alla droit à l'embuscade & chargea si furieusement ses ennemis qu'en aiant terrassé vn en le choquant & l'autre (qui estoit d'Estignoz) d'vn coup d'espée, les cinq restans (dont les deux furent aussi blessés) prirent la fuite. Quant à luy il fut blessé aussi de trois grands coups, & couroit fortune de la vie si ses ennemis resolus de le prendre pour le rançonner, n'eussent arresté de tuer son cheual, luy couper les resnes de la bride, & le mettant hors de combat se saisir de sa personne. Et de fait ils ne manquerent pas de donner à l'abordée deux coups de pistolet au cheual, & couperent vne des resnes de sa bride: & se voians charpentés à coups d'espée furent contrains de charger aussi le caualier: mais ce fut trop tard & apres qu'ils se trouuerent en desordre. Les gens de Leberon arriuans apres le combat ramenerent d'Estinoz & son compagnon prisonniers: lesquels Leberon fit traicter auec pareil soing que luy-mesme: & le Roy de Nauarre les luy aiant enuoié demander en eschange de quelques prisonniers Catholiques, il les luy renuoia liberalement sans rançon & sans aucune recompense.

En l'autre action le Marquis de Leberon eut le sieur de Gohas depuis Capitaine au regiment des Gardes du Roy, pour compagnon de son peril & de sa gloire. Tous deux passans en Perigort accompagnés tant seulement de dix cheuaux (entre lesquels estoient les deux jeunes freres de Leberon l'vn nommé Fabien & l'autre Pierre-André depuis Euesque de Valence, & le Capitaine Baudeuez) ils rencontrerent dans le bois de Petbeton prez l'Eglise de Rampiou, le sieur de Piles lequel auec quatre cens hommes de pied & quarante maistres alloit executer certaine entreprise sur Doumes. C'estoit au matin le jour estant couuert d'vn brouillas fort espez: de sorte que les vns ne pouuoient point recognoistre les forces des autres. Le *qui viue* aiant fait descouurir les partis contraires, Leberon & Gohas chargerent si brusquement la caualierie

L'An de Christ. 1585.

VI.
Bonne action de Leberon.

VII.
Autre action hardie du mesme Leberon & de Gohas.

des ennemis qu'ils la renuerferent fur leur infanterie : en tuerent cinq
ou fix, en bleſſerent pluſieurs, & entre autres Piles meſme de deux
coups d'eſpée, & en retindrent aucuns priſonniers. deſquels aiant appris
le nombre des ennemis ils prirét vn autre chemin. D'autrepart, le Soleil
commençant à diſſiper le brouïllas, Piles ne ſe voiant point pourſuyui,
jugea que ceux qui l'auoient chargé n'eſtoient pas gueres forts, & aiant
r'allié les ſiens tourna vers eux en bon ordre. Mais Leberon monté ſur
vn bon cheual d'Eſpagne ſe mit ſeul ſur la retraite & entretint ſi vaillamment ceux qui l'abordoient que Gohas eut temps de gaigner la
ſuſ-dite Egliſe de Rampieu auec ſa petite troupe, & Leberon en ſuite:
de ſorte que Piles s'en retourna ſur ſes pas pour rejoindre ſon infanterie.

A
L'An de
Chriſt.
1585.

IIX.
Vignoles
ſecourt Vic
aſſiegé par
les Catho-
liques.

Dans le parti contraire Vignoles âgé de dix-neuf ans fit en ce meſme temps vne action tres hardie. Les Religionnaires s'eſtoient ſaiſis de
la ville de Vic Fezenſac (autre-fois le ſiege du Comte d'Armagnac)
où il y a diuerſes cloſtures entr'ouuertes de ruines & de breſches qui
enferment vne vaſte ſolitude ou de mechans baſtimens. Aians aucunement remparé celle du milieu, qui commande les autres, ils y auoient
logé vne petite garniſon, laquelle incommodoit le païs circonuoiſin
par ſes courſes. Ce qui obligea la Nobleſſe Catholique (dont cete contrée eſt plus peuplée que nulle autre de France) à s'aſſembler & taſcher
de la forcer à coups de main, ou à ſe rendre, ſçachant bien qu'il y auoit
fort peu de prouiſions dans la place. Le Vicomte de Turene qui commandoit en Guienne pour les Religionnaires en l'abſence du Roy de
Nauarre deſiroit ſecourir les aſſiegés : mais n'eſtant pas aſſez fort pour
combatre cete Nobleſſe fortifiée de quelques bandes de gens de pied
que le Mareſchal de Matignon y auoit enuoiées, il ſe reſolut de r'aſſreſ-
chir la garniſon. Les plus anciens Capitaines refuſant cete commiſſion, à cauſe du peril euident: Vignoles ſe preſenta pour l'executer, &
quoy que le Vicomte le voulût reſeruer à de meilleures occaſions, il
prit cent cinquante ſoldats, les conduiſit ſi heureuſement & donna ſi à
propos dans les retranchemens des aſſiegeans qu'apres auoir taillé en
pieces deux corps de garde, il entra ſans perte auec les ſiens dans la place, & les Catholiques admirans ſa vertu leuerent le ſiege. Ce jeune cauallier ſe fera renommer ci-aprés & pour ſa valeur & pour ſa fidelité
enuers nos Rois, & Dieu luy faiſant la grace de recognoiſtre & abjurer
ſon erreur, il embraſſera la foy & la Religion Catholique.

B

C

D

IX.
Le Prince
de Condé
repouſſe le
Duc de
Mercœur.

Le Prince de Condé extremement paſſionné pour ſa Religion faiſoit la guerre à toute outrance en Poictou, Engoumois & Saintonge
ſans y trouuer que bien peu de reſiſtence de la Nobleſſe Catholique.
Le Duc de Mercœur aiant fait quelques courſes en Poictou, s'approcha du Prince en reſolution (diſoit-il) de le combatre. Mais il n'y eut
que des legeres eſcarmouches entr'eux, quoy que leurs troupes ſe trou-
uaſſent ſouuent en preſence les vnes des autres. En fin toutefois le Duc
fut rembarré en Bretagne.

Durant

Henry III du nom, Roy LXII. 181

A Durāt ces troubles le Prince de Condé demanda en mariage Char- X.
L'an de lote-Caterine de la Trimouïlle, & l'espousa l'ānée ensuyuāt. Claude de La Tri-
Christ. la Trimouïlle Duc de Toüars se sentit si honoré de la recherche d'vn mouïlle se
1585. Prince tant illustre que non seulement il fit banqueroute au seruice du fait Hugue-
Roy en prenant le parti contraire, mais aussi à la foy Catholique: la- not.
quelle il abiura pour embrasser le Caluinisme. Sa mere chatouïllée de
la mesme vanité liura la ville & le chasteau de Taillebourg au Prince
pour gage de leur alliance.

Le cœur croissant au Prince de Condé auec les forces il approcha XI.
de Broüage, & donna vn tel effroy aux garnisons que Sainct-Luc Valeureux
auoit mis dans Fourras, Sainct-Ian d'Angle & Soubize, qu'elles aban- exploits de
donnerent ces places sans l'attendre. Mais Sainct-Luc qui estoit dans Sainct Luc.
B Broüage faisoit de si rudes saillies sur les troupes du Prince & les alloit
harceller si loing, qu'Aubigné, qui le voyoit faire, escrit qu'il eschap-
poit trop auant pour vn gouuerneur. C'estoit faire à mauuais jeu
bonne mine. Car il craignoit d'estre assiegé dans cete place mal garnie de gens de guerre (n'y aiant en tout que quatre cens hommes de
defense) & encore plus mal pourueüe des choses necessaires (& mesmement d'eau) à soustenir vn long siege. Il voyoit les ennemis de
toutes pars & par mer & par terre: mais il ne sçauoit de quel costé il
pouuoit esperer secours, si en ces incommodités il estoit attaqué par le
Prince.

C Il donna aduis au Mareschal de Matignon de l'estat de ses affaires XII.
par Thiebert: auquel le Mareschal promit son assistance en luy fai- Matignon
sant neantmoins ses forces bien petites pour vne occasion si importāte. luy promet
Le Malheur fut encore que Thiebert, & Beaumont enuoié quand & secours.
luy de la part du Mareschal à Sainct-Luc, furent pris par les ennemis &
emmenés au Prince.

Les Rochellois & les isles voisines qui estoient continuelement in- XIII.
commodées de la garnison de Broüage aiant offert en ce mesme Les Ro-
temps au Prince vn renfort de vaisseaux & de gens de guerre, il se reso- chellois cō-
lut aisément à y mettre le siege. Tellement qu'aiant fait ses approches tribuent au
par terre & mis son canon en baterie, les Rochellois auec les insulaires Broüage.
D bloquerent aussi la place par mer auec bon nombre de vaisseaux bien
1585. equippés & armés. Ce fut sur la fin du mois de Septembre en l'an
MDXXCV.

En ces entre-faites le Prince eut aduis que les Capitaines Halot, XIV.
Rochemorte & le Fresne auoient surpris le chasteau d'Angers pour Le Prince
le parti du Roy de Nauarre; duquel il estoit le second chef: mais auole deuāt
que n'estans qu'onze en tout, & les habitans les aiant desia inue- Angers.
stis, ils auoient besoing d'estre secourus promptement & puissamment; ce qu'ils ne pouuoient esperer que de la part du mesme Prince. Luy donc se promettant la conqueste de cete bonne
ville en secourant le Chasteau, y auola auec huict cens maistres
& douze cens arcbusiers à cheual l'elite de toute son armée.

Tome 4.   Q

Aucuns escriuent que faisant la reueuë de ses troupes à Beaufort prez d'Angers on y compta quatre mille combatans.

XV. Le chasteau aiant esté pris par ceux de son parti.

D'autre part le Comte de Brissac gouuerneur d'Angers, Lauerdin, Bouchage & autres Seigneurs & Capitaines Catholiques accoururent au secours des habitans auec plus de six mille hommes. Le Prince arriuant deuant le chasteau fait donner aduis de son arriuée aux assiegés par des cris & des chamades : mais c'est sans response ny signe quelconque. Car desia ceux de dedans s'estoient rendus apres la mal-heureuse mort des trois Capitaines. Halot pensant arrester les habitans en leur disant qu'il ne faisoit rien que par commandemet du Roy, fut retenu par eux, qui auoient desia receu les impressios de la Ligue par leur gouuerneur, & come trahistre eut les quatre mebres ropus, & son corps fut mis sur vne roüe. Le Fresne s'estant presenté sur le pont-leuis abbatu, & voiant vn arcbusier qui couchoit à joüe pour luy tirer voulut gaigner le dedās. Mais Roche-morte ou de crainte que les habitans entrassent quand & luy ou par quelque desfiance (parce qu'il estoit Catholique) fit leuer le pont, & le Fresne se prenat aux chaines du garde-fou eut vne main coupée d'vn coup d'espée qu'il receut d'vn soldat qui suyuoit de prez, & tomba dans le fossé, où vn cerf qu'on y nourrissoit luy planta les endouïlliers dans le ventre, dont il mourut sur la place. Le lendemain Roche-morte mettant la teste à vne fenestre du chasteau fut tué d'vne arcbusade. Telle fut la fin de ces trois Capitaines.

XVI. Il est enuelopé des Catholiques.

Il y eut de furieuses escarmouches & attaques du costé des fauxbourgs de Bressigny & des Lices entre les troupes du Prince & celles des Catholiques, auec diuers succés. Mais le Prince aiant appris que le chasteau auoit esté rendu à Brissac, demeura grandement estoné & eut bien desiré d'estre encore deuāt Broüage : car en mesme teps il eut aussi aduis que tout le païs circonuoisin estoit alarmé de ce qu'il auoit passé Loire : & que toutes les troupes de la Ligue demarchoient pour luy empecher le retour, l'enueloper de toutes pars dans vn païs ennemi & le tailler en pieces. Que le Duc de Mayenne s'estoit auancé auec quinze cens cheuaux pour luy couper chemin si d'auenture il auoit passé la riuiere. Que la Chastre s'estoit saisi de tous les passages & retiré de son costé tous les bateaux. Que le Duc de Ioyeuse s'en venoit joindre le Comte de Brissac pour le deffaire. Que le Duc d'Espernon & le Mareschal de Biron y accouroiēt aussi par la Beaulse. Qu'Entragues gouuerneur d'Orleans descendoit le long de la riuiere pour estre de la partie. Que les communes se leuoient de tous costés pour courir apres luy comme apres vne beste sauuage. Bref qu'il estoit en vn peril si extreme qu'il n'en pouuoit reschapper que par quelque coup merueilleux de l'assistance diuine.

XVII. S'enfuit & ses troupes se dissipent.

Ce genereux Prince, qui ne manqua jamais de courage, ne se pouuant resoudre à la fuite, fut seuerement tancé de son obstination par le seigneur de Rohan, qui le plaqua là & piqua droit en Bretagne auec ceux qui le voulurent suyure. Le depart de ceruy-ci laissa vne ge-

Henry III du nom, Roy LXII. 183

L'An de Chrift 1585.

A nerale consternation dans le reste des troupes. Que pouuoit adonc faire ce Prince auec si peu de gens de guerre harassés du chemin & des combats precedens contre tant d'ennemis & contre de si grandes forces? Certes le plus asseuré parti qu'il sceut prendre en ces extremités fut de laisser quelque ordre en la retraite, dont il donna la charge à Sainct-Gelais & à Aubigné qui a escrit l'histoire de ce temps, gaigner le deuant & payer des plus mal montés & des gens de pied, qui se dissiperent tous incontinent apres sa fuite & furent la curée des premiers qui les chargerent. Toutefois la plus-part des gentils-hommes & des capitaines se sauuerent dans les maisons des Catholiques qui les recueillirent par charité & compassion Chrestienne. Aucuns apres auoir deB meuré mussés quelques jours dans les forests se retirerent ou seuls ou en si petit nombre que ne pouuant donner soupçon ny ombrage par les ports, où il leur conuenoit passer, s'y presenterent aussi auec plus de confiance.

Quand au Prince il se desroba auec la Trimouïlle, Clermont, Auatigny & peu de ses officiers, & passant de maison en maison chez des gentils-hommes cognus, en fin apres mille dangers gaigna la basse Normandie, & montant sur vn vaisseau entre Sainct-Malo & Auranches se sauua en l'isle de Grenesay & de là en Angleterre, d'où il reuiendra l'année prochaine.

XIIX. Il se sauue en Angleterre.

C Le bruit de la desroute de ses troupes raportant ce qui estoit vraysemblable (& mesmes la mort ou la prise du Prince) auec autant de certitude que ce qui estoit arriué en effect, emplit d'effroy le cap qui estoit deuât Brouäge: & la nouuelle du secours que le Mareschal de Matignon emmenoit aux assiegés arriuant là dessus, les plus asseurés ne songerent desormais qu'à la retraite. S. Mesmes & S. Disant hardis & valeureux Capitaines taschoiêt de la faire auec quelque ordre. Mais ce mot de retraite à la precipitée leuée d'vn siege imprimât vne fuite és cœurs des soldats tout se desbanda & se dissipa en desordre. Les insulaires qui bloquoient la place par mer, quoy que hors d'apprehension de peril, furent les premiers qui relascherent & retournerent en leurs isles.

XIX. Les siens leuêt le siege de Broüage.

D Sainct-Luc voiant l'estonnement des ennemis sortit de Brouäge, se mit à leurs trousses, & en fit vn horrible carnage par les campagnes voisines. Sainct-Disant faisant contenance de garder vn pont pour luy empecher le passage fut aussi-tost abandonné des siens & contraint de chercher l'esperance de salut en la fuite.

XX. Et sont desfaits.

En ce mesme temps François de Bonne sieur de Les-Esdiguieres gouuerneur en Daufiné pour les Religionnaires desirant faire voir qu'il estoit digne d'vne si importante charge que les principaux chefs du parti luy auoient enuiée, fit plusieurs belles & hardies entreprises, la plus-part desquelles luy reussirent heureusement: toutefois la gloire de l'execution des plus importantes est donnée à Ian-Baptiste Gentil natif de Fleurac en Gibaudan, Genois d'extraction, tres-excellent ingenieux: lequel de nuict auec ses

XXI. Exploits de Les-Esdiguieres en Guienne.

Tome 4. Q ij

petars luy fit ouuerture des portes de la ville d'Embrun, de Montelimar & de Guilleftre. Chorges fut emportée de jour à coups de main & à viue force. Le fieur de Gouuernet prit auffi la citadelle de Die mal-fortifiée & plus mal pourueüe de viures: les Religionnaires, comme les plus forts, s'eftans emparés quelque temps auparauant de la ville.

L'An de Chrift. 1585.

XXII. Entreprife fur Lyon rompue.

Le mefme Gentil eftant foubs le fieur de Chambaud furprit auffi auec fes petars Sainct-Iulian place affez bonne dans le Viuarez & Montfalcon en Vellay. Il fe promettoit tant de fes artifices qu'il auoit entrepris de mettre Lyon entre les mains des Huguenots. Toutefois fon projet fut rompu par l'arriuée des Reiftres: au deuant defquels le Comte de Chaftillon le mena quand & luy pour fe feruir de fon induftrie d'ouurir les paffages.

XXIII. Desfaite des troupes de Vins.

Les-Efdigueres quelque temps aprés prit par compofition Sainct-Gelais, & Mirabel fe rendit à luy fans attendre le fiege. Ian de la Garde fieur de Vins affiegeant le chafteau d'Alemagne auec douze cens hommes de pied & peu de cauallerie, il s'en alla au fecours des affiegés: & les Roiaux fe trouuant chargés à l'improuifte prirent fi chaudement l'efpouuente que fans refiftence quelconque ils quiterent le fiege & la pluf-part les armes pour fuïr plus legerement. Tellement qu'il en fut tué plus des deux tiers en la fuite auec plus d'ignominie des fuyans que de gloire pour ceux qui pourfuyuoient pluftot vn maffacre qu'vne victoire.

XXIV. Trefpas de Ronfard.

Cete année MDXXCV Ronfard Prince des Poëtes François paffa de cete vie à la felicité eternelle. Ie ry de quelques rimailleurs de noftre âge, lefquels au lieu d'admirer le profond fçauoir & les diuines inuentions de cet excellent Poëte s'amufent à cenfurer fes rithmes pour ne leur fembler pas toufiours affez riches. Pauures & chetifs efprits, lefquels à grand peine apres mille trenchées de cerueau enfantent vn mefchant fonnet en quatorze jours, & entreprennent de corriger les Iliades, les Eneïdes & les Franciades. Alexandre le Grand demandant vn iour à certain maiftre d'efcole s'il auoit point les œuures d'Homere, il refpondit qu'il les pouuoit produire corrigées de fa main: dont ce Roy jaloux de l'honneur de ce diuin Poëte demeurant offenfé donna vn foufflet à ce grimaut, en luy difant comment eft-ce qu'il s'amufoit à inftruire de petis enfans s'il eftoit capable de corriger les œuures d'Homere? Certes les cenfeurs de Ronfard font dignes de pareil reproche & de plus grand fupplice.

Henry III du nom, Roy LXII.

Exploits du Duc de Mayenne en Guienne, & de la Valete en Prouence.

I. Le Mareschal de Matignon se joint au Duc de Mayenne. II. Places prises par le mesme Duc. III. Castetz se rend à luy. IV. Et en suite S. Basile & Montsegur. V. Et Castillon. VI. Sõ entreprise sur le Roy de Nauarre. VII. Qui se sauue à la Rochelle. IIX. Le Prince de Condé espouse Charlote-Caterine de la Trimoüille. IX. Desfait le regiment de Tiercelin. X. Trespas des quatre freres de Laual. XI. Le Duc de Mayenne retourne à la Cour. XII. Enleue l'heritiere de Caumont. XIII. Duel de Biron & de Carancy. XIV. Exploits de la Valete en Daufiné. XV. Qui se saisit de Valence & de Gap sur la Ligue. XVI. Perilleuse action du Roy de Nauarre à Eause.

LE Mareschal de Matignon qui auoit passé la Dordogne au port de Brane pour venir au secours de Broüage, entendant que le siege estoit leué, s'auança vers le Duc de Mayenne, lequel estoit desia en Saintonge pour passer en Guiéne côtre le Roy de Nauarre, auec vne armée composée de cinq mille hommes de pied, cinq cens cheuaux François, quatre cens Albanois, & huict cens Reistres. N'y aïat point d'ennemi qui parût pour s'opposer à leurs desseins, ils partagerent leurs forces entr'eux, la plus grande partie demeurant soubs le Duc de Mayenne. Mais l'vn ny l'autre ne fit pas de grãds exploits d'armes. Le Mareschal s'en retourna tout court en Guiéne: où ne faisant que temporiser il augmenta le soupçon qu'on auoit desja de luy qu'il eût intelligence auec le Roy de Nauarre.

I. Le Mareschal de Matignon se joint au Duc de Mayenne.

Le Duc de Mayenne passant en Limosin reprit Tule abandõnée, de la garnison, moienant vne bonne somme d'argent que les habitãs donnerent à Lamaurie lequel y auoit esté laissé gouuerneur par le Vicõté de Turene. Montignac-le-Comte se rendit apres quelques cannonades, & en suite aucunes mechantes places en Limosin & en Perigort, le Duc faisant passer au trenchant de l'espée ce qui faisoit resistence.

II. Places prises par le mesme Duc.

Le Mareschal & luy s'estans donnés le rendez-vous au XXV de Feurier de l'année suyuante deuant S. Basile sur Garonne, il s'y achemina, & trouua que le Mareschal à la priere des Bourdelois, auoit assiegé Castetz, chasteau aussi sur Garonne appartenant à Fabas capitaine de grande reputation, qui l'auoit bien fortifié & pourueu d'hommes, d'armes & de viures soubs le commandement de la Barriere. Le Mareschal conseilloit au Duc d'assieger Saincte-Basile pendant qu'il batroit Castetz; mais le Duc voulant auoir la gloire de toutes

III. Castetz se rend à luy.

Tome 4.   Q iij

les bonnes executions se joignit à luy deuant Castetz, & aiant fait secretement des conditions auantageuses à Fabas, fit mettre en ses mains la place. Ce qui augmenta la jalousie qui estoit des-ja entre ces deux generaux d'armée.

IV.
Et en suite S. Basile & Monsegur.

Saincte-Basile se rendit peu aprés au Duc de Mayenne, & en suite Monsegur, ville forte sur Drot entre les riuieres de Dordogne & de Garonne: laquelle endura deux mille quatre cés coups de canon, y aiāt apparence qu'estant bien garnie d'hommes & de viures elle deût faire plus longue resistence. Les sieurs de Temines & de Gié y furent blessés cōbatans main à main sur la bresche. La capitulatiō fut que les gens de guerre sortiroient auec leurs armes la mesche esteinte, & seroient conduits en lieu de seureté: mais elle fut mal gardée par les conducteurs, lesquels aiant fait quelque querele d'Aleman à ceux qu'ils conduisoiēt en tuerent plus de deux cens & desvaliserent les autres. Dequoy les Religionnaires, non sans raison, firent de grandes plaintes, & en eurent à d'autres occasions leur reuenche.

V.
Et Castillon.

Ces trois places furent prises en deux mois. Mais Castillon petite ville sur Dordogne appartenante à Henriete de Sauoye Duchesse de Mayenne (deuant laquelle furent tués les deux Talbots pere & fils, capitaines Anglois en l'an MCDLIV soubs Charles VII) l'arresta aussi 1454. longuement que ces trois-là: & eût tenu encore plus long temps sans les maladies contagieuses qui emporterent vne grande partie de la garnison: en laquelle il y auoit bon nombre de gentils-hommes: entre lesquels se firent renommer Chamberet, Coronné, Sainct-Angel, Sauignac, Sainct-Ouin, Bassignac, Bursy, Fredeuille cadet de Salignac, Alen, Bellery & autres. Barraut Seneschal de Bazadois aiant desfait auec sa compagnie d'hommes-d'armes le secours venant de Saincte-Foy pour se jetter dans Castillon, fit auancer la reddition de la place: mais il receut vne arcbusade au bras droit, dont il fut incommodé toute sa vie. La capitulation fut que les gentils-hommes sortiroient auec leurs armes & cheuaux, les autres gens de guerre le baston à la main sans armes, & que tous seroient conduits en lieu de seureté: ce qui fut fidelement entretenu. Puy-Normand, Mirabac & quelques autres petites places se rendirent en suite au Duc de Mayenne: lequel apres cela ne fit rien digne de memoire: dont il s'excusoit sur ce que son armée estoit mal payée: & la Ligue ne faillit pas d'en murmurer contre le Roy, comme fauorisant secretement & indirectement le Roy de Nauarre.

VI.
Son entreprise sur la personne du Roy de Nauarre.

La verité est aussi que le Duc de Mayenne auoit vne entreprise plus importante que la prise de toutes les places que les Religionnaires tenoient en Guienne, à sçauoir sur la personne du Nauarrois mesme: lequel il esperoit surprendre ainsi qu'il rouloit de lieu en autre, l'inuestir dans Nerac, où il sejournoit le plus, & le contraindre à se rendre son prisonnier, ou forcer la ville: laquelle estant commandée de deux costés de hautes collines a vne assiete desauantageuse pour vn siege. Et de

Henry III du nom, Roy LXII. 187

A fait il l'eût attrapé ou en chemin ou dans cete ville sans le sieur de Monluc qui luy donna aduis du dessein du Duc par Reaup gentil-homme Condomois.

Le Roy de Nauarre estant eschappé de ce danger passa la Garonne vers Tonnens en extreme diligence luy cinquiesme, afin d'estre moins descouuert: & neantmoins couroit fortune de tomber encore dans les embusches que le Duc luy auoit dressées en tous les passages des riuieres sans la conniuence de Dauid Bouchart Vicóte d'Aubterre, auquel le Nauarrois aiant enuoié demander s'il se pouuoit confier en luy pour passer en seureté vers la Rochelle, il en receut la response & la satisfaction que le premier Prince du sang pouuoit attendre d'vn fidele vassal de la Couronne. Tellement que le Vicomte mesme luy aiant marqué le chemin qu'il deuoit tenir, & feignant de l'attendre ailleurs, le Nauarrois se glissa en Saintonge & de là à la Rochelle.

Il y trouua le Prince de Condé qui estoit de retour d'Angleterre auec vn bon renfort d'hommes & d'argent qu'Elizabeth luy auoit donné pour defendre le parti des Religionnaires contre la Ligue. Et comme c'estoit vn Prince actif, violent & hardi, il tenoit desia la campagne & auoit pris le chasteau de Dampierre appartenant au Duc de Rai, auec quelques autres places qui incommodoient le gouuernement de la Rochelle. Ce fut lors qu'il espousa Charlote-Caterine de la Trimouille, l'aiant recherchée (comme nous auons dit) dez l'année precedente.

Son nouueau mariage ne le rendit pas longuement casanier: Car dans vn mois apres il continua ses projets guerriers, vne entreprise luy ouurant le chemin à vne autre. Aiant aduis que Sainct-Luc auoit failli à surprendre l'isle d'Oleron ; & que ses troupes retournoient en leurs garnisons, il monta à cheual auec quarante cuirasses & enuiron pareil nombre d'argolets, accompagné des sieurs d'Auantigny & de la Boulaye, cependant que la Noblesse de son parti s'assembloit pour le joindre. Rencontrant prez de Saintes Tiercelin, lequel y conduisoit son regiment de quatre cens hommes il le chargea si brusquement qu'il en terrassa trente ou quarante à l'abordée. Tiercelin aiant fait filer ses gés derriere des hayes & des fossés pour se defendre de la caüallerie, il ne laissa pas de les recharger aussi hardiment qu'en plain chemin: & Guy Comte de Laual suruenant à propos à son secours auec sa compagnie d'hommes-d'armes le combat recommença tres-furieux & sanglant. Mais en fin le Comte rompant tout ce qui luy faisoit resistence penetra jusqu'au drapeau colonnel du regiment, & l'arracha des mains du porte-enseigne. Tiercelin blessé voiant la route des siens gaigna les faux-bourgs de Saintes auec la plus-part d'iceux à la faueur d'vne troupe de gens bien-armés qui sortirent de la ville. Il y en eut plus de cent de tués de son regiment & plus grand nombre de blessés. La Trimouille Duc de Toüars fut terrassé à la premiere charge, son cheual aiant esté tué soubs luy & courut fortune de sa vie.

L'An de Christ 1586.

VII. Qui se sauue à la Rochelle.

IIX. Le Prince de Condé espouse Caterine de la Trimouille.

IX. Desfait le regimen de Tiercelin.

Q iiij

188 Histoire de France,

X.
Trespas des quatre freres de Laual.

Les sieurs de Rieux & de Sailly freres du Comte de Laual moururent de leurs blesseures: l'vn le mesme jour, l'autre deux jours aprés. Le sieur de Tanlay leur frere estoit decedé de maladie peu de jours auparauant à Sainct-Ian d'Angely. Le Comte frere Germain de Rieux & consanguin des deux autres se voiant priué en si peu de jours de trois si genereux freres, en conceut vn si poignant regret qu'apres les auoir continuellement pleurés durant huict jours il ne les peut plus suruiure. Tous quatre estoient fils de François de Coligny sieur de Dandelot, qui s'est fait tant renommer ci-deuant és guerres ciuiles dans le parti des Caluinistes. Ils furent enseuelis dans la chappelle du chasteau de Taillebourg, afin qu'il ne semblât pas que la mort mesme eût separé des personnes si conjointes.

L'An de Christ. 1586.

XI.
Le Duc de Mayenne retourne à la Cour.

Pour retourner au Duc de Mayenne, le principal but de son voiage de Guienne aiant esté de surprendre le Roy de Nauarre en faisant semblant d'estre occupé à batre des places de peu d'importance: depuis qu'il eut perdu l'esperance d'enueloper ce lion dans ses toiles, il ne songea plus qu'à son retour à la Cour sans vouloir plus rien entreprendre: & quand mesmes il l'eût voulu il ne pouuoit pas, faute de finance pour payer son armée. Ioint qu'il voyoit bien que la plus-part des seigneurs de Gascogne auoient de l'affection pour le Roy de Nauarre: & que le Mareschal de Matignon homme caut & prudent rompoit le succés de toutes ses entreprises tant'pour luy rendre son change de ce qu'il luy rauissoit toute la gloire des armes du Roy, que par le secret commandement de sa Majesté, qui luy soustrayoit les moiens de continuer la guerre.

XII.
Enleue l'heritiere de Caumont.

N'aiant donc pas fait en Guienne le progrés que la Ligue s'estoit promise d'vn capitaine de telle reputation & d'vne armée roiale, les Religionnaires publioient des discours de moquerie contre luy: par lesquels entre autres choses ils disoient qu'il n'auoit sceu rien faire pour l'auancement de la Ligue: mais que pour l'agrandissement de sa maison il auoit enleué Anne de Caumont fille vnique & heritiere de Geofroy Baron de Caumont & Marquis de Fronsac & de Louïse de Lustrac: laquelle Anne estoit vefue de Ian d'Escars Prince de Carancy fils du Vicomte de la Vauguyon. La verité estoit pourtant que le Duc de Mayenne ne l'enleua point que du consentement & mesmes à la priere de sa mere, qui desiroit qu'elle espousât vn des enfans du mesme Duc: mais le Roy ne l'aiant pas agreé elle fut remariée à François d'Orleans Comte de Sainct-Paul, en faueur duquel & de Leonor son fils, Louïs XIII à present heureusement regnant auec le titre de Ivste, a erigé en Duché le Marquisat de Fronsac: & Leonor Prince de grande esperance a esté tué depuis au seruice de sa Majesté, comme nous verrons en son lieu.

XIII.
Duel de Biron & de Carancy.

Le subjet de cete heritiere de Caumont m'oblige à raporter ici vn fameux duel auquel son premier mari perdit la vie. Elle auoit esté recherchée par Charles Baron de Biron depuis Admiral, & apres encore

Mareschal de France qui pouuoit estre marqué en l'histoire pour vn des plus illustres heros de nostre siecle si sa mort honteuse n'eût flestri la gloire de sa vie. Cetuy-ci ne pouuant souffrir que Carancy luy eût esté preferé en sa recherche le querela de gayeté de cœur & le fit appeller au combat d'homme à homme. Les amis s'y interessans la partie fut liée de trois contre trois. Tous six s'estans trouués au lieu assigné lez Paris prez du faux-bourg Sainct-Marcel, Biron & ses deux amis Laugnac & Genissac demeurerent victorieux laissant les trois de l'autre parti morts estendus sur la place. Aucuns disent que ce combat se faisant vn jour qu'il neigeoit, Biron fut si iudicieux qu'il gaigna l'auantage du vent, qui portoit la neige dans les yeux de ses aduersaires: de sorte qu'en receuans vne grande incommodité ils furent tués. D'autres pour attenuer encore la gloire de Biron adjoustoient à cela que luy estant blessé se trouuoit grandement pressé par Carancy, qui s'estoit attaché à luy: mais que Laugnac aiant despeché promptement celuy auquel il auoit à faire le secourut: & que Biron esmeu de sa blesseure se seruant de l'auantage que l'heureux succés de Laugnac luy donnoit, quoy que ses deux amis y resistassent, s'obstina à rauir la vie à tous les trois champions du parti contraire.

Les-Esdiguieres (comme j'ay marqué ci-dessus) auançant heureusement les affaires des Religionnaires en Daufiné, le Roy y enuoia Bernard de Nogaretz sieur de la Valete auec vne petite armée de deux mille hommes de pied François, six compagnies de Suisses, & cinq cens cheuaux: auec laquelle il rangea au deuoir dans peu de temps & les Religionnaires & la Ligue. Il prit Eurre par siege à la barbe de Les-Esdiguieres qui se presenta pour secourir la place, & neantmoins se retira tout court voiant la resolution auec laquelle la Valete luy alla à l'encontre pour luy donner la bataille. Il n'en voulut non plus manger aupres du Moustier de Clermont, encore qu'il fût plus fort en nombre de combatans que la Valete.

XIV.
Exploits de la Valete en Daufiné.

Quant à ceux de la Ligue, il les traicta aussi comme ennemis, non pas pourtant si ouuertement, mais bien auec quelque artifice. Ainsi aiant mis en route prez de Beaurepaire le regiment de la Baume, qui s'en alloit joindre le Duc de Guise, il donna la vie à ceux qui reschapperent du carnage, leur rendit les armes, en faisant serment de seruir fidelement le Roy, & luy-mesme les retint à son seruice. Il se saisit fort accortement de la citadelle de Valence pour en tirer Geissens lequel y auoit esté mis gouuerneur par le Duc de Mayenne. Car s'estant presenté inopinément à la porte de dehors auec dix ou douze des siens, il y fut receu auec honneur: & le reste de sa troupe y arriuant à la file le Gouuerneur n'osa point leur refuser non plus l'entrée. Mais voiant que la Valete y laissoit les siens les plus forts, il en sortit & quita le gouuernement qu'il ne pouuoit plus retenir, & en alla faire ses plaintes aux chefs de la Ligue. Il logea aussi dans Gap le sieur de Tajan son cousin germain auec deux compagnies de cheuaux legers & deux d'arcbu-

XV.
Qui se saisit de Valence & de Gap sur la Ligue.

L'an de Christ 1586.

fiers à cheual, foubs pretexte de fortifier cete ville contre les entrepri-ſes de Les-Eſdiguieres: mais en effect pour y commander: de sorte qu'Auriac (auquel le Duc de Mayenne en auoit auſſi donné le gouuer-nement à son dernier voiage en Daufiné) aima mieux ſe retirer qu'o-beïr à Tajan, non ſans murmurer contre la Valete comme fauteur des heretiques & ennemi des bons Catholiques.

XVI. Perilleuſe action du Roy de Na-uarre à Eauſe.

Enuiron ce meſme temps le Roy de Nauarre retournant de Pau à Nerac fit vne action ſi hardie que ſi ſa bonne fortune ne l'eût accom-pagné, on la pourroit dire vne extreme imprudence. La ville d'Eauſe (l'antiquité de laquelle j'ay remarquée en mes Memoires des Gaules) eſtant aſſez bonne place & de ſon domaine d'Armagnac il ſe reſolut de la retirer des mains des Catholiques. Ne ſe pouuant à force ouuerte il y proceda par vn tel ſtratageme. Il fit traueſtir vingt-cinq ieunes gen-tils-hommes en laquais, chacun deſquels portoit vn piſtolet ou vne ca-rabine ſoubs la mandille. Luy ſeptieſme marchoit à cheual deuant ces vingt-cinq, & apres eux la troupe. S'eſtát vn peu trop haſté il arriua à la porte de la ville, & receu dedans, auec les ſix caualliers, les gardes fer-merent la porte au nez des vingt-cinq qui venoient aprés, leuerent le pont leuis, & toute la garniſon ſe mit en armes. Le Nauarrois bien eſtonné faiſoit à mauuais jeu bonne mine, entretenant les capitaines de la ville à propos rompus. Eux non moins eſtonnés que luy n'oſoient rien attenter craignans qu'il eût quelque grande intelligence dans la place. Ioint la reuerence deüe à la Majeſté & à la reputation d'vn ſi grand Prince. Pendant leur entretien Lauerdin auec deux de ſes compagnons ſe gliſſa vers vne autre porte, & aiant pris vn ſerrurier (qui d'auenture eſtoit Huguenot comme pluſieurs des autres habi-tans) & luy aiant fait leuer la ſerrure introduiſit les vingt-cinq & toute la troupe en ſuite dans la ville. Le Nauarrois ſe trouuant adonc le plus fort fit mettre la garniſon dehors & pourueut à la ſeureté de la ville pour ſon parti, ſans qu'il y fût fait aucune violence ny deſor-dre. Il commanda ſeulement qu'vn ſoldat fût pendu, lequel auoit cou-ché à joüe pour le tuer, diſant qu'il ſçauoit bien tirer au blanc: (par ce que le Nauarrois auoit vn pourpoint blanc) mais ſon capitaine luy de-fendit de tirer. Le galand eſtant au bout de l'eſchelle ce genereux Prin-ce par vn effect de ſa clemence naturelle luy pardonna, ſe contentant d'auoir puni la peur qu'il luy auoit faite, par la peur de ce ſupplice.

L'An de Chriſt 1586.

Le Roy à Lyon. Exploits des Ducs de Ioieuſe & d'Eſpernon.

I. Guerre des trois Henris. II. Le Nauarrois implore le ſecours des eſtran-gers. III. Qui deputent deuers le Roy. IV. Reſponſe de ſa Majeſté. V. Sa negligence. VI. Nouueaux edicts burſaux. VII. Parangon du Duc de

Henry III du nom, Roy LXII.

L'An de Christ. 1586.

Ioieuſe & d'Eſpernon. IIX. Exploits du Duc de Ioieuſe en Auuergne. IX. Mort de Henry grand Prieur de France. X. Le Duc d'Eſpernon gouuerneur de Prouence. XI. Prend Sene & Reoule. XII. Et Chorges. XIII. Le Roy eſt eſtonné de l'armée des Reiſtres. XIV. La Valete commande en Dauſiné & en Prouence. XV. Le Roy employe le Duc de Mayenne. XVI. Le Duc de Guiſe fait la guerre au Duc de Buillon. XVII. Aſſiege Sedan. XIIX. Secour Verdun. XIX. Treſue entre les Ducs de Guiſe & de Buillon. XX. Conference entre la Roine-mere & le Nauarrois. XXI. Obſtination du Nauarrois. XXII. Treſue de peu de jours. XXIII. Le Roy ſe pique contre le Duc de Guiſe. XXIV. La France troublée par la mort de la Roine d'Eſcoſſe.

OVTE la Frāce eſtoit diuiſée en trois partis: celuy du Roy, celuy des Religionnaires ſoubs le Roy de Nauarre, & celuy de la Ligue ſoubs le Duc de Guiſe. Et d'autāt que tous trois ces chefs auoiēt nō Héry, la guerre ciuile qui s'en enſuiuit fut appellée la guerre des trois Henris. Le premier pourtant auoit toutes ſes inclinations à la paix, tant parce qu'il la jugeoit eſtre neceſſaire pour le bien de ſon Roiaume, qu'à cauſe qu'il aimoit grandement le repos, & ſes plaiſirs: & meſmes (quoy qu'en aient dit ſes calomniateurs) la deuotion incompatible auec la violence. Mais l'impetuoſité de ſes ſubjets & la neceſſité l'emporta mal-gré luy à la guerre. Le ſecond ne refuſoit pas la paix, afin de complaire au premier: mais les deſſeins du tiers tendans entierement à ſa ruine (joint qu'il s'eſtoit touſjours nourri dans les armes) il ſe diſpoſoit aiſément à la defenſe. Le troiſieſme ne pouuant paruenir à ſon but, ny pouſſer ſon ambition que par les armes (auec ce qu'il eſtoit naturellement martial) ne reſpiroit que feu & ſang, & en armant de tout ſon pouuoir alarmoit les autres.

I. Guerre des trois Henris.

Le Nauarrois ne ſe ſentant pas aſſez fort pour contre-quarrer ſes ennemis auoit deſpeché des ambaſſadeurs deuers les Princes Proteſtans d'Alemagne, & deuers les Suiſſes de la nouuelle opinion, pour leur donner à entendre que luy & les autres Princes & Seigneurs de ſon parti n'eſtoient perſecutés qu'en haine de la Religion Reformée qu'ils profeſſoient auec eux: & partant il les conjuroit de ne vouloir point abandonner la cauſe de Dieu contre cete perſecution tyrannique.

II. Le Nauarrois implore le ſecours des eſtrangers.

Tant les Alemans que les Suiſſes Proteſtans luy promirent volontiers l'aſſiſtance de leurs armes: toutefois à cauſe de l'alliance qui eſtoit entr'eux & la Couronne de France, ils deputerent au precedent deuers le Roy. le Roy de tres-celebres ambaſſades: c'eſt à ſçauoir les Alemans deux Princes, Frideric de Vvirtemberg & Vvolfang Comte d'Iſſembourg: les Suiſſes, des plus notables hommes de leur republique; & le Roy de

III. Qui deputent deuers le Roy.

D'annemark enuoia aussi de sa part ses ambassadeurs à mesmes fins que les autres: qui tendoient à exhorter le Roy à donner la paix à tous ses subjets auec liberté de conscience.

IV.
Response de sa Majesté.

Le Roy, qui sçauoit bien que ces ambassades ne se faisoient que par maniere d'acquit, & que c'estoient les auant-coureurs de l'armée estrangere, ne laissa pas de receuoir honorablement les Suisses, & les ouït les premiers, dilayant à donner audience aux autres : de sorte que les deux Princes Alemans ennuyés de ses longueurs se retirerent chez eux, laissant des agens pour faire leur charge. Mais enfin le Roy leur fit à tous vne mesme response: qui estoit, *Qu'il n'y auoit personne mieux instruite que luy de ce qui estoit à faire pour le bien de ses subjects & de son Estat. Qu'en cela il n'auoit pas besoin de conseil: mais qu'en toute autre occasion il tesmoigneroit à ses alliés combien il desiroit leur satisfaction, & combien il tenoit chere leur amitié & alliance.*

V.
Sa negligence.

Le Roy donc estant en Bourbonnois, bien aduerti que l'armée des Reistres & des Suisses estoit sur la frontiere de France, s'auança jusqu'à Lyon, afin de traicter auec eux, s'il y auoit moien : ou pour leur resister s'ils entroient dans le Roiaume. Neantmoins au lieu de trauailler serieusement à l'vn ou à l'autre moien, il s'amusoit à mignoter des petis chiens (dont on nourrit quantité à Lyon) & en aiant continuellement les bras chargés en vn temps que son Estat, son autorité & sa propre personne estoient en peril, il donna subjet à ses ennemis de publier sa faitardise ou intelligence auec l'estranger pour fauoriser les heretiques (quelque auersion qu'il eût au contraire) & au peuple d'en augmenter sa croiance. Deplorable condition de ce bon Roy, que ses subjets contrerollassent si auant ses actions que ses petis diuertissemens & ses delices innocentes luy fussent imputés à crime.

VI.
Nouueaux edicts bursaux.

Ce qui accreut encore la mesdisance contre sa Majesté fut que peu de jours auparauant il estoit entré en son Parlement de Paris, où il auoit fait verifier vingt-sept edicts bursaux en sa presence sans prendre aduis de la Cour, & sans vouloir ouïr ses remonstrances : & qu'en mesme temps le Duc de Ioyeuse fut enuoié en Auuergne & en Gibaudan : & le Duc d'Espernon en Prouence, tous deux auec des forces. Car cela faisoit dire à la Ligue que les deniers prouenus de ces Edicts estoient employés pour nourrir l'ambition de ces deux Seigneurs (qu'on ne qualifioit que mignons du Roy) lesquels espuisoient ses finances.

VII.
Parangon des Ducs de Ioyeuse & d'Esperno.

Là verité est qu'eux deux tenoient le haut du paué sur tous les fauoris de sa Majesté, & l'emulation estoit venue à ce poinct entr'eux-mesmes qu'ils ne pouuoient souffrir que l'vn gaignât vn degré de faueur sur l'autre enuers leur Maistre : & le Roy mesme (qui desiroit les contenter egalement) estoit plus empeché à balancer ses bien-faicts auec egalité qu'à leur bien-faire. Il ne se pouuoit rien

desirer

Henry III du nom, Roy LXII. 193

L'an de Chrift. 1586.

A desirer en eux pour la generosité & courage: mais le Duc de Ioyeuse estoit beaucoup inferieur au Duc d'Espernon en solidité de jugement, en prudence & conduite. Et desia le Roy commençoit à se lasser des importunités du Duc de Ioyeuse, recognoissant d'ailleurs qu'il auoit quelque propension à la Ligue: & le Duc d'Espernon au contraire ne luy demandoit jamais rien, & ne cessoit de l'animer à maintenir vigoureusement son autorité contre les entreprises de la Ligue.

Le Duc de Ioyeuse donc estant arriué en Auuergne & en Gibaudan sur la fin du mois de Iuillet auec vne armée de sept à huict mille hommes de pied & cinq à six cens cheuaux, y batit & força quelques places: mais aussi il y perdit la plus-part de ses meilleurs hommes: de sorte que dans deux mois & demy son armée fut quasi toute dissipée: ce qui l'obligea d'en laisser la conduite à Lauerdin, & retourner à la Cour, afin de recouurer des moiens de la refaire.

VIII. Exploits du Duc de Ioyeuse en Auuergne.

Quant au Duc d'Espernon, il receut en mesme temps vn auantageux tesmoignage de la bien-veillance de son Maistre. Henry grand Prieur de France fils naturel du Roy Henry II estoit gouuerneur de Prouence, & Philippe Altoniti Florentin l'estoit de la ville d'Aix, siege du Parlement. Henry tenant cet Italien pour vn espion de ses actions, qui luy rendoit de mauuais offices enuers la Roine-mere, le haïssoit à mort. Passant vn jour deuant le logis d'Altoniti auec ses gardes & grande suite, le Florentin (le bruit de la tourbe qui passoit l'obligeant à regarder que c'estoit) mit la teste à la fenestre. Henry l'ayant apperceu (comme les objets odieux esmouuent aisément les aiguillons de la colere) commanda à ses gardes de l'attendre deuant la porte de ce logis, & luy monta en haut resolu de tuer cet estranger qu'il tenoit pour son ennemi: & de fait le trouuant en sa chambre il commença de le charpenter à coups d'espée. Altoniti voiant qu'il luy falloit mourir se ietta à corps perdu sur luy, & tirant vn petit poignard qu'il portoit à sa ceinture, luy plongea dans le ventre, & redoublant les coups, l'estendit roide mort sur le plancher. Les gardes du grand Prieur oians le bruit & le trepignement des deux qui s'entre-secoüoiēt, & les cris de ceux de la maison, y accoururent, & trouuans leur Maistre desia mort, chargerent l'autre, luy donnerent cent coups apres sa mort, & trainerent son corps par les ruës. Voila comment vne vengeance legerement conceuë fut promptement vengée.

IX. Mort de Henry grād Prieur de France.

Le gouuernement de Prouence vaquant par la mort du grand Prieur de France, le Duc d'Espernon en fut pourueu par le Roy, & peu apres en alla prendre possession auec vne armée, composée de sept regimens François (entre lesquels estoiēt celuy des Gardes, celuy de Picardie, celuy de Champagne & celuy de Piedmont) vn de Corses, trois mille Suisses, vingt compagnies de gensdarmes, dix-huict de cheuaux legers, & quatorze pieces de grosse artillerie. Il auoit auec luy les sieurs de Grillon,

X. Le Duc d'Espernon gouuerneur de Prouence.

Tome 4. R

de Rubempré, de Viq, de Berangueuille, de Paſſage & autres bons Capitaines.

L'An de Chriſt. 1586.

XI.
Prend Sene & Breoule.

Y eſtant arriué au commencement de Nouembre il mit ſoudain la main à la beſogne: & aiant aſſiegé & batu la ville de Sene (dite cōmunement la Grand-tour) les aſſiegés ſe rendirent à luy vies & bagues ſauues, Sene ainſi renduë il attaqua Breoule: & apres cinq à ſix cens coups de canon la place luy fut auſſi rendue auec les drapeaux & les armes à feu, nonobſtant que depuis le ſiege le ieune Carancy fût entré dedans auec ſix vingts hommes d'elite.

XII.
Et Chorges.

Ainſi qu'il deſſeignoit de planter le ſiege deuant Chorges place de plus grande importance que les precedentes, le ſieur de la Valete ſon frere aiſné arriua en ſon camp auec les ſix compagnies de Suiſſes commandées par le Colonnel Galaty. La Valete approuuant ſon deſſein, la baterie fut dreſſée ſur la fin du meſme mois de Nouembre, le temps eſtant encore aſſez doux: mais dez l'entrée de Decembre le froid fut ſi rigoureux & les neiges ſi hautes, que les ſentinelles ne pouuoient ſubſiſter durant vne heure: de ſorte que pluſieurs ſe trouuerent tranſis de froid & roides comme des ſtatues. Ces incommodités faiſoient eſperer aux aſſiegés que les deux freres ſeroient contrains de faire decamper leur armée. Neantmoins ils preſſerent ſi fort le ſiege qu'apres vne baterie de deux mille coups de canon les aſſiegés capitulerent pour ſortir vies & bagues ſauues, meſche eſteinte, & caiſſes debandées.

XIII.
Le Roy eſt eſtonné de l'armée des Reiſtres.

La rigueur de l'hyuer continuant, le Duc d'Eſpernon mit ſon armée en garniſon, & retourna à la Cour pour ſe tenir prez de la perſonne du Roy qu'il trouua extremement eſtonné de l'armée eſtragere, laquelle eſtoit à la frontiere de France: & les Religionnaires armoient de tous coſtés pour l'aller ioindre & la conduire deuant Paris, comme ils auoient fait autre fois ſoubs le regne de Charles IX.

XIV.
La Valete commande en Dauſiné & en Prouence.

Quant à la Valete il retourna en Dauſiné: neantmoins le Roy luy enuoia vn ample pouuoir & commiſſion pour commander auſſi en Prouence, ainſi qu'a remarqué le ſieur de Mauroy, lequel a eſcrit fidelement la vie & les geſtes de ce grand Capitaine.

XV.
Le Roy employe le Duc de Mayenne.

Nous venons de marquer les exploits de pluſieurs Princes, Generaux d'armée, & meſmes d'aucuns particuliers Seigneurs & Capitaines, ſans auoir rien dit encore du Duc de Guiſe: lequel eſtant le principal chef de la Ligue & tenant toute la France en eſchec, il n'y a point d'apparence qu'eſtant d'ailleurs homme belliqueux, il tînt les bras croiſés pendant que les autres manioient les armes. Certes il eût bien deſiré commander vne armée roiale: mais le Roy redoutant & ſon eſprit & ſon courage, aimoit mieux en donner la conduite au Duc de Mayenne ſon frere: non pas qu'il ne ſe desfiât auſſi de celuy-ci: mais le croyant moins violent que ſon aiſné, il euitoit de deux maux le pire, & employant l'vn oſtoit à l'autre le ſubiet de ſe plaindre.

Henry III du nom, Roy LXII. 195

L'An de Chrift 1586.

Toutefois le Roy par ces artifices ne sceut pas si bien arrester l'impetuosité de l'ambition du Duc de Guise qu'il n'assemblât des troupes en son gouuernement de Chápagne, & ne courût sur les terres du Duc de Buillon soubs deux tres-specieux pretextes: l'vn que le Duc de Buillon retiroit en ses terres les trahistres, & les bannis de France: l'autre, qu'il fauorisoit l'entrée de l'armée d'Alemagne qui venoit au secours du Roy de Nauarre, & mesmes qu'il estoit Lieutenant du Duc Ian Casimir General d'icelle: lequel ne la pouuant conduire en personne à cause des affaires de l'Electeur Palatin son neueu qui le retenoient de delà, le Duc de Buillon auec le Baron d'Onau, y auoit le principal commandement: & par-ainsi il estoit loisile à tout bon François de luy courir sus comme ennemi de la France.

XVI. Le Duc de Guise fait la guerre au Duc de Buillon.

Il prit donc sur luy Donzy reprit Roc-Roy n'agueres surpris par les gens du Duc de Buillon quoy que desaduouës par leur Maistre. En suite il emporta Raucour: & s'en alla planter le siege deuant la ville de Sedan, de laquelle le Duc de Buillon est Prince souuerain. Cete place estoit si pleine de Religionnaires refugiés de France que les viures y estoient tres chers, & en si petite quantité qu'ils ne pouuoient pas suffire que pour peu de iours à vne si grande multitude de personnes.

XVII. Assiege Sedan.

Le Duc de Buillon n'estant pas assez puissant pour faire leuer le siege de Sedan, s'aduisa d'attaquer Verdun qui tenoit pour la Ligue: & commençant de le presser obligea le Duc de Guise à venir au secours auec toutes ses forces. Mais le Duc de Buillon aiant pourueu cependant au rauictaillement de Sedan, n'attendit pas son ennemi, duquel l'armée estoit beaucoup plus forte que la sienne.

XIIX. Secour Verdun.

La Roine-mere, qui auoit pouuoir absolu sur le Duc de Guise depuis leur derniere confederation, & qui desiroit aussi s'obliger le Duc de Buillon pour s'en seruir après à traicter auec l'estranger, s'il en estoit besoin, interuint là dessus & fit accorder vne tresue entre les deux Ducs; que la diuersité de la Religion & la haine particuliere auoit acharnés l'vn contre l'autre.

XIX. Tresue entre les Ducs de Guise & de Buillon.

Cela fait, elle s'en alla à Sainct-Bris prez de Cognac à vne conference là assignée entr'elle & le Roy de Nauarre au mois de Decembre. Leur premier entretien fut de reproches d'vne part & d'autre. Diuerses conditions de paix aiant esté proposées par elle au Nauarrois, il ne trouua point de seureté en pas vne d'icelles, iugeant bien que les desseins de la Roine ne tendoient qu'à faire rompre l'armée d'Alemagne. Apres tout elle luy dit franchement, *Qu'il ne luy falloit jamais esperer repos ny contentement tandis qu'il demourroit obstiné en son heresie: & que le vray & vnique moien d'attirer sur luy les benedictions celestes, d'abbatre ses ennemis, de plaire au Roy & d'estre recognu au rang que sa naissance luy donnoit dans cet Estat, c'estoit de reprendre la Religion de ses ancestres.*

XX. Conference entre la Roine mere & le Nauarrois.

Tome 4. R ij

XXI.
Obstination
du Nauar-
rois.

A cela le Nauarrois fit la mesme response que souuent autre-fois en pareille occasion, *qu'aiant esté instruit & nourri en la Religion qu'il professoit & estimoit estre la meilleure, ce seroit tesmoigner qu'il faisoit bien peu d'estat de sa conscience s'il en changeoit si legerement pour des esperances temporelles. Que si sa Religion estoit condamnée en vn concile libre, il estoit prest de l'abjurer, & employer ses moiens & sa vie pour l'abolir entierement, & embrasser de tout son cœur la Catholique Romaine.*

L'An de
Christ.
1586.

XXII.
Trefue de
peu de
iours.

Apres auoir ainsi passé & repassé en vain le fil par l'aiguille la conference fut rompue, sans autre fruict que d'vne trefue iusques au IIX de Ianuier ensuiuant, qui n'estoit pas pour vn mois entier: le Nauarrois aiant voulu à grand'peine condescendre à cela mesme, sur l'esperance qu'on luy donnoit, que les Reistres & les Suisses approchant dans ce temps-là, le Roy luy feroit offrir des conditions plus auantageuses. De-quoy la Roine-mere demeurant tres-mal satisfaite, se lia encore plus estroitement auec la Ligue.

XXIII.
Le Roy se
pique con-
tre le Duc
de Guise.

La verité estoit aussi que le Roy desiroit tousiours la paix à quelque prix que ce fût, preuoyant sagement que si l'armée estrangere jointe aux Religionnaires estoit victorieuse, la France leur demeurroit en proye, & qu'il seroit impossible de traicter auec eux que soubs des conditions tres-dommageables à l'Estat & à la Religion Catholique. Si au contraire ils estoient desfaits, que l'insolence de la Ligue seroit insupportable. Il en dit mesmes de grosses paroles au Duc de Guise qui ne respiroit que la guerre. Le Duc luy repartit audacieusement que si sa Majesté eût fait executer seuerement l'edict de l'vnion elle eût tiré de si notables sommes de deniers par la vente des biens des Huguenots qu'elle eussent esté suffisans pour entretenir ses armées. Mais qu'au lieu de cela on auoit saisi les reuenus des benefices du Cardinal de Peleué. Ce repart piqua viuement le Roy, qui auoit fait faire cete saisie auec tres-juste cause, estant assez aduerti des mauuais offices que ce Cardinal fauteur & protecteur de la Ligue luy rendoit à Rome enuers le Pape & le Consistoire. Et ne doutant pas que la Ligue n'en murmurât, il fit distribuer aux paures tous les deniers qui en prouindrent.

XXIV.
La France
troublée
par la mort
de la Roine
d'Escosse.

Le Roy donc estant en cete resolution de conclure la paix auec le Roy de Nauarre, vne nouuelle arriua à la Cour, qui donna vn nouueau subjet aux Ligueurs de crier aux armes contre les Religionnaires, & esmeut grandement les Catholiques. C'est qu'Elizabeth Roine d'Angleterre auoit fait mourir Marie Roine d'Escosse par la main d'vn bourreau comme vne personne vile, infame & sa subjete. Les heretiques disoient que c'estoit pour des conspirations qu'elle brassoit ordinairement contre Elizabeth. Les Catholiques que c'estoit en haine de la Religion Romaine en laquelle elle persistoit auec vne constance inesbranlable apres auoir esté sollicitée & pressée de l'abjurer durant dix-huict ans qu'Elizabeth la retenoit pri-

Henry III du nom, Roy LXII. 197

A sonniere. Et de plus que l'Angloise n'auoit nulle sorte de juris-
diction sur l'Escossoise Princesse souueraine aussi bien qu'elle.
Tant y a qu'aiant esté executée à mort auec douze ou quinze seigneurs de marque, la Ligue prit de la occasion de publier que si le Nauarrois paruenoit à la Couronne il traicteroit de mesme les Princes &
Seigneurs Catholiques François pour establir l'heresie generalement
par tout le Roiaume. Les predicateurs n'entretenoient d'autre chose
leurs auditoires, & comme le subjet estoit grandement specieux &
plausible, aussi donnoit-il de puissantes esmotions aux ames zelées. Les
Guises y estans particulierement interessés (car elle estoit leur cousine
germaine) en faisoient resentir le bruit auec esclat, & animoient tout
le parti à la vengeance. Et dautant que cete histoire est malicieusement
B desguisée par aucuns chroniqueurs heretiques ou Libertins, ie la veux
raporter ici sommairement: veu mesmes que la France y a quelque
part puis-que cete Roine estoit Françoise d'extraction du costé maternel & auoit eu l'honneur d'espouser le Roy François II, & par ainsi
auoit porté le tres-illustre & tres-auguste titre de Roine de France.

L'An de
Christ.
1587.

Elizabeth Roine d'Angleterre fait decapi-
ter Marie Roine d'Escosse.

C *I. Droit de Marie d'Escosse sur l'Angleterre. II. Elle est troublée par les
Puritains. III. Se remarie à Henry Stuard. IV. Lequel fait tuer son secretaire. V. Malice des Puritains. VI. La Roine d'Escosse accouche d'vn
fils. VII. Met le gouuernement de l'Estat entre les mains du Comte de
Bothuel. IIX. Mort de Henry Roy d'Escosse. IX. Le Comte de Bothuel
espouse la Roine. X. Qui en est blasmée. XI. Et arrestée prisonniere.
XII. Se sauue. XIII. Est vaincue en bataille. XIV. Aborde en Angleterre. XV. Est confinée en prison & accusée. XVI. Defendue par le
Vicomte de Herrin. XVII. Declarée innocente. XIIX. Pressée d'espouser
le Duc de Northfolk. XIX. Qui est decapité. XX. Elle derechef calomniée. XXI. Les Hamiltons opprimés. XXII. Elle condamnée à mort.*
D *XXIII. Henry 3 intercede pour elle. XXIV. Mais c'est en vain. XXV.
Les heretiques conjurent la mort de la Roine d'Escosse. XXVI. Qui
s'y resout auec vne admirable constance. XXVII. Ses dernieres paroles.
XXIIX. Sa deuotion & contrition. XXIX. Se prepare au supplice.
XXX. Esmeut à compassion les assistans. XXXI. Est decollée par vn
bourreau. XXXII. La France ne peut prendre vengeance de cete injure.*

Tome 4. R iij

Histoire de France,

I. Droit de Marie Roine d'Escoſſe ſur l'Angleterre.

'Ay remarqué ci-deuant ſoubs le regne de Hḗ-ry II en l'an MDXLIIX comme Marie Stuard fille vnique de Iaques V & de Marie de Lorraine fut emmenée en ce roiaume pour eſtre mariée à François Daufin, depuis Roy de France. I'ay raporté auſſi comme ce mariage fut accompli en l'an MDLIIX, & luy & elle n'eſtās âgés que de quinze ans ou enuiron. En ſuite j'ay monſtré que le Roiaume d'Angleterre appartenoit à cete Roine de France & d'Eſcoſſe comme petite fille de Marguerite ſœur aiſnée de Henry IIX Roy d'Angleterre, & la plus proche d'Edoüard VI fils de Henry, le-dit Edoüard decedé en enfance: & qu'elle eſtoit preferable à Elizabeth: dautant que celle-ci n'auoit point eſté engendrée en loial mariage, Anne Boulen ou Boulein ſa mere ne pouuant eſtre femme legitime de Henry durant la vie de Caterine ſon eſpouſe, fille de Ferdinand V Roy d'Eſpagne, de laquelle le meſme Henry auoit vne fille. Auſſi Henry n'en aiant peu obtenir la diſpenſe du Pape, aima mieux ſe ſeparer de l'Egliſe que de ſa concubine : laquelle il fit depuis condamner & executer à mort pour crime d'adultere & meſmes d'inceſte (ſelon aucuns Annaliſtes) auec ſon propre frere.

L'An de Chriſt. 1548. 1558.

II. Elle eſt troublée par les Puritains.

Apres le trespas de François II ſans enfans, Marie ſon eſpouſe retourna en ſon roiaume d'Eſcoſſe: là où les Puritains (qui tenoient les erreurs du Caluiniſme) s'eſtoient rendus ſi puiſſans que leur fierté ſembloit indomtable : de ſorte que la Roine mettant ſerieuſement la main à l'œuure pour reſtablir la Religion Catholique par tous ſon Eſtat, y treuua grande reſiſtence : & pour entretenir ſes ſubjets en repos fut contrainte de diſſimuler les inſolences des heretiques.

III. Se remarie à Henry Stuard.

S'eſtant remariée auec diſpenſe du Pape à Henry fils de Mathieu Stuard Comte de Lenox ſon couſin vn des plus beaux & mieux faits Princes de ſon temps, ils ne furent pas longuement en bon meſnage : à cauſe qu'elle deſirant retenir toute l'autorité & gouuernement de l'Eſtat en ſa main, dilayoit de le faire couronner Roy, & meſmes le traictoit orgueilleuſement : & luy ſupportoit impatiemment le meſpris de celle qu'il adoroit comme la plus excellente beauté qui fut alors entre les mortels.

IV. Lequel fait tuer ſon Secretaire.

A cela s'adjouſta de ſur-croiſt la haine qu'il conceut contre le premier Secretaire de la Roine, lequel aiant la direction de toutes les affaires d'Eſtat, il s'imaginoit (comme l'excés de l'amour charnel produit aiſément la jalouſie) qu'il poſſedât auſſi les amoureuſes affections de ſa maiſtreſſe. Cete paſſion auec l'impatience que ſon ambition luy donnoit, l'obligea à conjurer la mort du Secretaire. Et de fait il le fit enleuer vn ſoir du cabinet de la Roine, elle preſente ſouppant, & après le fit poignarder dans la chambre prochaine.

V. Malice des Puritains.

Cet attentat n'apporta point d'auancement à ſes deſſeins, la Roine en demeura outrée comme d'vn injure faite à l'honneur de ſa Majeſté.

Henry III du nom, Roy LXII. 199

A Car les Puritains pour la rendre odieuse publioient hautement que Henry auoit fait vne action genereuse en faisant mourir l'adultere de la Roine. Ce n'est pas pourtant qu'ils portassent plus d'affection au Roy qu'à elle (car il estoit Catholique:) mais c'est qu'ils desiroient mettre diuision entre tous les Catholiques, commençant par la maison roiale, pour eleuer à la roiauté le Comte de Murey frere bastard de la Roine qui estoit Puritain.

L'An de Christ 1585.

En ces entrefaites la Roine accoucha d'vn fils qui fut nommé Charles-Iaques, & eut pour parrains le Roy Charles IX, & Philibert Emanuel Duc de Sauoye ; la Roine Elizabeth estoit marraine. Ce Prince succeda depuis aux roiaumes d'Angleterre & d'Escosse : & les aiant B reunis en vn, prit le titre de Roy de toute l'isle soubs le nom de *Grande Bretagne*.

VI. La Roine d'Escosse accouche d'vn fils.

La Roine donques irritée contre son mari choisit vn nouueau directeur, mais de qualité plus releuée que le precedent, afin qu'il agit d'autant plus puissamment au gouuernement de son Estat sous le commandement de sa Majesté : ce fut le Comte de Bothuel : lequel estant Catholique grandement zelé fut en horreur aux heretiques : qui ne cessoient de le charger de calomnies & d'impostures, dans lesquelles ils enueloppoient aussi la Roine.

VII. Met le gouuernement de l'Estat entre les mains de Bothuel.

Durant ces bruits arriua vn horrible accident qui esmeut toute l'Escosse. Le Roy estant couché en son lict à Edimbourg la nuict du X C iour de Feurier en l'an MDLXVII, vne saulsisse jouä soubs sa chambre : laquelle fut enleuée en l'air par la violence de la poudre, & luy emporté dans le jardin prochain, où il fut estranglé par les ouuriers de cet artifice. Les Puritains semerent incontinent le bruit (non sans apparence) que le Comte de Bothuel & la Roine mesme estoient auteurs de ce parricide. Bothuel & les Catholiques au contraire rejettoient ce crime execrable sur les Puritains mesmes, & disoient de plus qu'ils auoient desseigné de faire sauter la Roine par la mesme inuention croiäs qu'elle fust couchée auprez de son mari : mais que Dieu l'auoit conseruée n'estant pas encore couchée ny entrée en sa chambre.

1567.

IIX. Mort de Henry Roy d'Escosse.

Comme le bruit en fut diuers en ce temps-là, aussi les Historiens en ont escrit diuersement selon que leurs passions & affections estoient D differentes. Tant y a que le Comte de Bothuel se iustifia de ce crime contre l'accusation intentée par le Comte de Lenox pere du Roy Henry : & deuint si orgueilleux qu'il enleua la Roine ainsi qu'elle estoit à la chasse : & l'aiant emmenée en son chasteau de Dombart la voulut espouser : mais elle refusant de donner son consentement à ce mariage si elle n'estoit en pleine liberté, il la traduisit à Edimbourg ville capitale du Roiaume, où il l'espousa auec les ceremonies de l'Eglise.

IX. Le Comte de Bothuel espouse la Roine.

Les Princes voisins blasmerent la Roine d'auoir consenti à ce mariage, quand ce n'eust esté qu'à cause du bruit qui auoit couru qu'il auoit fait mourir le Roy pour vsurper la tyrannie : dont on

X. Qui en est blasmé.

R iiij

voyoit les effects par ce mariage. Mais les Puritains Escoſſois & les Lutheriens Anglois en fremiſſoient, en parloient & en eſcriuoient outrageuſement tant contre luy que contre Marie ſon eſpouſe.

XI. Et arreſtée priſonniere.

Ces murmures & eſcrits diffamatoires auec les predications & ſollicitations des miniſtres Puritains batus à meſme coing que nos Caluiniſtes, eſmeurẽt tellemẽt leur parti qui eſtoit dez-lors & auparauant le plus fort en Eſcoſſe, qu'aiant pris les armes contre le Comte de Bothuel ſoubs pretexte de venger la mort du Roy Henry (de laquelle il s'eſtoit juſtifié) ils auoient neantmoins pour leur principal & dernier but l'abolition de la Religion Catholique. Auſſi Bothuel s'eſtant retiré en ſon chaſteau de Dombart penſant appaiſer leur fureur par ſa retraite, ils ſe ſaiſirent de la perſonne de la Roine & la contraignirent de remettre le gouuernement de l'Eſtat entre les mains du Comte de Murey ſon frere baſtard en qualité de Viceroy, attendant que le Roy fûst en âge de gouuerner; & la confinerent en vn chaſteau ſur le lac d'Eruins ſoubs la garde du Comte de Douglas frere vterin du Viceroy.

XII. Se ſauue.

La Roine ſe voiant captiue entre les mains de ſes ſubjets & ſes ennemis fut reduite à vn tel deſeſpoir qu'elle ſe reſoluoit de ſe precipiter dãs le lac pour ſe ſauuer, ou par ſa mort mettre fin à ſes angoiſſes. Elle auoit trouué moien d'en donner aduis au Vicomte de Selo & luy marquoit le jour afin qu'il la ſecourûst s'il luy eſtoit poſſible. Dieu la reſeruant à de plus longues ſouffrances luy ouurit vn plus aſſeuré moien de trouuer ſa liberté pour quelque temps. C'eſt, qu'vn des enfans du Comte de Douglas luy apporta ſecretement la clef de la porte qui eſtoit ſur le lac: ſi bien qu'elle l'ouurit & l'aiant refermée jetta la clef dans l'eau: & elle auec le garçonnet entra dans vn petit bateau qu'elle meſme conduiſit à la rame juſqu'à l'autre bord où elle trouua le Vicomte de Selon qui l'accueillit auec toute ſorte de reuerence, de joye & d'alegreſſe.

XIII. Eſt vaincue en bataille.

Aiant eſté conduite en lieu de ſeureté elle aſſembla tous ſes bons ſeruiteurs pour venger l'iniure qu'elle auoit receüe du Viceroy apres l'auoir honoré de la Regence & gouuernement du Roiaume. Les attraits de ſa beauté eſtant encore plus puiſſans que la juſtice de ſa cauſe elle mit ſur pied en peu de jours vne armée de ſept mille combatans. Mais les Rebelles luy eſtans venus à l'encontre en bon ordre luy liurerent la bataille & emporterent la victoire.

XIV. Aborde en Angleterre.

La Roine derechef deſolée & ſans eſperãce d'auoir aucune reſſource de ſecours de ſes ſubjets s'embarqua auec aucuns de ſes plus confidés ſeruiteurs pour ſe retirer en France. Mais les vens s'oppoſans à ſes deſſeins elle aima mieux aborder en Angleterre que de s'expoſer à la merci de l'orage: toutefois contre l'aduis des ſiens, leſquels preuoyoient biẽ qu'elle cherchoit ſa liberté là où elle trouueroit vne nouuelle priſon, & au lieu de ſalut vne mort honteuſe. Car la Roine d'Angleterre & ſon

L'An de Chriſt. 1586.

Henry III du nom, Roy LXII. 201

Conseil estans infectés des erreurs de Luther, & tres-cruels persecuteurs de l'Eglise Catholique, elle n'en pouuoit attendre aucun traictement fauorable.

L'an de Christ 1585.

Le Viceroy entendât que Marie s'estoit sauuée en Angleterre cōceut vne meilleure esperāce de l'opprimer là que dās l'Escosse : ne doubtant pas qu'à l'aide des ministres Protestās, des directeurs de l'Estat & par la cōniuence d'Elizabeth tous ennemis capitaux des Catholiques, il ne fît receuoir ses calōnies pour vne iuste accusation & ses faulsetés pour des preuues legitimes. Aussi ses ressors furent si puissans (nonobstant que les Lutheriens fussent continuellemēt aux prises auec les Puritains touchant la foy) qu'Elizabeth au lieu de faire venir sa cousine à sa Cour, la confina en vn coing de son isle soubs bonne garde : & par vne entreprise inouïe ordonna des Cōmissaires pour luy faire son procés sur la delation de ses subjets : lesquels estoient eux-mesmes coulpables du crime de leze-Majesté en accusant leur Roine, qui ne pouuoit auoir autre iuge que Dieu, comme Princesse souueraine.

XV. Est cōfinée en prison & accusée.

Les accusateurs & les tesmoins tous heretiques se produisirēt à tourbes : mais ses defenseurs, tous Catholiques, paroissoient en fort petit nōbre, tāt pour la crainte du Viceroy, qu'à cause que defendre l'innocēce de la prisonniere estoit se rendre cōplice des crimes dont elle estoit preuenuë. Le Vicomte de Herrin sur tous autres est digne d'vne loüange eternelle pour s'estre presenté hardiment deuant Elizabeth afin de iustifier sa Roine par pieces escrites & souscrites de la main des accusateurs mesmes, par tesmoins irreprochables & par le combat singulier, deffiant le plus hardi du parti contraire. D'ailleurs il luy remōstra fort sagement la consequence & le mauuais exēple que c'estoit de receuoir les subjets rebelles pour accusateurs & tesmoins contre leur Roine : & qu'elle mesme dōnāt des iuges à sa cousine, qui ne luy estoit en riē subjete que par son infortune, ou plustot pour auoir mis trop de cōfiance en vne autre Roine sa parēte & voisine. Mais Elizabeth prenāt auātage du mal-heur de Marie ne tint point conte de ces remōstrances.

XVI. Defenduë par le Vicomte de Herrin.

Neantmoins Dieu protecteur des innocens & des affligés ouurant les yeux aux iuges & frappāt à leurs consciences pour iuger la cause de cete Roine selon la verité qui resultoit de la procedure, ils ne trouuerent qu'innocence du costé d'elle, & impostures de la part des accusateurs. Tellement qu'ores qu'ils eussent desiré faire des presompriōs, preuues : & des apparences, verités, pour la perdre, ils furent forcés par la suggestion de leurs consciences non seulement à la declarer innocente, mais aussi la seconde personne & legitime heritiere (apres Elizabeth) de la couronne d'Angleterre.

XVII. Declarée innocente.

Cete iustificatiō deuoit estre suiuie de la liberté de la prisōniere. Mais Elizabeth craignant que le iuste ressentiment de tant d'iniures receuës d'elle & des accusateurs, la porteroient à la vengeance, desiroit au precedent luy en oster les moiens. A cet effect il fut proposé dās le Conseil d'Angleterre de la separer du Cōte de Bothuel, en luy faisant declarer qu'elle l'auoit espousé par violence, & sans y auoir iamais donné cōsen-

XIIX. Pressée d'espouser le Duc de Northfolk.

tement: & aprés la marier auec Thomas Duc de Northfolk, grand Mareschal d'Angleterre, personnage vertueux & Catholique: auquel neantmoins Elizabeth auoit vne parfaite & asseurée confidence.

L'An de Christ. 1570.

XIX. Qui est decapité.

Marie pour sortir de captiuité ne refusoit aucunes conditiós, ny mesmes celle de ce nouueau mariage. Mais de Mal-heur le Duc de Northfolk fut soupçonné de traicter secretement auec le Pape & auec le Roy d'Espagne pour le restablissemét de la religion Catholique en Escosse, en vn temps que les soupçons contre les Catholiques estoient suffisans pour les perdre. Quoy qu'il en soit le Duc de Nortfolk fut arresté prisonnier sur ce subjet, & le procés luy aiant esté fait, il fut condamné à auoir la teste trenchée: & l'arrest fut executé à Londres.

XX. Elle derechef calomniée.

La Roine d'Escosse fut pareillement chargée d'auoir escrit des letres à aucuns de ses seruiteurs en Escosse: par lesquelles elle se plaignoit du mauuais & indigne traictement qu'elle auoit receu d'Elizabeth, qui la retenoit encore prisóniere cótre tout droit diuin & humain: toutefois qu'elle se consoloit en ce qu'elle auoit de si bós & si puissans amis qu'ils procureroient sa deliurance & la restabliroient en son roiaume. Ces letres interceptées par ses ennemis, qui estoient tousiours aux aguets, furent produites & interpretées du secours du Roy d'Espagne capital ennemi des Anglois: ou de celuy de France par la faueur des Guises cousins germains de Marie, & aigrirét Elizabeth cótre elle: de sorte qu'elle la fit garder plus estroitement que jamais, & depuis ce temps-là toutes les coniurations qui se firent en Angleterre contre Elizabeth furent imputées à cete infortunée Princesse.

XXI. Les Hamiltons opprimés.

Cependant le Comte de Murey Viceroy d'Escosse fut assassiné à l'induction des Hamiltons qui pretendoient que la Regence du Roiaume leur appartenoit, & que ce bastard l'vsurpoit tyranniquemét à leur preiudice. Mais auant qu'ils peussent s'establir en sa place ils furent opprimés par la Roine d'Angleterre: laquelle enuoia vne armée en Escosse soubs la conduite du Comte de Succex, pour les exterminer, & establir en la Regéce le Comte de Lenox irrecóciliable ennemi de l'Ecossoise.

XXII. Elle condamnée à mort.

Bref Elizabeth & son Conseil alterés du sang de leur prisonniere, aprés l'auoir souuent pressée en vain d'abjurer sa religion, se resolurent de la faire mourir le XIIX an de sa captiuité, aprés auoir changé seze fois de prison. Pour cet effect ils luy donnerent derechef des Commissaires: lesquels aiant instruit le procés auec cete seule intention de la rédre criminelle, en firent leur raport au Parlement d'Angleterre composé de quatre cens deputés des trois Estats: lesquels la declarerent atteinte & conuaincue du crime de lese-Majesté au premier chef, pour auoir conspiré contre la Roine & contre son Estat: & pour la reparation de ce crime la condamnerent à estre decollée par l'executeur de la haute justice.

XXIII. Henry 3 intercede pour elle.

Le Roy Henry III aduerti de cete procedure despecha le sieur de Bellieure deuers Elizabeth pour la prier de la faire cesser: & si elle ne vouloit donner la liberté à sa prisonniere, qu'à tout le moins elle ne luy rauit point la vie, consideré que c'estoit la plus proche parété qu'el-

Henry III du nom, Roy LXII.   203

le eût au monde, & qu'elle auoit eu l'honneur d'auoir espousé vn Roy de France frere aisné de la Majesté tres-Chrestienne. Bellieure n'oublia rien de ce qui se pouuoit dire de beau & de pertinent sur ce subjet: ainsi qu'on peut voir en sa harangue que ie n'ay pas voulu ici transcrire, parce qu'elle se trouue imprimée & inserée en diuerses histoires.

Neantmoins Elizabeth l'esconduisit de sa demande, disant qu'elle ne pouuoit jamais asseurer sa vie que par la mort de la Roine d'Escosse: laquelle ne cessoit de tramer de jour à autre des conspirations contre son Estat & contre sa personne. Excuse peu receuable contre vne Princesse estrangere, prisonniere depuis si longues années. Car Elizabeth la pouuoit si bien restreindre que ne luy permettant point d'auoir communication qu'auec des personnes nullement suspectes, il luy eût esté impossible de luy donner tant seulement ombrage de conspiration quelconque.

XXIV. Mais c'est en vain.

Ce refus dement ceux qui ont escrit qu'Elizabeth desiroit sauuer la vie à sa cousine, & qu'elle auoit intercedé pour elle enuers le parlemēt d'Angleterre pour trouuer quelque expedient autre que la mort, pour son asseurance. Et quand bien elle en auroit vsé ainsi, ç'auroit esté par maniere d'acquit & pour rejetter sur le Parlement tout le reproche & le blasme de sa cruauté enuers sa parente la plus proche. Mais la verité est que les Lutheriens d'Angleterre considerant qu'elle deuoit succeder à la couronne Angloise, & ne doubtant pas qu'elle ne trauaillât de tout son pouuoir à l'extirpation de leur secte, conspirerent sa mort auec les Puritains d'Escosse. Ioint que la faisant mourir ils s'asseuroient de faire instruire le Roy d'Escosse son fils à la religion nouuelle, comme ils firent. Toutefois il chancelloit grandement en sa croiance à cause des controuerses dont les Lutheriens & les Puritains batoient ordinairement ses oreilles.

XXV. Les heretiques conjurent la mort de la Roine d'Escosse.

Ainsi donc l'arrest donné contre Marie Roine d'Escosse fut executé le XIIX de Feurier MDXXXCVII. au Chasteau de Fodring dans vne grande sale à la veüe d'enuiron trois cens personnes. Luy estant prononcé, elle, que la langueur d'vne si longue prison auoit preparée à toute sorte de souffrance, respondit aussi pieusement que constamment: *Que Dieu, qui estoit seul son iuge, cognoissoit l'innocence des crimes qui luy estoient imposés. Qu'il jugeroit en justice elle & ceux qui l'auoient iugée iniquement & contre les loix diuines & humaines. Que ce qui la consoloit en cete affliction & la rendoit glorieuse en ce spectacle ignominieux deuant le monde, c'est qu'elle sçauoit bien qu'on la faisoit mourir en haine de sa religiō. Qu'elle prioit Dieu de luy augmēter la constance en luy augmentant son angoisse: & que cete mort qu'elle vouloit endurer patiemment pour l'amour de luy, qui auoit souffert mort & passion pour elle, luy seruît d'expiation de ses fautes passées.*

XXVI. Qui s'y resout auec vne admirable constance.

1587.

Au surplus, elle ne demanda point d'autre grace si ce n'est qu'il fût permis à tous ses domestiques d'assister à sa mort: afin qu'ils fussent tesmoins de ce qu'elle mouroit Catholique, & qu'ils le certifiassent à son

XXVII. Ses dernieres paroles.

L'An de Christ. 1587.

fils & au Roy de France. Les Commiſſaires luy aiant refuſé ſa requeſte, de peur (diſoient-ils) que les cris & les pleurs de tant de perſonnes la troublaſſent: elle les pria derechef de le permettre à tout le moins à cinq hommes & à deux femmes, de la modeſtie deſquels elle leur reſpondit: ce qu'ils luy octroyerent auec l'interceſſion de toute l'aſſiſtance. Alors elle dit le dernier à Dieu à tous les ſiens donnant ſa main à baiſer aux hommes, & baiſant toutes les femmes, apres leur auoir recommandé la crainte de Dieu, de le prier pour elle, & d'eſtre obeïſſans aux puiſſances ſuperieures. Adreſſant particulierement ſes paroles à vn nommé Meluin, elle le conjura de dire de ſa part au Roy d'Eſcoſſe ſon fils qu'elle auoit touſiours veſcu & mouroit Catholique: qu'elle l'exhortoit auſſi de tout ſon cœur de viure en la religiō de ſes anceſtres: d'entretenir ſes ſubjets en bonne paix, & de n'entreprendre rien contre la Roine d'Angleterre, la ſucceſſion de laquelle luy appartenoit apres ſa fin, auec la couronne d'Eſcoſſe.

L'an de Chriſt. 1587.

XXIIX. Sa deuotion & ſa contrition.

Elle auoit pris en ſes mains vn Crucifix qu'elle baiſoit ſouuent: & vn des Commiſſaires luy diſant qu'il falloit auoir le Crucifix au cœur non pas és mains, elle repartit *& au cœur & aux mains*, continua de le baiſer plus ſouuent, & fit toutes ſes prieres à haute voix en Latin, y entremeſlant de profondes meditations auec vne conſtance admirable. Les deux ſeruantes qui eſtoient aupres d'elle fondant en larmes & ne pouuant contenir leurs cris, elle leur dit: *Comment? j'ay reſpondu pour vous que vous ne ſeriez point importunes: & vous vous laiſſez emporter à la deſolation quoy que vous me voiez toute conſolée en mō Dieu mon Sauueur, lequel par ſa grace & miſericorde au lieu d'vn Roiaume temporel plein de miſere, me logera à cete heure dans le celeſte où eſt le comble de tout bonheur & de gloire?*

XXIX. Se prepare au ſupplice.

Le bourreau luy voulât aider à deſcrocher ſa robbe, elle le repouſſa, & ſe fit aider par ſes deux ſeruantes: & aprés ſe preſenta à genoux ſur vn carreau de velours noir contre le poteau preparé à ſon ſupplice: pardonna à tous ceux qui auoient procuré ſa mort, & nommément à ſes iuges & au bourreau meſme, tout ainſi qu'elle vouloit eſtre pardonnée de Dieu, deuant le throne duquel elle s'en alloit eſtre preſentée: & ſans aucun teſmoignage d'apprehenſion de la mort ny par la voix ny par les mouuemens du corps, cete ame roiale ſe diſpoſa à vn regne perdurable: cete belle face, qui auoit eſté le plus excellent objet des amours des hommes, ſe rendit agreable aux Anges: & ces yeux charmans, qui rauiſſoiét les cœurs des mortels, fichés maintenāt dās le ciel cōmencoiēt de poſſeder la gloire de l'immortalité en quitāt les vanités du monde.

XXX. Eſmeut à compaſſion les aſſiſtans.

Certes la conſideration des calomnies par le moien deſquelles l'innocence de cete Princeſſe auoit eſté opprimée, ſa longue captiuité, les violences faites à ſa conſcience, ſa fermeté ineſbranlable en la Religiō Catholique, ſa reſolution à ſubir patiemment le dernier ſupplice de la main horrible d'vn bourreau, ſa conſtance au martyre (car vrayement elle eſtoit martyr puis qu'elle enduroit la mort pour la vraye Religion)

les

les recommandations à son fils, non pas de venger sa mort, mais d'estre bon Catholique, sa franchise à pardonner à tous ses ennemis, faisoient couler les larmes des yeux aux plus seueres.

Le bourreau moins asseuré qu'elle luy aualla la teste de deux coups, n'aiant sceu du premier : & la prenant par les cheueux (qui partirent chenus par les afflictions passées, encore qu'elle ne fût âgée que de quarante-cinq ans) la monstra de tous les costés de l'eschaffaut aux assistans : lesquels crierent tous *Viue la Roine.*

XXXI. Est decollée par vn bourreau.

Ainsi cete tres-illustre Roine d'Escosse fuyant la persecution des Escossoises subjets tôba soubs la captiuité Angloise : sortant de la prison d'vn frere bastard, entra en celle d'Elizabeth sa cousine : la verité manifeste l'aiant faite juger innocente, les faussetés & impostures des heretiques la rendirent criminelle : & apres auoir esté absoute auec reparation d'honneur fut condânée à vne mort ignominieuse. La France, qui l'auoit eüe pour Roine, se trouuant interessée en cete procedure tyrannique, fut neantmoins contrainte de dissimuler le ressentiment d'vne iniure si sensible, à cause des dissensions ciuiles dont elle estoit troublée, & de la crainte de l'armée estrangere qui estoit à la frontiere pour venir au secours du Roy de Nauarre.

XXXII. La Frâce ne peut prendre vengeâce de cete iniure.

Conjuratiô de la Ligue côtre le Roy à Paris.

I. *Le Roy se resout à la guerre.* II. *Le Roy de Nauarre prend quelques places en Poictou.* III. *Faction & conspiration des Ligueurs à Paris.* IV. *Descouuerte par le Roy.* V. *Dessein d'icelle.* VI. *Moderé par les plus sages.* VII. *Autorisé par le Duc de Mayenne.* HX. *Les factieux veulent attenter sur la personne du Roy.* IX. *Demeurent estonnés.* X. *Le Duc de Mayenne sort de Paris.* XI. *Le Duc de Guise n'approuue point la saillie des Parisiens.* XII. *Entreprise du Duc d'Aumale sur Bologne sans effect.* XIII. *Bon aduis du Duc d'Espernon au Roy.* XIV. *Qui diuise ses forces en trois armées.* XV. *Mal satisfait du Duc de Ioyeuse.* XVI. *Qui a commandement de combatre le Roy de Nauarre.* XVII. *Le Duc d'Espernon espouse la Comtesse de Candale.* XIIX. *Sans aucune despense de la part du Roy.* XIX. *Pourquoy il rompit son mariage.* XX. *Le Vicomte de Turene surprend Castillon, & Barraut Sainct-Emilian.* XXI. *Gondrin desfait & tue le Comte de Gurson & deux de ses freres.*

Ete funeste & lamentable nouuelle du supplice ignominieux executé en la personne de la Roine d'Escosse aliena si fort de la paix les esprits des Catholiques Frâçois desja assez outrés & animés côtre les religionaires, tât par la memoire des troubles passés qu'à cause de l'armée estrâgere qu'ils appelloiêt en Frâce, que le Roy fut côtraint de rôpre le dessein qu'il auoit de faire la paix, & de prendre mal-gré luy le

I. Le Roy se resout à la guerre.

parti de la guerre: pour defendre fon eftat de l'oppreſſion de l'eſtrãger, & fon autorité, voire fa propre perſóne des conjuratiós qui ſe braſſoiét en meſme temps par ſes ſubjets dans la ville capitale du Royaume.

II.
Le Roy de Nauarre préd quelques places en Poictou.

Ioint qu'auſſi-toſt que la trefue fut expirée, le Roy de Nauarre & le Prince de Condé ſortans de la Rochelle auec du canon prirent Chizay, Sazay, Sainct-Maixent, Fontenay, Mauleon: & coururent le païs circonuoiſin ſans trouuer perſonne qui s'oppoſaſt à leurs armes. Ce qui offenſa le Roy, lequel eût deſiré continuer la trefue pour rechercher les moiens d'vne bonne paix, & cela meſmes irrita de nouueau les Catholiques. Mais ce qui affligeoit le plus ſa Maieſté eſtoiét les cóſpiratiós que les Pariſiens faiſoient contre elle à la ſuggeſtion de la Ligue.

III.
Faction & conſpiration des Ligueurs à Paris.

I'ay marqué ci-deſſus ſoubs l'an MDXXCV, comme dans Paris s'eſtoit formée vne confederation de gens factieux: leſquels pouſſés d'vn zele indiſcret enuers la religion Catholique, charmés par les Predicateurs & par les ſollicitations & promeſſes des chefs de la Ligue, auoiét conſpiré enſemble contre le Roy, s'imaginans qu'il eſtoit fauteur des heretiques, & meſmes qu'à ce coup l'armée des Reiſtres & des Suiſſes venoit à ſon mandement pour opprimer les bons Catholiques.

IV.
Deſcouuerte par le Roy.

Le Roy eſtoit bien aduerti de toutes leurs menées & monopoles par aucuns des conjurés meſmes, & particulierement par Nicolas Poulain Lieutenant de la Preuoſté de l'Iſle de France, qui en a dreſſé vn ample procés verbal depuis imprimé auec le iournal de ce regne. Mais ſa Maieſté ſe contentoit de rompre leurs deſſeins & d'euiter leurs ſurpriſes, ſans entreprendre de les punir, ſoit par le mauuais conſeil de ceux qui fauoriſoient la Ligue, ſoit par ſa propre molleſſe & crainte d'aigrir les affaires.

V.
Deſſein d'icelle.

Les conjurés conſiderant que toutes leurs entrepriſes eſtoiét deſcouertes & tous leurs projets rompus, ne doutoient pas qu'il n'y eût parmy-eux des trahiſtres: de ſorte que craignans le juſte chaſtimét du Roy ſi ſenſiblement offenſé, ils ſe delibererent d'executer promptement la reſolution priſe long temps auparauant: qui eſtoit de ſe ſaiſir de la Baſtille, de l'Arſenal, du Temple, du grand & petit Chaſtelet, du Palais, & du Louure meſme: & tenans la perſonne du Roy en leur pouuoir la remettre à la diſcretion du Duc de Guiſe. Ils deſſeignoient auſſi de faire vn tocſin general, pour maſſacrer tous ceux du Conſeil de ſa Majeſté qui leur eſtoient ſuſpects, enſemble tous les Religionnaires & les Catholiques affidés au Roy, leſquels ils nommoient Politiques.

VI.
Moderé par les plus ſages.

C'eſtoit la reſolutó des plus vils & des eſtourdis de la cójuratió: mais les mieux qualifiés & plus ſages remonſtroient que mettant les armes à la main du menu peuple il n'é demourroit pas là: & qu'il eſtoit à craindre que des maiſons des Religionaires & des Politiques, il courroit en celles des meilleurs Catholiques, & que les cómodités rédroient toutes perſonnes également ſuſpectes, voire crimineles. Que de là arriueroit que le parti ſeroit diffamé, & les auteurs de ces deſordres blaſmés & deſaduoüés par les chefs & meſmes par le Duc de Guiſe: lequel leur

Henry III du nom, Roy LXII. 207

L'An de Chrift. 1587.

auoir fouuent mandé par le fieur de Meneuille qu'on ne precipitât ny attentât rien de nouueau : mais que tant feulement on tînt les affaires en bon eftat, & qu'il feroit à eux, quand il feroit befoin d'executer quelque chofe d'importance. Partant qu'il falloit temporifer en l'attendant, ou bien auoir vn autre Prince de la Ligue qui autorifât leur refolution & marchât à leur tefte pour arrefter l'infolence d'vne furieufe populace.

Ces raifons eftant approuuées de tout le confeil des factieux, il fut conclu qu'on deputeroit deuers le Duc de Mayenne pour l'exhorter à fauorifer l'execution de leur entreprife : laquelle ils croyoiét ne pouuoir plus eftre differée fans la ruine de tout le parti & le chaftiment des principaux d'entr'eux qui feroient punis d'vn cruel & ignominieux fupplice. Le Duc de Mayenne eftoit alors à Paris malade ou (comme aucuns eftimoient) feignant d'eftre malade, afin que fi l'affaire fuccedoit felon fon defir, il en autorifât l'execution, ou bié que fans foupço il peûft defaduoüer les executeurs, fi l'iffuë leur en eftoit mal-heureufe. Aiant donc ouï fauorablement les deputés non feulement il approuua leur projet, mais auffi les encouragea à l'executer vigoureufement, leur promettant en cela l'affiftance de fes amis, & mefmes fi fon infirmité luy permettoit, la prefence de fa perfonne.

VII. Autorifé par le Duc de Mayéne.

Ils auoient refolu de nouueau de furprendre le Roy auant toute œuure : ce qu'ils croyoient leur eftre bien-aifé à faire, à la foire Sainct Germain, où fa Majefté deffeignoit d'aller, fuyuant fa couftume, & difner en l'Abbaye. Mais eftant aduertie de leur confpiration elle s'en deporta : & aiât permis au Duc d'Efpernon d'y aller, on luy fit vne querele d'Alemâ, & les efcoliers aians efté induits à comencer le jeu, fans doubte fi pour euiter vn plus grand defordre (auquel il ne pouuoit acquerir de l'honneur) il ne fe fuft retiré, la fin en eût efté tragique & funefte.

IIX. Les factieux veulent attenter fur la perfonne du Roy.

Les conjurés donc jugeans par l'abfence du Roy que la trahifon d'aucuns d'entr'eux faifoit auorter toutes leurs entreprifes, & mefmes que fa Majefté les auoient preuenus en mettant de bonnes garnifons dans tous les lieux dont ils fe vouloiét faifir, le nez faigna aux plus hardis : & le Duc de Mayenne mefme ne doubtant pas qu'il n'eût efté deferé au Roy, eut recours à la Roine-mere pour faire fa paix & celle de Baffompierre, qui fe trouuoit entremeflé en cefte confpiration, comme vne des plus affeurées colonnes de la Ligue.

IX. Demeurét eftonnés.

Le Roy content d'auoir rompu ce deffein receut le Duc de Mayéne & Baffópierre auec le mefme accueil qu'il fouloit, & mefmes octroya au Duc fon cógé pour aller en Bourgogne, en luy difant ces mots plus ferieufement que par raillerie : *Et quoy, mon Coufin, abandonnez vous ainfi les bons Ligueurs de Paris?* A quoy le Duc refpondit, qu'il n'entendoit pas ce que fa Majefté vouloit dire, & fortit de la ville : deuers laquelle fe tournant fouuent, il proteftoit & juroit que jamais il ne s'y engageroit foubs les promeffes d'vne infolente populace.

X. Le Duc de Mayenne fort de Paris.

Les conjurés demeurant ainfi defcouuers & expofés au jufte cour-

XI.

S ij

Le Duc de Guise n'approuue point la saillie des Parisiens.

roux du Roy, estoient en continuelle crainte d'estre chastiés de leur felonnie : & aiant escrit au Duc de Guise ce qui s'estoit passé, auec de tref-humbles prieres de venir à Paris : il les tansa asprement, & blasma grandement leur resolution precipitée & mal digerée : & mesmes en dit depuis de grosses paroles au Duc de Mayenne son frere. Neantmoins pour ne desesperer point entierement les Parisiens il leur promit qu'en se tenans dans l'ordre qu'il leur enuoioit par Meneuille, il les secourroit à toutes les occasions qu'il en seroit besoin ; & ne s'esloigneroit pas tant d'eux qu'il ne les peût assister assez à temps auec des forces suffisantes pour terrasser tous les ennemis de la Religion Catholique.

L'An de Christ 1587.

XII. Entreprise du Duc d'Aumale sur Bologne sans effet.

Aussi mal-heureusement que celle du Duc de Mayenne à Paris reussit l'entreprise du Duc d'Aumale sur la ville de Boulogne : laquelle à cause de son havre, & que c'est comme vne des clefs de France, estoit grandement enuiée de la Ligue, afin d'y receuoir par mer le secours d'Espagne. La partie estoit dressée en sorte que Vetus Preuost de la Prouince partisan de la Ligue y entrant auec ses Archers se saisiroit de la porte : & que le Duc d'Aumale, qui seroit prez de là en embusches y auoleroit soudain auec vne bonne troupe de cauallerie pour se rendre maistre de la ville. Poulain ci-dessus nommé (qui demeuroit tousiours espion pour le Roy, dans la faction des Parisiens) en aiant donné aduis à sa Majesté & marqué le jour de l'execution : elle manda au sieur de Bernay, gouuerneur de Boulogne de se tenir sur ses gardes & d'arrester Vetus prisonnier s'il se presentoit à la porte, comme il arriua : aussi fût il retenu auec tous ses Archers. Le Duc d'Aumale y accourant auec sa troupe pour le soustenir fut salüé à coups de canon, & contraint de se retirer auec honte. Vetus fut enuoié au Roy, qui l'eût fait executer à mort sans l'intercession du Duc de Guise, qui luy demanda & l'obtint : sa Majesté se monstrant trop indulgente enuers vn de ses officiers manifestement criminel & digne de punition exemplaire.

XIII. Bon aduis du Duc d'Espernon au Roy.

Or l'armée des Alemans estant entrée en France & le Roy de Nauarre auec le Prince de Condé se preparant pour l'aller joindre & la conduire deuant Paris, le Roy se trouuoit bien empesché à prendre quelque bon ordre en ses affaires. Le Duc d'Espernon (qui luy parloit le plus confidemment & franchement) considerant que le Duc de Guise assembloit des forces pour s'opposer à l'estranger ; qu'estant Prince hardy & bon Capitaine, il pourroit faire de grands exploits en vne si belle occasiõ, & que l'accroissement de sa reputation & autorité diminueroit d'autant celle du Roy, conseilloit à sa Majesté de marcher en personne contre les Alemans auec toutes ses forces, afin de r'emporter luy-mesme toute la principale gloire de leur desfaite.

XIV. Qui diuise ses forces en trois armées.

Cet aduis quoy qu'vtile & honorable au Roy ne fut pas pourtãt suyui, les amis du Duc de Guise aiãs porté sa Majesté à vne resolutiõ moins asseurée en luy faisant diuiser ses forces en trois armées, & moins glo-

Henry III du nom, Roy LXII. 209

L'An de Christ 1587.

rieuse pour elle, en luy faisant prendre deux compagnons de sa gloire, à sçauoir les Ducs de Guise & de Ioyeuse, à chacun desquels ils donnoit vne armée, retenant à soy la troisiesme. Le Duc de Guise auoit commandement d'aller au deuant des Alemans, & le Duc de Ioyeuse de marcher contre le Roy de Nauarre pour l'empescher de les joindre & mesmes de le combatre fort ou foible.

XV. Mal satisfait du Duc de Ioyeuse.

Cetuy-ci tant à cause de ses importunités que parce qu'il estoit affectionné aux Guises, commençoit d'estre à charge au Roy: & luy-mesme le recognoissant ainsi, & voiant que le Duc d'Espernon possedoit plus auant que luy les bonnes graces de sa Majesté, estoit bien-aise de s'esloigner de la Cour; où aiant esté ci-deuant enuié de tous, il ne pouuoit estre desormais qu'enuieux de l'auancement de son confrere, lequel auec vne merueilleuse prudence & accortise conduisoit heureusement sa fortune.

XVI. Qui a commandemét de combatre le Roy de Nauarre.

Le Roy donc luy commanda de combatre le Roy de Nauarre fort ou foible à la premiere rencontre: faisant son compte que s'il estoit vaincu, sa Majesté seroit deschargée d'vn homme importun & ingrat: & s'il estoit victorieux du Nauarrois que cela retarderoit l'armée des Reistres. Ioint qu'il emporteroit l'honneur d'auoir terrassé ce valeureux Roy: & le Prince de Condé auec les forces des heretiques, à quoy visoient les Chefs de la Ligue.

XVII. Le Duc d'Espernon espouse la Comtesse de Cadale.

Le Roy aiant ordonné le Duc de Ioyeuse vn des Generaux de ses armées, retint le Duc d'Espernon, comme le plus confident, auprès de sa personne: & dès le mois d'Aoust peu auant qu'il marchât contre les Reistres, luy fit espouser Marguerite de Foix, Comtesse de Candale, vne des plus accomplies Dames de ce siecle, & d'extraction si illustre qu'elle attouchoit de parenté ou d'alliance quasi tous les Rois & Princes de l'Europe. Les noces furent faites au Bois-de-Vincennes sans pompe, ny magnificence: le Duc d'Espernon l'aiant ainsi desiré, tant en consideration des troubles & du bruit de l'armée estrangere, (qui alarmoit toute la France) qu'afin de n'encourir pas pareille enuie qu'auoit fait le Duc de Ioyeuse, par l'excés de la despense.

XIIX. Sans aucune depense de la part du Roy.

Plusieurs creurent qu'il auoit esté si bon mesnager que de mettre en ses coffres ce que le Roy pouuoit despenser à la celebrité de la feste: & mesmes aucuns ont escrit que sa Majesté donna à l'espousée vn carquan de cent perles, la moindre desquelles estoit prisée à mille escus. Mais les vns & les autres se trompent. Car ce carquan est imaginaire: & tout ce que le Roy donna à l'espousée, ne valoit pas douze mille escus. Au surplus les coffres de sa Majesté estoient entierement espuisés de finances: de sorte qu'elle ne sçauoit comment pouruoir au payement de ses armées. Il est bien vray que le Roy fit donner au Duc d'Espernon vn comptant de quatre cens mille escus: mais jamais il n'en receut rien, & le garde encore comme vn cher gage & tesmoignage de la bien-vueillance de son bon Maistre.

XIX. Nous auons veu ci-dessus comment le Roy luy auoit fait contracter

S iij

mariage auec Chriſtierne de Lorraine vne des ſœurs de la Roine, afin qu'il luy fût allié d'auſſi prez que le Duc de Ioieuſe. Mais le Duc d'Eſpernon conſiderant les menées des Guiſes, qu'il ne ſeroit pas bien-ſeant de prendre leur alliance & d'eſtre leur ennemi : & que moins encore pouuoit-il ſe monſtrer leur ami & demeurer dans le ſeruice du Roy qui les haïſſoit à mort, il aima mieux rompre ce premier mariage que de donner tant ſoit peu d'ombrage à ſon Roy & bien-facteur. Quant à Chriſtierne elle fut miſe Religieuſe.

L'An de Chriſt. 1587.

XIX. Pourquoy il rompit ſon premier mariage.

En ce temps le Vicomte de Turenne ſurprit par eſcalade Caſtillon ſur Dordogne pris ci-deuant par le Duc de Mayenne apres vn long ſiege & la perte de plus de deux mille hommes. Sainct-Emilian prez du meſme Caſtillon fut ſurpris auſſi par les Religionnaires. Le ſieur de Barraut Seneſchal de Bazadois en aiant aduis en ſa maiſon diſtante d'vne bonne lieüe de Sainct-Emilian, la riuiere de Dordogne entre-deux, aiant aſſemblé quelque Nobleſſe voiſine & quatre à cinq cens hommes de combat, y auola ſur l'eſperance de les ſurprendre durant le ſac de la ville. Ce qui luy reüſſit ſi heureuſement qu'aiant paſſé la riuiere au port de Brane, il fit joüer le petard aux portes fermées de Sainct-Emilian, leſquelles aiant ſauté en pieces, il entra dedans criant *Viue le Roy & tue tue* : dont les pilleurs prirent vn ſi grand effroy que quittans le ſac de la ville, & pluſieurs leurs armes, ils s'enfuirent par la porte oppoſite. Aucuns eſtans ſortis en ruë pour faire reſiſtence furent taillés en pieces.

XX. Le Vicomte de Turene reprend Caſtillon, & Barraut S. Emilian.

D'autre part le ſieur de Gondrin ſortant de Condom (où ſa compagnie de gendarmes auoit fait monſtre) pour aller joindre le Mareſchal de Matignon à Franceſcas à deux lieües de là, ſe deſtourna vers Montcrabeau entre Condom & Nerac, ſur l'aduis qu'il eut que les Côtes de Gurſon, du Flex & vn de leurs freres, tous trois fils du Marquis de Tran de l'Illuſtre maiſon de Foix, auoient attaqué la Tour qui ſeruoit de citadelle audit lieu de Montcrabeau, où Oliuier de Roquepine s'eſtoit logé auec vne compagnie de gens de pied: dont ceux de Nerac s'attendoient d'eſtre ſouuent viſités. Les trois freres (quoy qu'Aubigné en compte ſept à huict cens) n'auoient pas plus de trois cens cinquante hommes de pied & vingt-cinq maiſtres. Gondrin auoit en ſa compagnie quarante deux gend'armes outre cinq caualliers de Condom qui l'accompagnerent. Ses coureurs conduits par le Marquis de Monteſpan aiant paru, les trois freres leur allerent au deuant, & côbatirent auec tant d'obſtination que tous trois y furent occis auec neuf ou dix de leur troupe. Vignoles aiant r'allié les autres ſe retira à la faueur de l'infanterie Neraquoiſe qui le vint ſecourir: & Gondrin ſe retira, laiſſant deux des ſiens entre les morts, Auanſac ſon enſeigne & neueu, & Ardennes. Monteſpan y fut bleſſé au viſage n'aiant point d'habillement de teſte: & quoy qu'il ne fût âgé que de vingt-deux ans, ſe monſtra en cete occaſion hardi cauallier & ſage capitaine.

Or cependant que le Duc d'Eſpernon eſt occupé à ſon mariage

Henry III du nom, Roy LXII. 211

auec contentement & alegreſſe : voions la triſte & funeſte iſſue que le Duc de Ioyeuſe ſon confrere aura de la journée de Coutras contre le Roy de Nauarre.

L'An de Chriſt. 1587.

Iournée de Coutras, où le Duc de Ioyeuſe fut defait par le Roy de Nauarre.

I. Le Duc de Ioyeuſe encline à la Ligue. II. Traicte cruellement les Religionnaires. III. Le Roy de Nauarre reçoit les forces de Gaſcogne. IV. Capitaines de ſon armée. V. Forces du Duc de Ioyeuſe. VI. Logement de Coutras. VII. Lauerdin conduit l'Auant-garde du Duc de Ioyeuſe. IIX. Ordonnance de l'armée du Roy de Nauarre. IX. Archuſiers meſlés parmi la caualerie. X. Ordonnance de l'armée du Duc de Ioyeuſe. XI. Son Auant-garde romp celle du Nauarrois. XII. Sa caualerie deffaite. XIII. La pourſuite arreſtée. XIV. Morts à cete iournée. XV. Priſonniers. XVI. Memorable action de Sainct-Luc. XVII. Pompe funebre du Duc de Ioyeuſe. XIIX. Le Duc d'Eſpernon pourueu de ſes charges. XIX. Pourquoy le Mareſchal de Matignon ne ſe trouua point à cete bataille. XX. L'armée victorieuſe s'eſcoule. XXI. Se diſſipe deuant Sarlat. XXII. Pourquoy le Nauarrois n'alla au deuant des Reiſtres. XXIII. La Valete le plus foible attaque quatre mille Suiſſes. XXIV. Les desfait. XXV. Carnage de cete desfaite. XXVI. Priſe & repriſe de Montelimar.

E Duc de Ioyeuſe donc autant jaloux des nouuelles faueurs que le Duc d'Eſpernon receuoit du Roy qu'ingrat de celles qu'il auoit receües, donna dez-lors toutes ſes affections à la Ligue, auec laquelle il auoit deſia des intelligences ſecretes tant par ſa propre inclination qu'en conſideration de ſon alliance auec la maiſon de Lorraine. Et cela meſme faiſoit que ſa reſolution eſtoit toute conforme au commandement de ſa Majeſté, de combatre le Roy de Nauarre à la premiere rencontre.

I. Le Duc de Ioyeuſe encline à la paix.

Deſcendant en Poictou auec ſon armée il desfit les regimens de Cherbonniere & de la Borie à la Mothe-Sainct-Eloy : peu apres il tailla en pieces la compagnie de Pueilles à Croix-chappeau, & ſe monſtra cruel en l'vne & l'autre execution, en faiſant mettre à mort les priſonniers : action de mauuais exemple & de pernicieuſe conſequence à la guerre. Auſſi eſprouuera-il bien-toſt pareille cruauté en pareille occaſion comme homme ſanguinaire.

II. Traite cruellement les Religionnaires.

Deſ-ja le Roy de Nauarre auoit aſſemblé toutes les forces des Religionnaires de Poictou, d'Engoumois, d'Aunis & de Saintonge auec

III.

S iiij

celles de Normandie conduites par Colombieres. Le Prince de Condé estoit auec luy, & le Comte de Soissons, quoy que Catholique, les vint joindre aussi sur l'esperance que le Nauarrois luy donnoit par des personnes interposées de luy faire espouser sa sœur Caterine, Princesse de Nauarre. Son premier dessein estoit d'aller au deuant des Reistres, afin (comme j'ay des-ja dit) de les conduire deuant Paris, & obliger le Roy à luy accorder toutes ses demandes. Mais estant aduerti que le Duc de Ioyeuse plus fort que luy estoit sur son chemin pour le combatre, il prit la route de Gascogne, afin de se fortifier d'vn grand renfort qu'il attendoit de Languedoc soubs Chastillon, & vn autre qui luy venoit de Gascogne sous la conduite du Vicomte de Turene: auquel il manda de le venir joindre au plustost, ce qu'il fit, sans luy émmener que de la cauallerie : la plus-part des gens de pied aians trouué moien de se monter en vne occasion, en laquelle il s'agissoit du salut de leurs chefs & de tout le parti Religionnaire. Tellement qu'il auoit quatre mille cinq cens hommes de pied, & douze à treze cens cheuaux en vn corps d'armée auec deux pieces de canon prises à la Rochelle.

Il auoit aussi grand nombre de Capitaines & de valeureuse Noblesse: & entre autres la Trimoüille, les Vicomtes de Turene, de Meule, de Gordon : le Vidame de Chartres : les sieurs de Sainct-Gelais, Clermont d'Amboise, Vignoles, Fontrailles, Panjas, Parrabelle, Viuans, Fabas, Mesmes, Castelnau, Valiros, Sus, Madaillan, Boëce, Salignac, Preau, la Boulaye, Colombieres, Granuille, deux freres de Saincte-Marie, Arambure, Fautrier, Cherbonniere, Sainct-Surin, Lafin, des Essars, Hautcour, Blosset, Bois-guillem, les Ageaux, Mignonuille, Long-champ, Montausier, Vaudoré, le Plessis, Fouqueroles, la Valiere, Dadou, Blacon, Roly, Choupes, la Borie, Bellefonse, Lorges, la Roche-Galet, le ieune Neufuy, le frere aisné duquel estoit auec le Duc de Ioyeuse : le mal-heur du siecle estant tel que le fils se trouuoit souuent armé contre le pere, & le frere contre le frere. La presence de trois Princes du sang seruoit à tous d'vn poignant aiguillon à rendre preuue de leur courage.

L'armée du Duc de Ioyeuse n'estoit pas plus forte de cinq cens hómes pour l'infanterie que celle du Roy de Nauarre : mais elle l'estoit beaucoup plus en cauallerie, quasi toute composée de noblesse Françoise aux armes dorées : lesquelles brillant au Soleil ne donnoient pas tant de terreur aux ennemis que d'esperance de butin. Tout cela auec les Albanois (qui estoient trois à quatre cens) & la cauallerie legere faisoit enuiron deux mille cheuaux. Quant aux Capitaines, Seigneurs & Gentils-hommes de marque, ils seront nómés plus à propos ci-après entre les morts, ou entre les prisonniers pour y auoir esté plus remarquables qu'en la bataille.

Les deux armées estant à vne petite journée l'vne de l'autre lon ne doubta plus qu'elles ne deussent s'entre-choquer à la rencontre. Le Duc de Ioyeuse qui sembloit aller plustot à la victoire qu'au combat,

Henry III du nom, Roy LXII. 213

A
L'An de
Chriſt.
1587.

craignant que le Roy de Nauarre ſe deſrobât en Gaſcogne, alla loger à la Roche-Chalais, & de Nauarrois à Monlieux. Coutras bourg & chaſteau aſſis prez du Conflans des riuieres de Dronne & de l'Iſle, (deſquelles jointes en vn en lict ſe deſchargent à deux lieües de là dans la Dordogne) eſtoit vn logement commode & auantageux à celuy qui s'en ſaiſiroit le premier. Les vns n'en eſtant gueres plus eloignés que les autres, le Duc de Ioyeuſe fit auancer ſes Albanois pour s'y loger: & la Trimoüille Duc de Toüars Colonnel general de la caualerie legere des Religionnaires y ſuruenant les en chaſſa & y prit ſon logement le ſoir du XIX d'Octobre.

La nuict ſuiuante dez les onze heures le Duc fit marcher ſon armée droit au meſme bourg, en ordonnance de bataille. Souuré au lieu de Lauerdin malade, conduiſant l'Auant-garde auec quatre cés lances & pareil nombre d'arcbuſiers à cheual renuerſa quelques troupes des ennemis qu'il rencontra prez de Coutras, & ouurit les chemins à l'infanterie du Duc pour aller prendre place de bataille. Son cheual ayant eſté abbatu, & luy bleſſé de ſa cheute, il fut contraint de ſe retirer: & Lauerdin voiant les approches de la bataille, nonobſtant ſon indiſpoſition, accompagné de Montigny reprit ſa place.

VII.
Lauerdin conduit l'Auant-garde du Duc de Ioyeuſe.

B

Le Roy de Nauarre aiant pris le premier ſon champ de bataille à la faueur des ſiens qui s'eſtoient ſaiſis de Coutras, fit cinq eſquadrons de toute ſa caualerie. Le premier eſtoit de deux cens cheuaux legers ſous la Trimoüille, lequel aiant commandement d'aller recognoiſtre l'armée du Duc fut ſi bruſquement chargé par Cæſar de Bellegarde fils de Roger Mareſchal de France, qu'il fut contraint de ſe mettre ſur la retraite. Le ſecond de deux cens cinquante cheuaux, ſoubs le Vicomte de Turene, & ces deux premiers tenoient la main droite. Le troiſiéme conduit par le Prince de Condé, & le quatriéme par le Roy de Nauarre eſtoient ſur la gauche, chacun de trois cens bons cheuaux. Le cinquieſme de deux cens cheuaux eſtoit commandé par le Comte de Soiſſons, plus reculé que les quatre premiers. L'infanterie eſtoit rangée dans la guerenne de Coutras aiant la caualerie à la teſte & aux ailes.

IIX.
Ordonnance de l'armée du Roy de Nauarre.

C

C'eſt choſe notable & peu practiquée és batailles ordonnées, que les Mareſchaux de camp aiant choiſi cent cinquante des plus aſſeurés & plus diſpots arcbuſiers de tous les regimens, les mirent aux eſtriers des deux premiers & dernier eſquadron, pour abbatre les premiers rangs de la caualerie du Duc, ſans luy donner temps de rompre ſes lances. Ceux-ci auec ſix vingts ſoldats d'elite, enfans perdus, conduits par Vignoles ſeruirent grandement à la victoire du Roy de Nauarre. Mais ſur tout ſon artillerie logée à l'auantage joüa ſi heureuſement qu'elle fit des effets admirables.

IX.
Arcbuſiers meſlés auec la caualerie.

D

Le Duc de Ioyeuſe bruſlant du deſir de choquer l'ennemi ſe preſenta à la bataille quaſi au meſme ordre qu'il auoit marché toute la nuict: l'eſquadron des quatre cens lanciers, qui auoit deſ-ja combatu

X.
Ordonnance de l'armée du Duc de Ioyeuſe.

soubs Souuré, estoit soubs Lauerdin & soubs Montigny à la teste. Le Duc suyuoit aprés auec vn gros esquadron d'onze à douze cens lances, où estoient tous les Seigneurs de l'armée. Les gens de pied estoient à leur costé vn peu au dessous, aians les Albanois à l'autre aile. L'artillerie qui n'estoit aussi que de deux canons, fut si mal placée qu'elle n'apporta nul dommage aux ennemis, tous les boulets allans fondre contre va tertre, qui estoit entre les deux armées, soit par la trahison des canonniers ou par leur stupidité & ignorance.

XI.
Son Auāt-garde romp celle du Nauarrois.

Lauerdin & Montigny choquerent si furieusement la caualerie legere du Nauarrois qu'ils la rompirent & luy passerent sur le ventre. A cete charge la Trimoüille perdit son cheual, & Viuans y fut blessé & porté par terre. Le Vicomte de Turene se presentant auec son gros pour les soustenir, fut contraint de faire largue à se torrent insoustenable. Tellement que l'Auant-garde du Duc aiant percé ou renuersé tout ce qu'elle rencontra, s'auança jusqu'à Coutras, & desja crioit victoire, & couroit sur le bagage. Mais entendant que le Nauarrois estoit victorieux, Lauerdin grandement indisposé de sa santé passa outre. Montigny retourna au combat, & s'y porta si valeureusement qu'il s'y acquit vne grande reputation au raport des ennemis mesmes.

XII.
Sa caualerie desfaite.

Le Duc voiant que l'artillerie du Nauarrois ruinoit son armée commanda de baisser la lance pour aller choquer les ennemis: & prenant la carriere de trop loing, se trouua quasi desfait deuant qu'il fût au bout, aiant essuyé les arcbuzades des enfans perdus & de ceux qui estoient aux estriers de la caualerie Nauaroise: les siens qui eurent temps de coucher la lance furent abbatus à coups de pistolet auant que rompre. La gendarmerie des Princes venant à fondre là dessus en bon ordre les desfit sans quasi point de resistence. L'infanterie du Duc denuée de la caualerie qui la couuroit, lascha le pied, & commença son jeu par la fuite. De sorte que le Roy de Nauarre & les siens emporterent cete signalée victoire en deux heures, le combat aiant commencé à huict heures du matin par le tonnerre de l'artillerie.

XIII.
La poursuite arrestée.

La victoire fut poursuyuie trois lieuës, les victorieux s'acharnans à la tuerie en reuenche de la mauuaise guerre que le Duc leur auoit faite à la Mothe-S. Eloy, & à Croix-Chapeau: & eussent passé outre sans deux obstacles qu'ils rencontrerent. L'vn fut que le sieur de Bonnes d'Engoumois (venant auec quarante salades à l'armée du Duc) recueilloit les fuyans, & mesmes chargea le Baron de Lesignan, qui le talonnoit & l'emmena prisonnier, aprés auoir rompu & poussé bien loing sa troupe. L'autre fut que deux cens bons cheuaux s'estans r'alliés fauoriserent la retraite de ceux qui auoient les ennemis aux trousses.

XIV.
Morts à cete journée.

Le carnage fut si grand qu'enuiron la moitié de l'armée demeura estenduë au champ de bataille ou à la chasse. Quatre cens Seigneurs ou Gentils-hommes qui y furent tués rendirent la perte d'autant plus luctueuse pour les Catholiques. Entre ceux-là furent Claude de Ioyeuse Seigneur de Sainct-Sauueur, frere du Duc de Ioyeuse; les Comtes

Henry III du nom, Roy LXII. 215

L'An de Chriſt. 1587.

de la Suſe, d'Aubijoux de la maiſon d'Amboiſe, de Gamelon de la maiſon d'Auaugour: les ſieurs de Brezé, qui portoit la Cornete blanche, Rouſſay frere du Marquis de Pienes, le jeune Neufuy, le jeune Rochefort, Fumel, Tiercelin, Gurot, Vaux, du Cheſnet, Pluuiaut, Campeils le plus jeune de ſept freres, lequel bleſſé à mort s'enuelopa dans ſon drapeau pour luy ſeruir d'vn honorable ſuaire, la Brangerie, Sainct-Fort, Bacculard, la Valade. Du Border trouué entre les morts mourut depuis de ſes bleſſeures. Du coſté du Roy de Nauarre il n'y eut pas cent hommes de tués & pas vn de marque que cinq ou ſix gentils-hommes.

Il y eut auſſi bon nombre de Seigneurs & Capitaines priſonniers: & entre autres le Duc de Ioyeuſe, General de l'armée, lequel eſtant entre les mains de ſes preneurs (auſquels il promettoit cent mille eſcus de rançon) ſuruindrent les Capitaines Bourdeaus & Centiers, leſquels luy aiant hauſſé la viſiere, l'vn d'eux le tua de ſang froid d'vn coup de piſtolet par la teſte. L'on creut depuis qu'il auoit eſté recommandé de prez & de loing pour n'eſtre pas ſauué. Le Marquis de Pienes, le Comte de Monſoreau, les ſieurs de Bellegarde, Montigny, Sipierre, Sautray, Sanſac, Chaſteau-vieux, Chaſteau-Renaud, Chaſtellus, Maumont, Ville-Gomblin, furent mis à rançon: toutesfois le Roy de Nauarre la fit quitter à aucuns, & Bellegarde mourut de ſes bleſſeures. Les enſeignes, drapeaux, tambours & toutes les marques d'vne entiere victoire demeurerent aux Princes.

XV. Priſonniers.

La bonne action que fit Sainct-Luc en cete occaſion eſt memorable. Voiant la bataille perdue & luy-meſme perdu s'il tôboit és mains des ennemis (à cauſe que le Prince de Condé le haïſſoit à mort) de bonne fortune il apperceut le Prince meſme, qui auoit eſté recognu & remarqué aux armes argentées qu'il portoit ce iour-là, & couchant ſa lance le va choquer, le porte par terre, deſcend de cheual, accour à luy & ſe rend priſonnier de celuy qui eût eſté le ſien ſi le mal-heur commun n'eût maiſtriſé la fortune particuliere. Le Prince qui eſtoit tout genereux changeant ſoudain ſa haine en bienueillance, l'accueillit gracieuſement & le traicta auec toute ſorte de faueur & de courtoiſie.

XVI. Memorable action de Sainct-Luc.

Le Vicomte de Turene faiſant office de bon parent fit mettre les corps du Duc de Ioyeuſe & de ſon frere dans des bieres de plomb & les emporter à Paris: où ils furent inhumés auec vne pompe funebre tres-magnifique. L'effigie du Duc y fut portée: combien que cete prerogatiue n'appartienne qu'aux Rois, aux Roines, à leurs fils & freres: & de tous les Officiers de la Couronne au ſeul Côneſtable. Le Roy meſme l'ordonna ainſi: non pas pour aucune affection enuers le defunct (car il le haïſſoit depuis qu'il recognut ſon inclination enuers la Ligue) mais ſeulement en conſideration de leur alliance. Certes il arriue tres-rarement que l'amitié de grands Princes ſoit perdurable. Car comme ils ſe portent à cherir quelqu'vn pour des ſubjets bien legers: auſſi s'en deportent ils tantoſt apres pour des occaſions plus legeres.

XVII. Pompe funebre du Duc de Ioyeuſe.

216　　　　　Histoire de France,

XIIX.
Le Duc d'Espernô pourueu de ses charges.

Le Duc d'Espernon emporta les plus riches despouïlles du Duc de Ioyeuse, c'eſt à ſçauoir, la charge d'Admiral de France & le gouuernement de Normandie. Apres auoir preſté le ſerment d'Admiral en la Cour de Parlement le XII de Ianuier de l'année ſuyuante, il fut mis en poſſeſſion de la meſme charge, en qualité d'officier de la Couronne à la Table de marbre par Meſſire Achille du Harlay, premier Preſidét au meſme Parlement. Ce qui rengregea l'enuie de ceux qui murmuroient deſ-ja aſſez contre luy, à cauſe des faueurs extraordinaires qu'il receuoit de ſa Majeſté, ſans que pourtant il luy ait demandé iamais pour ſoy ny don, ny charge, ny bien-fait quelconque.

L'An de Chriſt. 1587.

XIX.
Pourquoy le Mareſchal de Matignon ne ſe trouua point à cete bataille.

Le meſme jour que cete bataille fut donnée à Coutras le Mareſchal de Matignon s'en eſtoit approché à deux lieües auec vne armée de ſept mille hommes de pied & huict cens cheuaux : & en auoit donné aduis au Duc de Ioyeuſe, afin de ſe joindre à luy & de combatre enſemble le Roy de Nauarre. Mais le Duc faiſoit ſi peu d'eſtat de l'armée du Nauarrois qu'il precipita la bataille, afin de r'emporter ſeul toute la gloire de la victoire. Aucuns aſſeurét que le Duc de Ioyeuſe fit grande inſtance enuers le Mareſchal pour ſe trouuer à la Bataille : mais que le Norman, ſoit qu'il en eût defenſes du Roy, où qu'il fauoriſât les affaires du Nauarrois, en laiſſa eſchapper l'occaſion, n'aiant pas voulu faire auancer ſon armée. D'autres ont creu que la jalouſie du commandement leur eſtoit vne conſideration commune auec celle de la gloire de la victoire. Tant y a que le Mareſchal n'aiant point fait aucun effort meſmes apres la bataille ſur l'armée du Roy de Nauarre, en eſtant ſi prés & le plus fort, demeuroit de ce coſté-là ſans excuſe.

XX.
L'armée victorieuſe s'eſcoule.

Au demeurant le fruict de cete victoire conſiſta principalement en la gloire d'auoir vaincu vn ennemi orgueilleux, ſáss'eſtédre plus loing, comme il y auoit apparence. Aubigné & autres eſcriuent que le Roy de Nauarre au lieu d'aller au deuant des Reiſtres auec ſon armée victorieuſe recula vers la Comteſſe de la Guiche, & luy apporta XXII drapeaux ou enſeignes les plus illuſtres marques de ſa grāde victoire. Mais la verité eſt que ſes troupes eſtant la pluſ-part compoſées de volontaires, il luy eſtoit impoſſible de leur faire reprendre le chemin vers la riuiere de Loire. Car la Nobleſſe aiant gaigné beaucoup en priſonniers ou en butin prit congé pour retourner chez ſoy : & les ſoldats ſe trouuant chargés des deſpouïlles des ennemis s'eſcouloient tous les jours & abandonnoient leurs capitaines. Les Princes ne pouuant empeſcher ce deſordre ſe retirerent, le Roy de Nauarre en Bearn, le Prince de Condé à la Rochelle, & le Comte de Soiſſons vers la France.

XXI.
Se diſſipe deuant Sarlat.

Ils laiſſerent la conduite des reſtes de leur armée au Vicomte de Turene : lequel pour taſcher de les retenir ſur pied ſoubs l'eſperáce du ſac de la ville de Sarlat en Perigort, y mit le ſiege. Mais Bertrand de Salignac ſieur de la Mothe-Fenelon s'eſtant jetté dedans auec bon nombre de gentils-hommes voiſins, la deſfendit ſi vigoureuſement & fit

de ſi

Henry III du nom, Roy LXII.

de si rudes saillies sur les assiegeans que le Vicomte fut contraint de leuer le siege & dez-lors tout se desbanda en desordre.

Il y a encore vne plus importante raison remarquée par le sieur de Mauroy, laquelle empecha que le Roy de Nauarre ne peut aller au deuant des Reistres. C'est qu'il attendoit vn renfort de quatre mille combatans des garnisons de Languedoc, au lieu desquels on y deuoit loger douze enseignes de Suisses faisans plus de quatre mille hommes qui venoient par le Daufiné accompagnés de quatre à cinq cens hommes de pied François, & d'vne Cornete de Cauallerie soubs le Baron d'Aubonne.

Mais la Valete gouuerneur de Daufiné & de Prouence considerant combien il importoit au bien de l'Estat que ces Suisses n'entrassent point en Languedoc, se resolut de l'empecher & de les combatre. Et bien qu'il n'eût pas en toutes ses troupes deux mille hommes de pied & cinq à six cens cheuaux, il ne laissa pas de les attaquer ainsi qu'ils estoient prests à passer la riuiere de Romanche sur vn pont qu'on leur dressoit prez de Vizillé pour se joindre à Les-Esdiguieres & à Chastillon, qui auoient trois mille hommes de pied & six cens cheuaux à l'autre bord de la riuiere vis à vis de la Valete & des Suisses: pour lesquels receuoir ils faisoient tous leurs efforts à passer la mesme riuiere qui estoit en quelques endroits gueable. Tellement que la Valete, qui ne pensoit auoir affaire qu'aux Suisses lors qu'il commença de les costoyer, se trouua autant occupé à empecher le passage à Chastillon & à Les-Esdiguieres qu'à combatre les Suisses. A quoy neantmoins la necessité l'obligeoit puis qu'il y estoit engagé: veu mesmes que les laissant joindre il pouuoit estre aisément deffait par leurs forces vnies ensemble.

Il commanda donc à Alfonse d'Ornano colonnel d'vn regiment de Corses, depuis Mareschal de France, de charger les Suisses auec cent soixante cheuaux les meilleurs de ses troupes, & à Esgarauaques auec cinq cens hommes de pied: ce qu'ils firent auec plus de hardiesse que leur petit nombre ne sembloit permettre: de sorte que la meslée fut tres-aspre. Mais la Valete r'affreschissant tousjours les siens leur donnoit vn grand auantage. Chastillon & Les-Esdiguieres voians le combat attaché firent de plus grands efforts que deuant pour passer la riuiere: & furent tousjours repoussés par la Valete auec perte. Cependant les Suisses faisoient encore vne tres-vigoureuse resistence. Ce qui obligea la Valete d'y aller en personne auec vn renfort de caualleric: & les aiant chargés par les flancs les rompit: & tout incontinent retourna à l'autre troupe qui gardoit le passage.

Les Suisses donques auec les François qui les accompagnoient, après auoir combatu tres-valeureusement durant

L'An de Christ. 1587.

XXII. Pourquoy le Nauarrois n'alla au deuant des Reistres.

XXIII. La Valete le plus foible attaque quatre mille Suisses.

XXIV. Les deffait

XXV. Carnage de cete defaite.

Tome 4.

218　Histoire de France,

neuf heures, ployerent, furent mis en route & taillés en pieces auec tant de carnage qu'il en demeura douze cens d'eſtendus morts au champ de bataille, cinq cens aſſez prez de là, & pluſieurs en la pourſuite, ſans qu'il en reſchappât vn ſeul qui ne fût tué ou priſonnier. Car en conſideration des François on eſpargna auſſi les reſtes des Suiſſes qui demanderent la vie en rendant leurs armes. Le Baron d'Aubonne fut entre les priſonniers & perdit tout ſon equippage. Tous les douze drapeaux des Suiſſes (vn deſquels fut mis en pieces par les ſoldats pour faire des jartieres) & la Cornete d'Aubonne demeurerent au vainqueur, qui les enuoia au Roy pour marques d'vne tres-ſignalée & importante victoire.

L'An de Chriſt. 1587.

XXVI. Priſe & repriſe de Montelimar.

Peu de jours apres ce grand exploit le Comte de Suze auec quelques gentils-hommes aiant ſurpris Montelimar ſur les Religionnaires en donna aduis à la Valete, afin qu'il le vînt ſecourir: dautant qu'il craignoit d'y eſtre inueſti par toutes les forces du parti contraire. La Valete partant de Valence pour s'y acheminer, receut aduis certain comme la ville eſtoit repriſe auec vne horrible boucherie des Catholiques. Ce qui l'arreſta. Aucuns raportent que prez de deux mille hommes y furent tués, & entre-autres le Comte de Suze, Ancon, Logeres, & le jeune Puy-Sainct-Martin ſieur de la Porte. Les-Eſdiguieres ne ſe trouua pas à cete execution: la principale gloire de laquelle demeura à Vaquaire, Poüet, la Sale, Sainct-Genez & Soubs-Roche.

Retournons maintenant aux armées du Roy occupées à l'encontre des Reiſtres & des Suiſſes entrés en France pour ſecourir le Roy de Nauarre.

Deffaite de l'armée des Alemans & des Suiſſes venans au ſecours des Religionnaires.

I. *Armée d'Alemans & Suiſſes pour le Roy de Nauarre.* II. *Iointe par le Duc de Bouillon.* III. *Deſole la Lorraine.* IV. *S'auance dans la France.* V. *Le Roy luy retrenche toutes commodités.* VI. *Conjuration des Ligueurs de Paris contre ſa Majeſté.* VII. *Arreſtée par le Duc de Guiſe.* IIX. *Faute de ſa Majeſté.* IX. *Forces du Duc de Guiſe.* X. *Qui ſe met aux trouſſes des Alemans.* XI. *Les attaque dans Vimorry.* XII. *Chaſtillon en peril par vne trahiſon.* XIII. *Incommodités en l'armée eſtrangere.* XIV. *Ses plaintes & murmure.* XV. *Les Suiſſes traictent auec le Roy.* XVI. *Dexterité du Duc d'Eſpernon.* XVII. *Diuers projets du Roy & du Duc de Guiſe.* XIIX. *Eſtonnement des Religionnaires.* XIX. *L'armée eſtrangere entre en Beaulſe.* XX. *Se loge à Auneau.* XXI. *Reçoit le Prince de Conty.* XXII. *Entrepriſe du Duc de Guiſe ſur les Reiſtres.* XXIII. *Son ordre.* XXIV. *Heureuſe execution.* XXV.

Henry III du nom, Roy LXII. 219

L'An de
Christ
1587.

Secours repoussé. XXVI. Perte des Reistres. XXVII. Le Roy marri de la gloire du Duc de Guise. XXIIX. Traicté auec les estrangers pour les renuoier hors de France. XXIX. Belle retraite de Chastillon. XXX. Le Duc de Guise poursuit les Reistres. XXXI. S'acquiert grãde reputation.

I.
Armée d'Alemans &
Suisses pour
le Roy de
Nauarre.

CEPENDANT l'armée estrangere venant au secours du Roy de Nauarre & des Religionnaires s'auançoit tousjours dans la France. Elle y estoit entrée dez le mois d'Aoust, & aiant trauersé & desolé la Lorraine s'en venoit enseignes desployées deuant Paris le long de la riuiere de Seine. Selon la plus commune opinion il y auoit huict mille cheuaux Alemans, qu'ils nomment Reistres, six mille hommes de pied, dits en leur vulgaire Lansknets, & vingt mille Suisses: quatre mille desquels furent enuoiés en Daufiné, & comme nous auons veu furent defaits ar la Valete. Fabien d'Onavv seigneur Aleman & capitaine de reputation auoit le principal commandement sur tous les Alemans en l'absence du Duc Ian Casimir, qui n'auoit peu suyure l'armée pour la cause ci-dessus alleguée. Le sieur de Cleruant estoit Colonnel general des Suisses: & tous deux deuoient recognoistre le Roy de Nauarre ou vn autre Prince du sang de son parti: ou bien en leur absence, celuy qui leur seroit ordonné par le mesme Nauarrois: qui nomma son Lieutenant le Duc de Bouillon, tant pour sa dignité & merite que pour la commodité qu'il auoit de joindre l'armée estrangere approchant de ses terres.

II.
Iointe par
le Duc de
Bouillon.

Le Duc de Bouillon outre le zele qu'il auoit au parti se sentant honoré de cete charge alla joindre cete armée auec deux mille hommes de pied & quatre cens cheuaux: & en suite Chastillon y arriua auec auec mille hommes de pied, deux cens arcbusiers à cheual, & cent cuirasses. Mais cela ne suffisoit pas pour contenter l'estranger, auquel on auoit promis que le Roy de Nauarre en personne, accompagné d'aucuns Princes du sang, les viendroit receuoir à la frontiere de France auec de grandes forces, & finances pour payer l'armée. Le Baron d'Onavv ne laissa pas pourtant d'approuuer en apparence la commission du Duc de Bouillon: mais comme le plus fort donne aisément la loy au plus foible, le Duc portoit le titre de Lieutenant du General, & en effect d'Onavv commandoit l'armée.

III.
Desole la
Lorraine.

Or le Duc de Lorraine auoit mis sur pied toutes ses forces pour defendre ses terres, & le Duc de Guise luy auoit emmené de bonnes troupes tant de caualerie que d'infanterie. De sorte qu'il y eut souuent des escarmouches entre les deux armées, quasi tousjours à l'auantage des Lorrains, à cause qu'ils auoient le païs à leur deuotion & les retraites commodes & asseurées. Le Lorrain aiant fait rompre les fours & les moulins par toutes ses terres, excepté és places munies de bónes garnisons, l'armée estrãgere fut contrainte de sortir de Lorraine

Tome 4. T ij

220　Histoire de France,

(où elle ne laissoit des marques que de feu & de sang) & se jetter dans la France.

IV. S'auance dans la France.

Les François qui les accompagnoient, estoient d'aduis de descendre vers la riuiere de Loire, afin de se joindre au Roy de Nauarre, & eux auant toute œuure demandoient payement & viures, & se plaignoient de ce qu'ils ne voyoient ny Prince du sang ny argent. Neantmoins les autres leur asseurant qu'ils verroient bien-tost les effects de leurs promesses ils passerent les riuieres d'Aube, de Marne, de Heure, de Cure & d'Yonne, pour s'auancer le long de Loire. Le Comte de la Mark frere du Duc de Bouïllon mourut durant ce voiage.

V. Le Roy luy retranche toutes commodités.

Le Roy considerant qu'il ne pouuoit combatre les forces de l'estranger sans exposer son Estat à vn extreme peril, & que par les maximes politiques celuy qui defend ses terres doibt autant refuïr la bataille que le conquerant la doibt rechercher, dressa de sa propre main vn ordre par lequel il pourueut aux moiens de deffaire les ennemis sans combat: en faisant abandonner les bourgs, bourgades, & villes foibles, emporter toute sorte de viures & de munitions de guerre dans les bonnes places qu'il fortifia de grosses garnisons tant pour leur defense que pour courir sur les ennemis lors qu'ils s'escartoient: rompre les moulins & les fours dans le plat païs: auec defenses soubs peine de la vie aux mareschaux & aux cordonniers de se tenir ailleurs que dans les places fortes: bref faisant enleuer toutes commodités des chemins de l'ennemi, ou les gaster, afin qu'il n'en peût auoir l'vsage. Neantmoins pour les attaquer aussi aux occasions auantageuses il voulut auoir auprés de sa personne vne armée: en laquelle il y auoit six mille hommes de pied François, huict mille Suisses & deux mille bons cheuaux: & aiant donné le rendez-vous à toutes les troupes à Estampes il partit de Paris pour s'y en aller le XII de Septembre.

VI. Coniuratiō des Ligueurs de Paris contre sa Majesté.

Les Ligueurs de Paris voians le Roy à la campagne prest à exposer sa personne pour le salut de son Estat furent si impudens que de deputer Louchart Notaire vn des plus factieux d'entr'eux vers le Duc de Guise pour luy dire que s'il se vouloit saisir du Roy, ils se saisiroient aussi de tous les Politiques qui estoient dans Paris & des forteresses de la ville pour remettre tout en son pouuoir.

VII. Arrestée par le Duc de Guise.

Le Duc de Guise, soit qu'il n'eût point de dessein sur la personne sacrée du Roy (ainsi qu'il protestoit tousiours és conseils les plus secrets de la Ligue) soit qu'il trouuât cete entreprise hors de saison, & mesmes l'execution difficile, les remercia de leur bonne volonté en son endroit, les priant de la luy conseruer, & cependant les exhorta à ne rien remuer, auec de grandes asseurances & protestations que lors qu'il en seroit besoin, il se rendroit auprés d'eux pour employer ses moiens, ses amis & sa propre vie pour la defense de leur salut & pour l'auancement de la Religion Catholique.

IIX. Faute de sa Majesté.

Les mesmes causes qui arrestoient la Ligue d'attenter sur l'autorité du Roy, arrestoient aussi la vengeance de sa Majesté, aduertie de

Henry III du nom, Roy LXII. 221

A ces monopoles, & luy faisoient dissimuler le juste ressentiment de ses
iniures. Car tous les Catholiques, quoy que d'ailleurs diuisés, estoient
obligés de s'vnir ensemble contre l'estranger leur commun ennemi,
qui ne venoit en France que pour y fortifier les heretiques. Aussi cospi-
roient-ils ensemble en cela par necessité : mais pourtant le Roy voulut auoir son armée separée de celle du Duc de Guise. Parauenture la
deffiance luy faisoit prendre ce conseil : mais celuy du Duc d'Espernon
estoit plus glorieux pour sa Majesté, à sçauoir de commander elle-mesme toutes ses forces ensemble. Car retenant à soy la plus grosse armée,
& le Duc de Guise venant à faire quelque grád exploit auec vne beaucoup moindre, celuy-ci s'en acquerroit vn surcroit de reputation &
d'autorité à la diminution de celle du Roy, ainsi qu'il arriua. Ioint que
le Duc de Guise se plaignoit de ce qu'il estoit exposé auec vne poignée
de gens à vne tres-puissante armée.

L'An de Christ 1587.

La verité estoit que le Roy luy auoit promis de luy bailler vingt
cópagnies d'hommes d'armes auec les regimens de Gié, de Sainct Pol,
de Ioannes & de Clusel. Il receut les quatre regimens : mais non pas la
plus-part de la caualleric, qui en cete occasion luy estoit la plus necessaire. A raison dequoy il escriuit au Prince de Parme & à Balagny qui
estoit à Cambray, pour estre assisté de leur secours, & chacun d'eux luy
enuoia trois cens cheuaux. Le Duc de Lorraine voiant ses terres des-
chargées des Alemans luy donna vn bon renfort tant de caualleric que
d'infanterie. Les Ducs de Mayenne & d'Aumale & le Duc d'Elbeuf
le vindrent joindre peu aprés auec tout ce qu'ils peurent ramasser de
forces. Tellement qu'il auoit prez de six mille hommes de pied & deux
mille cheuaux en son armée.

IX. Forces du Duc de Guise.

Les ennemis continuans leur chemin le long de la riuiere de Loire, le Roy estoit à la riue opposite pour leur empescher le passage : & les
Ducs de Guise & de Mayenne leur estoient tousjours aux trousses, ou
aux estriers, taillant en pieces ceux qui s'escartoient pour aller au four-
rage, ou espians l'occasion de leur enleuer quelque quartier, & les tenir
jour & nuict en continuelle alarme. Les Alemans firent vn effort pour
passer à la Charité, ainsi qu'auoit fait le Duc des Deux-pons venant au
secours des Protestans soubs Charles IX. Mais ils en furent repoussés
auec perte.

X. Qui se ruet aux trousses des Alemás.

Estans à Vimorry prez de Montargis le Duc de Guise les enuoia recognoistre par le Cluzel : lequel rapporta qu'il n'y auoit que sept cornetes de Reistres : comme il estoit vray. Mais de mal-heur le reste de
leur caualleric y arriua aprés le depart de Cluzel & y logea. Cependant le Duc de Guise sur le rapport de Cluzel donna de nuict
dans le bourg auec l'elite des regimens du mesme Cluzel & de
Gié, & deux gros de caualleric. En aiant tué enuiron deux cens
à l'abordée, l'alarme fut par tout le quartier : de sorte que toutes les
troupes montant à cheual le Duc de Guise & les siens couroient

XI. Les attaqué dás Vimor-ry.

Tome 4. T iij

fortune d'eſtre inueſtis & taillés en pieces. Mais le Duc de Mayenne entretenant le combat auec cent cheuaux, leur donna moien de faire leur retraite en ſeureté & d'emmener trois à quatre cens cheuaux, deux chameaux, quelques enſeignes, deux Attabales ou tambours d'airain (que les Alemans ont accouſtumé de porter au deuant du General de l'armée) & grande quantité de butin & de bagage. En ce combat tumultuaire le Baron d'Onavv lieutenant general des Alemans joignit le Duc de Mayenne & luy donna vn coup de piſtolet ſur le bord de ſon heaume : & le Duc de Mayenne d'vn reuers de coutelas luy enleua la peau du front, d'Onavv n'aiant point d'habillement de teſte. Le jeune Liſtenay de la maiſon de Vienne & vingt autres jeunes gentils-hommes François y furent tués (aucuns eſcriuent qu'ils tomberent dās vn precipice) & enuiron autant demeurerent priſonniers, s'eſtans trouués engagés parmi les ennemis durant les tenebres de la nuict, au lieu de ſuyure leurs capitaines.

L'An de Chriſt. 1587.

XII. Chaſtillon en peril par vne trahiſon.

Peu de jours apres cette attaque le ſieur de Chaſtillon faillit à eſtre ſurpris dans Montargis par vne contre-trahiſon que luy braſſoit d'Eſpau, apres s'eſtre obligé de luy mettre en main le chaſteau duquel il eſtoit gouuerneur. Toutefois Chaſtillon fut aduerti aſſez à temps par le capitaine Gentil excellent petardier ci-deſſus nommé, lequel eſtant allé recognoiſtre la place deſcouurit la trahiſon. Cependant quarante-cinq à cinquante des plus hardis qui entrerent les premiers y furent accablés ſans pouuoir defendre leurs vies. D'Eſpau (lequel ſoubs eſperance d'eſtre eſchangé auec quelque priſonnier de marque auoit eu la hardieſſe de demeurer en oſtage parmi ceux qu'il trahiſſoit) courut fortune d'eſtre tiré à quatre cheuaux : mais il fut ſi heureux qu'il trouua moien de couper les chaines dont il eſtoit attaché & d'eſchapper des mains de ſes gardes.

XIII. Incōmoditésen l'armée eſtrangere.

Or l'armée eſtrangere commençant à ſouffrir beaucoup par la neceſſité des viures, & les cheuaux aiant la corne des piés gaſtée par faute d'eſtre ferrés, auec ce que la perte du bagage enleué à Vimorri les incommodoit grandement : les chemins eſtoient jonchés de malades (que les païſans aſſommoient ſans merci) & de cheuaux inutiles. Tellement que fuyuant le projet du Roy elle ſe ruinoit d'elle-meſme ſans combatre.

XIV. Ses plaintes & murmure.

Ce fut-là vn nouueau ſubjet aux Reiſtres de murmurer, & de ſe plaindre de ce que ceux qui les auoient fait venir leur manquoient en tout de promeſſe. Qu'on leur auoit fait entendre que le Roy de France fauoriſeroit leurs armes : & ils le voyoient armé contr' eux en propre perſonne. Que le Roy de Nauarre les viendroit joindre à la frontiere de France auec de grandes forces : & ils auoient fait cent lieuës dans le Roiaume ſans en auoir aucunes nouuelles. Qu'on leur cōpteroit de l'argent à leur entrée ; & on ne les payoit que de paroles. Que tout le long de leur chemin ils auroient affluence de viures : & ils ne trouuoiēt qu'ennemis ou ſolitu de, mouroient de faim & ſouffroient vne extre-

A me difete de toutes commodités necessaires à vne armée.

L'An de Christ 1587.

Les Suisses particulierement, comme alliés de la France, disoient qu'ils auoient esté circonuenus par les deputés du Roy de Nauarre: & tesmoignoient d'estre marris d'auoir pris les armes contre la Majesté Tres-Chrestienne. Tellement qu'ils luy enuoierent aucuns de leurs Capitaines pour luy offrir leur seruice, & s'il ne l'agreoit pas, obtenir vn sauf-conduit pour se retirer en leur païs. Le Roy fut tres-aise de ce discours, & neantmoins leur faisant vn accueil assez froid leur reprocha le manquement de leur foy enuers la couronne de France, auec laquelle ils auoient de tout temps vne tres-estroite & indissoluble alliance. Mais apres tout il leur fit offrir de l'argent pour retourner en leurs maisons: ce que volontiers ils accepterent. Et les Ducs de Neuers & d'Espernon seruirent fidelement le Roy en ce traicté: duquel sans doubte proceda l'entiere ruine de l'armée estrangere. Car les Suisses refusoient desormais de combatre contre les Roiaux: & tout ce que les Reistres & les François qui les accompagnoient peurent gaigner sur eux par toute sorte de prieres & de conjurations, fut tant seulement vn bref delay dãs lequel les Suisses mesmes feroient entendre au Roy de Nauarre les causes pour lesquelles ils auoient traité auec la Majesté Françoise: & cependant qu'ils ne se separeroient point des Lansknets & des Reistres.

XV. Les Suisses traitēt auec le Roy.

Le Duc d'Espernon auec l'elite de l'armée du Roy ne laissoit pas pourtant de les harceller & incommoder, afin de les obliger au plustost à l'execution du traicté: & aiant pris le sieur de Cormont à vne attaque se seruit depuis fort dextrement & vtilemēt de son entremise pour negocier aussi vn accord auec les Reistres.

XVI. Dexterité du Duc d'Espernõ.

Ces negotiations desplaisoient egalement au Duc de Guise & aux Religionnaires. A ceux-ci, à cause que si les Alemans traictoient auec le Roy, ils craignoient d'estre accablés par la ligue. Au Duc de Guise: dautant que c'estoit luy enleuer la plus belle occasion qu'il pouuoit esperer pour faire quelque grand exploit d'armes: & par la deffaite de ses estrangers ennemis de l'Estat & heretiques, s'acquerir le titre de defenseur de la Religion Catholique & cõseruateur de la patrie, lequel auoit esté donné à François son pere par arrest de la Cour de Parlement de Paris, apres qu'il eût opprimé les auteurs & complices de la conjuration d'Amboise. Le Roy au contraire, qui voyoit bien où tendoient les desseins du Duc de Guise, desiroit de luy retrencher les occasions de s'accrediter par les preuues de son courage.

XVII. Diuers projet du Roy & du Duc de Guise.

D'autre-part les Alemans, qui se jugeoient perdus s'ils estoient abãdonnés des Suisses, auoient bonne enuie de faire aussi leur paix auec le Roy à leur exemple. Le Duc de Bouillon, Chastillon & les autres Capitaines François du parti Religionnaire, qui les accompagnoient, craignans qu'ils n'en vinssent aux effets, sollicitoient auec grande instance le Prince de Conty de venir au plustost en leur camp: afin de les r'asseurer & les obliger à faire la guerre ou traicter vne paix generale à l'auantage de leur parti, & de la Religion Reformée.

XIIX. Estõnemēt des Religionaires.

T iiij

224 Histoire de France,

L'An de Christ. 1587.

XIX.
L'armée estrangere entre en Beaulse.

Cependant ils persuadent aux Alemans de prendre le chemin de la Beaulse, païs plantureux, foisonnant en viures, estendu en plaines, & par ainsi fauorable à la cauallerie. Ils leur font encore entendre qu'estans là ils incommoderont si fort la grande cité de Paris (de laquelle la Beaulse est comme la nourrice) que le Roy aux cris des Parisiens, sera contraint de leur demander la paix : laquelle se faisant du consentement de toute l'armée leur sera d'autant plus honorable & auantageuse. Les Alemans qui n'osoient rebrousser chemin pour retourner en leur païs de peur d'estre abandonnés des Suisses & des François, ensuyuirent cet aduis, & tous ensemble prenans la route à main droite se jetterent dans la Beaulse : les Ducs de Guise & de Mayenne leur estant tousjours aux trousses & leur donnant de continuelles alarmes. Le Roy pareillement s'approcha d'eux & vint loger à Ertenay en Beaulse.

XX.
Se loge à Auneau.

Auneau est vne petite ville en cete contrée, les murailles de laquelle sont basses & foibles ; mais elle est fortifiée d'vn chasteau : dans lequel il y auoit alors vne garnison soubs le Capitaine Chaulard Gascon. Le Baron d'Onavv auec partie des Reistres y estant venu loger fit quelque effort pour entrer dans le chasteau : mais n'y aiant gaigné que des coups il capitula auec Chaulard à condition qu'il n'attenteroit plus rien contre le chasteau, & que Chaulard ne permettroit pas aussi que de là il fût fait aucun dommage à ses troupes.

XXI.
Reçoit le Prince de Conty.

En ces entrefaites le Prince de Conty arriua au camp des Reistres : & quoy qu'il fût mal accompagné, si est-ce que cete auguste qualité de Prince du sang resjoüit grandement les Alemans : lesquels en tesmoignage de leur joye passerent toute la nuit suyuante à boire à la santé du Prince & des Capitaines : & le Duc de Boüillon & d'Onavv luy defererent toute l'autorité & commandement sur l'armée. Mais apres que les Alemans eurent consideré les defauts naturels qui estoient en ce Prince (car il estoit sourd & auoit la parole peu articulée) & mesme qu'il estoit venu sans argent & sans forces, ils commencerent derechef à murmurer, & à demander le Roy de Nauarre, la reputation des bonnes qualités duquel leur faisoit desirer sa presence, auec ce qu'ils se promettoient qu'il apporteroit de l'argent & emmeneroit des forces.

XXII.
Entreprise du Duc de Guise sur les Reistres.

Cependant le Duc de Guise voulant deuancer le Roy qui auoit dessein de defaire les Alemans ou de traiter auec eux, approcha d'Auneau auec toutes ses troupes, traicta secretement auec Chaulard pour auoir le chasteau à sa deuotion, de là fondre sur les ennemis & les surprendre dans la ville. Le jour auant l'execution il les enuoia harceller par la Chastre : lequel leur aiant dressé vn embuscade, les y attira & en tua plus de deux cens, entre lesquels il y auoit des principaux Capitaines.

XXIII.
Son ordre.

L'ordre de l'execution pris le XXIV de Nouembre (apres auoir imploré le secours diuin par deuotes prieres) estoit que Gié, Sainct Pol, Ioannes, & Ponsenac auec leurs regimens entreroient dans le chasteau au moindre bruit qu'ils pourroient, & laissant cinquante hommes dedans, se mettroient dans la grande cour en bataille. Le Duc de Guise

Henry III du nom, Roy LXII.

auec la caualerie attendoit l'euenement pret de la ville, pour tailler en pieces ceux qui sortiroient pour se sauuer à la fuite.

Sur les quatre à cinq heures du matin à la faueur du son des trompetes des ennemis qui sonnoiet desja boute-selle pour desloger, les regimens Catholiques entrans dans la ville trouuerent quelques retrenchemens de charriots: lesquels rompus sans grande resistence, ils donnerent dans les logis des Reistres, & mettans le feu à ceux qu'ils ne peurent forcer à l'abordée, leur apporterent vn si horrible effroy qu'ils ne songerent plus qu'à se sauuer. La plusparts se precipita du haut des murailles, ne pouuant sortir par les portes, eux-mesmes en aiant fermé auec des charriots les aduenuës. Plusieurs à la faueur des tenebres (car il n'estoit pas encore jour) gaignerent les quartiers des Lansknets & des Suisses logés és villages circonuoisins, & entr'autres d'Onauu, aprés auoir tasché de r'allier les siens, luy s'estant jetté en ruël'espée au poing, & couru fortune de sa vie.

Les Suisses & les Lansknets alarmés par l'arriuée de ceux qui fuyoient d'Auneau, prirent soudain les armes & sortirent de leurs quartiers pour aller au secours des Reistres. Mais la caualerie du Duc de Guise leur venant à l'encontre, ils furent rencognés dans leurs logemens, & payerent de ceux qui s'estoient auancés les premiers auec moins d'ordre que de courage.

Le carnage fut grand & affreux dans Auneau, le feu descouurant ceux qui se cachoient ou fuyoient, ou les deuorant s'ils demeuroient renfermés dans leurs logis. Aucuns tiennent que les Reistres y perdirent deux mille hommes: mais d'autres en comptent jusques à quatre mille, outre cinq à six cens prisonniers. Tous demeurent d'accord que les ennemis y perdirent quasi tous leurs cheuaux & leur equipage auec sept enseignes, & les Lansknets vn drapeau.

La Chastre apporta les enseignes au Roy de la part du Duc de Guise, & luy racompta par le menu l'execution de l'entreprise. Sa Majesté bien-aise de la defaite des Reistres, & tres-marrie de ce qu'elle redondoit à la gloire du Duc de Guise, luy fit bon accueil en apparence & l'ouït attentiuement. Mais aiant accoustumé de monstrer sa magnificence en de moindres occasions: & n'aiant vsé d'aucune liberalité en celle-ci enuers la Chastre, l'on jugea que la nouuelle ne luy estoit pas agreable.

Depuis cete boucherie des Reistres, leur armée ne batit plus que d'vne aile, & receuant tous les jours quelque nouuelle ftrete, les Suisses demanderent au Roy l'execution de leur traicté, & moienant quatre cens mille escus se retirerent en leur païs, sans plus s'attendre aux promesses du Roy de Nauarre. Les Alemans & mesmes les François qui les accompagnoient, furent bien-aises de traicter aussi auec le Roy par l'intercession du Duc d'Espernon, à l'exemple des Suisses. Sa Majesté leur fit grace à tous, en octroyant saufconduit aux estrangers pour retourner en leurs maisons, & r'emporter leurs enseignes & drapeaux

L'an de Christ, 1587.

XXIV. Heureuse execution.

XXV. Secours repoussé.

XXVI. Perte des Reistres.

XXVII. Le Roy marri de la gloire du Duc de Guise.

XXIIX. Traicté auec les estrangers pour les tenuoier hors de France.

ployés, en jurant que jamais ils ne porteroient les armes contre les Rois de France. Il permit aux François, qui abjureroient leur religion, de demeurer dans le Roiaume: & aux autres de vendre leurs biens dans six mois, vuider de son Estat & remettre és mains de sa Majesté leurs drapeaux & enseignes.

L'An de Christ 1587.

XXIX.
Belle retraite de Chastillon.

Les Alemans accepterent les conditions qu'il pleut au Roy de leur prescrire: mais les François, pour la plus-part, aimerent mieux demeurer obstinés & en leurs opinions & dans la rebellion: & se retirerent auec le Duc de Bouillon ou auec Chastillon, sans prendre congé des Alemans, de peur d'estre arrestés comme garans du payement de leurs troupes. Le Duc de Bouillon mourut bien-tost apres à Geneue, laissant Charlote sa sœur son heritiere testamentaire. Chastillon se retira en Viuarez auec les restes des François, nonobstant qu'il eût à ses trousses Mandelot six fois plus fort que luy en nombre d'hommes: & s'acquit beaucoup d'honneur auec la reputation de hardi & judicieux Capitaine par cete longue & perilleuse retraite.

XXX.
Le Duc de Guise poursuit les Reistres.

Le Duc de Guise acharné apres les Alemans ne voulut point demordre de sa prise pour le traicté fait auec le Roy: neantmoins afin qu'il ne semblât pas l'enfreindre, il se joignit au Marquis du Pôt fils aisné du Duc de Lorraine pour les poursuyure: de sorte que les chargeant auec des troupes toutes fresches ils joncherent les chemins de ces corps attenués & languis, jusqu'au mont S. Claude. De-là s'estans jettés dans les terres de Montbelliard & de Hericourt ils desolerent le plat païs pour se venger des cruautés que nagueres les Alemans auoient exercées en Lorraine.

XXXI.
S'acquiert grande reputation.

Au demeurant toute la gloire de la deffaite de cete armée estrangere fut deferée au Duc de Guise, par les trompetes de la Ligue & par le cōmun bruit & croiance du peuple Catholique. Cela mesme fut cause que ceux qui auoient donné leur nom à la Ligue, s'y confirmerent dauantage, & plusieurs qui s'en estoient retenus jusqu'alors la souscriuirent. Toutefois la verité est que le bon ordre que le Roy auoit fait pour leur enleuer toutes commodités en leur passage, & la deffiance que le Duc d'Espernon mit entre les Reistres & les Suisses par ses traictés, ruina autant leur armée que les combats du Duc de Guise. Mais cetuy-ci ne laissoit pas d'en remporter le principal honneur, parce que les actions militaires & martiales sont plus esclatantes & plus glorieuses que les politiques.

Demandes de la Ligue au Roy. Barricades de Paris. Fuite du Roy à Chartres.

I. Acclamations & eloges du Duc de Guise. II. Pernicieuse resolution de la Sorbonne. III. Le Duc de Guise fait la guerre au duché de Bouillon. IV. Estat de ce Duché. V. Assemblée des chefs de la Ligue à Nancy. VI. Leurs demandes au Roy. VII. Qui les elude en dilayant d'y respon-

Henry III du nom, Roy LXII. 227

dre. IIX. Trespas du Prince de Condé. IX. Ses domestiques en preuention de sa mort. X. Sa femme declarée innocente. XI. Conditions des Princes de Condé. XII. Le Roy defend au Duc de Guise de venir à Paris. XIII. Faute és affaires du Roy. XIV. Conspiration des Ligueurs de Paris contre sa Majesté. XV. Dilayée par le Duc de Guise. XVI. Le Roy fait entrer quatre mille Suisses dans Paris. XVII. Se relasche de ses resolutions genereuses. XIIX. Les Ligueurs conspirent pour tuer le Duc d'Espernon. XIX. Pressent le Duc de Guise de venir à Paris. Lequel s'y resout. XXI. Y arriue peu accompagné. XXII. Le Roy se resout à le faire tuer. XXIII. Acclamations des Parisiens au Duc de Guise. XXIV. Discours entre le Roy & luy. XXV. Ils se separent mal satisfaits l'vn de l'autre. XXVI. Barricades de Paris. XXVII. Le Duc de Guise retourne au Louure. XXIIX. Fait leuer les barricades. XXIX. Le Roy sort de Paris pour aller à Chartres. XXX. Menace Paris. XXXI. Considerations sur ce subjet. XXXII. Prosetie contre Paris. XXXIII. Fautes du Roy. XXXIV. Fautes du Duc de Guise. XXXV. Excuses du Roy. XXXVI. Excuses du Duc de Guise.

VOILA donc le Duc de Guise au plus haut degré de sa gloire par la defaite de cete effroiable armée d'Alemans & de Suisses qui se promettoit d'aneantir la Ligue & obliger le Roy à octroyer la paix aux Religionnaires François auec les conditions qu'eux-mesmes luy voudroient prescrire. Voilà, dy-je, ce Prince Lorrain publié entre les Ecclesiastiques pour le Protecteur de l'Eglise Catholique, entre la Noblesse pour vn valeureux & vigilant Capitaine, & entre le peuple pour vn Heros le plus digne de regner qui fut en toute l'Europe. Les Panegyriques de ses loüanges voloient par tout le Roiaume. Les predicateurs en leurs chaires les entonnoient plus haut que la parole de Dieu, crians *que sans sa valeur & bonne conduite l'Arche fut tombée entre les mains des Philistijns. Que Saul en auoit frappé mille & Dauid dix mille.*

I. Acclamations & Eloges du Duc de Guise.

La posterité trouuera estrange que mesmes la Sorbonne composée de tant de doctes & religieux Peres, touchée de cete maladie fit vn decret ou resolution le XVI de Decembre MDXXCVII en ces termes. *Que le gouuernement pouuoit estre osté aux Princes qu'on ne trouuoit pas tels qu'il falloit, comme l'administration au tuteur qu'on auoit pour suspect.* Parauenture les plus sages testes n'estoient pas de cet aduis : mais l'objet de la Religion estoit si auguste & attrayant qu'elles se laissoient emporter à la multitude.

II. Pernicieuse resolution de la Sorbonne.

Le Duc de Guise retournant de la poursuite des Reistres s'arresta à Nancy : & le Duc de Lorraine & luy enuoierent des forces au Duché de Bouïllon soubs la conduite des sieurs d'Assonuille & de Rone, pour se venger de ce que le Duc de Bouïllon defunct auoit fait ra-

III. Le Duc de Guise fait la guerre au Duché de Bouïllon.

uager la Lorraine. A tout le moins c'en estoit le pretexte. Mais le Lorrain eût bien desiré de se saisir de Charlote sœur & heritiere du mesme Duc de Bouïllon, pour la faire espouser au Comte de Vaudemont son fils & depuis en fit grande instance : & le Duc de Guise auoit la mesme vision pour son fils le Prince de Ioinuille.

IV. Estat de ce Duché.

Charles-Robert Comte de la Mark oncle paternel du feu Duc, pretendoit que la succession des Seigneuries de Sedan, Iamets & Raucour possedées en titre de souueraineté luy appartenoient en vertu de certaine substitution faite par ces ancestres en faueur de leurs descédans masles. Le Duc de Montpensier en qualité d'oncle maternel, & tuteur de Charlote (à laquelle il estoit substitué par le testament du feu Duc son frere) soustenoit le contraire. Les Lorrains apres auoir pris quelques petites places & assiegé en vain les plus importantes, retirerét leur armée. Cependant la Noüe (auquel le Duc de Bouillon auoit recommandé sa sœur par son testament) fut receu dans Sedan pour defendre ses terres soubs la protection du Roy, auec l'adueu du Duc de Mótpensier & au grand contentemét du Roy de Nauarre. Nous verrós en son lieu (Dieu-aidant) soubs le regne de Henry le Grand l'issue du different touchât la succession du Duché de Bouïllon, qui fut fauorable au Vicóte de Turene.

V. Assemblée des chefs de la Ligue à Nancy.

Or les Ducs de Lorraine & de Guise projettás de plus hautes entreprises firét vne assemblée à Nácy au cómencemét de l'an MDXXCIIX: à laquelle se trouuerent les principaux chefs de la Ligue. Le Duc de Guise beuffloit le Lorrain son parent en luy donnant du vent par les oreilles, & luy faisant entendre qu'aiant l'honneur d'estre vne brãche de son illustre maison il ne trauailloit que pour la gràdeur de la souche, & pour y faire tomber la succession de la couronne Fráçoise. Par cete dissimulation il faisoit deux effects : l'vn qu'il obligeoit le Lorrain à l'assister de toutes ses forces, encore qu'elles ne fussent pas fort grandes : l'autre, qu'il s'acqueroit la faueur de la Roine-mere : laquelle n'esperant point de lignée du Roy, & n'en voiant non plus de Marguerite Roine de Nauarre (auec ce qu'elle n'aimoit pas le Nauarrois) auoit mis toute son affection sur les enfans de la Duchesse de Lorraine sa fille desja decedée.

VI. Leurs demandes au Roy.

La grande reputation & credit que le Duc de Guise s'estoit acquise luy donnoit la hardiesse de parler plus haut que jamais à son Roy: & soubs pretexte de propositions l'obliger à luy accorder des demandes qui estoient autant de degrés pour monter à l'autorité souueraine. Le resultat qui en fut donc fait en l'assemblée de Nancy contenoit ces articles. *Que le Roy seroit tres-humblement supplié de se vouloir joindre serieusement & syncerement à l'vnion des Catholiques pour l'extirpation de l'heresie. De bannir de la Cour & despouïller de l'administration de l'Estat les personnes suspectes qui luy seroient nómées. D'establir l'Inquisition és villes capitales de son Roiaume. De faire publier le Concile de Trête, en suspendant l'execution pour ce qui regarde les libertés de l'Eglise Gallicane, priuileges & immunités particulieres d'aucunes Eglises de France. D'oĉtroier aux Ecclesiastiques le pouuoir de rachetter le têporel par eux alie-*

né,

Henry III du nom, Roy LXII.

A né, & mesmes de les y contraindre. D'accorder aux chefs de l'vnion certaines places d'ostage. De faire rendre les biens des Huguenots qui refuseroient d'abjurer leurs erreurs dans certains têps, & employer le prix qui en prouiendroit aux fraiz de la guerre contr'eux-mesmes. D'en acquiter par preference les debtes contractées par les chefs de l'Vnion à la derniere guerre. D'entretenir vne armée sur la frôtiere de Lorraine pour empecher le passage aux Alemans qui voudroient venir au secours des Heretiques de France.

l'An de Christ 1588.

Le Roy qui estoit à Paris en vne extreme angoisse, craignant d'vn costé s'il y sejournoit, les conjurations des Ligueurs, dont le nôbre estoit tres-grãd dans la ville: & d'autre part, s'il en sortoit qu'ils appellassent le Duc de Guise & l'en rendissent maistre, & que l'exêple de la capitale cité de son Roiaume portât les autres à la reuolte. Le Roy, dy-je, estant en ces transes ne fut pas marri que les chefs de la Ligue commençassent leur procedé par capitulations, quoy que leurs demandes fussent insolentes ou inciuiles: esperant ou qu'elles se pourroient modifier, ou s'eluder en dilayant. Il receut donc gracieusemẽt les deputés de la Ligue, ouït leurs propositiõs & receut les articles de leus demãdes: promettãt d'y respõdre en bref, pour le desir qu'il auoit de dõner cõtentemẽt à des persõnes qui auoiẽt si bien merité de l'Estat: & neantmoins taschoit de gaigner temps en prenant des delais les vns sur les autres.

VII. Qu'iles eludede en dilayant d'y respondre.

En ces entrefaites Henry de Bourbon Prince de Condé deceda à S. Ian d'Angely, le Samedy V de Mars, apres auoir enduré durant trois jours continuels des conuulsions & douleurs estranges. Les Medecins jugeoient bien que tout cela procedoit de quelque violente poison: mais son corps aiant esté ouuert les marques parurent & dedans & de hors, & mesmes l'estomac fut trouué percé par le venin, & les parties nobles tachées de noir, & neantmoins tres-entieres.

VIII. Trespas du Prince de Condé.

Sur le simple soupçõ les principaux de ses domestiques furẽt arrestés, & mesmes Charlote-Caterine de la Trimoüille la Princesse son espouse, qui estoit enceinte. Ian-Ancelin Brilland Côtre-rolleur de sa maison trouué le plus chargé par des presomptions vehemẽtes, fut condãné à estre tiré à quatre cheuaux, apres auoir fait l'insensé & varié en ses respõses. La sentence donnée par les Commissaires deputés par le Roy de Nauarre, fut executée.

IX. Ses domestiques en preuention de sa mort.

Ces mesmes Commissaires procedans à l'instruction du procés cõtre la Princesse elle se pourũeut au Parlement de Paris, & les fit interdire, cõme incompetans: d'autant qu'il n'appartient qu'au dit Parlement de cognoistre des causes criminelles des Princes du sang, ainsi que des Pairs de France, & par consequent de celles de leurs femmes, lesquelles jouïssent du priuilege de leurs maris. Le I jour de Septembre ensuyuant elle aiãt accouché d'vn fils (qui est aujourd'huy le premier Prince du sang, & se fera renommer ci-aprés) les Commissaires (auec ce qu'ils ne trouuoient point de preuue contr'elle) furent bien marris de s'estre engagés à cete procedure. Aussi fut elle cassée depuis par arrest du mesme Parlement le XXIV de Iuillet en l'an MDXCVI, auec cognoissance de cause: la Princesse declarée innocente, & la susdite procedure bruslée

X. Sa femme declarée innocente.

V

par les mains du greffier de la mesme Cour: afin d'en abolir la memoire.

XI.
Conditions des Princes de Condé.

Les Religionnaires furent autant affligés de la mort du Prince de Condé qu'ils l'auoient esté de celle de son pere. Aussi estoit-il successeur de la generosité, magnanimité, liberalité & autres vertus & excellentes conditions d'iceluy, comme pareillement d'vne foiblesse, qui estoit de defeter trop aux conseils des Ministres Caluinistes aussi bien pour les affaires d'Estat que pour ce qui est de la foy, & de la conscience. Son fils egalant ses deuanciers en vertu, les surmontera tous en solidité de jugement & en prudence: & sera le fleau de ceux que son pere & son aieul tenoient pour oracles.

L'An de Christ. 1588.

XII.
Le Roy defend au Duc de Guise de venir à Paris.

Le Duc de Guise estant venu à Soissons donna vn grand ombrage de quelque conspiration au Roy, qui ne desiroit pas qu'il approchât si prez de Paris: & à l'instant qu'il en eut aduis luy enuoya faire defenses d'y venir: & mesmes Bellieure y alla de la part de sa Majesté pour luy confirmer les mesmes defenses, luy promettant d'ailleurs toute sorte de contentement, pourueu qu'il donnât aussi cete satisfaction au Roy, qui faisoit estat d'esprouuer par là ou son obeïssance ou sa felonnie. Bref il obtient du Duc de Guise ce qu'il demande, & Bellieure s'obligea à luy de le reuenir trouuer dans trois jours auec les asseurances qu'il demandoit pour luy & les autres chefs de la Ligue.

XIII.
Faute és affaires du Roy.

Le Roy vouloit bien que Bellieure retournât deuers le Duc de Guise pour luy apporter les asseurances qu'il demandoit: mais de mal-heur quelques autres affaires retindrent Bellieure en Cour, & l'on se contenta d'enuoier sa depesche au Duc de Guise par la poste, non pas pourtant par vn courrier exprés comme le Roy auoit commandé: le Thresorier de l'Espargne aiant refusé de fournir vingt-cinq escus pour la course, ce qui arriua encore à vne secõde despeche: De ce defaut le Duc de Guise tira la iustification de sa desobeïssance.

XIV.
Conspiration des Ligueurs de Paris cõtre sa Majesté.

D'autre part les plus factieux Ligueurs de Paris, aiãs aduis que le Roy desseignoit de les chastier, pressoient le Duc de Guise de venir à Paris, luy donnant asseurance de le rendre maistre de la personne du Roy & de la ville: & le menu peuple attẽdant auec impatiẽce le cõmandemẽt de joüer des mains & de piller les maisons des Religiõnaires & des Politiques pressoit ses Capitaines de mettre la main à l'œuure. Leur dessein estoit de se saisir du Roy en plein jour durant les desbauches du Carnaual, ainsi qu'il iroit en masque par les rües suyuant sa coustume. Mais aiant esté aduerti de cete conspiration il prit d'autres diuertissemens sans sortir du Louure.

XV.
Dilayée par le Duc de Guise.

Le Duc de Guise donnoit esperance aux mutins qu'en bref il arriueroit à Paris, & taschoit de les entretenir tousiours en cete bõne volonté en son endroit pour s'en seruir aux occasions qui luy sembleroient fauorables. A cet effect il leur enuoia souuent Meneuille: sans leur marquer jamais le jour ny de son arriuée ny de l'execution, soit qu'il ne voulût pas attenter sur la personne du Roy, soit qu'il se deffiât d'vne populace furibonde, ou bien encore qu'il aimât mieux obtenir par accord l'autorité qu'il ambitionnoit soubs le titre de General à des armées du Roy, à quoy il s'arresta depuis : & neantmoins qu'il fut bien aise de donner de la terreur à sa Majesté par le bruit de la faction formée pour la Ligue dans sa ville capitale. Cependant il enuoia bon nombre de Capitaines dans Paris : lesquels furent logés en diuers quartiers de la ville. Entre ceux-là estoient le Comte de Brissac, les sieurs de la Chastre, de Bois-Daufin, de Bassompierre, & de Sainct-Pol : lesquels r'asseurerent grandement la faction Parisienne, qui estoit de trente mille hommes capables de porter les armes.

L'An de Christ, 1588.

Le Roy aduerti ponctuellement de toutes les menées, monopoles & desseins de la Ligue par Nicolas Poulain (qui feignoit d'estre du parti) fit porter dans le Louure cent à six vingts paires d'armes à descouuert dans des hotes, & enuoia querir quatre mille Suisses qui estoient à Lagny auec deux compagnies Françoises, & les distribua par les quartiers de la ville, retenant pour la defése du Louure le regiment de ses gardes. Cela se faisoit ainsi tant pour donner de l'effroy aux factieux, qu'afin que la force demeurât au Roy s'ils estoient si temeraires que d'attenter contre la Majesté souueraine.

XVI. Le Roy fait entrer quatre mille Suisses dans Paris.

Le Duc d'Espernon & les plus fideles du Conseil estoient d'aduis de se saisir en plein jour des chefs de la faction & les enuoier au gibbet : car le Roy auoit aduis certain du lieu où ils s'assembloiét, & les pouuoit tous enleuer d'emblée. Mais les plus mols & ceux qui penchoient du costé de la Ligue luy representoient l'execution si dangereuse que le Roy qui desiroit dissiper cete nuée sans orage, se deporta de la resolution la plus vigoureuse & la plus saine. Il en fit tout autant touchant celle qu'il auoit prise à Fresne auec le mesme Duc d'Espernon & le sieur d'O, contre le Duc Guise s'il estoit si temeraire de venir à Paris, contre les defenses de sa Majesté : qui estoit de luy faire trencher la teste aussi-tost qu'il seroit entré & la porter sur le qué du Louure. Car le Duc d'Espernon estant allé prendre possession de son gouuernement de Normandie, & par mesme moien r'asseurer au seruice du Roy cete grande Prouince esbranlée par les artifices de la Ligue, sa Majesté en fut aisément dissuadée & diuertie par le conseil mesmes de la Roine-mere.

XVII. Se relasche de ses resolutions genereuses.

Les Ligueurs furent tres-joieux du depart du Duc d'Espernon, qui estoit vn des principaux objets de leur haine & de leur enuie. Car les Chefs enuioient sa fortune, & le commun peuple le haïssoit sur les impressions qu'on luy donnoit qu'il auoit intelligence & confederation auec le Roy de Nauarre. Ils sçauoient bien aussi (car il le disoit hautement) qu'il portoit le Roy à des resolutions violentes : & eux auoient resolu de le tuer ainsi qu'il faisoit la ronde depuis dix heures du soir jusqu'à trois ou quatre du matin, veillant pour le salut de son Maistre.

XIIX. Les Ligueurs conspirent pour tuer le Duc d'Espernô.

Or les conjurés de Paris considerant que tous leurs projets estoient descouuers jusques là que le Roy auoit le rolle de leurs noms, & que s'estant fortifié des Suisses & d'autres gens de guerre ils ne pouuoient plus attendre que d'estre enleués & conduits à

XIX. Pressent le Duc de Guise de venir à Paris.

vn horrible & ignominieux supplice, despecherét de nouueau aucuns d'entr'eux deuers le Duc de Guise pour luy representer le peril auquel ils estoient pour son seruice, & qu'il luy pleust s'en venir incontinent à Paris pour les en deliurer : autrement qu'ils ne le tiendroient plus pour Prince de foy : & qu'il ne deuoit pas trouuer mauuais si ses plus confidens seruiteurs prennoient le parti qu'ils jugeroient estre le plus asseuré pour le salut de leurs honneurs & de leurs vies.

XX. Lequel s'y resout.

La Duchesse doüairiere de Montpensier sa sœur aiant joint ses prieres & instantes sollicitations à celles des Ligueurs, le Duc de Guise se resolut de venir à Paris contre les tres-expresses & si souuent reïterées defenses de sa Majesté : craignant que s'il ne venoit conforter ses partisans, l'apprehension de la juste vengeance du Roy leur fit changer d'affection & rechercher la grace de sa Majesté tousiours preste à vser à l'endroit de ses subjets, non seulement de clemence, mais aussi d'indulgence.

XXI. Y arriue peu accompagné.

Le Duc de Guise arriua à Paris le IX de May, & alla descédre à l'hostel de la Roine-mere (qui est aujourd'huy l'hostel de Soissons) accópagné de huict gentils-hommes. Apres luy auoir desguisé les causes de son arriuée, il fut resolu entr'eux d'aller ensemble au Louure : dont elle donna aduis au Roy pour sçauoir s'il l'auroit agreable.

XXII. Le Roy se resout à le faire tuer.

Sa Majesté mande à sa mere que puis qu'elle veut prendre la peine de luy emmener le Duc de Guise qu'ils viennent : & cependant tire promesse d'aucuns de ses ordinaires d'executer tout ce qu'il leur commandera, quoy que ce soit, s'estant resolu de faire tuer le Duc de Guise en la presence de la Roine sa mere, aussi-tost qu'il seroit dans le Louure. Mais la Guiche & Villequier recognoissant au visage & aux gestes du Roy qu'il estoit en de grandes transes & en conjecturant la cause, prirent la hardiesse de luy remonstrer, que puis que le Duc de Guise estoit venu côtre les defenses de sa Majesté, ils s'asseuroient que c'estoit pour luy donner contentement : & que s'il ne le faisoit pas, elle le pouuoit retenir & vser de son pouuoir selon qu'elle le jugeroit necessaire. Ce discours & autres semblables mirét en suspés l'esprit du Roy, lequel n'aiát personne auprez de luy pour l'y confirmer, commença à chanceller & aprés à se relascher entierement de sa premiere resolution, qui tendoit à la vengeance.

XXIII. Acclamations des Parisiens au Duc de Guise.

La Roine-mere allant au Louure se faisoit porter en vne chaire, & le Duc de Guise marchoit à pied & en pourpoint auprez d'elle. Les Parisiens le voiant passer luy donnoient mille loüanges : les personnes de qualité luy faisoient la reuerence, & le peuple crioit, *Viue le noble Duc de Guise* : aucuns y adjoustoient, *liberateur de la France* ; aucuns, *exterminateurs des Huguenots* : Plusieurs se croyoiét bien-heureux de luy toucher à la main ou tant seulement à ses vestemens. Entre autres vne damoiselle leuát son masque s'escria en ces termes : *Braue Prince, puis que vous estes ici nous sommes tous sauués.* Quant à luy qui estoit prudent

Henry III du nom, Roy LXII.

L'An de Christ, 1588.

& artificieux il accueilloit tout le monde auec tant d'artifice qu'en attirant les yeux sur luy il gaignoit aussi les cœurs: & estant d'ailleurs Prince majestueux, gracieux & affable, le peuple idolatroit apres luy & l'auoit en admiration & en veneration ensemble.

XXIV. Discours entre le Roy, & le Duc de Guise.

Le Roy estant sur l'heure de son disner, ne dit autre chose au Duc de Guise si ce n'est, *Qui vous amene ici?* & le Duc apres auoir fait la reuerence à sa Majesté, commençant par des protestations d'obeïssance, fut remis apres disner, & cependant alla voir la Roine. Apres disner, le Roy aiant fait venir Bellieure luy dit en presence du Duc de Guise, *Ne m'auiez-vous pas asseuré que mon Cousin ne viendroit pas à Paris?* Bellieure se tournant deuers le Duc de Guise luy fait pareille demande. *Monsieur, ne me l'auiez-vous pas dit?* Et le Duc de Guise respondit par interrogation: *Monsieur, ne m'auiez-vous pas promis de reuenir dans trois jours à Soissons?* Bellicure respond à cela. *Monsieur, n'auez-vous pas receu deux letres que ie vous ay enuoiées par la poste?* Le Duc de Guise protestant & jurant là dessus qu'il n'en auoit receu aucunes: & que s'il en eût receu il eût obeï au commandement de sa Majesté quand bien il y fût allé de sa vie; & ne pouuant estre conuaincu du contraire, le Roy se contenta de luy dire que ses premieres defenses luy deuoient suffire: & le Duc luy respondit, qu'elles estoient accompagnées de conditions qui n'auoient point esté effectuées de la part de sa Majesté.

XXV. Ils se separent mal satisfaits l'vn de l'autre.

C'estoit chose deplorable de voir le Roy transi & comme confus & estonné: & son subjet resolu, fier & hardi, son front, son geste & tous ses mouuemens si bien composés qu'on y pouuoit remarquer ou vne innocence tres-candide, ou vne extreme impudence. La Roine mere presente adoucissant l'aigreur du Roy, r'asseuroit d'autant plus l'audace du Duc de Guise. Il y auoit aussi assez de mauuais Conseillers auprez de sa Majesté, lesquels abusans de sa bonté & facilité, s'accommodoient à l'humeur de la Roine mere. Ainsi le Duc de Guise se separa du Roy auec plus de desfiance que de satisfaction l'vn de l'autre.

XXVI. Barricades de Paris.

Les Suisses entrés pour le Roy auec quelques compagnies Françoises auoient esté mis en garde par les places principales, comme aux Hales, en Greue, au Cemitiere-sainct-Ian, au Marché-neuf, soubs les deux Chastellets & ailleurs dans la ville & cité: mais on negligea d'en mettre aussi à la place Maubert, afin de cotenir l'Vniuersité en deuoir: de sorte que ce quartier de ville composé la plus part de menu peuple, de Conuës & de Colleges, où estoiét les Predicateurs les plus seditieux, il s'y fit vne assemblée d'escoliers & de populace mutinee & bien armée, qui couuroit toute la place. Ceux des autres quartiers aduertis que l'Vniuersité auoit armé, armerent aussi à son exemple, fermerent les boutiques, tendirent les chaines par les ruës, & dresserent des barricades par tous les cantons & aduenues, afin que les Roiaux ne peussent point s'entre-secourir ny rejoindre: & que demeurans separés en des

V iij

corps de garde eloignés les vns des autres, il fût plus aisé aux Parisiens de leur courir sus & les tailler en pieces.

XXVII. Le Duc de Guise retourne au Louure.

Durant ce tumulte le Duc de Guise ne bougeoit point de son hostel, mais il auoit distribué de bons Capitaines par les quartiers pour encourager & conduire le peuple. Le Roy grandement effrayé pria la Roine sa mere d'aller trouuer le Duc de Guise, pour sçauoir s'il pouuoit prendre confience en luy, & s'il vouloit que sa Majesté le creût ainsi qu'il fît arrester ces esmotions & seditions populaires. Le Duc de Guise respondit que c'estoient des taureaux eschappés & mal-aisés à arrester. Messire I. Auguste de Thou rapporte que le Duc retourna encore au Louure auec la Roine-mere; & qu'aucuns des ordinaires aiant dit à l'oreille de sa Majesté que c'estoit le temps de se desfaire de cet homme, elle n'y voulut point entendre (parauenture redoubtant le peuple:) & qu'elle se contenta que le Duc de Guise luy promît de rapporter tout ce qui seroit de son pouuoir pour appaiser le peuple, & le faire retirer auant qu'il y eût plus grand desordre.

XXIIX. Fait leuer les barricades.

Et de fait allant de ce pas par toute la ville de rue en rue, de place en place, de corps de garde en corps de garde, il eut tant de credit qu'à sa priere les barricades furent leuées: & la fureur populaire appaisée, aprés le massacre d'enuiron soixante Suisses. Quant au regiment des Gardes & autres troupes Françoises, il auoit pourueu à leur seureté, & neantmoins les fit desarmer. Plusieurs jugeans de son procedé disoient qu'il en falloit faire plus ou moins: d'autres tenoient qu'il ne pouuoit attenter sur la personne du Roy sans se rendre odieux à tous les bons François, & notammét à la Noblesse: & mesmes aux Princes estrangers, qui estoient interessés en l'iniure faite par le subjet à son Prince. Aussi son but estoit d'ostenter son humanité en conseruant tant d'hommes armés contre son parti, & faire voir quelle estoit son autorité & credit enuers le peuple: & que ce qu'il y pouuoit auoir d'excés seroit plustot imputé à la foiblesse du Roy qu'à sa malice.

XXIX. Le Roy sort de Paris pour aller à Chartres.

Cependant sa Majesté voyant les barricades des Parisiens auancées jusqu'auprez du Louure, & entendant qu'on massacroit les Suisses, & desarmoit les troupes Françoises, prit tellement l'espouuente que faisant semblant de s'aller promener aux Tuileries, elle monta à cheual, s'enfuit hors de Paris, & prenant le chemin de Chartres alla coucher ce soir mesme à Trapes. Sa maison surprise & estonnée d'vn depart si soudain & inopiné le suyuit en grand desordre, la plus-part apprenant à batre des talons ses cheuaux sans esperon, pour n'auoir pas eu le temps ou l'asseurance de prendre la bote. Les Suisses & ses Gardes aians esté mis hors de la ville par la porte S. Antoine (afin de les eloigner d'autant plus du Louure) le Duc de Guise leur fit rendre les armes, & leur permit d'aller trouuer le Roy à Trapes. Dont aucuns ont tiré consequence qu'il n'auoit point eu de dessein sur la personne de sa Majesté: dautant qu'en le priuant de ce secours il luy estoit aisé de l'inuestir, le forcer dans son Louure, & mesmes de l'attraper à Trapes, veu qu'il

Henry III du nom, Roy LXII. 235

A
L'An de Christ. 1588.
auoit bon nombre de Capitaines & de gentils-hommes à sa deuotion dans la ville. Et neantmoins il ne se mit pas en deuoir de faire l'vn ny l'autre : de sorte que le Roy s'en alla sans aucun danger à Chartres : où il fut receu auec les honneurs deus à la Majesté roiale.

Estant entre Paris & Sainct-Cloud, il tourna la teste deuers cete cité rebelle, laquelle il auoit autant ou plus cherie que nul des Rois ses predecesseurs, & en luy reprochant son ingratitude la menaça de n'y rentrer jamais que par la bresche des murailles. Il retournera voiremēt bien apres, & lors qu'il sera en termes d'executer ses menaces, Dieu l'appellera à soy, & se reseruant la vengeance des iniures faites par vn peuple ingrat à vn si bon Roy, fera sentir aux Parisiens soubs vn autre Roy toutes les incommodités que peut souffrir vne ville par vn long siege.

XXX. Menace Paris.

B
Horrible spectacle ! de voir vn des bons Rois qui aient jamais porté le sceptre François, chassé de la cité capitale de son Estat, laquelle il auoit tant cherie que depuis treze ans, & dez son aduenement à la Couronne il y faisoit sa residence ordinaire, afin de l'enrichir des biens qui y affluoient de toutes les autres villes du Roiaume. Et neantmoins les Parisiens au lieu de le cherir comme ils estoient cheris de luy, ne luy ont tesmoigné que rebellion & felonnie : au lieu d'employer leurs vies pour le salut de sa Majesté, ont conspiré contre sa personne sacrée : au lieu d'armer pour sa garde ont tué & desarmé les gens de ses gardes : au lieu de l'auoir en reuerence comme leur pere commun, ont tasché de noircir sa reputation par des impostures. Au lieu de l'adorer comme la viue image de la diuinité l'ont chargé de calomnies : & au lieu de le
C conseruer dans leur ville, comme le Palladium de Troye, l'ont contraint de s'enfuir ailleurs : bref au lieu d'affermir la Roiauté, ont appuyé la tyrannie.

XXXI. Considerations sur ce subjet.

Mais ô perfide & ingrate cité enten cet oracle : *Paris, en punition de ce que tu as chassé ton bon Roy Henry, qui t'honoroit de la demeure ordinaire & presence de sa Majesté, les Rois ses successeurs n'auront point agreable ce mesme sejour, afin que tes enfans aient execrable la memoire de ta perfidie & de ta sale ingratitude.*

XXXII. Profetie contre Paris.

Or à considerer le procedé tant du Roy que du Duc de Guise en ce tumulte de Paris, il semble qu'ils aient manqué tous deux & de prudence & de courage. L'imprudence du Roy est euidente en ce qu'estāt aduerti ponctuellement des desseins de la Ligue, il n'y pourueut pas à temps en chastiant les principaux factieux de Paris par vne punition
D exemplaire. Ce qui luy estoit fort aisé apres qu'ils furent abandonnés du Duc de Mayenne, & auant qu'ils se fussent r'asseurés par le retour du Duc de Guise qui estoit au Duché de Bouïllon & en Lorraine. Il manqua aussi de courage en ce que le Duc de Guise arriué dans Paris, l'estant venu trouuer seul dans le Louure, auant l'emotion du peuple, il ne le fit mettre à mort suiuant la resolution prise à Fresne.

XXXIII. Fautes du Roy.

Quant au Duc de Guise il ne pouuoit se monstrer plus imprudent XXXIV.

V iiij

Fautes du Duc de Guise. ou temeraire qu'en ce commettant si legerement à la discretion d'vn Roy si viuement offensé, & qui des-ja le haïssoit à mort. Car puis que le dé estoit jetté (côme dit Cæsar passant le Rubicon) il falloit perir, ou se saisir de la personne du Roy qui n'auoit pas eû la hardiesse de se saisir de la sienne. Si le Roy auoit deuancé l'execution de son projet en sortant de Paris, il luy estoit assez aisé de le suyure & de l'attraper dez le soir mesme, retenant ses gardes prisonnieres, aiant Paris à sa deuotion & plus de six cens hommes de commandement dans la ville. *L'An de Christ. 1588.*

XXXV. Excuses du Roy. Ceux qui defendent le procedé du Roy, respondent à cela que sa Majesté debonnaire ne croyant pas encore que la malice des factieux fût si grande ny leurs projets si dangereux qu'ils parurét auec le temps, aimoit mieux appaiser doucement les affaires par son indulgence que de les aigrir par la vengeance. Ioint que les Huguenots leuant d'vn autre costé les cornes contre l'Estat, il desiroit reunir les Catholiques. Quant à l'execution de la resolution prise à Fresne qu'elle ne se pouuoit faire sans attirer sur luy la fureur des Parisiens, lesquels sans cela ne laisserent pas de prendre les armes & courir sus aux Gardes de sa Majesté & à ses Suisses.

XXXVI. Excuses du Duc de Guise. Ceux qui excusent le Duc de Guise disent qu'il se commit à la discretion du Roy sur l'asseurance qu'il auoit en la faueur de la Roine mere en la compagnie de laquelle il vid sa Majesté : auec ce qu'il sçauoit bien que le Roy redoubtoit le peuple de Paris, les acclamations duquel sur l'arriuée du Duc de Guise estoient entendues au Louure. Que s'il n'attenta pas sur la personne de sa Majesté au Louure ny en sa fuite : c'est qu'vn crime si execrable estoit eloigné de son esprit, & que son dessein estoit d'ostenter vainement son credit afin d'obliger le Roy à luy accorder les demandes ci-deuant proposées. Ioint (comme j'ay touché ci-dessus) qu'il ne pouuoit attenter sur la personne sacrée du Roy sans offenser tous les bons François & tous les Princes voisins, lesquels se fussent interessés en l'iniure faite par vn vassal & subjet au plus illustre Monarque de la terre.

Ie n'interposeroy pas là dessus mon jugement : le laissant au lecteur discret & non passionné : & reprendray le fil de l'histoire.

Le Duc de Guise regente dans Paris, Paix du Roy auec la Ligue à Chartres.

I. *Les Roines demeurent à Paris.* II. *Le Duc de Guise y change aucuns officiers politiques.* III. *Corbeil luy est rendu.* IV. *Rostaing romp auec luy.* V. *Il assiege Melun sans fruict.* VI. *Rostaing calomnié par François de Beaucaire.* VII. *Letres du Roy marques de sa mollesse.* IIX. *Excuses du Duc de Guise.* IX. *Letres des Parisiens.* X. *Leurs excuses enuers le Roy.* XI. *Qui leur pardonne le passé.* XII. *Letres du Parle-*

Henry III du nom, Roy LXII. 237

L'An de
Chrift.
1588.

lement au Roy. XIII. Belles proteftations de fa Majefté. XIV. Qui depute des Commiffaires par le Roiaume. XV. Impoftures contre le Duc d'Efpernon & fon frere. XVI. Caufe de la haine de l'Archeuefque de Lyon contre le Duc d'Efpernon. XVII. Defenfes des deux freres de la Valete. XIIX. Le Duc d'Efpernon reuient trouuer le Roy. XIX. Il fe retire derechef. XX. Auec vne belle commiffion. XXI. Motifs du Roy pour l'accord auec la Ligue. XXII. Negociation du gouuernement d'Orleans auec Entragues. XXIII. Rompue par Villeroy. XXIV. Traicté 2. auec la Ligue. XXV. Articles d'iceluy. XXVI. Articles fecrets. XXVII. Le Duc d'Aumale leue le fiege de Boulogne. XXIIX. Le Roy refufe de retourner à Paris.

A Pres cete violence faite à la Majefté fouueraine dans fa ville capitale, la Roine & la Roine-mere n'en bougerent point encore : afin qu'il femblât que l'autorité roiale y fût maintenue par la continuation de leur refidence. Toutesfois elles n'y auoient que l'ombre de la Roiauté, & le Duc de Guife, le commandement & la puiffance abfoluë.

I.
Les Roines demeurent à Paris.

Pour y affermir fon autorité il y fit en fuite deux actions de fouuerain : l'vne en fommant Laurent de Tefte gouuerneur de la Baftille de remettre en fon pouuoir cete fortereffe : ce qu'il fit ou par lafcheté (comme aucuns le publioient) ou pluftoft par la deffiance qu'il eut de la garnifon paffionnée pour la Ligue. L'autre c'eft qu'il demit Pereufe fidele feruiteur du Roy de la charge de Preuoft des Marchans, & eftablit la Chapelle-Marteau en fa place. Il crea auffi Efcheuins Compan & Roland, deux de fes partifans au lieu du Comte & de Lugoly qui auoient fuyui fa Majefté vers Chartres.

II.
Le Duc de Guife y change aucuns officiers politiques.

Le Duc de Guife regentant ainfi dans Paris defiroit de pouruoir à la liberté de la riuiere de Seine, qui eft la nourrice de cete populeufe cité. A cet effect il falloit tenir en fon pouuoir Corbeil & Melun, les deux plus proches villes au deffus de Paris. Ian Heuier gentil-homme Norman eftoit gouuerneur dans Corbeil. Mais dautant que la place n'eftoit pas tenable contre le canon, le Roy luy commanda de n'attendre pas la batterie.

III.
Corbeil luy eft rendu.

Quant à Melun, ville grande & vafte, a trois diuerfes cloftures, celle du milieu vne ifle, de mefme affiete que Paris, Triftan baron de Roftaing qui en eftoit gouuerneur, receut commandement du Roy de fe jetter dedans dez le jour mefme des Barricades : ce qu'il fit & receut vn renfort de deux mille hommes de pied foubs la conduite des fieurs de Rubempré, de Saucourt & de Montreal. Le Duc de Guife, qui le tenoit pour tres-affectionné à fa maifon, depefcha deuers luy le fieur de Bobigny fon maiftre d'hoftel pour le prier & conjurer par l'amitié qu'il auoit toufiours portée à fon feu pere & continuée à luy-mefme,

IV.
Roftaing romp auec luy.

238 Histoire de France,

de vouloir estre de son parti, ou à tout le moins de permettre le passa- L'An de
ge aux bateaux qui porteroient des marchandises ou des viures à Paris, Christ.
auec offre de cent mille escus d'estrene. Rostaing luy asseura que hors 1588.
les interests du Roy il rendroit au Duc de Guise toutes les preuues
qu'il pourroit desirer de son seruice. Toutesfois qu'il se sentoit offensé de ce qu'il luy offroit recompense pour desobeïr aux commandemens de sa Majesté : lesquels il entendoit executer aux despens de tous
ses moiens & au hazard de sa vie. Bobigny voiant sa resolution luy
dit, que puis qu'il l'esconduisoit de sa demande, il auoit charge du Duc
son maistre de luy dire qu'il le traiteroit comme ennemi, luy feroit raser ses maisons & saccager tous ses meubles qu'il auoit dans Paris. Rostaing repart que ce luy sera de l'honneur d'estre affligé pour le seruice
du Roy : mais que luy-mesme porteur de telles menaces receuroit aussi
pareil traictement en ses maisons qu'il auoit en Brie.

V.
Assiege
Melun sans
fruict.

Ce discours rapporté au Duc de Guise l'aigrit d'autant plus qu'il
auoit fait grand estat de l'amitié de Rostaing : & soudain se resolut de
le desnicher de Melun à viue force. A cet effect il l'enuoia inuestir
par Sainct-Pol, auec dix mille hommes de pied & douze pieces de canon : lequel aiant fait bresche, plusieurs assauts furent donnés à la ville par les Ligueurs tousiours repoussés auec perte. De sorte qu'il leur
conuint leuer le siege. Mais il fit brusler le chasteau de Vaux lez la
mesme ville erigé depuis en Marquisat en faueur de Charles de Rostaing fils de Tristan.

VI.
Rostaing
calomnié
par François
de Beaucai-
re.

Cete action peut auoir donné occasion à François de Beaucaire suf-
fragant Euesque de Metz pour le Cardinal de Lorraine, qui escriuoit
en ce mesme temps, de coucher en son histoire (ainsi que j'ay touché en
son lieu) que Rostaing auoit eu intelligence auec Poltrot qui tua le
Duc de Guise deuant Orleans, & qu'il estoit fils d'vn marchand de
Lyon : si d'auenture ce n'a esté quelque autre des seruiteurs de la
maison de Guise (de la main desquels cete histoire est sortie) qui ait adjousté cete mesdisance à la calomnie. Car Rostaing n'abandonna jamais le Duc François de Guise ny à la vie ny à la mort, ne fut compris,
ny nommé entre les complices en la procedure faite contre Poltrot, ny
jamais soupçonné d'y auoir trempé : & de fait il continua tousiours ses
mesmes habitudes en la maison de Guise jusqu'à ce temps que sa conscience & le serment de son Ordre l'obligeoit plus estroitement au seruice de sa Majesté. Pour ce qui est de son extraction, elle n'est pas
à Lyon, mais au païs de Forests, & cognue tant par le lustre de son ancienne noblesse que par les charges militaires qu'elle a possedées durant dix generations : dont le mesme Rostaing fit ses preuues lors qu'il
fut honoré de l'Ordre du S. Esprit à la premiere promotion : en laquelle on fut plus exacte que depuis és preuues de la Noblesse. Ie passe sous
silence les alliances de cete maison auec celles de Foix, d'Armagnac,
de Caumont, de Miolant, justifiées par contracts de mariage. Car le
style de l'histoire generale ne me permet pas de m'estendre sur telles
digressions des maisons particulieres.

Henry III du nom, Roy LXII. 239

Voilà donc les deportemens du Duc de Guise apres que le Roy l'eut laissé maistre dans Paris pour s'enfuir à Chartres. Quant à sa Majesté elle escriuoit des lettres de tous costés aux gouuerneurs des Prouinces & aux bonnes villes, par lesquelles elle taschoit plus d'attenuer la honte qu'elle auoit receuë au tumulte des Barricades qu'elle ne tesmoignoit auoir de ressentiment de son iniure. Pour gaigner les affections des peuples elle protestoit de poursuyure à toute outrance l'extirpation de l'heresie, & de soulager ses subjets des impositions qu'il auoit esté contraint de faire ci-deuant pour soustenir la despense des guerres quasi continuelles depuis son aduenement à la Couronne.

Le Duc de Guise & les Parisiens en escriuirent au contraire pour la justification de leurs excés: le Duc allegant que son innocence paroissoit assez en ce qu'il estoit venu dans Paris, accompagné tant seulemēt de huict gentils-hommes, qu'il auoit esté seul trouuer le Roy par deux fois au Louure, appaisé le tumulte de la ville, & deliuré de la fureur populaire les gardes de sa Majesté & la nouuelle garnison des Suisses.

Les Parisiens excusoient leur sedition sur ce que les partisans du Roy de Nauarre & les fauteurs des heretiques (pour le chef desquels ils nommoient expressement le Duc d'Espernon) aians induit le Roy à faire entrer dans la ville des forces pour opprimer les bons Catholiques, ils auoient esté contrains de prendre les armes pour leur defense contre la calomnie & la violence: & exhortoient les autres villes d'estre de bonne intelligence auec la capitale du Roiaume pour la conseruation de la religion Catholique.

Ils eurent mesmes la hardiesse d'escrire au Roy auec de grandes protestations qu'ils n'auoient pris les armes que contre les heretiques & contre leurs fauteurs & partisans: lesquels taschent de les rendre odieux à sa Majesté par leurs impostures. Entre ceux-là ils nomment aussi des premiers le Duc d'Espernon & la Valete son frere. Ils supplient treshumblement sa Majesté de vouloir trauailler à l'extirpation de l'heresie: se seruir en cela des Ducs de Guise & de Mayenne. Qu'il luy plaise de conduire elle-mesme en personne vne armée à cet effet en Guienne: & de laisser cependant la Roine sa mere dans Paris auec commandement absolu pour la conduite des affaires d'Estat, & pour le gouuernement de la ville. Au demeurant ils s'efforcent d'excuser les Barricades, demandent pardon de tout le passé: & neantmoins confirmation des officiers nouuellement creés contre l'ordre & la coustume: auec asseurance pour l'aduenir de leur fidelité enuers sa Majesté & continuelle obeïssance.

Le Roy s'accommodant au temps fit vne response aux Parisiens telle qu'ils la pouuoient souhaiter. Car il leur octroyoit son pardon & grace pour tout le passé auec vne indulgence paternelle, à la charge d'estre plus obeïssans à l'aduenir, & d'auoir en reuerence la Majesté roiale. Il declaroit aussi comme il auoit tousiours trauaillé à l'extirpation de l'heresie & n'agueres exposé sa vie pour chasser de France l'armée des Reiſtres & des Suiſſes qui venoient au ſecours du Roy de Nauarre. Apres tout il promettoit de pouruoir aux affaires d'Eſtat & au reglement du Roiaume par l'aduis de l'aſſemblée des Eſtats generaux qu'il conuoquoit & aſſignoit en la ville de Blois au XV d'Aouſt enſuyuant : & la date des letres de ſa Majeſté eſtoit du XXIX de Iuin MDXXCIIX.

L'An de Chriſt. 1588.

XII. Letres du Parlement au Roy.

La Cour de Parlement de Paris auec plus de prudence & de reſpect deputa aucuns des plus notables perſonnages de ſon corps deuers ſa Majeſté pour luy aſſeurer que cete auguſte compagnie n'auoit point trempé à la ſedition des factieux non plus qu'à la faction des ſeditieux, & qu'elle ne reſpiroit que fidelité & obeïſſance.

XIII. Belles proteſtations de ſa Majeſté.

Le Roy les receut tres-gracieuſement, les exhorta à faire leurs charges ſans reproche, & à receuoir de la Roine ſa mere ce qui ſeroit des comandemens & de la volonté de ſa Majeſté. Entre autres diſcours il leur dit auſſi que ceux qui ſe couuroient du manteau de la Religion pour le rendre odieux, ne pouuoient prendre vn plus faux & plus calomnieux pretexte : dautant que ſes actions les demantoient aſſez, & faiſoient voir qu'il eſtoit autant Catholique que Prince du móde : proteſtant auec vn grand zele qu'il voudroit auoir perdu vn bras & auoir en ſon cabinet le portrait du dernier heretique de ſon Roiaume.

XIV. Qui depute des Commiſſaires par le Roiaume.

Cependant le Conſeil de ſa Majeſté trouua bon de deſpecher des Commiſſaires, perſonnages ſignalés en probité & en fidelité enuers l'Eſtat, afin de deſabuſer le peuple & luy leuer les ſiniſtres impreſſions qu'il auoit receües des emiſſaires & trompetes de l'Vnion, & par leurs ſages remonſtrances deſtruire les conjurations des factieux, & retenir les ſubjets du Roy en l'obeïſſance de ſa Majeſté. Ce qui fut executé, & apporta beaucoup de fruict en pluſieurs endroits, nonobſtant les contraires efforts & perſuaſions de la Ligue.

XV. Impoſtures contre le Duc d'Eſpernon & ſon frere.

Durant ce meſme temps furent publiés des liurets diffamatoires contre le Duc d'Eſpernon & le ſieur de la Valete ſon frere. Entre autres calomnies ils eſtoient chargés (comme par les letres des Pariſiens) d'eſtre partiſans du Roy de Nauarre & fauteurs des heretiques. Leurs preuues eſtoient fondées principalement ſur le voiage fait quatre ans aparauant par le Duc d'Eſpernon vers le Nauarrois, diſant qu'ils auoient comploté enſemble cōtre la Religion Catholique : & ſur ce que la Valete auoit chaſſé de Valence, de Gap, de Trallard & de Guilleſtre des gouuerneurs bons Catholiques.

XVI. Cauſe de la haine de l'Archeueſque de Lyō contre le Duc d'Eſpernon.

Pierre d'Eſpinac, Archeueſque de Lyon, recommandable pour la Nobleſſe de ſon extraction, & pour ſon erudition & eloquence eſtoit vn des plus mordans auteurs de ces diſcours ſatyriques, en haine de ce que le Duc d'Eſpernon l'auoit outrageuſement offenſé en bonne cōpagnie. Car l'Archeueſque ſouſtenant que le Pape pouuoit diſpenſer du ſermēt de fidelité les ſubjets d'vn Prince ſouuerain, le Duc d'Eſpernon repartit qu'il le pouuoit tout autant que diſpenſer vn Prelat d'entretenir ſa ſœur pour concubine. L'Archeueſque entendant bien que cete

Henry III du nom, Roy LXII. 241

A cete poincte visoit contre luy, à cause que le bruit estoit (parauenture contre la verité) qu'il conuersoit incestueusement auec sa sœur, demeura si viuement piqué de ces paroles que n'en pouuant tirer raison que par la plume, il dressa des inuectiues contre l'honneur du Duc d'Espernon & de son frere.

L'An de Christ. 1588.

D'autre-part les deux freres ne manquerent point de responseà ces calomnies, par laquelle entre autres choses ils faisoient voir que contre la verité manifeste ils estoient blasmés d'estre fauteurs des heretiques: veu que n'agueres (ainsi que j'ay marqué en son lieu) tous deux ensemble auoient exterminé les Huguenots de la Prouence, pris sur eux plusieurs villes, & mesmes Chorges par vn siege obstiné durãt des rigueurs de l'hiuer quasi insupportables. Que le Duc d'Espernon auoit desuni les Suisses d'auec les Reistres: ce qui fut vne des principales causes de la deffaite & dissipation de leur armée. Qu'en ce mesme temps la Valete auoit deffait quatre mille Suisses qui venoient par le Daufiné au secours des Religionnaires. Que s'il auoit tiré les gouuerneurs d'aucunes places du Daufiné, c'est pour les auoir recognus Ligueurs & mal-affectionnés au seruice du Roy: & neantmoins auoit mis en leur lieu non des Huguenots, mais bien des Catholiques sans reproche. Pour le regard de l'entre-veuë du Roy de Nauarre & du Duc d'Espernon en Gascogne, qu'elle ne tendoit qu'à la conuersion du Nauarrois à la religion de ses ancestres, & que n'y aiant point voulu entendre, la guerre luy fut bien-tost aprés declarée.

XVII. Defense des deux freres de la Valete.

Or le Duc d'Espernon, qui estoit en Normandie au temps des Barricades, aiant eu aduis de ce qui s'estoit passé à ce tumulte, & de la fuite du Roy, en fut extremement affligé, l'iniure qui auoit esté faite à sa Majesté luy estant mille fois plus sensible que les siennes propres. Et faisant estat qu'il pourroit estre plus vtile au seruice de son Maistre estant prez de sa personne, partit de son nouueau gouuernement le XXI de May (n'y aiant demeuré que XV jours) & le reuint trouuer à Chartres.

XIIX. Le Duc d'Espernon reuient trouuer le Roy.

Le Roy luy fit vn tres-bon accueil, & allegea aucunement son esprit en luy ouurant tous les replis de son cœur, & tous les secrets de son ame, comme à son seruiteur tres-fidele. Sa Majesté auoit alors auprés d'elle Roger de Bellegarde (lequel il honora de la charge de Grand-Escuyer:) jeune Seigneur autant accompli en toute sorte de graces que nul autre de nostre siecle. Cetuy-ci estant d'vn esprit complaisant luy estoit d'autant plus agreable que la franchise du Duc d'Espernon luy sembloit trop seuere. Et le bon Roy qui ne cherchoit que tranquillité & repos ne consideroit pas que pour resister à l'orage qui agitoit son Estat il falloit prendre des resolutions vigoureuses. Ce ne fut pas pourtant la cause pourquoy le Duc d'Espernon abandonna la Cour, & moins est-il vray (comme aucuns ont escrit) que le Roy luy eût commandé de se retirer. Car au contraire il tascha de le retenir par toute sorte de conjurations & mesmes auec larmes. Mais le Duc d'Espernon l'aiant trouué tout dispo-

XIX. Il se retire derechef.

Tome 4. X

sé à traicter auec le Duc de Guise, & mesmes à luy octroyer ses demandes, creut que c'estoit chose honteuse à sa Majesté, & ne voulut point estre present à luy voir receuoir cete honte. Ne pouuant gaigner autre chose sur l'esprit du Roy desja preoccupé par la Roine-mere & par les principaux de son Conseil, il obtint de luy qu'il ne concluroit point cet accord sans luy en donner aduis au precedent. Ce qu'il ne fit pas pourtant : au contraire par la suggestion de ses ennemis, il permit (comme nous verrons vn peu aprés) que les habitans d'Engoulesme attentassent sur sa personne.

L'An de Christ. 1588.

XX.
Auec vne tres belle Cômission.

Pour marque & preuue certaine de la bienueillance du Roy en son endroit, sa Majesté luy donna vne ample commission pour commander en qualité de son Lieutenant general és païs d'Anjou, Mayne, Perche, Touraine, Poictou, Engoumois, Aunis & Saintonge auec pouuoir de leuer des troupes, & imposer sur l'estendue de son gouuernement toutes les sommes qu'il jugeroit estre necessaires pour la guerre : & le Duc d'Espernon luy remit le gouuernement de Normandie auec tres-humble supplication de n'en pouruoir point aucun des Chefs de la Ligue. Ce que le Roy luy accorda : & en pourueut le Duc de Montpensier qui ne chancella jamais au deuoir de son seruice. Et cela mesme fut vn coup de singuliere prudence au Duc d'Espernon de se despouiller de ce gouuernement qui rengregeoit le murmure de ses ennemis & attiroit sur luy l'enuie des plus grands du Roiaume.

XXI.
Motifs du Roy pour l'accord auec la Ligue.

Deux choses facilitoient grandement l'accord des Chefs de la Ligue auec sa Majesté. L'vne que la Roine-mere fauorisoit de tout son pouuoir les affaires du Duc de Guise, sur l'esperance qu'il luy donnoit (le Roy venant à mourir) de faire tomber la succession de la Couronne à vn des fils du Duc de Lorraine : ce qu'elle desiroit passionnément (comme j'ay touché ci-dessus) tant parce qu'elle n'en auoit point de si proches, & se promettoit de regenter sur eux, qu'à cause qu'elle haïssoit & craignoit le Roy de Nauarre : lequel sans doubte l'eût bannie du gouuernement du Roiaume. L'autre motif de cet accord fut que le Roy & tout son Conseil (qui n'estoit composé que de Catholiques) aimoient mieux auoir la guerre contre les Religionnaires que contre la Ligue : & se promettoient que sa Majesté se declarant chef de l'Vnion, la destruiroit entierement, ou pour le moins empecheroit l'execution des mauuais desseins des chefs d'icelle. Car le gros de la Ligue n'estant porté que d'vn zele ardant à l'extirpation de l'heresie, le Roy qui le souhaitoit autant que le plus pieux des zelés le pouuoit aisément contenter & le rendre affectionné en faisant la guerre à outrance aux Religionnaires.

XXII.
Negociatiõ du gouuernemét d'Orleans auec Entragues.

En ces entre-faites suruint vne affaire qui faillit à rompre la conclusion du traicté. Dez l'an MDXXCV tant le Roy que le Duc de Guise s'estoiét dónez beaucoup de peine pour auoir la ville d'Orleans à leur deuotió. François de Balsac sieur d'Entragues y estát Lieutenát de Roy pre-

Henry III du nom, Roy LXII. 243

L'An de Christ 1588.

A tendoit succeder au gouuernement (qui comprenoit la Sologne & la Beaulse) par le trespas du Mareschal de Cossé qui en estoit gouuerneur. Mais le Roy le donna au Comte de Chiuerny Chancellier de France: dont Entragues demeura grandement outré, estant chose sans exemple que les gentils-hommes de sa qualité fussent inferieurs aux officiers de robbe-longue, ny mesmes au Chancellier, és charges militaires. De sorte que s'en estant plaint (neantmoins donnant cognoissance à sa Majesté qu'il renonceroit entierement à la Ligue s'il luy plaisoit de luy faire remettre le gouuernement d'Orleans par le Chancellier) le Roy sembloit se disposer à luy donner contentement. Mais ne trouuans pas leurs asseurances & cete negociation tirant en longueur, sa Majesté B enuoia le Duc de Montpensier à Orleans auec des troupes pour s'en rendre maistre. Le Duc fut receu dans la ville auec sa maison & quelques gentils-hommes: & ses troupes logerent és faux-bourgs. Mais les habitans (qui aimoient Entragues & penchoient du costé de la Ligue à cause des horribles marques dont les Religionnaires auoient difformé leur ville) se sousleuerent, prirent les armes & crians qu'ils ne vouloient point d'autre gouuerneur qu'Entragues, le Duc de Montpensier retourna deuers le Roy sans rien faire. Cependant le premier traicté fait à Nemours auec la Ligue pacifia aucunement ces troubles.

Or par ce second traicté les chefs de la Ligue demandoient certaines C villes d'asseurance, & entre autres Orleans. Le Roy considerant de quelle importance estoit cete ville eût bien desiré attirer à son seruice Entragues: lequel y enclinoit aussi de sa part, sur l'esperance qu'on luy donnoit de le pouruoir du susdit gouuernement: mais Villeroy (qui negocioit la reconciliation du Duc de Guise auec sa Majesté) y fit naistre des difficultés: preuoyant que si le Roy auoit Orleans en son pouuoir, il se roidiroit contre les demandes de la Ligue, & que les Chefs de la Ligue venans à se cabrer là dessus, ce seroit faire entre-choquer les Catholiques pour auancer les Religionnaires.

XXIII. Rompue par Villeroy.

Cete negociation touchant Orleans estant ainsi rompue, la seconde paix auec la Ligue fut conclue à Chartres & redigée en forme d'edict verifié à Rouen (où le Roy s'achemina pour contenir cete bonne ville en deuoir) en Parlement le XIIX de Iuillet, & deux jours aprés au Parlement de Paris, au grand contentement des Catholiques. La Roine-D mere assistée de Gaspar de Schomberg Comte de Natueil (que le Roy luy enuoia pour conseil à Paris) & Villeroy, qui alloit & venoit de l'vne Majesté à l'autre pour leur raporter le progrés & l'estat de l'affaire, contribuerent le plus à cet accord, fauorisans assez ouuertement le Duc de Guise.

XXIV. Traicté II auec la Ligue.

Les principaux articles de cet accord quasi tous conformes aux demandes de la Ligue estoient tels qu'il s'ensuit. I. *Le Roy ordonne que tous ses subjets seront vnis ensemble afin de poursuyure l'extirpation de l'heresie.* II. *Que tous Princes, Officiers de la Courône, des Cours souueraines, Communautés, Colleges, Vniuersités & to° autres ses subjets jurerôt d'entretenir*

XXV. Articles d'iceluy.

Tome 4. X ij

cete vnion, & de ne jamais poser les armes que l'heresie ne soit extirpée par tout le Roiaume: & que si le Roy vient à deceder sans enfans masles, ils ne souffriront point qu'aucun Prince heretique succede à la Couronne. III. Que tous ceux qui refuseront de faire le-dit serment seront declarés criminels de lese-Majesté comme fauteurs des heretiques. IV. Que tous heretiques seront degradés des charges publiques & n'y seront admis ci-aprés. V. Abolition du passé & mesmes de la sedition & tumulte de Paris & des deniers roiaux enleués par ceux de la Ligue. VI. Sa Majesté promet toute faueur & assistance aux Catholiques, à la charge de luy rendre la fidelité & obeïssance qui luy est deuë, & de renoncer à toutes autres Ligues, confederations & alliances qu'ils pourroient auoir hors du Roiaume.

L'An de Christ. 1588.

XXVI. Articles secrets.

Il y auoit quelques autres articles d'importance, qui ne furent pas publiés, & mesmes pour les villes de seureté accordées aux chefs de la Ligue: & pour la reception du Concile de Trente en tout ce qui ne seroit pas prejudiciable aux droits & libertés de l'Eglise Gallicane. Sur quoy il seroit deliberé plus amplement dans trois mois. Le Duc de Guise fut fait general des armées du Roy par vn de ces articles secrets: & les Secretaires d'Estat se donnerent beaucoup de peine à trouuer les termes pour le créer en effect Connestable soubs vn nouueau titre. Tel fut cet accord fondé sur des maximes d'Estat. Mais le Roy immortel qui renuerse les desseins des mortels pour faire reussir les effects de sa prouidence, tournera tout cela en fumée. Car la deffiance qui continua tousjours entre le Roy & le Duc de Guise leur remettant deuant les yeux les iniures passées, r'alluma derechef en leurs cœurs la haine auec le desir de vengeance: l'execution de laquelle commençant de la part du Roy fut sanglante en leurs personnes & tres-funeste à tout le Roiaume.

XXVII. Le Duc d'Aumale leue le siege de Boulogne.

En ce mesme téps le Duc d'Aumale (qui auoit failli desja deux fois à surprendre la ville de Boulogne) y tenoit le siege: cete place estant grandement enuiée de la Ligue, afin d'auoir vn port de mer (comme j'ay touché ci-dessus) pour y receuoir commodement le secours d'Espagne. Bertrand de Patras sieur de Campagno gentilhomme Condomois s'estant jetté dedans auec trois cens hommes d'elite qu'il y emmena de Calais, encouragea si bien les habitans & fit de si rudes sorties sur les assiegeans que le Duc fut contraint de leuer le siege: le bruit de cet accord luy en donnant vn pretexte fauorable.

XXIIX. Le Roy refuse de retourner à Paris.

La Cour de Parlement de Paris deputa derechef deuers sa Majesté pour la remercier de la bonté & indulgence dont il luy auoit pleu d'vser enuers ses subjets, & singulierement enuers les Parisiens: & la supplia tres-humblement de vouloir retourner en sa bonne ville de Paris, où elle trouueroit que tous les Ordres ne respiroient que son obeïssance. Le Roy receut gracieusement les deputés, suyuant sa coustume: mais il refusa de retourner à Paris jusqu'aprés la tenue des Estats assignés à Blois, où il esperoit de regler les affaires de son Roiaume.

Henry III du nom, Roy LXII.

L'an de Christ. 1588.

Le Roy feint de contenter la Ligue. Peril du Duc d'Espernon à Engoulesme. Deffaite de l'armée nauale d'Espagne.

I. Le Roy de Nauarre prend Maran. II. L'Edict de l'Vnion juré. III. Le Roy en transe. IV. Droit du Cardinal de Bourbon. V. Droit du Roy de Nauarre. VI. Auantages accordés aux chefs de la Ligue. VII. Chiuerny & Villeroy bannis de la Cour. IIX. Montelon fait Garde des Seaux. IX. Bellieure, Pinart & Brulart aussi relegués. X. Le Duc d'Espernon calomnié enuers le Roy. XI. Deputation des habitans d'Engoulesme contre luy. XII. Commandement de sa Majesté pour se saisir de luy. XIII. Cause de l'inimitié d'entre le Duc d'Espernou & Villeroy. XIV. Conjuration d'Engoulesme contre le Duc. XV. Premier effort des conjurés & prise de la Duchesse. XVI. Effort du Maire dans le Chasteau, où estoit le Duc. XVII. Est repoussé & blessé à mort. XIIX. Meurt & ses compagnons se rendent au Duc. XIX. Assaut de Souchet sans effect. XX. Le frere du Maire est aussi repoussé. XXI. Pourquoy la citadelle ne s'esmeut point. XXII. Magnanimité de la Duchesse. XXIII. Secours pour le Duc. XXIV. Capitulation rompue. XXV. Est renoüée & conclue. XXVI. Religieusement executée. XXVII. Secours enuoié au Duc par le Roy de Nauarre. XXIIX. Peril particulier du Duc. XXIX. La Valete priué de son gouuernement. XXX. Y est restabli. XXXI. Excuses du Roy enuers le Duc d'Espernon. XXXII. Le Duc de Guise vient trouuer sa Majesté à Chartres. XXXIII. Discours qui descouure le cœur du Roy. XXXIV. Deffiance entre sa Majesté & le Duc. XXXV. Armée nauale d'Espagne. XXXVI. Dissipée par une tempeste. XXXVII. Deffaite par les Anglois. XXXIIX. L'Admiral Espagnol se sauue.

S I cet edict fut agreable aux Catholiques zelés autant irrita-il les Huguenots: lesquels voiant que cete vnion & confederation generale des Catholiques ne tendoit qu'à leur ruine se resolurent à la defense. Le Roy de Nauarre estoit és enuirons de la Rochelle où il reprit l'isle de Maran prise n'agueres par Lauerdin, & quelques forts : les garnisons desquels incommodoient grandement les Rochelois par leurs courses. Le Duc de Mercœur aiant assiegé Montagu en Poictou, il marcha contre luy pour le combatre. Mais le Duc le sentant approcher leua le siege & gaigna Nantes, payant du regiment de Gersay, lequel fut taillé en pieces.

1. Le Roy de Nauarre prend Maran.

Tome 4.

Histoire de France,

II.
L'edit d'Vnion juré.

Cependant l'edict de l'Vnion estoit executé par tout le Roiaume: & tous les Catholiques faisoient le serment porté par iceluy, auec gráde joye, sur ce qu'on leur promettoit qu'en bref l'heresie seroit entierement abolie par toute la France. Le Roy en donnant l'exemple à ses subjets le jura solennellement dans la grande eglise de Rouen auec l'acclamation de tous les Ordres de la ville.

L'An de Christ. 1588.

III.
Le Roy en transe.

Le dessein de sa Majesté estoit bien d'esteindre l'heresie : mais il ne desiroit pas moins que cela de destruire la Ligue en perdant les chefs d'icelle. Si falloit-il voir des effects de son serment à tout le moins apparens: de peur de ruiner ses affaires. Car estant odieux aux Huguenots, lesquels il auoit persecutés dez sa jeunesse, il estoit tout euident qu'il seroit abandonné des Catholiques s'il se monstroit parjure. Tellement qu'il luy conuint d'vser d'vne merueilleuse prudence & dissimulation pour couurir ses intentions par des effects contraires en apparence.

IV.
Droit du Cardinal de Bourbon sur la Couronne.

En premier lieu donc il declare premier Prince du sang & legitime successeur de la Couronne Charles Cardinal de Bourbon, subjet tres-illustre pour exercer tous les plus excellens Iurisconsultes de cet âge. Car d'vne part il apparoissoit que le Cardinal estoit plus proche d'vn degré que le Nauarrois, sans considerer le droit de representation lequel par la loy n'a point de lieu entre personnes d'vne autre branche que celuy auquel elles succedent: veu qu'il estoit question de l'heritage de la bráche de Valois, laquelle defaillant en Henry III, il deuoit estre deferé au plus proche de la branche de Bourbon, l'vne & l'autre aiant Hugues Capet pour leur commune souche & origine.

V.
Droit du Roy de Nauarre.

Mais le Roy de Nauarre auoit contre cela deux raisons tres-fortes & inuincibles. L'vne qu'és successions illustres (comme de Roiaumes, Duchés, Marquisats, Comtés) le droit de representation (par lequel le fils du frere aisné entre en la place du pere au prejudice de son oncle) a tousjours eu lieu, contre le droit commun, en quelque branche ou ligne que ce soit, par vn special priuilege, non seulement en France, mais aussi parmi toutes les autres nations bien policées, comme l'Espagne, l'Angleterre, la Sicile, le Portugal, l'Alemagne. L'autre raison estoit particuliere en ce subjet: à sçauoir que dans le côtract de mariage d'entre le Roy de Nauarre son neueu & Marguerite de France, le Cardinal de Bourbon auoit renoncé en faueur du mesme Roy de Nauarre à tous les droits qu'il pouuoit pretendre à la succession de la Couronne de France. La plus forte raison qu'on allegât donc contre le Nauarrois c'est qu'il estoit heretique obstiné, relaps, & faisant ouuertement profession du Caluinisme, condition du tout côtraire au sermét que doibt faire celuy qui succede à la Monarchie Tres-Chrestienne. Car encore que les subjets n'aient pas droit de contreroller la religion & la croiance de leur Roy depuis qu'il est establi: mais doiuent prier Dieu pour luy s'il est devoyé, & au demeurant luy rendre tousjours la mesme obeïssance que s'il estoit fidele. Neantmoins ils ont notable interest que celuy qui n'est qu'en pretention & esperance de la succession du

Henry III du nom, Roy LXII. 247

A Roiaume face profession de la religion Catholique.

L'An de Christ 1588.

En mesme temps il dresse deux grosses armées auec bruit de les employer pour accabler les Huguenots: l'vne en Poictou & aprés en Guienne soubs le Duc de Guise en l'absence de sa Majesté: l'autre en Daufiné soubs la conduite du Duc de Mayenne. D'ailleurs il fait expedier au Duc de Guise vne commission par laquelle il luy donne le commandement general sur toutes ses armées & sur tous les gens de guerre: & c'estoit en effect (comme j'ay desja dit) auec la mesme autorité qui est attachée à la charge de Connestable. Il promet au Cardinal de Guise son intercession enuers le Pape pour luy faire obtenir la legation d'Auignon, & cent mille liures de reuenu en benefices. Au Duc de Nemours frere vterin des Guises il donne le breuet du gouuernement de Lyonnois qui vaqua peu aprés par le decés de Mandelot: la fille duquel le sieur d'Alincour fils de Villeroy auoit espousée soubs l'esperance de ce gouuernement. Le mesme Duc de Nemours auoit promesse d'vne armée pour conquerir Geneue à son profit: cete ville appartenant à la maison de Sauoye, de laquelle il faisoit vne branche. L'Archeuesque de Lyon se contentoit d'auoir vn chappeau de Cardinal pour son partage. Le Gouuernement d'Orleans (duquel dependoient la Beausse & la Sologne) fut osté au Comte de Chiuerny Chancellier de France, pour estre baillé à François de Balsac sieur d'Entragues, & Charles sieur de Dunes son puisné fut pourueu de la Lieutenance de Roy qu'auoit son frere.

VI.
Auantages conferés aux chefs de la Ligue.

Et dautant que le Chancellier pouuoit retenir vn juste ressentiment de ce que son gouuernement luy estoit osté sans recompense, & Villeroy de ce que son fils estoit priué de celuy de Lyonnois, tous deux furent despouïllés de leurs charges, auec commandement de se retirer en leurs maisons, afin que l'injure leur fût plus sensible estant accompagnée de dommage. Aucuns ont pensé que le Roy fut bien-aise d'eloigner Villeroy pour auoir esté ci-deuant mal serui de luy en la negociation qui se faisoit touchant la ville d'Orleans auec Entragues: joint qu'il le sçauoit estre affectionné au Duc de Guise.

VII.
Chiuerny & Villeroy eloignés de la Cour.

Les Seaux furent donnés à François de Monthelon, Aduocat au Parlement de Paris, renommé pour sa pieté, bonnes mœurs & doctrine: lequel considerant l'estat des affairrs du Roiaume, ausquelles il n'estoit pas fort versé, & preferant la tranquillité d'vne vie priuée à l'esclat de la premiere dignité de robbe-longue, fut en termes de refuser cet honneur. Toutefois il l'accepta à la persuasion du Duc de Neuers qui le cherissoit pour son merite.

IIX.
Monthelon fait Garde des Seaux.

Pompone de Bellieure, Claude Pinart & Pierre Brulart receurent pareil commandement que le Chancellier & Villeroy: & le Roy leur enuoia à chacun particulierement par breuet, auec defenses de venir en sa presence. Le Chancellier tesmoigna plus de ressentiment de cet affront, & Bellieure s'y comporta auec plus de modestie que nul des autres. Ces grandes colonnes de l'Estat ostées, qu'en falloit-il attendre

IX.
Bellieure, Pinart & Brulart aussi relegués.

X iiij

248 Histoire de France,

que la ruine ou l'esbranlement de l'edifice?

X.
Le Duc d'Espernon calomnié enuers le Roy.

Restoient encore le Duc d'Espernon & la Valete son frere, qui faisoient le plus d'ombrage à la Ligue. Le Roy auoit continuellement les oreilles batues de ce que la profusion de ses bienfaits enuers le Duc d'Espernon rendoit sa Majesté odieuse à tous ses subjets, & mesmes que n'agueres il auoit fait confederation auec le Roy de Nauarre, & la Valete auec les-Esdiguieres. Cete derniere cause offensa le Roy & le fit condescendre à leur oster leurs gouuernemens & mesmes à dresser vne dágereuse partie au Duc d'Espernon à Engoulesme. Et neantmoins c'estoit vne imposture qu'il eût confederation ny intelligence quelconque auec le Roy de Nauarre: mais les instantes sollicitations qui luy en estoient faites continuellement de la part du Nauarrois (luy dilayant tousjours sans l'esconduire) donnoient quelque couleur à la calomnie. Voici donc comment la partie fut faite pour le prendre.

XI.
Deputation des habitās d'Engoulesme au Roy contre luy.

Auant que le Duc d'Espernon en qualité de Gouuerneur du païs, eût fait son entrée à Engoulesme, le Roy auoit escrit à Norman Maire, & à Nesmond Lieutenant general de la mesme ville, de ne receuoir point de gens de guerre de quelque qualité qu'ils fussent. En cete defense generale estoit compris le Duc d'Espernon puis qu'elle estoit sans exception quelconque. Mais les letres de sa Majesté n'aiant point esté rendues que trois jours apres l'entrée du Duc, cela obligea le Conseil de la ville de deputer en Cour Souchet beau-frere du Maire pour apprendre plus particulierement la volonté du Roy: & afin que s'il estoit pris on ne peût pas descouurir le motif de sa deputation, il ne fut point chargé d'aucunes letres.

XII.
Commandement de sa Majesté pour se saisir de luy.

Estant arriué à la Cour il s'adressa à Villeroy (peu de jours auant qu'il eût son congé) & estant introduit au cabinet du Roy declara à sa Majesté le subjet de sa delegation. Le Roy entendant que le Duc d'Espernon estoit desja dans Engoulesme luy dit qu'estant bien aduerti des complots que le Duc faisoit auec le Roy de Nauarre, au detriment de son estat & de la religion Catholique, il vouloit que les habitans se saisissent de sa personne & luy emmenassent, sans toutefois attenter sur sa vie. La commune croiance a esté que Souchet prenant congé de Villeroy luy representa qu'il seroit mal-aisé de prendre vif vn homme de cete qualité, lequel sans doubte mettroit la main à l'espée: & qu'est-ce que les habitans deuoient faire s'il se mettoit en defense. Que Villeroy luy dit à l'oreille qu'ils l'emmenassent hardiment vif ou mort. Ce qu'on a creu d'autant plus facilement que Villeroy estoit ennemi du Duc d'Espernon: & n'y a point d'apparence que sans cet aduis les habitans d'Engoulesme eussent osé attaquer le Duc à main-armée.

XIII.
Cause de l'inimitié d'entre le

La cause de l'inimitié d'entre le Duc d'Espernon & Villeroy procedoit de ce que le Duc d'Espernon disant vn jour au Roy que Villeroy (luy present) auoit fait diuertir les deniers destinés pour le payement de l'armée de la Valete son frere, Villeroy dit brusquement qu'il n'en

L'An de Christ. 1588.

Henry III du nom, Roy LXII. 249

L'An de Chriſt. 1588.

eſtoit rien. A quoy le Duc repartit que la preſence du Roy l'empeſchoit de luy faire porter ſur le chāp la peine de ſon impudence. Le Roy meſme en tanſa aſprement Villeroy, & à la ſortie du cabinet le Duc le gourmanda encore, & le menaça auec des paroles de meſpris. Villeroy eſcrit en ſes Memoires que le Duc leua la main pour le frapper en la preſence de ſa Majeſté: & le Duc d'Eſpernon au contraire proteſte que jamais il ne luy arriua d'vſer d'vne telle temerité en la preſence de ſon Roy à l'endroit de perſonne quelconque.

Or Souchet eſtant de retour à Engouleſme fit entendre la volonté de ſa Majeſté au Conſeil de la ville: & auſſi-toſt la partie fut faite pour le lēdemain X d'Aouſt, ſe ſaiſir de la perſōne du Duc mort ou vif, ainſi qu'il ſortiroit pour voir trauailler ſes cheuaux ou pour aller à la Meſſe.

XIV. Cōjuration d'Engouleſme contre le Duc.

Dans Engouleſme il y a vne citadelle aſſez bonne: & outre cela vne maiſon pour loger le Roy, appellée le Chaſteau, & vne autre bien proche pour la Roine. Le Duc eſtoit logé dans le Chaſteau (qui eſtoit alors ſans nulle fortification) & Des-Bordes commandoit dans la Citadelle. Le Duc eſtant occupé apres quelque deſpeche dans ſon cabinet, la Ducheſſe ſortit cependant conduite par deux gentils-hommes pour aller à la Meſſe. Les conjurés s'eſtoient aſſemblés ſecretement dans l'hoſtel de ville auec deux cens hommes armés pour executer leur entrepriſe. Ne voians pas ſortir le Duc & perdans patience le Maire accompagné de dix des plus mauuais garçons armés de cuiraſſes & de piſtolets ſoubs leurs manteaux & de deux autres botés, qu'il feignoit eſtre des courriers, alla au Chaſteau & entra dedans ſoubs ombre de conduire ces courriers ſuppoſés. Vne autre troupe alla à l'Egliſe, où eſtoit la Ducheſſe: laquelle fut menée inſolemment dans vne maiſon prochaine, apres auoir veu meurtrir vn de ceux qui la conduiſoient & bleſſer l'autre: le ſang deſquels auoit jali ſur ſes veſtemens. Vne troiſieſme troupe arreſta priſonnier Des-Bordes gouuerneur de la Citadelle.

XV. Premier effort des Cōjurés & priſe de la Ducheſſe.

Le Maire auoit commandé à ſon frere & à Souchet ſon beau-frere qu'ils le ſuyuiſſent de prez pour le ſouſtenir apres qu'il ſeroit entré dans le Chaſteau. Mais vn des gardes du Duc qui eſtoit en la baſſe-cour les voiant paſſer tous effarés & deſcontenancés, & conjecturant qu'ils auoient quelque mauuais deſſein ferma aſſez à temps la ſeconde porte qui eſtoit plus petite & plus forte que la premiere. Le Maire auec les douze eſtant monté en la ſale, & de là entrant dans la chambre du Duc commença à crier tue, tue: & au lieu d'aller droit au cabinet où eſtoit le Duc, entra dans vne allée qui conduiſoit à vne garde-robbe: dans laquelle eſtoient Raphaël Girolami Florentin, l'Aumoſnier, le Chirurgien du Duc & ſon Secretaire nommé Rouïllart (lequel a eſté pris ineptement par aucuns Hiſtoriens pour Rouïllac beau-frere du Duc.) Le Florentin mit la main à l'eſpée, chargea les aſſaillans, en bleſſa trois: & fut tué d'vn coup de piſtolet. Le Secretaire ſe ſauua par la feneſtre. L'Aumoſnier accourut au cabinet, le ferma apres ſoy, & dit tout bas au Duc que des gens armés le cherchoient pour le tuer. Le ſieur de Ma-

XVI. Effort du Maire dans le Chaſteau où eſtoit le Duc.

250 Histoire de France,

riuant & l'Abbé d'Elbene estoient auec luy, bien estonnés de cete nouuelle.

XVII. Est repoussé & blessé à mort.
Les coups de pistolet qui furent tirés alarmerẽt tous ceux qui estoiẽt dans le Chasteau: & Marsillac sieur de la Mothe-Bardigues auec deux ou trois des gardes fut des premiers qui arriua dans la chambre où le Maire estoit r'entré auec sa troupe: laquelle il attaqua courageusement à coups d'espée. Peu après suruindrent les sieurs d'Ambleuille, Miran, Gohas, la Curée & autres lesquels fortifierent la partie: & vn des gardes aiant blessé à mort d'vne arcbusade le Maire, les siens l'enleuans gaignerent vne petite montée par laquelle ils se glisserẽt en vne chambre haute: & aians fait deualler vn d'entr'eux auec des linseuls par vne fenestre donnerent aduis aux autres mutins du mauuais estat de leurs affaires.

XIIX. Meurt & ses compagnons se rendent au Duc.
Durant ce chamaillis ceux qui estoient auec le Duc incertains de ce qui se passoit luy conseilloient de se sauuer par la fenestre: & ne luy permettoient pas de sortir par la porte. Mais luy offensé de ce conseil leur dit qu'il vouloit mourir les armes à la main; & de fait sortit du cabinet l'espée en vne main & le pistolet en l'autre. Il trouua donc que les siens tenoient assiegé le Maire & ses compagnons: lesquels se rendirent à luy apres la mort du Maire & d'vn autre des douze.

XIX. Assaut de Souchet sans effect.
Cependant Souchet aiant forcé le portail du Chasteau taschoit de rompre la seconde porte: laquelle estant appuyée de meubles & de lours fardeaux qu'on mit derriere, il fit poser le petard la nuict suyuãte: mais n'aiant fait qu'vn trou elle fut aisément defendue: & aucuns de ceux qui firent effort pour entrer, furent estendus sur la place.

XX. Le frere du Maire est aussi repoussé.
Le plus grand danger fut là où moins on l'attendoit: à sçauoir du costé du frere du Maire: lequel mit le feu à la porte de derriere du Chasteau: & aiant fait vn trou à la muraille estoit entré dedans & montoit desja par vn petit escalier sans que personne y prît garde. Toutefois vne seruante les apperceuans courut en aduertir le Duc: lequel y auolant auec aucuns des siens, le repoussa apres vn long & furieux combat: auquel le chef des assaillans frere du Maire fut tué auec quelques autres des plus hardis: dont la tourbe estonnée prit l'espouuente & quitta la place. Quelques vns essaians encore de monter par escalade à la faueur des tenebres de la nuict, le Duc mesme tua de sa main le premier qui monta & le precipita sur les autres.

XXI. Pourquoy la Citadelle ne s'esmeut point.
Ce que le Duc apprehendoit le plus en ce tumulte fut que les habitans eussent surpris la Citadelle: dautant que la garnison ne tiroit point contre les tourbes du peuple qui estoit tout en armes, le tocsin aiant alarmé toute la ville. Mais c'estoit que les habitans tenans (comme nous auons veu) le gouuerneur le menerent deuant la Citadelle, & les poignars de tous costés à la gorge le contraignirent de defendre aux siens de tirer: & pour les y obliger plus estroitement luy faisoient dire qu'il ne se passoit rien que par exprés commandement du Roy, & pour le salut de la ville & de la prouince.

L'An de Christ 1588.

Henry III du nom, Roy LXII. 251

L'an de Chrift. 1588.

Quant à la Ducheſſe, elle ne fut point conduite deuant le Chaſteau pour exhorter ſon mari à ſe rendre, à ce contrainte par les menaces de la mort (comme pluſieurs ont eſcrit.) Au contraire elle gourmanda tousjours ceux qui la gardoient, proteſtant auec vn courage heroïque que le Duc ſon mari les feroit tous pendre. Mais la Damoiſelle de Cuſſon, (qui auoit eſté ſa gouuernante) perſuadée par les ſeditieux de ſe preſenter deuant le Chaſteau pour repreſenter au Duc que la Ducheſſe couroit fortune de ſa vie s'il ne ſe rendoit: le Duc luy fit dire, *qu'il cheriſſoit bien ſa femme: mais que ſon honneur luy eſtoit plus cher que la vie d'elle & la ſienne enſemble: & que ſi elle reuenoit plus tenir de tels diſcours qu'il luy feroit tirer des mouſquetades.*

XXII. Magnanimité de la Ducheſſe.

Ainſi ſe paſſa toute la journée & partie de la nuict ſuyuante. Cependant vn des gardes du Duc eſtant allé à toute bride à Cognac (qui eſt à ſept lieuës d'Engouleſme) donna aduis de ſon extreme peril à deux cópagnies de cheuaux-legers qu'il y auoit en garniſon : & de là paſſa juſqu'à Saintes, à cinq lieuës de Cognac, pour en aduertir auſſi le ſieur de Tajan couſin germain du Duc, ſoubs lequel il auoit deux autres compagnies de cheuaux-legers. Les deux premieres arriuerent la nuict meſme deuant Engouleſme, & aiant donné cognoiſſance de leur arriuée par des chamades resjoüirent autãt le Duc & les ſiens, qu'elles effrayerent les habitans, desja eſtonnés de la mort du Maire & de ſon frere. Et dez-lors auſſi la Citadelle commença de faire eſclater le tonnerre de ſon artillerie.

XXIII. Secours pour le Duc.

Ce fut la cauſe pour laquelle les habitans commencerent à parler de capitulation: à quoy le Duc, qui n'auoit nulle ſorte de viures ny plus de poudre pour tirer, preſta volontiers l'oreille : & leur enuoia à cet effect l'Abbé d'Elbene. Mais Meray, Mazerolle, & Des-Bouchars partiſans de la Ligue auec aucuns autres gentils-hommes enuoiés de la part du Vicomte d'Aubeterre (lequel auoit commandement du Roy d'aſſiſter les habitans en cete occaſion) faiſans entendre au peuple que le Vicomte s'en venoit à leur ſecours auec trois cens cheuaux & cinq cés hommes de pied, firent rompre le traicté: & l'Abbé meſme r'entra dans le Chaſteau, auec grand danger de ſa vie.

XXIV. Capitulatiõ rompue.

Le lendemain le Vicomte ne paroiſſant point, & d'autrepart Tajan eſtant arriué auec les deux autres compagnies de cheuaux-legers, la capitulation fut remiſe ſus, & concluë le lendemain après. Elle conſiſtoit principalement en deux articles. L'vn que tout ce qui s'eſtoit paſſé feroit oublié de part & d'autre, le Duc pardonnant particulieremẽt aux habitans. L'autre, qu'il leur rendroit ceux qu'il tenoit dans le Chaſteau, enſemble les corps de ceux qui auoient eſté tués en ce tumulte, à la charge qu'ils feroient enterrés ſans pompe funebre. La capitulation ne pouuoit eſtre aſſez-toſt arreſtée par le Duc & les ſiẽs, leſquels auoiẽt demeuré deux jours & deux nuicts ſans manger ny boire.

XXV. Eſt renoüée & concluë.

Les habitans relaſcherent Des-Bordes, qui ſe retira dãs ſa Citadelle. La Ducheſſe impatiente de reuoir ſon cher eſpoux, ne pouuant entrer pró-

XXVI. Religieuſement executée.

252　　　Hiſtoire de France,

ptement par les portes, à cauſe des fardeaux qui eſtoient mis derriere, entra auec vne eſchelle dans le Chaſteau par vne feneſtre. Le Duc entretint religieuſement de ſa part tout ce qu'il auoit promis aux habitans, & ne leur fit jamais reproche de leur attentat. Tellement qu'eux auſſi l'honorerent touſjours depuis, auec quelque reuerence extraordinaire: & meſmes le regretterent lors que le Roy luy fit quiter ce gouuernement pour prendre celuy de Guienne. Ainſi la generoſité du Duc reluiſit auec autant d'eſclat en ce pardon que ſa magnanimité en la defenſe de ſon honneur & de ſa vie.

L'An de Chriſt. 1588.

XXVII. Secours enuoié au Duc par le Roy de Nauarre.

Incõtinét apres l'accord il eut aduis que le Roy de Nauarre (qui eſtoit vers la Rochelle) venoit à ſon ſecours: & que deſja le Comte de la Roche-Foucaud s'eſtoit auancé à ce meſme effect auec des troupes. Et d'auenture les habitans en aiant eu aduis ſe reſolurent d'autant plus à la capitulation, de peur que ſi tant de gens de guerre entroient en leur ville, elle fût ſaccagée. Et le Duc d'Eſpernon fut tres-aiſe auſſi qu'elle fût concluë deuant l'arriuée du ſecours du Nauarrois, afin de ne donner point vn nouueau ſubjet à ſes ennemis de publier qu'ils auoient intelligence enſemble.

XXIIX. Peril particulier du Duc.

Encore eſt-ce choſe notable que dans ce peril commun à luy & aux ſiens, Dieu le preſerua particulierement d'vn autre. C'eſt qu'eſtant au bout d'vne petite montée du Chaſteau pour la defendre, elle s'eſcroula ſoudainement entrainant vn ſoldat qui fut eſcraſé ſoubs les ruines: la ſeule marche, qui ſouſtenoit le Duc, demeurant ferme. Mais ce n'eſt pas la ſeule merueille qui ſe remarque au ſalut de ſa perſonne en pluſieurs autres occaſions perilleuſes.

XXIX. La Valete priué de ſon gouuernement.

En ce meſme temps qu'il eſtoit aſſiegé dans le Chaſteau d'Engouleſme, la Valete ſon frere aiſné eſtoit perſecuté en Prouence: le Roy aiant deſpeché les ſieurs de Pontcarré Conſeiller d'Eſtat & de Saincte-Marie gentil-homme capable de ſeruice & aux affaires d'Eſtat & aux armes, auec charge de luy declarer que ſa Majeſté reuoquoit la commiſſion qu'il luy auoit donnée pour ſon gouuernement: & apres luy auoir notifié le commandement du Roy, le firent regiſtrer au Parlement d'Aix & publier enſuite par toutes les villes de Prouence.

XXX. Y eſt reſtabli.

La Valete, qui ne ſe ſentoit coulpable de crime ny de faute quelconque enuers le Roy, demeura du commencement eſtourdi de ce coup inopiné, la cauſe luy en eſtant incognuë. Neantmoins reprenant ſes eſprits & conſiderant que cela ne procedoit pas de la volonté de ſa Majeſté: mais de l'induction de ſes ennemis, qui eſtoient les plus puiſſans à la Cour, il ſupporta cet affront auec vne conſtance & patience admirable: quoy que ſes amis & familiers taſchaſſent à luy perſuader qu'il reſiſtât au commandement du Roy: attendu qu'il n'agiſſoit plus auec liberté, mais tant ſeulement ſelon les paſſions des chefs de la Ligue. Mais ſon affliction ne dura gueres. Car ſoudain apres le meurtre du Duc de Guiſe ſa Majeſté le reſtablit en ſon gouuernement auec des excuſes de la reuocation qu'elle en auoit faite.

Quant

Henry III du nom, Roy LXII. 253

Quãt au Duc d'Espernon, il se plaignit au Roy par letre de ce qui s'e- XXXI.
stoit passé à Engoulesme par son commandement, si d'aueture (disoit- Excuses du
il) Villeroy son ennemi capital ne l'auoit supposé ou alteré pour le fai- Roy enuers
re perdre. Sa Majesté luy rescriuit qu'elle auoit commandé aux habitãs le Duc d'Es-
d'Engoulesme de se saisir de luy & de le conduire à la Cour sans faire pernon.
aucun outrage ny violéce à sa personne: & que son dessein n'estoit autre
le tenant auprez de soy que de le traicter comme son fils, & le cherir
comme tel toute sa vie.

L'An de Christ 1588.

Tãt de faueurs cõfirmées aux chefs de la Ligue auec les mauuais trai- XXXII.
ctemés que leurs ennemis receuoiẽt du Roy seruirẽt d'vn sauf-cõduit Le Duc de
tres-asseuré au Duc de Guise pour venir trouuer sa Majesté à Chartres: Guise vient
où elle estoit de retour de Normãdie. Le Duc dõques luy donna aduis Majesté à
de son dessein, la suppliãt tres-humblemẽt de l'auoir pour agreable. Le Chartres.
Roy, qui ne le pouuoit esconduire de sa demãde sans manifester sa haine, luy accorda frãchement en apparẽce: & pour luy tesmoigner cõbiẽ
il en receuoit de satisfactiõ, enuoia au deuãt de luy le Duc de Neuers &
le Mareschal de Biron pour l'accueillir de sa part & luy asseurer qu'il
seroit le tres-biẽ venu. Le Duc de Guise à son arriuée s'enclina auec de
profõdes sousmissiõs & reuerẽces les deux genoux à terre: & cõmẽçat
d'entrer en excuses du passé auec des protestations d'vne parfaite obeïs-
sãce: le Roy le releua, l'embrassa & le caressa auec vn visage ioieux: per-
sõne pourtãt ne doubtãt que la dissimulation ne fût reciproque. Apres
ces cõplimẽs ils s'entretindrẽt tousjours auec toutes les apparences de
bieũeillãce qu'on peut desirer en deux persõnes sinceremẽt recõciliées.

Toutefois le Mardy 11 d'Aoust vn petit discours se passa entr'eux (l'ef- XXXIII.
fort du cœur pressãt la lãgue à descouurir la verité) par lequel on jugea Discours
qu'il n'y auoit en leurs complimens que feintise & artifice. C'est que le qui descou-
Duc de Guise assistãt au disner du Roy & y faisant sa charge de Grãd- urele cœur
maistre, sa Majesté luy demanda à boire: & puis en sousriant luy dit ces du Roy.
mots: A qui boirõs nous? A qui il vous plaira Sire (respõdit le Duc) c'est à
vostre Majesté d'en ordõner. Mon Cousin (dit le Roy) beuuons à nos bons
amis les Huguenots. C'est bien dit, Sire (repart le Duc de Guise.) Et à tous
nos bons barricadeurs de Paris (adjouste le Roy) beuuons à eux, & ne les ou-
blions pas. Ces mots aiant fermé la bouche au Duc de Guise il n'en fit
que sousrire: mais sans doubte ce fut d'vn ris Sardonien, qui ne passe
pas les leures. Car ce parallele & liaison des Huguenots auec les
barricadeurs de Paris ne signifioit autre chose sinon que le Roy les
haïssoit egalement, pour leur desobeïssance egale.

Certes cete entre-veüe ne seruit qu'à ramẽteuoir au Roy l'iniure fres- XXXIV.
chemẽt receüe, & au Duc de Guise d'obseruer és paroles, gestes & mou- Deffiance
uemẽs de sa Majesté le ressẽtimẽt qu'elle en retenoit en son cœur: de entre sa Ma-
sorte que la deffiance cõmẽça à se rengreger d'vne part & d'autre. A jesté & le
quoy les rapors des ennemis & enuieux du Duc seruoient de puissans Duc.
ressors: & particulierement le Duc de Neuers (qui ne pouuoit souffrir
que le Duc de Guise pour auoir outrageusemẽt offensé le Roy fût porté au faiste des dignités du Roiaume) ne cessoit d'alarmer sa Majesté &

Tome 4. Y

de l'irriter contre luy, en luy representát cótinuellement que l'accroissement de l'autorité du Duc de Guise estoit la diminution de la sienne,
& qu'en luy donnant le commandement general sur ses armées il luy
mettoit en main les moiens de pousser son ambition jusques à la tyrannie. Nous verrons ci-apres durant l'Assemblée des Estats les effects
de cete reconciliation feinte, & deffiance reciproque.

L'An de Christ. 1588.

XXXV.
Armée navale d'Espagne.

Pendant que la France estoit en ces diuisiós, Philippe II Roy d'Espagne dressa vne des plus puissátes armées nauales que de la memoire des
hommes on eût veüe en la mer Oceane. Elle estoit cóposée de cétrete-
trois gros vaisseaux de guerre, outre les pataches & autres moindres.
Entre ceux-là il y auoit de grosses naves de MCC, MD, & jusques à
MDCCC tóneaux. L'on y comptoit huict mille matelots, & vingt mille
combatans, outre les volontaires, entre lesquels paroissoient enuiron
six vingts Seigneurs de marque & quatre cens autres gentils-hómes. Il
y auoit seze cés pieces d'artillerie de fónte, mille-cinquante de fer, deux
cens mille boulets de canon, & prez de six cens milliers de poudre. Au
demeurant si grande quantité d'armes, d'instrumens de guerre & de
marine, & de viures, que l'on faisoit estat que tout l'equippage montoit à douze millions d'or; & la despense de toute la flote à trente mille
ducats par jour.

XXXVI.
Dissipée par vne tépeste.

Le Duc de Medina Sidonia estoit Admiral de tout cete grádearmée.
Le Duc de Parme auoit commandement de se joindre à luy auec la flote de Fládres pour aller ensemble enuahir l'Angleterre exposée au premier occupant par les bulles foudroyantes du Pape Sixte V. Mais cete
flote effroyable estant entrée dans le golfe d'Angleterre fut agitée d'vn
si furieux orage sur la fin de Iuillet, que les vaisseaux se trouuans trop
lours & pesans pour estre gouuernés, se dissiperent par l'Ocean, & par
les havres & costes voisines.

XXXVII.
Deffaite par les Anglois.

La Roine d'Angleterre aduertie des desseins de l'Espagnol auoit
aussi assemblé vne belle flote en ses ports soubs la conduite de Charles
Hovvard Admiral & de François Drak Vice-Admiral: lesquels fortifiés d'vne armée nauale des Estats des Païs-bas, se seruirét bien à propos
de l'auantage que la tempeste & la legereté de leurs vaisseaux leur donnoient. Tellement que chargeás en bon ordre l'armée Espagnole ainsi
escartée, ils en eurét si bon marché que sans perdre cent hommes, ils en
firent perir des Espagnols, outre mille prisonniers, enuiron dix mille.
Quant au nóbre des vaisseaux qui furent pris ou eschoüerent, les Historiens n'en demeurent pas d'accord: les vns n'en comptant que trente-
deux, d'autres beaucoup plus, & aucuns jusques à quatre-vingts.

XXXIIX.
L'Admiral Espagnol se sauue.

L'Admiral Espagnol apres auoir fait le circuit de l'Angleterre, Escosse, & Irlande, auec mille dangers & grandes incommodités, alla surgir
en fin en Espagne: où il fut tres-mal receu. Car Philippe ne le voulut pas
voir, encore que sa perte procedât plus de mal-heur que de sa faute: sans
considerer que les elemens n'obeïssent pas aux Rois comme les hommes. Il fut irrité aussi contre le Duc de Parme, à cause qu'il ne s'estoit
pas auancé auec sa flote pour fauoriser celle d'Espagne. Ie nomme ici

Henry III du nom, Roy LXII.

L'an de Chrift. 1588.

A Duc de Parme Alexandre Farnefe Gouuerneur és Païs-bas pour Philippe, l'aiant nommé ci-deuant Prince de Parme: parce qu'Octauio fon pere eftant decedé dez l'an MDXXCVI, il luy auoit fuccedé au Duché de Parme.

Affemblée des Eftats generaux à Blois.

I. *Diuers deffeins du Roy & du Duc de Guife.* II. *Requefte des Eftats au Roy.* III. *Ils pretendent regler les feances.* IV. *Prefidés des trois Ordres.* V. *Les deputés cōmunient enfēble.* VI. *Demādēt la reiteration du fermēt de l'Vnion.* VII. *Artifices du Roy pour contenter les Eftats.* IIX. *Ouuerture des Eftats.* IX. *Sommaire de la harangue du Roy.* X. *Et de celle du Garde des Seaux.* XI. *Le Roy adoucit fa harangue pour la faire imprimer.* XII. *L'Vnion derechef jurée.* XIII. *Le Roy protefte d'oublier le paffé.* XIV. *Refolution des Eftats contre le Roy de Nauarre.* XV. *Le Comte de Soiffons excufé.* XVI. *Prife de Carmagnole par le Duc de Sauoye.* XVII. *Guerre en Poictou.* XIIX. *Le Roy de Nauarre prend Niort.* XIX. *Affemblée à la Rochelle.* XX. *Qui donne requefte au Roy.* XXI. *Laquelle eft trouuée impertinente.* XXII. *Propofition contre les Financiers.* XXIII. *Pour le Concile de Trente.* XXIV. *Pour la defcharge du peuple.* XXV. *Extreme neceffité en la maifon du Roy.* XXVI. *Sa Majefté jure fur le S. Sacrement fa reconciliation auec le Duc de Guife.*

TANT le Roy que le Duc de Guife defiroient l'Affemblée des Eftats generaux du Roiaume: toutefois à diuerfes fins: l'vn pour reftablir fon autorité grandement eneruée par les factions qui troubloient le repos de l'Eftat: l'autre pour r'affermir la fiēne qui luy eftoit accrüe par l'edict de l'Vniō, qu'il pretēdoit d'y faire cōfirmer: & pour faire paffer en loy fōdamētale de l'Eftat que nul heretique ny fauteur d'heretiques ne peût fucceder à la Courōne. Cetuy-ci aiāt fait des brigues par toutes les prouinces & villes Catholiques du Roiaume, auoit quafi tous les deputés à fa deuotiō: & le Roy pour auoir pris trop de cōfiāce au deuoir de fes fubjets fut biē eftōné de ce que cete Affemblée ne tendoit qu'à luy dōner la loy: & ne luy laiffāt que le nō de Roy traduire toute l'autorité en la main du Duc de Guife. Mais tous deux furēt fruftrés de leurs deffeins. Car le Duc qui pēfoit auoir tout gaigné y perdit la vie: & le Roy qui croyoit auoir efteint la factiō qui efbraloit tout l'Eftat n'y trouua que le renouuellemēt des tumultes & feditions auec vne plus furieufe rebellion cōtre la Majefté roiale. Ie ne veux pas ici groffir mon hiftoire en eftendant tout ce qui fe paffa en cete Affemblée auec fes circōftances, & moins encore des harangues (qui fe peuuent voir ailleurs.) & me contenteray de raporter fommairement ce qui s'y paffa de plus notable, fuyuant les memoires efcrits de la main d'Eftienne Bernard, lequel y fut Orateur du Tiers-Eftat, & depuis feruit fidelement les Rois Henry III & Henry le Grand en des occafions importantes, & mefmes en la conferuation de la ville de Marfeille.

I. Diuers deffeins du Roy & du Duc de Guife.

II. Requefte des Eftats au Roy.

Vne grande partie des deputés eftant affemblés à Blois le Dimenche

XXV de Septembre, l'Archeuefque de Bourges fut employé à porter
la parole de la part des trois Ordres (qui n'auoient point encore nómé
leurs Prefidens) pour fupplier tres humblement fa Majefté de pouruoir
à la liberté des Eftats, & à la feureté des deputés : dautant que le bruit
eftoit que le Roy de Nauarre venoit à Blois auec de grandes forces, &
que les faux-bourgs (où la plus-part des deputés eftoient logés) n'eftant
point clos ny remparés demeuroient expofés à la violence des gens de
guerre. Le Roy leur fceut bon gré de ce qu'ils commençoient par fup-
plications enuers fa Majefté : & leur affeura qu'il pouruoirroit à leur
demande. Mais ce bruit eftoit faux : le Nauarrois n'aiant point ce deffein ny forces pour l'executer.

III.
Ils preten-
dent regler
les feances.

La fecóde actió des Eftats depleut autant au Roy que la premiere luy
auoit efté agreable: entant qu'ils voulurent s'attribuer le pouuoir de regler les differens qui arriuoient entre les deputés pour les feances & precedence. A quoy fa Majefté interpofa fon autorité, leur declarant que
cela ne leur appartenoit pas, & qu'elle s'en referuoit la cognoiffance.

IV.
Prefidens
des trois
Ordres.

La proceffion generale, à laquelle le Roy affifta, aiant efté faite, fuyuant la couftume, les deputés procederét à la nomination de leurs Prefidens. L'Archeuefque de Bourges fut nommé par le Clergé, le Baron
de Senefcey par la Nobleffe, & la Chapelle-Marteau Preuoft de Paris
pour le Tiers-Eftat: les deux derniers Ordres y aiant donné leurs fuffra-
ges par Bailliages & Senefchaucées, non par Gouuernemens.

V.
Les depu-
tés com-
munient
enfemble.

Le IX d'Octobre les deputés firent leur Cómunion, qui leur fut ad-
miniftrée par le Cardinal de Bourbon apres la Meffe. Ils s'y prefentèrét
quinze à la fois, les vns apres les autres : c'eft à fçauoir cinq de chaque
ordre, pour monftrer leur vnion. L'Archeuefque de Bourges precha le
matin: & Tartier Doyen de S. Eftienne de Troyes apres difner. Cetuy-
ci apres fa predication recommanda à l'auditoire de prier Dieu pour
le Roy & pour le fang roial: en exceptant les heretiques, fon deuoir (di-
foit-il) l'empechant de prier pour les excommuniés & pour ceux qui
faifoient la guerre à l'Eglife : & recommanda ceux qui batailloient
pour la religion Catholique.

VI.
Demandét
la reiteratió
du ferment
de l'Vnion.

Le XIII du mefme mois il fut propofé fi on deuoit renouueller le
ferment porté par l'edict de l'Vnion, & y obliger mefmes le Roy: A
quoy le Clergé & le Tiers-Eftat conclurent, auec cete addition que s'il
le refufoit, les deputés prendroient congé d'elle & romproient l'Affemblée. Toutefois la Nobleffe s'arrefta auec plus de moderation à ne
preffer point fa Majefté de reïterer fon ferment.

VII.
Artifices du
Roy pour
contenter
les Eftats.

Le Roy aiant tafché en vain d'empecher cete refolution, remonftra
aux deputés qu'il eftoit bien marri que l'Affemblée l'eût deuácé en cete propofition: dautant qu'il eût defiré que cela fût venu de luy-mefme. Mais puis que la refolution en eftoit prife qu'il fe referuoit de leur
limiter le jour pour faire le ferment : auquel il confpiroit auec eux
auec cete condition qu'ils jureroient auffi le II article du mefme
edict portát renóciation à toutes ligues, cófederations & focietés pre-
judiciables à fon Eftat foubs peine d'encourir le crime de lefe-Majefté.

Henry III du nom, Roy LXII. 257

L'an de Christ. 1588.

Et recognoissant assez à quelles fins ils faisoient si grande instance pour le renouuellement de ce serment, il leur protesta qu'il n'auoit rien en si estroite recommandation que de pouruoir à ce que, si Dieu ne luy donnoit point de lignée, le sceptre François ne tombât point és mains d'vn Prince heretique ou fauteur des heretiques: & que tous les jours il prioit Dieu de destourner vn si grand mal-heur de la Monarchie tres-Chrestienne. Cete protestation fut receüe de tous les Ordres auec vne satisfaction singuliere.

Le Dimenche XVI d'Octobre le Roy fit l'ouuerture des Estats dãs la grande sale du chasteau de Blois en l'assemblée des Princes, Cardinaux, Prelats, Officiers de la Couronne & de tous les deputés: lesquels prirent leurs rangs comme és precedentes assemblées sans qu'il soit besoin d'en faire ici la description particuliere. Le Roy y paroissoit dans vn throne eminent auec vne Majesté sur-eminente, aiant le Duc de Guise assis à ses pieds en qualité de Grand-maistre, vestu de satin blanc & d'vne cappe retroussée: lequel auec vne contenance asseurée sembloit asseurer tous ceux de son parti, qui faisoiét le plus grand nombre.

VIII. Ouuerture des Estats.

Le Roy auec autant de grace que d'eloquence commençant par l'inuocation du S. Esprit representa les defauts qui estoient en l'Estat, les causes d'iceux, & les remedes pour y pouruoir: le desir qu'il auoit d'y trauailler de son costé, exhortant l'Assemblée de conspirer auec luy à vne si saincte œuure, & mesmes pour l'extirpation de l'heresie, & pour le soulagement de son peuple. En se purgeant des calomnies dont les factieux l'auoient chargé il n'oublia pas de descouurir les menées & pernicieux desseins de la Ligue auec tout l'art que la Rhetorique luy pouuoit fournir: de sorte que sans le nommer il designoit assez manifestement le Duc de Guise. Il parla de la Roine sa mere auec vn singulier respect & reuerence: la qualifiant non seulement mere des Rois, mais aussi de l'Estat & du Roiaume. Il promit entre autres choses la reuocation de toutes resignations & suruiuances d'offices, & reserues de benefices, afin que desormais ils fussent conferés aux personnes qui excelloient en vertu, experience & merite. Il assigna aussi le Mardy ensuy-uant pour le renouuellement du serment de l'Vnion: ce qui fut le plus plausible.

IX. Sommaire de la harangue du Roy.

Montelon Garde-des Seaux prenant la parole apres sa Majesté discourut aussi sur l'estat des affaires du Roiaume, loüa les sainctes intentions du Roy, exhorta les deputés à les seconder, & leur representa les debtes de l'Estat & les charges & despenses qu'il conuiendroit supporter pour faire la guerre aux heretiques, afin qu'ils y pourueussent. Les trois Presidens remercierent sa Majesté auec asseurance de leur obeissance & de contribuer de leur part tout ce qui seroit de leur pouuoir pour l'execution de ses intentions tres-loüables & tres-sainctes.

X. Et de celle du Garde des Seaux.

A l'issue de l'Assemblée le Duc de Guise remõstra à la Roine-mere que le Roy luy auoit fait son procés en sa harãgue, & qu'il ne luy restoit plº qu'à porter sa teste sur vn eschaffaut. Qu'estãt impossible de r'appel-

XI. Le Roy adoucit sa harangue pour la faire imprimer.

Tome 4. Y iij

ler les paroles, il la supplioit d'empecher que cete harague ne fût point imprimée sans changer les termes par lesquels il estoit viuement offensé. La Roine-mere obtint aisément cela du Roy: lequel faisant adoucir son inuectiue, ne se peut contenir de dire. *S'il ne demeure pas ainsi escrit, si l'ay-je dit en tres-bonne compagnie.* Cela fait l'original en fut bruslé par Charles de Benoise Secretaire du Cabinet, & à present Maistre des Comptes en la Chambre de Paris. Tellement que la harangue qui nous reste soubs le nom du Roy, n'est pas en la qualité qu'elle fut prononcée.

L'An de Christ. 1588.

XII.
L'Vnion de rechef jurée.

Le Mardy XIIX du mois de Rby, pour s'acquiter de sa promesse, fit expedier vn edict contenant sa declaration que l'Vnion portée par le precedent edict seroit vne loy fondamentale de l'Estat: & apres que luy-mesme l'eut solennelement jurée (en reïterant son serment par trois fois) en l'assemblée de toute sa Cour & de tous les deputés, il receut le serment des Princes, Cardinaux, Prelats, Officiers de la Couronne & des deputés des trois Ordres. Tous lesquels en suite de l'Vnion jurerent aussi de garder & obseruer toutes les autres loix fondamentales du Roiaume concernant l'autorité roiale, l'obeïssance, & fidelité deuë à sa Majesté par ses subjets. Cela fait, tout le monde auec vne joye & alegresse nompareille cria, *Viue le Roy*: & sa Majesté suyuie de toute l'Assemblée alla en l'Eglise S. Sauueur, où le *Te Deum* fut chanté.

XIII.
Le Roy proteste d'oublier le passé.

Le mesme jour plusieurs des deputés s'estans trouués au soupper du Roy, & entre autres la Chappelle-Marteau Preuost de Paris, sa Majesté luy dit qu'elle oublioit tout ce qui s'estoit passé à Paris, & luy promettoit ainsi en parole & foy de Roy: dont elle fut tres-humblement remerciée par le Preuost.

XIV.
Resolution des Estats contre le Roy de Nauarre.

Sa Majesté aduertie que tous les trois Ordres en executant leur serment auoient declaré criminel de lese-Majesté & inhabile à succeder à la Couronne le Roy de Nauarre, comme excommunié, heretique, relaps, & portant encore les armes contre Dieu & son Eglise, leur fit remonstrer qu'il eût desiré qu'auant leur resolution le Nauarrois eût esté sommé & interpellé de se remettre au giron de l'Eglise Catholique: non pas (disoit-il) qu'il en fallût esperer aucun fruit: mais afin qu'à son refus la guerre decernée contre luy fût trouuée d'autant plus juste: protestant que si Dieu disposoit de luy le premier, jamais le Roy de Nauarre ne succederoit à la Couronne. Se reseruant donc de luy faire cete sommation il permit aux deputés de charger leurs cayers de leur resolution ja prise.

XV.
Le Comte de Soissons excusé.

Dans le cayer du Tiers-Estat de Paris s'estant trouué vn article pour faire pareillement declarer incapable de la succession de la Couronne le Comte de Soissons, comme fauteur des heretiques auec lesquels il auoit porté les armes, mesmes à la journée de Coutras: les autres deputés furent d'aduis qu'il fût rayé, attendu que le-dit Comte n'agueres arriué à Blois auoit esté tousjours Catholique & auoit juré de nouueau l'edict de l'Vnion en leur presence.

XVI.

En ces entre-faites les nouuelles vindrent que le Duc de Sauoye auoit

Henry III du nom, Roy LXII.

A surpris la ville de Carmagnole, & en suite s'estoit rendu maistre de tout le Marquisat de Salusses ancien fief du Dauphiné. La Citadelle de Carmagnole estant assiegée se trouua si despourueuë de prouisions de viures & de guerre vendues par le Gouuerneur qu'elle ne peut pas faire longue resistence. Ce fut grande perte pour la France : qui auoit là vne pierre d'attente : & dans cete place quatre cens pieces de canon laissées là par nos Rois afin de s'en seruir à toutes occasions és affaires d'Italie. Il fut arresté là dessus de fortifier l'armée du Duc de Mayenne tant contre les Religionnaires du Daufiné que contre le Duc de Sauoye.

Prise de Carmagnole par le Duc de Sauoye.

D'autre part on eut aussi aduis que le Roy de Nauarre couroit le païs de Poictou auec vn camp volant. Le Duc de Neuers fut aussi-tost despeché pour aller commander l'armée roiale destinée pour la Guienne, & s'opposer aux rauages du Nauarrois : lequel abandonna la campagne au Duc de Neuers & se retira dans la Rochelle : & le Duc prit Mauleon & Montagu auec peu de resistence. Il mit aussi le siege deuant la Ganache, qui luy fut rendue par composition vers la my-Ianuier de l'année suyuante. Le Plessis de Geté commandoit dedans : mais Vignoles y acquit le plus de reputation, & mesmes en vne sortie où il repoussa la Chastré & faillit à le prendre.

XVII. Guerre en Poictou.

Pendant que le Duc de Neuers estoit occupé à ce siege le Roy de Nauarre surprit la ville de Niort par escalade : où Arambure perdit vn œil en combatant contre les habitans, qui s'estoient mis en armes pour defendre leurs foyers & leurs vies. Le sieur de Malicorne qui estoit dàs le Chasteau, le rendit au Nauarrois par vne capitulation honorable. Parabele fut loüé d'auoir empeché le massacre des habitans & le violement des femmes.

XIIX. Le Roy de Nauarre pied Niort.

Ces expeditions militaires du Roy de Nauarre estoient accompagnées de ses soins politiques. Car estant aduerti que l'assemblée des Estats generaux conuoquée à Blois ne tendoit qu'à le declarer incapable de la succession de la Couronne, il en assigna vne autre de toutes les Eglises Caluiniennes à la Rochelle au XV de Nouembre pour contrequarrer les resolutions de celle des Catholiques. Tellemét que les principaux chefs du parti auec tous les deputés s'obligerent par serment de contribuer leurs moiens & leurs propres vies pour la defense de leur pretendue reformation : & ordonnerent vn fond pour l'entretenement de leurs gens de guerre.

XIX. Assemblée à la Rochelle.

Neantmoins afin de colorer cete entreprise du refus de la justice qu'ils attendoient du Roy, ils enuoierent presenter vne requeste à sa Majesté à trois fins, de toutes lesquelles ils ne doubtoient pas qu'ils ne deussent estre escondits. La premiere fin estoit que liberté de consciéce leur fût octroyée suyuant l'edict de Ianuier. La II, que les poincts de Religion, qui estoient en controuerse fussent decis & terminés en la presence du Roy par vn Concile national composé de Docteurs en Theologie tant Protestans que Catholiques. La III, qu'il luy pleût leur accorder main leuée de leurs biens saisis. Auec cela ils concluoient

XX. Qui donne requeste au Roy.

Y iiij

à ce que les Estats donnassent leur consentement à l'interinement de leur requeste: autrement ils protestoient de la nullité de leur assemblée.

XXI.
La quelle est trouuée impertinente.

Ceste requeste aiant esté imprimée plusieurs copies en furent apportées à l'Assemblée de Blois: laquelle la trouua ridicule en ce que sa cóclusion contenoit vne repugnance manifeste. Car les supplians demandoient le consentement des Estats, & en cela les approuuoient: & neátmoins protestoient de la nullité d'iceux s'ils refusoient de donner consentement à leurs demandes. On trouuoit aussi tres-impertinent de vouloir mettre en dispute les articles de foy receus de tout temps en l'Eglise. Car si cela auoit lieu Sathan tres-subtil artisan d'erreur trouueroit continuellement de nouueaux argumens pour combatre la verité: de sorte que la croiance seroit tousiours chancellante & irresoluë.

XXII.
Proposition contre les Financiers.

En suite il fut proposé d'eriger vne Chambre de justice pour la recherche des abus & maluersations des Financiers, & artifices des partisans: & aucuns Officiers des Finances s'estant presentés en la Chambre du Tiers-Estat protesterent de la nullité de l'Assemblée, comme monopolée, & en laisserent vn acte par escrit contenant plusieurs termes iniurieux: dont l'Assemblée demanda reparation au Roy: qui ne leur en fit qu'vne reprimende assez legere.

XXIII.
Pour le Cócile de Trente.

Plusieurs des Prelats n'oublierent pas de demander la publication du Concile de Trente: en quoy aucuns du Conseil interuindrent pour s'y opposer, & singulierement Iaques Faye sieur d'Espesses: & le Roy aiant honte d'abandonner ses Officiers il ne fut rien conclu en cete affaire.

XXIV.
Pour la descharge du peuple.

La partie fut plus forte touchant la descharge des impositions extraordinaires dont le peuple estoit greué. Car tous les trois Ordres en demeurerent d'accord: & mesmes de rompre les Estats si sa Majesté insistoit au contraire. De sorte que le Roy fut contraint d'y donner son consentement à la charge qu'il seroit fait fond asseuré pour l'entretenement de sa maison (en protestant que desormais il vouloit estre plus mesnager que par le passé) & pour les vrgentes affaires du Roiaume. Cela se passa le III de Decembre, & criat-on *Viue le Roy*, & le *Te Deum* en fut chanté le lendemain: tout le monde se conjouïssant du soulagement du pauure peuple.

XXV.
Extreme necessité en la maison du Roy.

En consequence de cete grace de sa Majesté lon trauailla à rechercher les moiens de faire fond pour l'entretenement de sa maison, & d'vne armée de trente-six mille hommes de pied, quatre mille cheuaux, & soixante pieces de canon. Et neantmoins parce que le Roy estoit en vne necessité si extreme que les pouruoyeurs, par faute de payement du passé, refusoient de luy fournir des viures, & ses Musiciens de chanter: le Tiers-Estat s'obligea de six vingts mille escus pour les contenter aucunement: & par ce moien euiter vn desordre grandement honteux à la maison Roiale.

XXVI.
Le Roy demeura grandement satisfait de ceux qui luy auoient

Henry III du nom, Roy LXII. 261

A procuré ce seruice. Et parce qu'il sçauoit bien qu'vn des plus grands desirs de l'Assemblée estoit que le Duc de Guise eût le commandement general sur ses armes, ce qui ne se pouuoit faire tandis qu'il luy resteroit quelque ressentiment des Barricades de Paris, il leur en voulut leuer toute doubte par vn serment solennel qu'il en fit sur le S. Sacrement de l'Autel, en jurant & promettant vne parfaite reconciliation & amitié au Duc de Guise auec vne oubliance de toutes les offenses passées. Pour l'accomplissement de son serment il protesta qu'il s'estoit resolu de se reposer du gouuernement de l'Estat sur la Roine sa mere, & sur son cousin le Duc de Guise, sans s'entre-mesler desormais que de prier Dieu & de faire penitence. Si c'estoit serieusement, ou en se joüant du serment enuers Dieu, c'est Dieu seul qui le sçait, les hommes selon leurs B diuerses passions en aiant fait des jugemens du tout contraires. Quoy qu'il en soit, on ne vid point de preuues de reconciliation, mais on en vid bien de haine & de vengeance.

L'An de Christ. 1588.

Qui iure sur le S. Sacrement sa reconciliation auec le Duc de Guise.

Le Duc & le Cardinal de Guise sont tués à Blois. Trespas de Catherine de Médicis. Fin des Estats.

I. Opinion 1. touchant la reconciliation du Duc de Guise auec le Roy. II. Opinion 2. III. Opinion 3. IV. Le Roy se resout à faire mourir le Duc de Guise. V. Conseil sur les moiens de l'execution. VI. Larchant y est employé. VII. Et huict des quarante-cinq. IIX. Le Duc de Guise mesprise les aduertissemens. IX. Et pourquoy. X. Il monte en la chambre du Conseil. XI. Ressent des presages de son malheur. XII. Est appellé de la part du Roy. XIII. Est tué. XIV. Le Cardinal son frere & l'Archeuesque de Lyon arrestés. XV. Eloges du Duc de Guise. XVI. Princes, Prelats, & Seigneurs prisonniers. XVII. Prisonniers du Tiers-Estat. XIIX. Discours entre le Roy & la Royne sa mere. XIX. Le Duc de Mayenne se retire à Chalon. XX. Mort du Cardinal de Guise. XXI. L'Archeuesque de Lyon refuse de respondre. XXII. Les corps du Duc & du Cardinal de Guise sont bruslés. XXIII. Trespas de la Roine-mere & ses Eloges. XXIV. Sa sepulture & celle de son fils negligées. XXV. Continuation des Estats. XXVI. Harangues à la closture d'iceux. XXVII. Faute du Roy.

Eux qui ont creu que le Roy s'estoit despoüillé de toute haine enuers le Duc de Guise, & luy auoit pardonné tout le passé sans dissimulation ny feintise, ont fondé leur croiance sur le serment fait n'agueres par sa Majesté, n'y aiant point d'apparence qu'vn Monarque si religieux & pieux eût voulu noircir

I. Opinion 1. touchant la reconciliation du Duc de Guise auec le Roy.

sa conscience d'vn crime si execrable deuant la Majesté diuine pour en venger vn de lese-Majesté humaine. Mais parce que ce serment ne s'estendoit qu'à l'oubliance & pardon des iniures passées, & le Duc de Guise aiant prouoqué derechef le courroux du Roy en continuant ses practiques pour seduire les deputés des Estats, sa Majesté le pouuoit punir sans nul scrupule de conscience.

II. Opinion 2. Les autres soustiénét obstinémét que le Roy n'aiát projetté l'Assemblée des Estats que pour y faire tuer le Duc de Guise, il persista tousjours en sa premiere resolutió: & craignant la rupture de l'Assemblée plastra ses intentions tantost par declarations, tantost par protestations, & en fin par des sermens effroyables. Que le ressentimēt des iniures tres-sensibles estant plus puissant en son ame que la religion du serment, il ne faut pas trouuer estrange si tous les autres moiens luy defaillant il abusa de ce dernier pour deceuoir son ennemi & executer sa vengeance.

III. Opinion 3. D'autres encore ont pensé que le Roy auoit vrayemét deposé toute haine contre le Duc de Guise, & se promettoit de regaigner les cœurs de ses subjets les plus factieux en se monstrant zelé (comme de fait il l'estoit) à l'extirpatió de l'heresie & enclin à la descharge du peuple. Toutefois qu'il luy en atriua tout le contraire. Car les deputés estoient si attachés aux instructions de la Ligue, qu'il ne se faisoit point de proposition importante que par l'aduis du Duc de Guise. De sorte que comme tout le bien & l'auantage que le public attendoit de celles qui passoiét en resolution, luy en estoit deferé: aussi le refus des autres estoit imputé au Roy. A raison dequoy, sa Majesté considerant que toute sa souplesse & cóplaisáce enuers les Estats tournoit à só mespris & à la gloire du Duc, elle cóceut derechef vne si forte indignatió contre luy & cótre tout son parti qu'il se delibera de le faire mourir luy & ses freres.

IV. Le Roy se resout à faire mourir le Duc de Guise. Il y eut encore deux choses qui cófirmerét le Roy en cete resolution. L'vne que la Duchesse d'Aumale, qui auoit esté toujours fauorie de sa Majesté, luy dóna de nouueaux aduis contre le Duc de Guise. L'autre, que deux jours auát l'executió le Duc mesme se pourmenát auec le Roy dans le jardin du chasteau de Blois luy tint des discours qui luy despleurét, & mesmes luy remit les letres & cómission de General des armées: disant, que cete charge ne luy seruoit que pour attirer sur luy l'enuie de tous les Gráds du Roiaume. Le Roy creut aussi-tost (non sans aparéce) que le Duc ne vouloit pas tenir ce bié-fait de luy: & que sur l'esperance qu'il auoit que la mesme charge luy seroit deferée par la resolution des Estats (à laquelle S. M. n'oseroit s'opposer) il remettoit la prouision en ses mains: & tout cela auec vn grand mespris de l'autorité roiale. Dez-lors dóc les nouuelles offenses reueillát la memoire des passées, il ne songea plus qu'à se despecher d'vn homme l'arrogance duquel luy sembloit insupportable & la hardiesse redoutable.

V. Conseil sur les moiens de l'execution. En aiát conferé secretement auec le Mareschal d'Aumont & auec les sieurs de Rambouïllet & de Beauuais-Nangis, non seulement ils le confirmerent en son dessein, mais aussi l'y encouragerent. Toutefois il fut proposé entr'eux s'il seroit expedient de luy faire son procés auec les formalités de justice. Mais cete voye fut trouuée trop perilleuse

Henry III du nom, Roy LXII. 263

A à cause que sa faction estant tres-puissante dans l'Estat, pourroit exciter de violens tumultes; de sorte qu'il fut resolu de commencer la procedure par l'execution & de le tuer inopinément: les formalités judiciaires n'estant point à desirer en cete occasion, ny de plus fort arrest que le commandement du Prince.

L'an de Christ. 1588.

Pour faciliter donc l'execution le Roy commanda au sieur de Larchant vn des Capitaines des gardes du corps de sa Majesté, que le lendemain au matin, XXIII du mois de Decembre, il se saisit du grand escalier (par lequel on montoit en la chambre où se tenoit le Conseil) en y faisant arranger des deux costés toute sa compagnie. Et afin que le Duc de Guise n'en prît point d'ombrage que dez l'heure mesme qu'il parloit à luy, il s'en allât le prier de vouloir representer au Conseil qu'à B faute de payement il ne pouuoit plus retenir ses soldats: & d'agréer que le lendemain il luy en raffreschît la memoire auec tous les compagnons, qui desiroient luy faire mesme supplication. Cela fut dextrement conduit par Larchant.

VI. Larchant y est employé.

Le Duc de Guise, côme Grand-Maistre, tenoit les clefs du Chasteau: mais le Roy feignant de vouloir aller le lendemain à Nostre-Dame de Clery pour l'accomplissemét de certain vœu, la porte du Chasteau demeura quasi toute la nuict ouuerte, soubs pretexte de faire auancer le train necessaire. Et cependant huict des quaráte-cinq gentils-hommes ordinaires appoinctés pour estre auprez de la personne du Roy, & choisis pour faire l'execution, demeurerent où furent appellés en sa Châbre. C Les sieurs d'Ornano, d'Entragues, de Bonniuet & de Montigny furent introduits dans le Cabinet par vne môtée desrobée. D'autres furét cómis à la garde des portes, afin que ceux qui estoiét suspects à sa Majesté n'entrassent point; & apres que tout fut en estat elles furent fermées.

VII. Et huict des quarante-cinq.

Cela ne se peut pas faire si secretement que le Duc de Guise n'en eût aduis de plusieurs endroits. Mais il se confioit si fort en son courage & mesprisoit le Roy à tel poinct qu'encore qu'il creût vindicatif il ne l'estimoit pas assez hardi pour executer sa vengeance. Deux jours auant qu'il fût tué quelqu'vn qui l'affectióñoit sans s'oser produire, mit soubs son couuert sur sa table, vn billet par lequel il l'aduertissoit que lon entreprenoit sur sa vie. Luy desuelopant sa seruiete l'aiant pris & leu, se fit D porter vne plume & de l'encre & escriuit dans le mesme billet ces deux mots, *On n'oseroit*, & le jetta soubs la table, afin que celuy qui l'y auoit mis y trouuât sa responsé.

IIX. Le Duc de Guise mesprise les aduertissemens.

La verité est qu'il se trouuoit si auát engagé dans l'Assêblée des Estats, qu'il ne la pouuoit quiter sans perdre la partie. Car en l'abádonnant, le Roy eût disposé des Estats à sa volóté, l'eût priué de ses charges, & l'eût persecuté en son honneur & en sa vie. D'ailleurs on eût imputé sa fuite à lascheté, & ceux qui le croyoient innocent, l'eussent prise pour vne preuue de son crime. Ainsi falloit-il par necessité qu'il fît ferme à tout hazard durant l'Assemblée. Ioint qu'il attendoit le plus asseuré aduertissement du costé de la Roine-mere, ne pouuant pas se persuader que le Roy luy celât vn dessein de telle importance.

IX. Et pourquoy.

Histoire de France,

X.
Il monte en la Chambre du Roy.

Le lendemain donc le Duc de Guise allant au Conseil, L'archant ne manqua pas de l'attendre au pied de l'escalier auec sa compagnie : & feignant de luy r'amenteuoir la sollicitation du jour precedent l'accompagna jusqu'à la porte de la chambre du Conseil : & après fit retirer les pages, les laquais & autres telles personnes, afin que la montée fût libre. Le Duc de Guise montant il y eut vn des soldats qui luy marcha sur le pied pour l'aduertir qu'il s'en alloit à la mort : mais luy qui jamais n'auoit rien moins craint que la mort dissimulant cet aduertissement ou n'y prenant pas garde, passa outre.

L'An de Christ. 1588.

XI.
Ressent des presages de son mal-heur.

Apres qu'il eut pris sa place au Conseil (où il arriua des derniers) son Genie luy presageant son mal-heur, il fut saisi d'vne grande foiblesse de cœur, accident à luy incognu jusqu'alors : & demanda de l'escorce de citron : au lieu de laquelle on luy apporta des prunes de Brignoles prises en la chambre du Roy, & en mangea. Apres cela luy suruint vne seignée de nez auec des frissons : ce qui luy donna de viues apprehensions de sa mort prochaine.

XII.
Est appellé de la part du Roy.

Estant en ces transes, Louis Reüol vn des Secretaires d'Estat (qui auoit beaucoup de peine à dissimuler son estonnement) luy vint dire que le Roy le demandoit : & soudain il se leua de sa chaire & passa en la châbre du Roy, en laquelle on entroit à plein pied de celle du Conseil. On remarqua encore en cete conjoncture qu'il prit congé de la cópagnie auec des cóplimens extraordinaires, cóme luy disant le dernier à Dieu, neátmoins auec vn visage asseuré & cóposé à vne grauité majestueuse.

XIII.
Est tué.

En trauersant la chambre du Roy pour aller au Cabinet il salüa gracieusement, selon sa coustume, les huict des quarante-cinq & Laugnac qui faisoit le neufiesme : lesquels le ressalüerent auec vn morne silence : & ainsi qu'il leuoit la tapisserie pour heurter à la porte du Cabinet, Montseris (aucuns disent que ce fut Sainct-Malin) qui estoit deuant la porte, luy saisit la garde de l'espée auec la main gauche, & de la droite luy plongea vne dague dans le corps par le gosier ; car doubtant qu'il fût armé, il ne le voulut point assener au ventre. Les autres de tous costés se ruerent en mesme temps sur luy, & luy donnerent plusieurs coups, mesmes sur la teste. Le Duc quoy que les bouïllons du sang qui jalissoit de son gosier le suffoquassent, ne perdit pas pourtant ny le jugement ny le courage. Et s'estant en vain efforcé de tirer son espée saisit deux des meurtriers au collet, les secoüant & entraïnant par la chambre : & en fin après auoir fait tous ses efforts pour defendre vigoureusement sa vie jusqu'au dernier souspir, toutes les forces luy defaillát auec le sang, il tomba roide mort sur vne tapisserie sans nulle cóuulsion ny esmotion quelconque. Laugnac n'estát point de ceux que le Roy auoit choisis, aussi ne le frappa-t-il pas, quoy qu'il fût particulierement son ennemi : toutefois il s'estoit bien offert à sa Majesté pour l'attaquer homme à homme. Mais le Roy jugea qu'il y auroit en cela autant de hazard que de generosité, & ne luy voulut pas permettre.

XIV.

Durant le trepignement & le tabut qui se faisoit en ce meurtre, le
Cardinal

Henry III du nom, Roy LXII.

A Cardinal de Guise (qui estoit en la châbre du Côseil) entendant la voix de son frere, s'escria: *Ha! c'est mon frere qu'on tue!* & se leuant soudainement reuersa sa chaire & voulut passer en l'autre chambre. Mais le Mareschal d'Aumont se leuant aussi sur pied, & mettant la main sur son espée luy dit, *Me-Dieu* (c'estoit son serment ordinaire) *si personne bouge, ie luy donneray de l'espée dans le corps.* L'Archeuesque de Lyon tascha aussi de sortir & se desrober: mais il fut arresté par Larchât, lequel s'estât saisi aussi du Cardinal les mena tous deux en vne châbre du plus haut estage.

Ainsi mourut par les armes dans son propre sang Henry de Lorraine Duc de Guise qui ne respiroit que les armes & le sang. Ainsi fut dôtée la fierté de ce courage indôtable. Ainsi fut terrassé ce Geant qui menaçoit les Dieux en leur throne. Ainsi tomba ce grâd Colosse qui de son poids affaissoit la Frâce. Ainsi son corps fut le jouet des Courtisans, qui disoiêt *Voila le beau Roy de Paris*, cóme il s'estoit joüé du corps de l'Admiral de Colligny apres l'auoir fait assassiner. Ainsi fut tué par les seruiteurs celuy qui s'estoit rendu redoutable à son Roy & Maistre. Ainsi finit ses jours ce Prince en la fleur de son âge: Prince vrayement martial, magnanime, genereux, vigilant, liberal, affable, courtois, attrayant: bref doüé de toute sorte de graces d'esprit & de corps: & qui meritoit vn des premiers rangs entre les Heros de ce siecle si son ambition desordonnée ne l'eût emporté hors des bornes du respect & de la reuerence deüe à la Majesté roiale.

En suite furent arrestés prisonniers le Cardinal de Bourbô, qui s'intituloit premier Prince du sang, les Ducs de Nemours & d'Elboeuf, Charles Prince de Iainuille fils aisné du defunct Duc de Guise, Anne d'Est petite fille du Roy Louis XII & mere des Ducs de Guise & de Nemours, le Comte de Brissac & le sieur de Bois-Daufin, depuis Mareschaux de France. Ces deux furent peu aprés mis en liberté & le Duc de Nemours eschappa & se retira dans Paris. Les Euesques de Comminges, de Rhodez & de Boulogne tres-zelés partisans de la Ligue, s'estans secretement desrobés parmi la tourbe monterent à cheual & s'enfuyrent à toute bride.

En mesme teps que Larchant estoit aprés ceux-là, Richelieu Grand-Preuost de France entra en la Chambre du Tiers-Estat auec ses archers & autres gens armés, crians tue, tue, lon a voulu tuer le Roy, & aucuns de la conspiration sont en cete compagnie. Et luy tirant vn billet nomma La Chappelle-Marteau, le Presidêt de Nueilly, Compan, Cotte-blache, le Roy, Lieutenant general d'Amiens, Orleans, Anjou, du Vert, & du Vergier. Il se saisit des cinq premiers: du Vert se glissa dehors, & les trois autres n'estoient point en l'Assemblée. Tous les autres deputés vouloient suyure leurs compagnons: mais il leur fut fait defense de bouger. N'aians ouï encore que la rumeur de ce qui se passoit au Chasteau (car le Tiers-Estat s'assembloit en l'hostel de ville) ils furent certifiés de la mort du Duc de Guise: dont toute la compagnie demeura grandement estonnée.

Le Roy plus contêt que s'il eût gaigné vn nouueau Roiaume, passa

266   Histoire de France,

Discours entre le Roy & la Roine sa mere.

en la chambre de la Roine-mere, qui estoit au lict malade, & auoit sceu plustot l'execution que la deliberation de son fils. Apres le salut il luy dit tout joyeux: *Madame ie suis maintenant Roy sans compagnon: le Duc de Guise ne vit plus.* Elle dissimulant le regret qu'elle auoit de la mort du Duc: lequel tenant en contrepoids l'autorité du Roy, la rédoit ordinairemét arbitre necessaire de leurs differés (auec ce qu'elle auoit vne si estroite confederation auec luy côtre le Roy de Nauarre) luy demáda s'il auoit bié pourueu aux troubles qui pouuoient s'en ensuyure: & le Roy respondant qu'ouy. *Dieu vueille* (dit elle) *que tout aille bié, Môsieur mô fils: mais j'ay peur que vº n'en soyez pas là où vous pésez.*

L'An de Christ. 1588.

XIX. *Le Duc de Mayenne se retire à Chalon.*

Il despecha Alfonse d'Ornano en poste pour faire arrester le Duc de Mayenne à Lyon, ou la part qu'il le trouueroit: mais cetuy-ci desja aduerti par vn page de son defunct frere (lequel aiant pris vn bon cheual piqua autant qu'il eut d'haleine & apres prit la poste) se retira en seureté à Chalon, où il se saisit de la citadelle.

XX. *Mort du Cardinal de Guise.*

Il enuoia Reuol deuers le Nonce du Pape pour luy exposer les causes qui l'auoient meu à faire mourir le Duc de Guise: & luy asseurant que son intétion estoit de faire exactemét entretenir l'edict de l'Vnió, & faire la guerre aux Huguenots & au Roy de Nauarre, il luy donna quelque satisfaction sur l'heure. Mais aiant fait assassiner le Cardinal de Guise deux jours apres soubs pretexte qu'il parloit trop haut, non seulement le Nonce, mais aussi quasi tous les Catholiques commencerent d'auoir mauuaise opinion de son procedé. Il eût fait tuer le Cardinal incontinent apres son frere: mais il ne se trouuoit personne qui voulut mettre la main sur luy: toutefois il y eut trois soldats de la compagnie du Guast lesquels moienant cent escus à chacun d'eux, s'offrirent à faire l'execution: & feignans de l'emmener au Roy le long d'vne allée obscure, apres luy auoir dit qu'il pensât au salut de son ame le tuerent.

XXI. *L'Archeuesque de Lyon refuse de respondre.*

L'Archeuesque de Lyon eut couru pareille fortune sans l'intercession du Barô de Luxeu gouuerneur de Chalon son neueu, lequel obtint du Roy sa grace pour la vie. Neantmoins sa Majesté desira qu'il respondit sur les faits qui luy furent proposés par deuant des Commissaires du Conseil: ce qu'il refusa constamment. Sa Majesté aiant deputé des Prelats à mesme effect, il les tansa, leur reprocha qu'ils n'entendoient pas leur deuoir, & se defendit aussi obstinémentde ceux-ci que des autres.

XXII. *Les corps du Duc & du Cardinal de Guise sont bruslés.*

Le pretexte de la Religion auoit rendu les deux Princes Lorrains si recommandables durant leur vie que le Roy doubtát que le peuple superstitieux deferât à leurs corps la veneration deüe aux vrais martyrs, les fit dessecher dans de la chaux viue, & puis brusler les os & en jetter les cendres au vent: quoy qu'il les eût accordés à leur mere pour leur donner sepulture.

XXIII. *Trespas de la Roine-mere, & ses eloges.*

La Roine-mere languissante d'vne maladie lente plus que de vieillesse (car elle n'estoit âgée que de LXI an) & de nouueau affligée du meurtre du Duc & du Cardinal de Guise & des troubles qui renaissoient par toute la France, passa de cete vie à vne meilleure le V de Ianuier de l'année MDXXCIX, apres auoir receu

1589.

Henry III du nom, Roy LXII. 267

deuotement les Sacremens de l'Eglise. Princesse de grand esprit & douée d'vne singuliere prudence: mais artificieuse, dissimulée & plus ambitieuse qu'il n'eût esté à desirer en son sexe. Ceux qui l'ont tenue pour inconstante & volage ont fait mauuais jugement de son esprit. Car si elle paroissoit aucunefois telle en certaines actions, c'est que par ses changemens elle prenoit ses auantages: ne s'engageant jamais si auāt par inclination ou affection aux partis ny aux personnes des partisans qu'elle ne s'en peût facilement desgager pour establir ou r'affermir son autorité dans les desordres du Roiaume. Elle fit testament en la forme que le Roy son fils le voulut ordonner, & à son induction institua son heritier Charles fils naturel du Roy Charles IX, aujourd'huy Duc d'Engoulesme. Cete institution aiant esté faite au prejudice des donations contractuelles en faueur de ses enfans, elle fut anullée depuis par arrest de la Cour de Parlement de Paris, & la Roine Marguerite maintenue en la possession des choses données.

XXIV. Sa sepulture & celle de son fils negligées.

Nulles marques de poison ne parurent en son corps apres son trespas: quoy qu'aucuns aient malicieusement publié que ses jours luy furent auancés. Son corps fut mis dans l'Eglise S. Sauueur de Blois, sans que le Roy prît autre soin de sa sepulture: comme s'il eût differé l'enterrement de sa mere jusqu'à ce qu'il fallût pouruoir au sien: & le sien mesme fut encore differé jusqu'à ce que la mort de Henry le Grand donna occasion de faire porter à S. Denys ces deux corps-là pour accompagner la pompe funebre du dernier plustot que pour honorer leur memoire.

XXV. Continuation des Estats.

Pour retourner à l'Assemblée des Estats, le Roy apres s'estre saisi des deputés sus-nommés, comme les plus factieux, fit commandemēt aux autres de trauailler apres leurs cayers pour les luy presenter: & leur fit entendre qu'en cela il desiroit deux choses: l'vne que les deputés conferassent auec aucuns Conseillers d'Estat à ce commis par sa Majesté: l'autre que certains articles touchant le crime de lese-Majesté fussent inserés en leurs cayers. Le premier point fut absolûment rejetté, comme destruisant la forme, l'autorité & la liberté des Estats. Et quant à l'autre (qui ne tendoit qu'à faire declarer le Duc & le Cardinal de Guise criminels de lese-Majesté) il fut eludé, l'Assemblée aiant respondu qu'elle s'en remettroit aux Edicts & Ordonnances.

XXVI. Harangues à la closture d'iceux.

Le IV. iour de Ianuier les cayers des Estats furent presentés au Roy: qui fit vn beau & bien elegant discours contenant deux chefs principaux: l'vn fut vne declaration & protestation de sa bonne volonté pour l'execution de l'edict de l'Vnion & pour le soulagemēt du peuple: l'autre regardoit sa justification pour ce qui s'estoit passé n'agueres dans le chasteau de Blois. Ainsi parla-t-il en termes generaux du meurtre du Duc & du Cardinal de Guise. Apres cela il assigna le Dimenche ensuyuāt XV de Ianuier pour ouïr les harangues des trois Estats: auquel jour Reynaut de Beaune Archeuesque de Bourges haraga pour le Clergé: & Charles de Cossé Comte de Brissac pour la Noblesse. Celuy-ci parla en

Z ij

cauallier,& celuy-là representa dignemét les desordres de l'Estat & les remedes pour y pouruoir à la moindre foule du peuple. Le lendemain Estienne Bernard fut ouï pour le Tiers-Estat: & aiant fini, le Roy dit qu'il luy auoit remonstré ses veritésfans l'offenser.

XXVII. Faute du Roy.

Pour la conclusion le Roy fit publier de nouueau l'edict de l'Vnion pour loy fondamentale de la Monarchie, declarant que iamais il ne changeroit de volonté. Et les deputés prirent congé de sa Majesté, & se separerent auec peu d'esperance que l'Assemblée d'eût estre fructueuse à l'Estat, preuoyans assez les desordres dont le Roiaume estoit menacé. Le Roy caressa tous les deputés, & leur fit de belles promesses tant pour le general de leurs Prouinces & Communautés qu'en leur particulier, taschant de retenir en deuoir ceux qu'il auoit recognus affectionnés à son seruice & d'y attirer les autres. Certes comme ce Prince estoit eloquent & debonnaire: aussi aimoit-il mieux employer son eloquence que ses armes pour r'amener ses subjets à l'obeïssance qui luy estoit deuë. Mais en l'estat que les affaires estoient il luy eût esté mieux seant & plus expedient de faire le Roy que l'Orateur : c'est à dire, d'vser seuerement de l'autorité attachée à son sceptre que de faire parade de ses belles paroles : n'estant plus question d'vser de persuasions mais de chastimens exemplaires. Il deuoit estre fortifié de son armée qui estoit en Poictou, & la conduire luy-mesme en personne contre les premiers rebelles, & par vne rigoureuse punition de ceux-ci arrester les insolences des autres.

Seconde Ligue contre le Roy. Desordres horribles en plusieurs villes.

I. *Le Roy en grandes transes.* II. *Gouuerneurs tenans le parti du Roy.* III. *Qui enuoie d'Effiat en Auuergne pour y commander.* IV. *Lequel y sert dignement sa Majesté.* V. *Reduit plusieurs places en son obeïssance.* VI. *Le Roy tasche en vain de contenter le Duc de Mayenne.* VII. *Insolence des Parisiens contre sa Majesté.* IIX. *Horrible procession à Paris.* IX. *La Cour de Parlement prisonniere dans la Bastille.* X. *Et autres personnes de marque.* XI. *Le President Brisson fait serment à la Ligue.* XII. *Gens du Roy creés à Paris.* XIII. *Seruin Aduocat du Roy.* XIV. *Le Duc de Mayenne creé Lieutenant general de la Couronne par la Ligue.* XV. *Diuisiō des chefs de la Ligue.* XVI. *Nouueaux Seaux.* XVII. *Rebellion d'Orleans.* XIIX. *Tumulte de Bourdeaus.* XIX. *Esteint par le Mareschal de Matignon.* XX. *Iesuistes calomniés.* XXI. *Cruautés exercées à Toulouse par le peuple.* XXII. *Execrable insolence contre l'effigie du Roy.* XXIII. *Reuolte de plusieurs villes.* XXIV. *Et de la Bretagne.* XXV. *Gautiers de Normandie.*

L'An de
Chrift
1589.

LE Roy donc, qui croyoit auoir eftouffé la Ligue en efteignant la vie du Duc & du Cardinal de Guife dans leur fang, fe trouua bien eftonné de voir au contraire qu'elle auoit conceu vne violente flamme de rebellion dont toute la Frãce fut foudainement embrafée. De forte que fa Majefté n'entend tous les jours autres nouuelles que de la defection des villes, des Gouuerneurs & de la Nobleffe Catholique : & des opprobres & calomnies dont elle eftoit chargée tant par fes fubjets que parmy les nations eftrãgeres. Rome le tient pour facrilege, l'Efpagne pour heretique, & quafi toute la France pour tyran. Le Pape lance fes foudres contre luy, l'Efpagnol dreffe des armées pour l'opprimer, & la plus-part des Catholiques François conjurent enfemble pour le priuer de la Couronne. Sa propre mere ne ceffe jufqu'à fa mort de luy reprocher le paffé, contreroller le préfent & luy faire craindre l'aduenir : fi bien que la deffiance qu'il a de fon Confeil & de fes plus familiers agitant fon efprit, troublant fon entendement, & refferrant fon cœur, rend fes projets confus, fes refolutions incertaines & leur execution perilleufe.

I. Le Roy en grandes tranfes.

Il y auoit encore quelques Gouuerneurs de Prouince qui demeuroient dans le deuoir : mais c'eftoit és frontieres ou extremités du Roiaume : c'eft à fçauoir le Duc de Montpenfier en Normandie, le Duc de Longueuille en Picardie, le Marefchal de Matignon en Guienne, le Duc de Montmorency en Languedoc, Ornano (depuis Marefchal de France) en Daufiné, la Valete en Prouence. Encore doubtoit-il que celuy-ci & le Duc d'Efpernon fon frere fuffent alienés de fon feruice depuis le tumulte d'Engoulefme. Mais ces deux freres luy leuerent cete apprehenfion par leurs deportemens, preuues infallibles de leur fidelité inefbranlable, & fans fe piquer de cet attentat, en imputerent la caufe pluftoft à l'induction & artifices de leurs ennemis & enuieux, qu'à la mauuaife volonté du Roy, qui n'agiffoit point auec vne autorité libre.

II. Gouuerneuts tenãs le parti du Roy.

Il eftoit en vne particuliere folicitude pour l'Auuergne : à caufe de l'importance de cete Prouince : laquelle eftant comme le centre du Roiaume peut apporter de grands auantages à celuy qui en eft le maiftre : & notamment pour la communication auec les prouinces circonuoifines & pour le paffage de l'vne à l'autre. D'ailleurs les hautes & fourcilleufes montagnes dont elle eft remparée d'vn cofté, peuuent feruir d'vne affeurée retraite aux plus foibles : & la fertilité de fes plantureufes plaines fournir abondamment dequoy raffrefchir vne armée. Le Comte de Rendan, qui en eftoit gouuerneur, s'eftoit desja declaré partifan de la Ligue, & fe trouuoit le plus fort dãs la prouince. Desja il y tenoit plufieurs villes & bonnes places : & mefmes Riom, vne des principales, ornée d'vn fiege prefidial & d'vn bureau de finances. Il muguetoit Clermõt & Mõtferrãt & y faifoit des practiques foubs pre-

Tome 4. Z iij

texte de l'edict de l'Vnion, & mesmes faillit à emporter Montferrand par escalade.

Sa Majesté desirant retenir ces deux villes dans l'obeïssance, & le reste du païs par le moien d'icelles, y enuoia le sieur d'Effiat auec vne ample commission & pouuoir pour y commander comme representant le Lieutenant de Roy en toute l'Auuergne. Il auoit desja des preuues de sa fidelité & de son courage tant és seruices qu'il auoit rendus à sa Majesté qu'au feu Duc d'Alençon, soubs lequel il auoit esté maistre de camp en Flandres. Mais estant d'ailleurs parfaitement zelé à la Religion Catholique (ainsi qu'il l'auoit tesmoigné n'agueres par vn liure auquel il refutoit doctement & subtilement les erreurs & impostures de Caluin) cete louäble condition le rendoit exempt des reproches des Ligueurs : lesquels qualifioient les bons seruiteurs du Roy du titre de Politiques & fauteurs des heretiques.

Effiat donques estant arriué en Auuergne son païs natal auec sa compagnie d'hommes-d'armes, mit promptement la main à l'œuure, r'affermit les villes de Clermont & de Montferrand en la resolution de seruir le Roy, y conuoqua ceux de la Noblesse qui n'auoient point esté encore gaignés par la Ligue, ou qui n'estoient pas bien satisfaits du Comte de Randan. Il establit dans Clermont vn Conseil de guerre : duquel (suyuant sa commission) il estoit le chef : & le composa des plus illustres Seigneurs & gentils-hommes, auec les principaux officiers du Roy & Escheuins de la mesme ville. Il les obligea tous au seruice de sa Majesté par vn nouueau serment : pourueut à mettre des gens de guerre sur pied par l'aduis de ce Conseil, & fortifia si dextrement le parti du Roy, qu'il arresta par tout les courses & entreprises de la Ligue. Tellement que le Comte de Randan, qui faisoit estat d'emmener vn gros renfort au Duc de Mayenne, fut contraint de demeurer sur les lieux : de peur qu'apres son depart tout fît joug aux armes du Roy, qui prospereroient desja auec vn grand progrés par cete bonne conduite.

Neantmoins l'arrest & la presence du Comte n'empecha pas qu'Effiat ne reduisît encore en l'obeïssance de sa Majesté les villes de Thiers, Maringues, Yssoire, Cusset, & autres de moindre importance. En quoy il fut fidelement & vigoureusement assisté des sieurs de Florat, Milliau, Alegre, Lafin, Riuoyet, Flot, Marmoulet & autres valeureux Seigneurs & gentils-hommes.

Or le Colonnel d'Ornano aiant failli à surprendre le Duc de Mayenne pour l'emmener à la boucherie, & le Roy preuoyant que toute l'autorité des trois freres enuers la Ligue s'unissant en la seule personne de celuy-ci, la partie n'en seroit pas moins forte que deuant, tascha de le prendre à la pippée en luy escriuant vne belle lettre : par laquelle il luy rameuteuoit comme luy-mesme auoit condamné ci-deuant le procedé du Duc de Guise son frere, la fierté & arrogance duquel il auoit supportée trop long temps, auec trop d'indulgence & jusqu'à ce qu'il sembloit n'attenter rien moins que de luy arracher le sceptre de la main

Henry III du nom, Roy LXII. 271

L'An de Chrift. 1589.

& la Couronne de la tefte. Apres cela il l'exhortoit à retourner au deuoir auec proteftation d'oublier tout le paffé, de le cherir & de luy dóner toute la fatisfaction qu'il pouuoit defirer de fon Roy, & mefmes le commandement de fes armes pour l'extirpation de l'herefie. Mais le Duc de Mayenne imputant cete recherche à crainte & lafcheté, ou à diffimulation & artifice, au lieu de flefchir à ces promeffes & proteftations, fe roidit dauantage à la vengeance du fang de fes freres & à la defenfe de fon falut par les armes. Ioint que les continuelles femonces & prieres des Parifiens qui l'appelloient au gouuernement de l'Eftat, & la reuolte des principales villes du Roiaume, chatouïlloient fon ambition jufqu'à luy faire efperer tout ce qu'vn grand courage fe peut promettre. Ce difcours de tant d'emotions, feditions, tumultes, & rebellions fuyuies d'euenemens tragiques & funeftes, feroit trop long, trop ennuyeux & quafi afreux à le reciter par le menu auec tant d'horribles circonftances. C'eft pourquoy ie ne toucheray que ce qui fe paffa à Paris, à Orleans, à Bourdeaus & à Toulouse: & cela mefmes fommairement, la memoire en eftant trop odieufe.

VII. Infolence des Parifiés contre fa Majefté.

Le Duc d'Aumale eftant dans Paris au temps que le Duc & le Cardinal de Guife furent tués à Blois, & le Duc de Nemours (comme j'ay desja dit) efchappé des mains de fes gardes s'eftant fauué auffi dans Paris, ils n'eurent pas grand'peine à remettre fus la faction de la Ligue: veu mefmes que les feze Capitaines des feze quartiers de la ville ne refpiroient que fureur, fang & rapine. Ioint que les Predicateurs auec vn zele indifcret qui paffoit en vne impudence incroyable, animoient leur auditoire à venger le fang des glorieux martyrs (ainfi en parloient-ils) nagueres repandu à Blois par le tyran Henry de Valois fauteur de l'herefie. La Sorbonne mefme (en laquelle lon pouuoit efperer plus de moderation & de retenue) efchappa jufques là que de *declarer les fubjets François abfous du ferment de fidelité qu'ils deuoient à Henry de Valois, & qu'il eftoit loifible de s'armer contre luy pour la defenfe de la Religion par luy opprimée*: & fon nom fut rayé des prieres de l'Eglife. Les Cordeliers couperent la tefte à l'effigie du Roy, & les Iacobins luy barbouïllerent la face.

VIII. Horrible proceffion à Paris.

Certaines proceffions furent faites, efquelles les petis enfans nuds piés portans en leurs mains des cierges allumés les efteignoient à la fin, en difant ces mots: *Ainfi Dieu permette qu'en bref la race de Valois foit entierement efteinte.* Vne infinité de liurets tant en rithme qu'en profe furent compofés, imprimés & publiés, les vns contre l'honneur & la reputation du Roy, les autres à la loüange du Duc & du Cardinal de Guife qualifiés par tout *glorieux martyrs*, & le Roy au contraire diffamé & noirci de calomnies & impoftures.

IX. La Cour de Parlement prifonniere dans la Baftille.

Le Lundy XXI iour de Ianuier Ian le Clerc dit Buffy, Procureur au Parlement, le plus autorifé & comme le Colonnel des feze, & gouuerneur de la Baftille Sainct-Antoine fut fi impudent que d'entrer dás le Palais, accompagné d'vne groffe troupe de fatellites armés de cui-

X iiij

rasses, le pistolet à la main: & estant dans la grand' Chambre du Parlement dit à aucuns des Presidens & Conseillers (lesquels il appella par leur nom) qu'ils le suyuissent en l'hostel de ville. Messire Achille du Harlay premier President luy aiant demandé de quelle autorité il faisoit vn tel exploit, il repartit, qu'ils se hastassent seulement d'aller auec luy, & s'ils faisoient les restifs qu'il leur feroit sentir quel estoit son pouuoir. Alors les Presidens du Harlay & de Thou (Brisson & Potier n'estans pas entrés ce jour-là, & Seguier aiant desja quitté la ville) auec plusieurs Conseillers jusqu'au nombre d'enuiron LX de toutes les Chambres autant de ceux qui auoient esté nommés par le Clerc que des autres, se leuerent & allerent quand & luy, les vns encourageans les autres à n'abandonner point leurs confreres. Ce belistre marchant le premier conduisit cete auguste & venerable Compagnie en triomphe par les rues, la populace insolente qui hait tout ce qui est au dessus d'elle, la brocardant auec des paroles sales, iniures & menaces. Mais le Clerc au lieu de les mener en l'hostel de ville les alla enfermer dans la Bastille. Toutefois ceux qui l'auoient suyui volontairement sans estre nommés, furent aussi-tost remis en liberté & renuoiés en leurs maisons.

X.
Et autres personnes de marque.

Le mesme jour il alla encore à main-armée par les maisons de plusieurs Officiers tant du Parlement, qui ne s'estoient pas trouués au Palais, que de la Chambre des Comptes, de la Cour des Aydes & des autres Compagnies, & des riches bourgeois: lesquels il mit prisonniers dans la Conciergerie, és deux Chastellets, & autres prisons de la ville: & apres en eslargit la plus-part moienant rançon, sa femme faisant la composition de ces rançonnemens & voleries.

XI.
Le Presidét Brisson fait serment à la Ligue.

Le lendemain au matin Barnabé Brisson, President au mesme Parlement tint l'audience de la grand' Chambre suyuant la coustume, & s'estant obligé par vn serment particulier à la Ligue, fit la fonction de premier President. Neantmoins pour colorer cete faute à tout euenement, & faire voir que le serment auoit esté extorqué de luy par violence, il en fit secretement vne declaration escrite & signée de sa main, recognue apres par deux Notaires. Mais nous verrons en son lieu quel traictement il receura de la Ligue.

XII.
Gens du Roy creés à Paris.

Le Sammedy XXVI du mesme mois de Ianuier Molé fut pourueu de la charge de Procureur General au Parlement par le Conseil de la Ligue, & Ian le Maistre & Louis d'Orleans de celles d'Aduocats pour sa Majesté, au lieu des vrais Officiers & gens du Roy, Iaques Faye sieur d'Espesses, Iaques la Guesle & Antoine Seguier, lesquels s'estoient retirés auprez de sa Majesté, leurs Offices les obligeant particulierement à ce deuoir entre tous les autres.

XIII.
Seruin Aduocat du Roy.

D'autre-part le Roy par edict exprés transfera le Parlement de Paris en la ville de Tours, & aiant pourueu d'vn Office de President le mesme d'Espesses, donna celuy d'Aduocat du Roy, qu'il auoit longuement & tres-dignement exercé, à Louis Seruin, homme eloquent, & de singuliere erudition: mais d'ailleurs vehement, & qui auoit vne si

Henry III du nom, Roy LXII. 273

à extreme auerſion de la Ligue, qu'il eſchappoit aucunefois auec des ſaillies violentes contre l'ordre Eccleſiaſtique & contre le Sainct-ſiege qui l'auoient le plus autoriſée.

L'An de Chriſt. 1589.

Le Duc de Mayenne tant deſiré par les Pariſiens eſtant arriué à Paris au commencement du mois de Feurier, y fut receu auec les honneurs & acclamations accouſtumées és entrées des Rois: & le XIIX. du meſme mois y eſtablit vn Conſeil d'Eſtat de XL perſonnages les plus zelés au parti choiſis de tous les Ordres: & le IV de Mars luy-meſme fut creé par ſa creature (c'eſt à ſçauoir par le meſme Conſeil) Lieutenant general de la Couronne de France: & en fit le ſerment en la Cour de Parlement: par lequel il s'obligeoit à la defenſe de la Religion Catholique, Apoſtolique, Romaine contre toute ſorte de perſonnes, de maintenir en ſon entier l'Eſtat du Roiaume, l'autorité des Cours ſouueraines, les droits & priuileges de l'Egliſe & de la Nobleſſe, de procurer le ſoulagement du peuple en le deſchargeant de tous impoſts extraordinaires, & d'vſer du pouuoir qui luy eſtoit commis, à la gloire de Dieu, protection des gens de bien & punition des mechans.

XIV. Le Duc de Mayenne creé Lieutenant general de la Couronne par la Ligue.

Par cete commiſſion il pretendoit auoir l'autorité ſouueraine en main, en ſorte que tous les autres chefs de la Ligue dependiſſent de luy & fuſſent obligés de deferer à ſes ordonnances. Mais n'aiant que le titre de Lieutenant, les Ducs de Nemours, d'Aumale, de Mercœur & autres qui prirent auſſi le titre de Lieutenans generaux, faiſoient les ſouuerains en leurs prouinces. Tellement que l'Vnion, laquelle ils auoient jurée, ne fut en fin qu'vne deſ-vnion & diuiſion par leur mauuaiſe intelligence & peu de correſpondence. S'il eût pris le nom de Regent, parauenture luy eût-il plus heureuſement ſuccedé, comme repreſentant ſoubs vn titre de modeſtie, la Majeſté ſouueraine.

XV. Diuiſion des chefs de la Ligue.

Il fut auſſi arreſté au Conſeil de l'Vnion que les Seaux roiaux (eſquels l'effigie & le nom de Henry III eſtoient graués) ſeroient caſſés & rompus: & qu'il en ſeroit fait vn pour le Conſeil d'Eſtat & grande Chancellerie: & vn autre plus petit en chaque Chancellerie des Cours ſouueraines.

XVI. Nouueaux Seaux.

La ville d'Orleans vne des plus importantes du Roiaume tant pour eſtre bien fortifiée que pour ſon aſſiete ſi auãtageuſe & cõmode qu'outré qu'elle eſt au milieu de pluſieurs autres bonnes villes, elle a commerce auec les contrées voiſines, & meſmes auec aucunes des plus eloignées, par le moien de la riuiere: cete bonne & belle ville; dy-je, eſmeüe par Roſſieux (lequel y auõla le jour meſme de la mort du Duc de Guiſe) ſe mit en armes, bloqua la citadelle, & nonobſtant le ſecours du ſieur de Dunes & du Mareſchal d'Aumont (lequel y accourut auec partie du regiment des gardes & les Suiſſes de la garde du Roy) les Orleanois firent de ſi grands efforts qu'ils la forcerent dans peu de jours, la raſerent, & conſpirans auec Paris ſe declarerent pour la Ligue.

XVII. Rebellion d'Orleans.

Il y eut à Bourdeaus vn tumulte de tres-dangereuſe conſequence s'il n'eût eſté ſoudain eſteint par la prudence & diligence du Mareſchal

XIIX. Tumulte de Bourdeaus.

de Matignon. Les Catholiques, à cause des continuelles guerres qu'ils auoient eües depuis trente ans auec les Religionnaires, auoient vne grande inclination à la Ligue. Le sieur d'Escassefort frere d'Arnaut de Pontac Euesque de Bazas estoit vn des principaux chefs des factieux, & à cause du credit que ses parentés & alliances luy donnoient dans la ville, se produisoit assez hardiment pour tel : de sorte qu'aiant animé le peuple à prendre les armes pour l'Vnion, il y eut quelque esmotion & sedition de plusieurs habitans Catholiques, aucuns desquels se saisirent de la porte S. Iulien & du clocher S. Michel : d'autres firent des barricades en diuers endroits de la ville.

XIX. Esteint par le Mareschal de Matignon.

A ce bruit le Mareschal sortit du chasteau Tropeite à pied & en pourpoint (pour monstrer le mespris qu'il faisoit de ces seditieux) accompagné d'enuiron trente des siens, & sa troupe grossissant tousjours parcourut tous les quartiers de la ville & rompit par tout les corps de garde desja dressés, ensemble les barricades, sans quasi point de resistence. Escassefort voiant vn grand desordre parmi ses partisans sortit de Bourdeaus & s'enfuit à Agen qui chanceloit au deuoir, & à son arriuée se declara ouuertement pour la Ligue. Ceux qui tenoient le clocher de S. Michel aiant fait contenance de se defendre du commencement, se rendirent aprés à discretion au Mareschal, qui en fit pendre & estrangler deux des plus factieux, & auec cela accoisa entierement le tumulte.

XX. Iesuites calomniés.

Ceux qui ont escrit que les Iesuistes furent alors chassés pour auoir esté auteurs de cete esmotion, ont esté mal informés de l'affaire. Car leur bannissement n'arriua pas de six mois aprés, & fut ordonné par le Roy sur des delations calomnieuses : & quoy qu'on eût tasché de les enueloper en la sedition precedente, il ne s'en trouua jamais aucune preuue. Ie ne doubte pas pourtant qu'ils ne fussent tres-zelés au parti de l'Vnion : mais je sçay bien aussi que là & en toutes les villes Catholiques de Guienne (pour la raison sus-dite) c'estoit vne passion commune à tous les Ordres du peuple.

XXI. Cruautés exercées à Toulouse par le peuple.

A Toulouse la fureur populaire n'estant point retenue par le frein de citadelle ny de chasteau, cóme à Bourdeaus, passa aussi à des actions plus insolentes & brutales. Car le peuple suscité par Vrbain de S. Gelais bastard de Lansac, Euesque de Comminges, s'estant mis en armes força le Parlement à confirmer l'establissement d'vn Conseil pour le gouuernement de la ville. Ce Conseil composé des plus seditieux se portant à toute sorte de licentieux desordre, Messires Ian-Estienne Duranti premier President au Parlement, & Iaques Daffis Aduocat general, personnages de rare erudition, integrité & courage, s'y opposerent vigoureusement suyuant le deuoir de leurs charges. A raison dequoy estans deferés comme Politiques, fauteurs de l'heresie, & de la tyrannie de Valois (ainsi en parloient les factieux) ils furent cruellement massacrés par vne tourbe de seditieux : lesquels aprés auoir trainé le corps du President par les rues & puis pendu à vn poteau pillerent sa

Henry III du nom, Roy LXII. 275

maison, qui estoit le but principal de leur tumulte.

L'an de Christ. 1589.

La fureur croissant auec les crimes ils enleuerent de l'hostel de ville l'effigie du Roy, & après l'auoir trainée aussi par les rues l'exposerent à l'enchere, le crieur l'aiant mise à cinq sols pour acheter (disoit-il) vne corde à pendre celuy qu'elle representoit : action que j'escri auec horreur, considerant l'iniure faite à la Majesté roiale, sacrée image de la diuinité. Et cete brutalité me remet en memoire le naturel du leopard, lequel estant naturellement ennemi de l'homme deschire auec autant de fureur l'effigie d'vn homme que l'homme mesme.

XXII. Execrable insolence contre l'effigie du Roy.

En ce mesme temps l'Vnion fut receüe & proclamée à Amiens, Abbeuille, Chartres, Roüen, Troyes, Lyon, Bourges, Poictiers, au Mas, Aix, Arles, Marseille, & autres villes auec des insolences contre l'autorité roiale & contre la personne du Roy mesme. Angers auoit pris le mesme parti, par l'induction du Comte de Brissac, qui s'estoit derechef attaché à la Ligue. Mais le Mareschal d'Aumont suruenant à temps auec les forces du Roy, Brissac luy quitta la place, & la ville exposée à la violence des gens de guerre, fut cruellement traictée.

XXIII. Reuolte de plusieurs villes.

Les cruautés commises à Angers par les Roiaux seruirent d'vn puissant argument au Duc de Mercœur & à ses supposts pour faire receuoir l'Vnion à Nantes, à Rennes & en suite par toute la Bretagne. Mōbarot sera eternellement loüé d'auoir genereusement combatu auec vne poignée de gens pour conseruer Rennes en l'obeissance du Roy ; mais n'estant point secouru par le Mareschal d'Aumont, qui estoit à Laual, il fut contraint de quiter vne tour (dans laquelle il s'estoit cantonné) auec vne capitulation honorable.

XXIV. Et de la Bretagne.

Le Comte de Brissac chassé d'Angers passa en Normandie pour attirer le peuple à l'Vnion à l'exemple de la ville capitale de la Prouince. A quoy il trouua de l'inclination & disposition non seulement dans les villes Catholiques, mais aussi és bourgs & villages : où le peuple s'assembloit à milliers au tocsin, soubs couleur de la ferueur de son zele enuers la Religion, & d'auenture encore plus sur l'esperance de piller leurs voisins. Ces tourbes villageoises prirent le nom de *Gautiers*, & furent dissipées par le Duc de Montpensier assisté de la Noblesse du païs, apres en auoir taillé en pieces prez de trois mille. Le Marquis de Villars fut fait gouuerneur de Normandie pour la Ligue.

XXV. Gautiers de Normādie.

Accord entre le Roy & le Roy de Nauarre. Le Duc d'Espernon vient au secours du Roy. Traicté entre le Roy & le Roy de Nauarre.

I. Brauade du Duc de Mayenne. II. Le Roy se retire de Blois à Tours. III.

Laisse ses prisonniers à Amboise. IV. S'en asseure en contentāt le Guast. A V. Mét en dellberation s'il doibt traicter auec le Roy de Nauarre. VI. Recherché en vain le Duc de Mayenne. VII. Traicté auec le Nauarrois. IIX. Commissaires pour l'execution du traicté. IX. Le Grand Duc de Toscane preste de l'argent au Roy. X. Qui enuoie des Ambassadeurs aux Princes voisins. XI. Bonnes diligences de Sancy. XII. Mauuaise volonté de l'Espagnol enuers la France. XIII. Monitoire du Pape contre le Roy. XIV. Qui ne peut obtenir son absolution. XV. Reconciliation du Duc d'Espernon & Mareschal d'Aumont. XVI. Le Mareschal de Biron vient à la Cour. XVII. Et le Roy de Nauarre après. XIIX. Entre-veüe des deux Rois. XIX. Le Nauarrois vient au logis du Roy. XX. Le Duc d'Espernon entreprend de defendre Blois. XXI. B Sa generosité enuers l'Archeuesque de Lyon.

L'An de Christ. 1589.

I.
Brauades du Duc de Mayenne.

AINSI donc le Duc de Mayenne enorgueilli du superbe titre de Lieutenant general de la Couronne Françoise & de la declaration des plus grandes & plus opulentes villes du Roiaume pour son parti: luy, dy-je, qui cedoit ci-deuant au Duc de Guise son frere dans la faction de la Ligue, veut maintenant debatre de l'autorité souueraine contre le Roy mesme. Pour se monstrer digne du commandement qui luy est deferé il assemble des C forces de tous costés, & promet à ses suppos de faire vn si grand effort contre Henry de Valois qu'en bref il luy fera porter la peine (ainsi en parloit-il) de ses trahisons, assassinats, & parjures.

II.
Le Roy se retire de Blois à Tours.

Le Roy, qui le recognoissoit pour bon & hardi Capitaine, se trouuant mal accompagné, & craignant de receuoir vn affront dans Blois, ville nullement fortifiée & trop proche d'Orleans, qui tenoit obstinément pour la Ligue, se resolut de se retirer à Tours pour y establir le Parlement de France & son principal siege. Ioint qu'elle luy estoit tres-commode pour y assembler ses forces & en s'approchant du Roy de Nauarre, traicter auec luy s'il ne le pouuoit auec la Ligue.

III.
Laisse ses prisonniers à Amboise.

Passant à Amboise il tira Chasteau-vieux du Chasteau, en donna le D gouuernement au Guast auec deux compagnies de gens de pied: & luy commit en garde tous ses prisonniers, lesquels il y fit traduire de Blois par la riuiere. La Duchesse de Nemours estant dans le bateau & tournant sa veüe vers le Chasteau de Blois basti par le Roy Louis XII son aieul maternel: O grand Roy (dit-elle) auiez-vous fait bastir ce chasteau pour y faire tuer les enfans de vostre petite fille? Le Roy aussi pour la consideration de son extraction, commanda qu'elle fût mise en liberté: mais cete faueur ne r'amollit nullement son cœur endurci à la vengeance.

IV.
S'en asseure en contentāt le Guast.

En cete conjoncture l'Archeuesque de Lyon & la Chappelle-Marteau Preuost des Marchans de Paris, hommes accors firent si bien par
leurs

Henry III du nom, Roy LXII. 277

A leurs persuasions qu'aians gaigné le Guast il s'obligea de les remettre tous en liberté moienant la somme de cent mille escus, & pour l'asseurance de sa parole enuoia vn sien frere à Paris en ostage. Le Roy aduerti de ce complot fit representer au Guast qu'il ne trouueroit que sa ruine dans le parti où il cherchoit sa fortune: dautant qu'en vendant la liberté des prisonniers aux Ligueurs il ne seroit jamais estimé parmi eux que trahistre, & que l'assassinat du Cardinal de Guise le rendroit vn continuel objet de leur haine. D'autre part que tombant entre les mains du Roy il ne pouuoit euiter vn cruel & ignominieux supplice. De sorte qu'il luy estoit plus expedient & plus asseuré de faire sa condition auec sa Majesté: à quoy il entendit volontiers: & le Roy retournant à Amboise luy donna trente mille escus comptant & la rançon

B de tous les autres prisonniers qu'il laissa soubs sa garde, excepté trois, c'est à sçauoir le Cardinal de Bourbon, le Prince de Iainuille & le Duc d'Elbeuf, lesquels il r'amena quand & luy à leur grand regret, lors qu'ils auoient esperé leur deliurance.

Le Roy aiant ainsi pourueu à la seureté de ses prisonniers & de cete place tourna ses soins à rechercher les moiens d'humilier & de domter les Rebelles. Mettant donc les affaires en deliberation (apres auoir fait publier des edicts par lesquels ils estoient declarés criminels de lese-Majesté) il fut proposé entre autres choses de faire la paix auec le Roy de Nauarre & se seruir de ses forces. Cete proposition sembla grandement odieuse au Duc de Neuers & à la plus-part des Catholiques, qui estoient auprés de sa Majesté: lesquels remonstroient que ce seroit confirmer les raisons de la Ligue qui publioit que le Roy estoit fauteur des heretiques, & qu'il desiroit faire tomber la succession de la Couronne és mains du Roy de Nauarre obstiné en son heresie. Que ce seroit vne occasion d'aliener l'affection des Catholiques qui demeuroient encore dans le deuoir, & d'offenser les Princes voisins Catholiques, & singulierement le Pape d'ailleurs assez outré du meurtre du Cardinal de Guise, & de la prison du Cardinal de Bourbon & de l'Archeuesque de Lyon. Les autres representoient qu'estant impossible au Roy de faire en mesme temps la guerre aux Religionnaires & à la Ligue, il ne pouuoit euiter de traicter auec l'vn ou l'autre de ces deux partis: & si le Duc de Mayenne refusoit d'y entendre (com-

D me il auoit fait desja vne fois) que de necessité il falloit traicter auec le Roy de Nauarre: estant plus important de pouruoir au salut de l'Estat qu'au contentement du Pape.

V. Met en deliberation s'il doibt traicter auec le Roy de Nauarre.

Cete opinion l'emporta: & le Roy dilayant la conclusion de son traicté auec le Nauarrois (en faisant naistre des difficultés touchant la ville de Saumur laquelle il demandoit afin d'auoir vn passage libre sur Loire) employa le Nonce du Pape pour disposer le Duc de Mayenne à la paix offrant d'en remettre les conditions au jugement de sa Saincteté. Le Nonce rapporta tout ce qui estoit de son industrie en la negociatio de cete affaire. Mais le Duc imputant à lascheté (comme autrefois)

VI. Recherche en vain le Duc de Mayenne.

Tome 4. A a

ou à foiblesse cete recherche du Roy, respondit qu'en cete affaire ny autre quelconque il ne desireroit jamais d'auoir autre juge que le Pape: toutefois qu'il ne pouuoit prendre asseurance de celuy, lequel apres auoir confirmé vne reconciliation par vn serment solennel, auoit fait assassiner ses deux freres, & qui ne demandoit que l'amuser soubs ombre d'vn traité, afin de luy faire dissiper ses forces par vne trefue ou cessation d'armes. Le dessein de sa Majesté estoit neantmoins de cōtenter le Duc de Mayenne auec des conditions raisonnables & reunissant tous les Catholiques ensemble faire vne cruelle guerre aux heretiques.

L'An de Christ. 1589.

VII. Traicté auec le Nauarrois.

Ne pouuant donc rien auancer auec vn homme qui auoit encore la dague dans le sein, il conclud aussi-tost auec le Roy de Nauarre, & luy bailla Saumur, où le Nauarrois logea le sieur du Plessis-Mornay, & Florent Guyot sieur des Essars en sortit moienant certaine recompense. Les deux Rois ne firent qu'vne trefue pour vn an, à compter du mois d'Auril: pendant laquelle, attendant vne bōne paix, les choses demeureroient en l'Estat d'vne part & d'autre. Le Conseil fut d'aduis d'en vser ainsi, afin qu'il semblast que le Roy eût moins de communication auec les heretiques. Et mesmes S. M. voulut qu'Auignon & le Comté Venicin jouïssent du benefice de la trefue. Sa Majesté se reserua le restablissement de ses Officiers és villes dont ils auoient esté chassés.

IIX. Commissaires pour l'execution du traicté.

En consequence de cet accord les deux Rois deputerent des Commissaires par toute la Generalité de Poictou, afin d'y regler les finances, restablir les Officiers de sa Majesté, & pacifier les aigreurs qui estoient entre les Catholiques & les Religionnaires. De la part du Roy fut commis Scæuole de Saincte-Marthe Thresorier de France en la mesme Generalité, la vertu & fidelité duquel estoit cognue au Roy, & sa rare erudition à tous les doctes de ce siecle: & de la part du Nauarrois le sieur de Fay son Chancellier: lesquels s'acquitterent dignement de leur commission. Le Roy qui visoit tousiours pieusement à la gloire de Dieu recommanda sur toutes choses à Saincte-Marthe qu'il eût le soin de restablir le diuin seruice és lieux, où il ne se faisoit plus: & Saincte-Marthe executant ce commandement auec beaucoup de zele, les Religionnaires en murmurerent, & s'en plaignirent peu de temps aprés à Henry le Grand, ainsi qu'on voit dans vne de ses letres, inserée és Memoires du sieur du Plessis-Mornay.

IX. Le grand Duc de Toscane preste de l'argent au Roy.

Le traicté ainsi conclu, & des deux Rois ensemble n'aians afaire qu'à la Ligue, il fallut pouruoir aux moiens de maintenir l'autorité roiale & d'opprimer le parti contraire. Le premier, & le plus important estoit de recouurer des finances, qui sont les nerfs de la guerre. Les deniers imposés sur les subjets du Roy estant enleués par les Gouuerneurs des Prouinces & des villes tant d'vn parti que d'autre, sa Majesté eut recours aux voisins, & particulierement au grand Duc de la Toscane, lequel presta deux cens mille ducats au Roy, n'aiant peu demeurer d'accord auec sa Majesté touchant les conditions de la vente du Marquisat de Salusses ou de l'engagement de la ville de Marseille.

Henry III du nom, Roy LXII. 279

A En second lieu, il falloit se fortifier du secours des estrangers alliés afin de l'opposer à celuy qui deuoit venir pour la Ligue. A cet effect Nicolas du Harlay sieur de Sancy fut enuoié en Suisse, & Gaspar de Schomberg Comte de Nantueil deuers les Princes d'Alemagne. I. Auguste de Thou President au Parlement de Paris (qui a escrit l'histoire de ce temps) auoit commandement de l'accompagner jusqu'à la frontiere, & aprés passer en Italie, & de là vers l'Empereur pour luy faire entendre l'estat de la France. Ces deux derniers coururent mille hazars par les chemins infestés des ennemis, & à grand'peine estoient-ils arriués en seurté sur les lieux, qu'ils eurent aduis de la mort du Roy : mais ils ne laisserent pas de bien seruir le successeur de la Couronne.

L'An de Christ 1589.

X. Qui enuoié des Ambassadeurs aux Princes voisins.

B Sancy, qui estoit parti deuant eux, fit si dignement & si heureusement sa charge qu'il surmonta tous dangers & difficultés : de sorte qu'il trouua moien de tirer des hommes d'vne nation qui a le sang venal, & mesmes de l'argent pour leur solde. Geneue y contribua aussi pour estre protegée contre le Duc de Sauoye qui la menaçoit, & Sancy mesme y engagea tout son credit enuers les banquiers aprés sa pierrerie. Aussi le verrons-nous tantost arriuer auec vne belle armée.

XI. Bonnes diligences de Sancy.

En troisiesme lieu, il importoit au Roy d'auoir l'Espagnol de son costé ou à tout le moins de le rendre neutre. Tous les Princes souuerains estant interessés en la cause de la Majesté Tres-Chrestienne, op-
C primée par la rebellion de ses subjets, sembloit y obliger l'Espagnol plus particulierement comme son voisin & beau-frere. Forget sieur de Fresne fait nagueres Secretaire d'Estat fut despeché à ces fins deuers luy, & pour luy annoncer le trespas de la Royne Caterine de Medicis sa belle-mere. Il auoit commandement aussi de luy representer que c'estoit elle qui auoit pretendu de son chef au Roiaume de Portugal, auquel le Roy son maistre renonçoit entierement, & seroit bien-aise que sa Majesté Catholique se restablit en la possession de Cambray. Ce qui estoit auancé contre Balagny qui s'estoit declaré pour la Ligue. L'Espagnol caut & rusé recognoissant bien que tous ces bons propos procedoient de l'impuissance du François, respondit à cela que ces aduis & excuses du Roy son frere arriuoient bien tard. Que luy-mesme
D estant empeché à domter la rebellion de ses subjects des Païs-bas n'auoit pas moien de le secourir en cete occasion, comme il eût bien desiré tant par la consideration de leurs interests communs que de leur alliance. Et adiousta aprés tout, par admiration, & comme vne chose qu'il ne se pouuoit persuader, *Le bruit est que mon frere a fait ligue auec le Roy de Nauarre?* Forget n'oublia pas de luy repartir que ce n'estoit qu'vne trefue d'vn an, à laquelle l'insolence de la Ligue auoit obligé le Roy son Maistre. Tant y a que l'Espagnol se monstra froid ami, mauuais allié, & paroistra ci-aprés dangereux voisin à la France.

XII. Mauuaise volonté de l'Espagnol enuers la France.

Aprés tout & d'auenture auant tout il falloit donner satisfa-

XIII.

Tome 4. Aa ij

Histoire de France,

Monitoire du Pape contre le Roy.

ction au Pape Sixte, homme violent & seuere. Il auoit desja lasché vn Monitoire contre le Roy, pour l'exhorter deux & trois fois (suyuant la coustume) & conjurer par les entrailles de la misericorde de Dieu & par les merites de sa redemption, à mettre en liberté le Cardinal de Bourbon & l'Archeuesque de Lyon: & d'aller en personne à Rome, où d'y enuoier vn procureur deüement fondé, dans soixante jours, à comter de la notification du Monitoire, afin de declarer les causes pour lesquelles il les detenoit prisonniers & auoit fait tuer le Cardinal de Guise. A faute de ce faire & de remettre en liberté les deux prisonniers dans dix jours, il le declaroit excommunié comme desobeïssant aux decrets de la saincte Eglise.

L'An de Christ. 1589.

XIV. *Qui ne peut obtenir son absolution.*

Le Marquis de Pisani Ambassadeur ordinaire, & l'Euesque du Mans Ambassadeur extraordinaire pour sa Majesté à Rome, raporterent tout le deuoir qui se pouuoit desirer enuers le Pape pour obtenir l'absolution du Roy: & s'offroient de luy demander en son nom auec des sousmissions filiales. Mais sa Saincteté s'aheurtant à ce que sa Majesté relaschât les deux Prelats prisonniers, & les luy renuoiât pour les juger, le Conseil de France s'y opposa, soustenant qu'és crimes de lese-Majesté les Ecclesiastiques, en quelque dignité qu'ils soient constitués, dechéent de leurs immunités & priuileges. Les Ambassadeurs n'en pouuant auoir autre chose retournerent en France, & le Cardinal de Ioyeuse (qui s'y estoit grandement interessé) se retira auec Dossat à Venise.

XV. *Reconciliation du Duc d'Espernon & Mareschal d'Aumont.*

Le Roy estant en ces transes receut vn singulier contentement de l'arriuée du Duc d'Espernon à la Cour, accompagné de trois mille cinq cens hommes de pied & de cinq cens cheuaux: & voiant la franchise auec laquelle le Mareschal d'Aumont & luy, auparauant ennemis mortels, s'estoient reconciliés contre l'opinion de tout le monde, afin de seruir plus vtilement sa Majesté, il eut en admiration leur generosité, qui n'auoit point d'autre but que son seruice.

XVI. *Le Mareschal de Biron vient à la Cour.*

Armand de Gontaud sieur de Biron Mareschal de France, vn des grands Capitaines de son temps vint aussi se rendre auprez de sa Majesté, quoy que pour les caprices de la Roine de Nauarre il eût esté priué de sa Lieutenance generale en Guienne. La Ligue luy auoit tasté le poux: & le Mareschal estoit homme pour s'y engager si le Duc de Mayenne luy eût baillé le gouuernement de Guienne. Mais à l'induction de la Duchesse sa femme il luy prefera le Marquis de Villars son beau-fils, lequel estant jeune & sans experience y ruina le parti: Monluc, Montespan, Castelnau de Marmande & autres Seigneurs, qui eussent honoré le Mareschal, refusans de le recognoistre pour Gouuerneur ne le cognoissant point Capitaine.

XVII. *Et le Roy de Nauarre apres.*

En ce mesme temps le Roy de Nauarre, qui venoit de prendre Argenton, arriua à Tours, accompagné tant seulement de ses gardes, &

Henry III du nom, Roy LXII. 281

L'an de Chrift. 1589.

A de quelques gentils-hommes, aiant laiffé fes troupes derriere, afin de tefmoigner au Roy par fa franchife qu'il eftoit fans deffiance. Plufieurs des fiens luy diffuadoient de fe commettre ainfi à la foy d'vn Roy, qui iamais ne luy auoit gardée. Ils luy ramenteuoient le maffacre de la Sainct Barthelemy, duquel il auoit efté vn des principaux auteurs. Qu'il auoit vne haine & auerfion irreconciliable contre les Reformés. Qu'il ne gehennoit iamais fa confcience pour violer vn ferment. Que pour regagner les cœurs des Catholiques & contenter le Pape il effaceroit volontiers les taches du fang des Guifes par celuy du Roy de Nauarre. Mais luy au contraire perfiftant en fa refolution difoit qu'il vouloit aller fecourir fon Roy : que fon bon Ange l'infpiroit à ce B faire, & que iamais il n'auoit entrepris action auec pareille alegreffe. Pour leuer encore tout foupçon aux fiens par le hazard de fa perfonne il fe mit en chemin, & arriua le dernier iour d'Auril apres Vefpres au Pleffis lez-Tours, où le Roy l'attendoit dans le parc auec beaucoup d'impatience.

Le Nauarrois mit pied à terre à l'entrée du parc : & eftant à trois pas de fa Majefté s'enclina iufqu'à terre auec des profondes reuerences & luy baifa les pieds. Le Roy le releuant l'embraffa, l'accola & le careffa auec autant de demonftration d'amitié que l'autre luy offroit de feruices. Les Princes & Seigneurs en fuite aiant fait la reuerence au Nauarrois durant les acclamations de la tourbe du peuple qui couuroit le parc & fes aduenues, les deux Rois s'entretindrent plus de trois heures tant du paffé que du prefent : & mefmement touchant les moiens qu'il leur conuenoit tenir pour opprimer & efteindre enfemble la Ligüe.

XIIX. Entreueüe des deux Rois.

Thuan. lib. 95.

Le foir les conuians à fe retirer le Roy retourna à Tours, & le Nauarrois au faux-bourg Sainct Symphorien, où il auoit pris fon logement. Le lendemain au matin premier iour de May il repaffa le pont qui joint le faux-bourg à la ville & vint au logis du Roy dans Tours : dont fa Majefté fe fentit plus obligée que de la vifite du iour precedent faite dans la liberté de la campagne. S'eftans entretenus derechef toute la iournée, le Nauarrois prit congé pour retourner à fes troupes : lefquelles il promit d'emmener au pluftoft à fa D Majefté pour en difpofer, comme de fes fideles fubjets, auec puiffance abfoluë.

XIX. Le Nauarrois vient au logis du Roy.

Defja le bruit couroit à la Cour que le Duc de Mayenne auec vne puiffante armée s'en venoit droit à Blois ; afin que rafant & brulant cete ville il y laiffaft des eternelles, mais horribles, marques de la vengeance du fang de fes deux freres. Cete paffion humaine ou pluftoft brutale eftant fi eloignée de la raifon qu'elle s'attache non feulement à l'innocence, mais auffi aux chofes infenfibles, ainfi que les chiens courent apres la pierre pour la mordre, ne pouuant où n'ofant attaquer celuy qui l'a jettée. S. M. defiroit bien conferuer Blois, mais n'eftant poin en eftat de refifter au canon, elle faifoit confcience d'y expofer des gens

XX. Le Duc d'Efpernon entreprend de defendre Blois.

Tome 4. Aa iij

de bien, & en grand nombre; en vn temps qu'il auoit tres-grand be- L'An de soin d'hommes. Toutefois le Duc d'Espernon ne pouuant souffrir que Christ. l'ennemi desolât cete belle ville agreable sejour de nos Rois, s'offrit à la 1589. defendre auec ses troupes. Et sa Majesté luy aiant permis il s'en alla jetter dedans, & y fit dresser quelques fortifications à la haste. Mais le Duc de Mayenne entendant qu'il estoit dans Blois, changea de resolution & de chemin, & fit tourner ailleurs la teste de son armée.

XXI. Sa generosité enuers l'Archeuesque de Lyó.

Le Duc d'Espernon passant à Amboise, entra dans le Chasteau, où il visita l'Archeuesque de Lyon prisonnier, son ennemi capital: auquel il offrit son assistance enuers le Roy pour sa deliurance: auec protestation que s'il eût esté en autre estat, il ne l'eût pas veu. L'Archeuesque se sentant grandement son obligé par cete franchise, accepta ses offres auec de hauts eloges de sa generosité: & peu aprés recouura sa liberté par l'intercession de celuy, duquel il attendoit plustot des actions de vengeance.

En ces entre-faites le Baron de Guitry pour rompre les desseins du Duc de Sauoye sur Geneue; assisté du secours des Suisses. & de quelques troupes du Daufiné, entra dans les terres du Sauoyard, courut la contrée de Fossigny, prit le chasteau de Mouson, la ville de Bouuet, celles de Geais & de Thouan auec leurs forts, & en suite Ripaille apres vne furieuse baterie: & le Duc venant au secours fut repoussé auec perte de bon nombre de vaillans hommes. Apres ces heureux exploits, Guitry s'en alla joindre l'armée leuée par Sancy pour l'accompagner en France.

Le Duc de Mayenne vient brauer le Roy à Tours. Sa Majesté va deuant Paris.

I. *Le Duc de Mayenne prend Vendosme. II. Et Sain-Ouyn. III. Fait vne grande faute. IV. Se presente deuant Tours. V. Faut à surprendre le Roy. VI. Ordre de sa Majesté pour la defense. VII. Ordre du Duc de Mayenne pour l'attaque. IIX. Les Roiaux ployent. IX. Le Duc de Mayenne se retire. X. Morts de part & d'autre. XI. Retour du Roy de Nauarre & du Duc d'Espernon. XII. Resolution du Roy d'assieger Paris. XIII. Poictiers luy refuse l'entrée. XIV. Deffaite du Duc d'Aumale deuant Senlis. XV. Deffaite de Saueuses. XVI. Prise du Comte de Soissons par le Duc de Mercœur. XVII. Le Roy marche droit à Paris. XIIX. Prend Gergeau. XIX. Pluuiers & Estampes. XX. Et Pontoise. XXI. Reçoit le secours estranger. XXII. Les Ducs de Mayenne & de Nemours dans Paris.*

Henry IV du nom, Roy LXIII. 283

vingt-sept mille escus pour les interests d'icelles : & cependant toute saisie, poursuite & action fut interdite à ses creanciers. Sa Majesté prit outre cela sur soy & se chargea d'acquiter tous les arrerages deubs aux Suisses, au Duc des Lorraine & autres estrangers par le mesme Duc, à raison des leuées des gens de guerre faites en faueur de la Ligue, cóme aiant esté faites pour son seruice. Les Officiers par luy pourueus durant la Ligue furent confirmés en leurs offices, en prenant nouuelle prouision de sa Majesté. Pleine & tres-ample abolition de tout le passé luy fut octroyée auec tout ce qu'il desira tant pour sa seureté que pour sa r'habilitation & restablissement en son honneur & dignité. Le Marquis de Villars & le sieur de Montpesat beau-fils du Duc furent par mesme moié receus en grace. Les Ducs d'Aumale & de Mercœur furent rappellés à leur deuoir par les mesmes letres de sa Majesté, auec promesse d'estre fauorablemét traictés : & mesmes que l'arrest de códamnation n'agueres donné au Parlement de Paris contre le Duc d'Aumale seroit annullé. Nous verrons tantost que le Duc de Mercœur s'y disposera, l'autre demeurer endurci & obstiné en sa felónie. C'est chose notable que ce traicté fut qualifié du nom de *Paix*, par vne faueur particuliere de sa Majesté enuers le Duc de Mayenne.

Le Parlement aiant voulu apporter des modifications à la verification de la declaration du Roy faite sur ce subjet, tantost pour obliger le Duc de Mayenne à declarer en icelle par sermét qu'il n'auoit point trempé ny consenti au parricide commis en la personne du Roy Henry III, tantost en y adioustant ces mots, *attendu l'vrgente necesité des affaires du Roy*, pour luy laisser quelque flestrisseure que le temps & l'estat des affaires de sa Majesté plastroit sans la guarir: le Roy manda par diuerses jussions tres-expresses qu'elle fût verifiée simplement, absolúment & sans modification quelconque: ce qui fut fait au grand regret d'aucuns esprits malicieux qui vouloient prendre occasion de vengeance du mesme subjet sur lequel le Roy exerçoit sa generosité & clemence.

Au contraire sa Majesté par vn excés de courtoisie & de bonté, sçachant que le Duc de Mayenne partoit de *Soissons* auec de belles troupes tant de Caualerie que d'Infanterie pour venir au camp roial deuant la Fere luy vint au deuant iusqu'à Monceaux, l'accueillit auec beaucoup d'honneur, l'embrassa & le caressa auec vne singuliere demonstration de bien-veillace: aimant mieux le traicter fauorablemét comme proche parent, qu'imperieusement comme vassal & subjet.

Le traicté du Duc de Mayenne fut suiuy de celuy de Henry Duc de Nemours son frere ci-deuant renommé soubs le titre de Marquis de S. Sorlin: par lequel entre autres choses il fut deschargé de tout ce dont il pouuoit estre recherché tant de son chef que de celuy du feu Duc Charles son frere, auquel il auoit succedé: & par exprés de la couronne d'or de Charles le Chauue Roy & Empereur, laquelle son frere auoit enleuée de l'Eglise S. Denys pour l'employer aux frais de la guerre.

L'an de Christ. 1596.

II. Verifiée nonobstant les difficultés du Parlement.

III. Sa Majesté luy vint au deuant pour l'accueilir.

IV. Traicté du Duc de Nemours.

A a iiij

V.
Autre traicté auec le Duc de Ioyeuſe.

Le III traicté fut celui de Henry Duc de Ioyeuſe : par lequel il ramena en l'obeïſſance du Roy les villes de Toulouſe, Narbonne, Carcaſſonne, Alby, Gaillac, Caſtelnau-d'Arry & autres : Rhodez & Cordes aiant eſchappé vn peu auparauant à la Ligue. Pour lui, il fut fait Mareſchal de France : & Henriete-Caterine ſa fille vnique fut mariée auec le Duc de Montpenſier : duquel mariage naſquit Marie de Bourbon, qui a eu l'honneur d'eſpouſer Gaſton de France frere vnique du Roy Loüis le Iuſte à preſent regnant : & eſt decedée ne luy laiſſant qu'vne fille : gage tres-cher de leur amour conjugal : & ſa mere a eſté remariée au Duc de Guiſe : duquel elle a pluſieurs enfans tres-curieuſement eleués & inſtitués à la vertu.

L'an de Chriſt 1596.

VI.
Le Parlement de Toulouſe punit les inſolences paſſées.

Ce traicté eſtant ainſi conclu le Parlement de Toulouſe, qui s'eſtoit retiré à Caſtel-Sarraſin, ſe reſtablit incontinent auec pleine autorité dans cete grande cité, & changea les Capitouls, qui ſont les Magiſtrats populaires. Iamais iuges ne prirent mieux le temps que ceux de cete compagnie ſouueraine pour venger l'execrable homicide commis par les ſeditieux és perſonnes de Ian-Eſtienne Duranti premier Preſident & Iaques Daffis Aduocat general horriblement maſſacrés ſept ans auparauant, & les iniures receües en corps & en leur particulier durant les deſordres paſſés. Car ces excés aiant eſté faits par des ſcelerats, il leur fut aiſé de les ſurprendre en des nouueaux forfaits auſquels la teinture des crimes de leſeMaieſté s'imprimant, il y en eut bien peu qui demeuraſſent en la ville ſans eſprouuer auec le temps que ſi leurs pechés auoient eſté pardonnés il leur en falloit accomplir la penitence.

VII.
Facilité du Roy à pardonner.

Ainſi donc le Roy par vne ſinguliere prudence faiſoit largeſſe de biens & d'honneurs à ſes ennemis pour les attirer à leur deuoir, conſiderant ſagement qu'il ne l'eût ſceu faire par la force ſans qu'il luy en couſtât d'auantage, & qu'il ne repandit le ſang de ſes ſubiets qu'il tenoit ineſtimable : au lieu que rendant par cete voie leur condition meilleure qu'elle n'eſtoit auparauant, il les obligeoit plus eſtroitement à ſon ſeruice. Et de fait, il n'eut iamais depuis de plus aſſeurés & plus fideles ſeruiteurs que ceux qui auoient eſté de la Ligue. En voici vn tres-important exemple en la reduction de Marſeille par la prudence & diligence du Duc de Guiſe.

IIX.
Entreprise de l'Eſpagnol ſur Marſeille.

Il n'y auoit ville en France que les Eſpagnols euſſent tant muguetée depuis LXX ans que Marſeille. Nous auons veu quels grands efforts l'Empereur Charles V y fit au temps du Roy François I : & Philippe II ſon fils ne ceſſa iamais d'y practiquer des intelligences pour s'en emparer durant nos guerres ciuiles. Pour le mieux entendre il faut reprendre de plus loin l'ancien eſtat de cete bonne ville pour voir quel eſtoit le preſent.

IX.
Ancien eſtat de la Iuſtice en cete ville.

En l'an MCCLVII les Marſeillois tranſigerent auec Charles d'Anjou & Beatrix ſon eſpouſe Comtes de Prouence : & par cete tranſaction ſe ſouſmirent à leur domination auec cete condition en-

1257.

Henry III du nom, Roy LXII. 285

de morts & nul homme de marque.

L'An de Chrift. 1589.

Le Duc d'Efpernon arriua vne heure apres que le Duc de Mayenne delogea : & le Roy de Nauarre fur le foir, en bonne refolution de pourfuyure leurs ennemis : mais le Roy ne leur voulut pas permettre, difant qu'il n'eftoit pas jufte de hazarder deux Henris pour vn Carolus, par allufion du nom des deux Rois, qui eftoit *Henry*, à celuy de *Carolus* ou *Charles*, qui eftoit celuy du Duc de Mayenne.

XI. Retour du Roy de Nauarre & du Duc d'Efpernon.

Le Roy ainfi fortifié des troupes du Nauarrois, qui eftoient de quatre mille cinq cens hommes de pied & fix cens cheuaux, il falloit prendre quelque refolution digne de leurs Majeftés & des grands Capitaines qui eftoient en l'armée roiale. La Ligue prenoit toute fa vigueur & tiroit fes principales forces de Paris: de forte que luy oftant cete puiffante & opulente cité, elle ne pouuoit plus fubfifter : eftant fans doubte que comme plufieurs autres bonnes villes auoient arboré l'enfeigne de rebellion apres elle, auffi enfuyuroient-elles fon exemple fi elle eftoit rangée à l'obeïffance. Sa Majefté fe refout donc de faire là tous fes plus grands & premiers efforts : & de remettre en fa main les villes proches de Paris fifes fur Seine au deffus & au deffous, afin qu'en luy coupant les veines qui luy donnent la vie, elle fût contrainte de recognoiftre fa faute par la neceffité, & d'implorer la grace de fon Roy pour euiter fa jufte vengeance. C'eftoit en effect comme d'vn coup mortel donné dans le milieu du cœur, terraffer & deftruire la Ligue.

XII. Refolution du Roy d'affieger Paris.

Defja le Roy de Nauarre & le Duc d'Efpernon commençoient à faire marcher leurs troupes, quand le Roy fit vne caualcade de Tours à Poiéliers fur vn aduis qu'il receut que s'approchant de cete ville elle luy ouuriroit les portes. Y eftant donc aüolé auec fix cens cheuaux fuyuis de quatre mille hommes de pied, les habitans fe mirent en armes, & au lieu de le receuoir comme leur Roy, le faluerent à coups de canon poinété contre fa Cornete-blanche. Les principaux de la ville ne laifferent pas pourtant de deputer deuers fa Majefté pour s'excufer fur la fureur populaire, qu'il leur eftoit impoffible d'arrefter : mais leur conclufion eftoit que l'entrée luy en feroit refufée. Tellement que le Roy diffimulant de fa part le fentiment qu'il auoit de cet affront, fe retira fur fes pas : apres auoir recommandé aux deputés de r'appeller dans la ville Sçeuole de Saincte-Marthe ci deffus nommé, Saincte-Soline, le Prefident prefidial & autres bons feruiteurs de fa Majefté, qui auoient efté chaffés ou contrains de s'abfenter de la ville. Aubigné, qui affecte la mefdifance contre Henry III, efcrit à ce propos que le Roy de Nauarre ne le pouuoit arracher de Tours, où la crainte (dit-il) le tenoit fans raifon : & ne confidere pas que tandis que le Nauarrois montoit vers la Beaulfe, le Roy faifoit cete courfe vers Poiéliers.

XIII. Poiéliers luy refufe l'entrée.

A fon retour à Tours fa Majefté receut quafi en mefme temps deux bonnes nouuelles, & deux mauuaifes. L'vne des bonnes fut que le Duc d'Aumale auoit efté deffait deuant Senlis par le Duc de Longueuille. Cete ville qui s'eftoit declarée, à l'exemple de Paris, pour la Ligue,

XIV. Deffaite du Duc d'Aumale deuant Senlis.

apres la mort du Duc de Guise, s'estoit depuis remise au deuoir à la persuasion du sieur de Bouteuille & auoit receu le sieur de Thoré pour Gouuerneur, assisté de Philippe le Bouteiller de Senlis Seigneur de Moucy, & du sieur de Vigneuil son frere d'autant plus affectionnés à la conseruation de cete ville qu'ils descendent des anciens Comtes d'icelle. Le Duc d'Aumale auec le sieur de Balagny par l'importunité des Parisiens (lesquels contribuerent à cet effect six mille hommes de pied) y mirent le siege & la batirent auec dix pieces de canon. Aiant fait bresche & donné vn assaut (auquel ils furent repoussés) les assiegés n'aians plus de poudre estoient en termes de se rendre par composition (& l'eussent fait sans la resistence du-dit sieur de Moucy) lors que le secours parut soubs la conduite du Duc de Longueuille accompagné des Comtes de Mauleurier & de la Caune, des sieurs de la Noüe, de Humieres, de Giury, de Bonniuet, de Cany, de Clermont, d'Amboise & autres Seigneurs & gentils-hommes, auec mille bons cheuaux & deux mille hommes de pied (aucuns en font le nombre plus grand, d'autres moindre:) Leur dessein estant de jetter des hommes & des munitions dans la place, ils recognurent tant d'estonnement parmi les assiegeans qu'ils se resolurent au combat. Le Duc d'Aumale, Balagny, Tremont & Congis leur venant au deuant auec leur cauallerie, ils les attendirent, & aiant soudainement fait entr'ouurir leur infanterie, firent jour à leur petite artillerie: laquelle en tuant & blessant plusieurs mit du desordre parmy les autres: & la cauallerie du secours fondant là dessus en bon ordre sur eux les mit bien-tost en route. L'infanterie Parisienne lascha le pied la premiere & prit la fuite, la plus-part quittant les armes. Les Roiaux les poursuyuant chaudement en tuerent mille à douze cens, outre les blessés & les prisonniers. Le Duc d'Aumale se sauua à Sainct-Denys & Balagny à Paris. Mayneuille fut tué prez du canon, qui demeura au victorieux auec tout l'equippage. Cete route arriua le XVII de May douze jours apres que le siege fut planté deuant la ville.

XV.
Deffaite de Saueuses.

L'autre bonne nouuelle que le Roy receut, fut que le lendemain XIIX du mesme mois de May le Comte de Chastillon auoit deffait le sieur de Saueuses. Ce fut en vne rencontre en Beausse prez de Bonneual, chacun aiant trois cens bons cheuaux de son costé: mais Chastillon auoit outre cela plus de quatre cens arcbusiers à cheual, & le jeune Arcleinuille frere du gouuerneur de Chartres accompagnoit Saueuses auec cinquante arcbusiers à cheual, quoy qu'Aubigné face le nombre de ceux-ci beaucoup plus grand, & l'autre moindre contre la verité de l'histoire. Tant y a que Saueuses aiant mis sa troupe en deux gros, dont il bailla l'vn à la Brosse son frere, alla le premier à la charge, porta Chastillon par terre auec huict ou dix des premiers rangs, & apres le choq des lances mit la main à l'espée. Harambure & Cherbonniere aians vigoureusement soustenu la troupe de Chastillon (eux aians fait aussi deux esquadrons de leur gendarmerie) la meslée fut tres-aspre. Mais les

Henry III du nom, Roy LXII. 287

L'an de Chrift. 1589.

arcbufiers de Chaftillon aiant mis pied à terre (& plufieurs fe meflans l'efpée au poing emmy la caualerie) porterent vn grand dommage aux Liguès: lefquels nonobftant cela combatirent auec tant d'obftination qu'il en demeura plus de cent d'eftendus fur la place, enuiron cinquante de bleffés qui moururent de leurs bleffeures, & autant de prifonniers, & entre ceux-là Saueufes mefme: lequel bleffé de dix-fept coups, ne voulut point eftre penfé, & finit ainfi fes jours de langueur & de regret, fouftenant jufqu'au dernier foufpir qu'il mouroit dans le bon parti, fans vouloir recognoiftre Henry III pour fon Roy, tant il eftoit paffionné pour la Ligue.

La joye de ces deux heureufes nouuelles fut deftrempée auec la faf- cherie de deux mauuaifes. L'vne fut, la prife d'Alençon ville & chafteau, qui furent rendus par le fieur de Renty au Duc de Mayenne. L'autre fut que le Comte de Soiffons, qui auoit efté enuoié gouuerneur en Bretagne auec peu de forces, fut inuefti & forcé dans Chafteau-Giron par le Duc de Mercœur, après vne longue & vigoureufe defenfe du Comte, lequel demeura fon prifonnier auec le Comte d'Auaugour, & fut conduit foubs bonne garde dans le chafteau de Nantes: d'où il fortit peu de temps après par l'induftrie de fon pouruoyeur: lequel l'agença fi dextrement dans vn panier, qu'il le fit deualer par vne feneftre & fe fauuer fans eftre apperceu de fes gardes. Henry de Bourbon, Prince de Dombes fils du Duc de Montpenfier, aiant efté enuoié en Bretagne pour y commander durant fa captiuité, le Comte en fut offenfé, en eut querele auec le Prince, & jamais depuis ils ne furent bien enfemble.

XVI. Prife du Comte de Soiffons par le Duc de Mercœur.

Or le Roy de Nauarre eftoit defja à Chafteau-dun lors que le Roy reuint de Poictiers à Tours: où il l'alla retrouuer, afin de l'accompagner deuant Paris, & fuyuant leur premiere refolution, y commencer & finir la guerre. Car l'armée eftrangere louée par Sancy s'en venoit auffi de ce cofté-là à grandes journées, le Duc de Longueuille l'aiant defja jointe auec fes troupes victorieufes du Duc d'Aumale.

XVII. Le Roy Marche droit à Paris.

Les deux Rois s'auançans donc droit à Paris, attaquerent Gergeau, pour incommoder Orleans, & l'emporterent d'affaut. Ialange, qui en eftoit gouuerneur pour la Ligue, y fut fait prifonnier, & apres pendu & eftranglé pour auoir refufé de rendre la place à fon Roy, & s'y eftre fait forcer par vne extreme obftination en fa felonnie. Hoëillez frere de Montcaffin fut tué à l'affaut à la tefte du regiment de Picardie.

XIIX. Prend Gergeau.

Pluuiers fut enleué d'emblée fans refiftence: & ceux d'Eftampes aiant debatu & les faux-bourgs & la ville, furent forcés par tout par les Roiaux: & les Officiers du Roy & Magiftrats politiques auteurs de la rebellion furent punis du dernier fupplice, & mefmes Sainct-Germain Gouuerneur de la citadelle, qui auoit eu l'honneur d'eftre page du Roy, fut pendu & eftranglé, quoy que gentil-homme.

XIX. Pluuiers & Eftampes.

De-là fa Majefté alla prendre fon logement à Poiffy, & fit attaquer Pontoife, fortifiée d'vne groffe garnifon de plus de deux mille hom-

XX. Et Pōtoife.

mes soubs Charles de Neufuille sieur d'Alincour, fils de Villeroy; lequel n'agueres s'estoit declaré ouuertement pour la Ligue. Le sieur d'Autefort gentil-homme Limosin, courageux & hardi, estoit aussi dans la place. La baterie fut continuée durant prez de trois sepmaines: les assiegés se defendans vigoureusement & reparans les bresches auec beaucoup de diligence. Mais Autefort aiant esté tué d'vne arcbusade le XII de Iuillet, & les defenses estant abbatues, la place fut renduë au Roy douze jours après par vne composition honorable.

L'An de Christ. 1589.

XXI. Reçoit le secours estranger.

Le jour auant la reddition de Pontoise l'armée estrangere leuée par Sancy arriua au camp du Roy; en laquelle lon compta dix-mille Suisses, deux mille Lansknets, & quinze cens Reistres, outre deux mille hommes de pied & douze cens cheuaux des troupes du Duc de Longueuille. Iamais homme ne fut plus loüé de son Roy que Sancy de Héry; lequel sans doubte eût recognu ce grand seruice par de tres-signalés bien-faits, si le malheur de la France n'eût si tost trenché le fil de sa vie.

XXII. Les Ducs de Mayenne & de Nemours dans Paris.

Le Duc de Mayenne aiant fait bruit de leur aller à l'encontre pour les combatre, s'arresta à Montereau-Faut-Yonne qu'il reprit peu de jours apres que le Duc d'Espernon s'en estoit saisi pour le Roy. De là il retourna à Paris pour r'asseurer les Parisiens, qui commençoient à souffrir beaucoup depuis l'arriuée de l'armée roiale és enuirons de leur ville. Le Duc de Nemours, qui auoit costoyé aussi ce secours estranger sans l'attaquer, vint fondre dans Paris auec quatorze à quinze mille combatans, qui apporterent plus d'incommodité que de confort à cete grande ville, où desja il y auoit grande necessité de viures.

Le Roy Henry III est assassiné par vn Moine. Son trespas. Ses eloges.

I. *Forces du Roy.* II. *Forces de la Ligue.* III. *Bonne esperance de sa Majesté.* IV. *Qui se loge à Sainct-Cloud.* V. *Qui estoit Iaques Clement.* VI. *Impostures de Mouliard.* VII. *Iaques Clement vient à Sainct-Cloud.* IIX. *Est interrogé par la Guesle.* IX. *Refuse d'exposer sa creance à autre qu'au Roy.* X. *Son asseurance.* XI. *Blesse le Roy à mort.* XII. *Est tué.* XIII. *Notable aduis donné au Roy par le Palatin.* XIV. *Pieuse priere du Roy.* XV. *Sa declaration sur son obeïssance à l'Eglise.* XVI. *Sa Chrestienne disposition à la mort.* XVII. *Son trespas.* XIIX. *Certificat de sa fin Chrestienne.* XIX. *Son âge & durée de son regne.* XX. *Ses eloges.* XXI. *Ses defauts excusés.* XXII. *Son zele enuers sa religion.* XXIII. *Son soing pour la conuersion du Roy de Nauarre.* XXIV. *Sa charité enuers ses proches.* XXV. *Comment le Nauarrois se comporta à la mort du Roy.* XXVI. *Deuoir de Benoise enuers le corps du Roy son maistre.* XXVII. *Anniuersaire par luy fondé.*

VOILA

Henry III du nom, Roy LXII.

A
L'An de
Christ
1589.

VOILA donc toutes les forces de la France diuisées en deux partis contraires, en presence les vnes des autres, auec leurs principaux Chefs, deuât ou dans Paris le plus illustre theatre de l'Europe. Le Roy auoit en son armée trente-cinq mille hommes de pied & prez de cinq mille cheuaux, auec aucuns des Princes, grãd nombre d'Officiers de la Couronne, Seigneurs, & Capitaines valeureux & de grande experience. Entre lesquels le Roy de Nauarre paroissoit en toutes ses actions & mouuemens, comme vn Mars auec vne sur-eminence majestueuse.

I.
Forces du Roy.

B L'infanterie de la Ligue n'estoit pas inferieure en nombre à la roiale: mais sans doute elle l'estoit en discipline & en courage: & sa caualerie cedoit en tout à l'autre. L'armée du Roy excelloit pareillemẽt en bons & signalés Capitaines & en nombre de Seigneurs de marque: la presence desquels (& notamment des deux Rois) estoit vn poignant aiguillon d'ambition à la Noblesse & à tous les gentils courages.

II.
Forces de la Ligue.

Ces auantages faisoient promettre au Roy vn tres-heureux succés de ses affaires. Car si l'armée de la Ligue auoit la hardiesse de venir à la bataille, par raison & par toutes apparences humaines il deuoit emporter la victoire. Et si elle demeuroit r'enfermée dans Paris, il falloit qu'elle mourût de faim dans peu de jours: & que par necessité il arriuât du desordre entre les Parisiens & les estrangers sur la distribution des viures.

III.
Bonne esperance de sa Majesté.

C

Sur cete asseurance sa Majesté s'estoit resolüe de serrer de plus prez cete grande & populeuse cité: & à cet effect s'en vint loger à Sainct-Cloud petite ville à deux lieües de Paris: où il y a vn pont de pierre grãdement commode pour le passage de la riuiere de Seine. Il y eut de la resistence à l'entrée du pont: mais quelques volées de quatre canons que sa Majesté y fit rouler dissiperent incontinent & firent euanoüir ceux qui auoient fait contenance de le vouloir defendre. Le Roy donc y prend son logement, mais helas! logement funeste: auquel bien-tost son ame sera separée de son corps par la main parricide d'vn Moine execrable.

IV.
Qui se loge à Sainct-Cloud.

D

Cet auorton d'Enfer auoit vn nom mal-conuenable à son naturel, & moins encore à cete action, à sçauoir Iaques Clement. Il estoit natif du bourg de Sorbone prez de Sens, de l'Ordre des Iacobins, si vn homme si desordonné peut auoir fait profession dans quelque Ordre. Apres auoir fait son nouitiat au Conuent des Iacobins de Sens il estoit venu dans celuy de Paris. Il estoit melancolique & malicieux, & auec cela n'aiant point de letres, sa conuersation en estoit d'autant plus rude & brutale. Comme en ce temps-là le nom de Henry III estoit l'objet des inuectiues ordinaires des autres Moines, voire de tout le peuple de Paris, cet excrement de Conuent âgé d'enuiron trente ans, disoit souuent qu'il le tueroit de son couteau. Mais qui eût pensé qu'il en deût venir à l'execution? Neãtmoins il s'y resolut par l'induction du Diable,

V.
Qui estoit Iaques Clement.

Tome 4. Bb

Histoire de France,

VI.
Impostures de Monliard.

Aucuns ont escrit qu'il communiqua son dessein au Pere Bourgoing Prieur de son Conuent. Monliard, qui a rencheri sur les impostures de Serres en continuant son Inuentaire, escrit qu'il communiqua son projet au Pere Commolet & autres Iesuistes, aux chefs de la Ligue, aux principaux des Seze, & des Quarante de Paris. Le Lecteur non passionné pourra juger de ce sot annaliste: & s'il y a de l'apparence que le Moine se communiquant à tant de personnes son dessein eût demeuré secret. Aussi impertinente est la circonstance qu'il y adjouste, qu'incontinent apres qu'il fut parti de Paris on mit en prison plus de deux cens des principaux bourgeois pour seruir d'ostage de la vie du Moine. Le President de Thou escrit qu'on n'en arresta que cent, & luy-mesme & tous les Historiens remarquent que ces emprisonnemens furent faits le jour precedent, & la vraye cause en fut le soupçon que les liguès auoient qu'ils se saisissent de quelque porte pour introduire le Roy dans la ville.

VII.
I. Clement vient à S. Cloud.

Quoy qu'il en soit le parricide sortit de Paris le dernier jour de Iuillet & s'en vint à Sainct-Cloud. Estant arresté par les gens de guerre dont les aduenues estoient pleines, & interrogé par eux d'où c'est qu'il venoit, & pour quelles affaires: il respondit qu'il venoit de Paris: qu'il auoit vne letre pour le Roy, & des choses importantes à dire à sa Majesté de la part de ses meilleurs & plus fideles seruiteurs grandement affligés par la Ligue.

IIX.
Est interrogé par la Guesle.

Les soldats l'emmenans dans Sainct-Cloud rencontrerent le sieur de la Guesle Procureur general au Parlement de Paris (qui s'estoit retiré auprez de sa Majesté) & le laisserent à sa conduite. La Guesle l'aiant interrogé, il luy fit la mesme responce qu'aux soldats: & de plus luy exhiba vn billet escrit en letre Italique, qu'il disoit luy auoir esté baillé par le sieur du Harlay premier president de Paris, qui estoit prisonnier dans la Bastille, pour le donner au Roy: & de fait la letre estoit assez semblable à celle du President, comme la letre Italique est aisée à contrefaire. Le billet contenoit ces mots: *Sire, ce present porteur vous fera entendre l'estat de vos seruiteurs, & la façon de laquelle ils sont traictés, qui ne leur oste neantmoins la volonté & le moien de vous faire tres-humble seruice, & sont en plus grand nombre que vostre Majesté peut-estre n'estime. Il se presente vne belle occasion, sur laquelle il vous plaira faire entendre vostre volonté, suppliant tres-humblement vostre Majesté de croire ce present porteur en tout ce qu'il vous dira.*

IX.
Refuse d'exposer sa creance à autre qu'au Roy.

La Guesle voiant que ce billet portoit creance, l'interrogea exactement sur la cognoissance qu'il auoit auec le sieur du Harlay, sur les moiens qu'il auoit tenus pour entrer dans la Bastille & luy parler. Il respondit pertinemment à tout: & quant à sa creance il refusa de l'exposer qu'au Roy seul, suyuant le commandement qu'il en auoit. Il dit seulement que bien que le jour precedent grand nombre de bons seruiteurs du Roy eussent esté emprisonnés dans Paris, il y en restoit encore assez pour luy faire vn tres-notable seruice.

X.
Son asseurance.

Le Roy, qui estoit allé vers Paris, n'estant reuenu que sur le soir, la

Henry III du nom, Roy LXII. 291

A Guesle luy fit entendre ce qu'il auoit apprins du Moine : & sa Majesté luy commanda de le luy emmener le lendemain au matin. Luy donc qui ne se fût jamais persuadé que l'habit d'vn Religieux eût couuert vn si execrable parricide, s'imaginant neantmoins que ce pouuoit estre vn espion, le donna en garde aux siens auec commandement d'obseruer ses paroles & ses mouuemens. Le trahistre souppa de bon appetit auec eux : & vn de ceux qui seoient à table luy aiant dit que le bruit estoit qu'il y auoit six Religieux de son Ordre qui auoient conjuré contre la vie du Roy, il repartit froidement & sans changer de couleur qu'en toutes compagnies il y en auoit de bons & de mauuais. S'estant couché il reposa de bon sommeil toute la nuict, & dormoit encore au matin à l'heure que la Guesle le fit appeller pour l'aller presenter au Roy.
B L'aiant derechef interrogé, il le trouua ferme & resolu en tout ce qu'il luy auoit dit le jour precedent.

L'An de Christ. 1589.

Les voilà donc appellés dans la chambre du Roy sur les sept heures du matin, ainsi que sa Majesté estoit sur sa chaire. La Guesle luy aiant presenté ce monstre infernal, le bon Roy se leuant tout desbraillé, l'interrogea gracieusement sur le mesme subjet qu'auoit fait la Guesle, & en eut la mesme response. Il leut en suite le billet, & trouuant qu'il portoit creance fit approcher l'assassin pour luy parler à l'oreille : mais le trahistre se lança sur luy & luy plongea son couteau dans les entrailles par le petit ventre.

XI. Blesse le Roy à mort.

Le sieur de Belle-garde Grand-Escuyer, la Guesle, & du Halde, qui C estoient presens, virent soudain jalir le sang de la playe, & ouïrent le Roy s'escrier : *Ha mal-heureux ! que t'auois-je fait pour m'assassiner ainsi ?* Et sa Majesté-mesme arrachant de la main le couteau de son ventre, (qui fut suyui des boiaux) en frappa le parricide sur le front : & la Guesle voiant qu'il se tenoit ferme à genoux, & craignant qu'il eût encore quelque arme pour offenser le Roy, luy donna du pommeau de son espée contre l'estomac & le renuersa. Aucuns des Ordinaires accourans au bruit jetterent ce monstre dans la ruelle du lict, l'assommerent, nonobstant que la Guesle fit ses efforts de l'empecher, criant qu'il estoit necessaire de sçauoir de luy qui estoient ses complices. Aubigné escrit calomnieusement qu'il fut tué par la Guesle mesme. Ce qui eût esté vn assez fort argument pour le faire mourir ignominieusement : estant D certain que les auteurs des assassinats des Princes ont accoustumé d'vser de cete precaution pour leur salut, d'auoir des personnes apostées pour assassiner sur le champ les assassins mesmes ; & luy-mesme se tuant se fut monstré d'autant plus coulpable. Le corps du parricide fut tiré à quatre cheuaux, puis bruslé, & les cendres jettées dans la riuiere.

XII. Est tué.

Le Roy ainsi blessé fut mis sur son lict : & les Medecins & les Chirurgiens jugerent au premier appareil que sa blesseure n'estoit pas mortelle : & mesmes de ce qu'il rendit vn lauement sans point de sang. A raison dequoy il fit soudain escrire aux Gouuerneurs des Prouinces & bonnes villes du Roiaume, & aux Princes voisins qu'il auoit esté blessé

XIII. Notable aduis donné au Roy par le Palatin.

Tome 4. Bb ij

par vn Moine assassin suscité par les Ligueurs: mais que Dieu luy auoit fait la grace que la blesseure n'estoit pas dangereuse. Cet aduis pouuoit retenir les fideles subjets dans le deuoir, & rendre odieuse la cause & le procedé des rebelles. C'est chose notable que le Roy aiant enuoié le sieur de Baradat gentil-homme Condomois à Rodolfe Electeur Palatin deux ou trois mois auant ce mal-heur, le Palatin le chargea d'aduertir sa Majesté de se garder d'vn Moine.

L'An d Christ.e 1589.

Thuan. lib. 96.

XIV.
Pieuse priere du Roy.

Vn accident si estrange n'empecha pas que suyuant la loüable coustume des Rois tres-Chrestiens, sa Majesté n'ouït la Messe ce jour-là: & pour cet effect vn autel portatif fut dressé prez de son lict: & le Prestre leuant la saincte-sacrée Hostie, elle dit assez haut ces paroles: *Seigneur, mon Dieu, si vous cognoissez que ma vie soit vtile & profitable à mon peuple & à mon Estat que vous m'auez mis en charge, conseruez-moy & me prolongez mes jours: sinon, mon Dieu, disposez comme il vous plaira de ce corps, & receuez mon ame en vostre Paradis, vostre volōté soit faite.*

XV.
Sa declaration sur son obeïssance à l'Eglise.

Pour se reconcilier plus estroitement à Dieu il voulut faire sa confession: apres laquelle Estienne Bologne son Chapellain ordinaire, auant luy donner l'absolution luy remonstra que le bruit auoit couru que le Pape auoit enuoié en France vn Monitoire contre sa Majesté sur la mort du Cardinal de Guise, & emprisonnement du Cardinal de Bourbon & Archeuesque de Lyon: par lequel Monitoire sa Saincteté lioit les mains à tous Prebstres pour luy donner l'absolution, mesmes en l'article de la mort, si sa Majesté ne se disposoit à obeïr aux decrets de l'Eglise. Le Roy respondit pieusement: *Ie suis le fils aisné de l'Eglise Catholique Apostolique, Romaine, & veux mourir tel.* Et le Chappellain luy donna son absolution sur cete sousmission filiale, qui presupposoit obeïssance.

XVI.
Sa Chrestiéne disposition à la mort.

Aiant passé assez doucement le reste de la journée, il commença sur le soir à sentir de grandes trenchées, qui furent suyuies de conuulsions auec des douleurs extremes: lesquelles se redoublant encore sur les onze heures, il fit reculer les Medecins du corps & r'appeller ceux de l'ame, & implorant la misericorde de Dieu auec vne parfaite contrition de ses fautes passées, receuoit auec vn merueilleux contentement les consolations spirituelles. Il dit en Latin, *In manus tuas Domine commendo spiritum meum.* Et en suite le Pseaume, *Miserere mei Deus, &c.* Et comme il auoit de la peine à l'acheuer, aucuns des assistans l'interrompirent pour luy remonstrer que la perfection Chrestienne consiste à pardonner à ses ennemis, luy demanderent s'il vouloit leur pardonner, & mesmes à ceux qui estoient auteurs de sa mort. *Ouy* (dit ce Roy debonnaire) *ie leur pardonne à tous de bon cœur, comme ie veux que Dieu me pardonne.*

XVII.
Son trespas.

Il desira faire encore sa confession plus exacte que le matin: & les forces luy defaillant auant que d'acheuer il demanda le Sainct-Sacrement de l'Eucharistie pour son viatique: & recommandoit aux assistans d'auoir soin de prier & de faire prier Dieu apres son trespas pour

Henry III du nom, Roy LXII. 293

A le salut de son ame. En ce bon estat il perdit la parole & en suite l'ouïe, & rendit doucement l'esprit à Dieu sur les quatre heures du matin apres auoir fait deux fois le signe de la Croix de sa main: laquelle sur le troisiesme effort de cete action Chrestienne demeura froide, roide & immobile.

L'An de Christ. 1589.

Et dautant que la Ligue auoit tousjours publié que toute sa deuotion n'estoit qu'hypocrisie, & qu'il fauorisoit les heretiques, plusieurs personnages signalés & dignes de foy qui ne l'abandonnerent jamais depuis sa blesseure jusqu'au dernier souspir de sa vie, firent dresser vn certificat des actes de pieté, contrition & penitence qu'il accomplit religieusement és dernieres heures de sa vie & le signerent: à sçauoir, *Charles d'Orleans grand Prieur de France, I. Louis de la Valete Duc*
B *d'Espernon, Biron Mareschal de France, Roger de Belle-garde grand-Escuyer de France, François d'O gouuerneur de Paris & de l'Isle de France: De Chasteau-vieux premier Capitaine des gardes du corps de sa Majesté; Manou Capitaine des gardes du corps de sa Majesté, Balsac Capitaine des gardes du corps de sa Majesté, Ruzé premier Secretaire d'Estat de sa Majesté: Charles du Plessis premier Escuyer de sa Majesté: Louis des Parades, Aumosnier ordinaire de sa Majesté, Estienne Bologne, Chapelain ordinaire au cabinet de sa Majesté.*

XIIX. Certificat de sa fin Chrestienne.

Ainsi donc finit ses jours Henry III le II iour d'Aoust MDXXCIX, l'an XXXIIX, X mois & XIII jours de son âge, le XV & deux mois de son regne. Sortant de Paris apres les Barricades pour aller à Chartres & estant prez de Sainct-Cloud, il se tourna vers la grande cité & apres luy auoir reproché (comme j'ay marqué en son lieu) son ingratitude, il
C la menaça de sa vengeance. Retournant à Paris & estant à Sainct-Cloud, pour executer ses menaces, & effacer la tasche honteuse de son dernier depart de Paris, par vne entrée triomphante & par la punition de ses subjets les plus criminels, Dieu l'appella à soy; se reseruant la vengeance des iniures faites à son Oinct, qui ne les pouuoit véger sans passion auec le peril de son ame. Ainsi Dieu, faisant tout pour le mieux, se joüe des projets de plus grands Rois de la terre.

XIX. Son âge & durée de son regne.

Iamais la France n'esprouua vn meilleur Roy que Henry III, si ses subjets eussent conspiré auec luy pour la tranquillité publique. Car il fut doüé de toutes les bonnes & loüables conditions qu'on peut desi-
D rer en vn grand Monarque. Il fut religieux, deuot, magnifique, genereux, debonnaire, sobre, temperant, eloquent, gracieux, affable, & grandement curieux que la justice fût sainctement exercée. Il estoit de belle taille, adroit aux exercices du corps, propre en ses vestemens: son geste, son mouuement & ses postures composées de majestueuse grauité auec beaucoup de bonne grace & bien-seance. Il estima la vertu en toute sorte de personnes: & honora grandement les hommes doctes, leur fit de grands biens, & en eleua aucuns à des dignités releuées. Mais sa liberalité est singulierement recommandable en ce qu'il

XX. Ses eloges.

Tome 4. Bb iij

Hiſtoire de France,

preuenoit ſouuent la demande de ceux qui l'auoient bien ſerui: & qu'il ne donna jamais rien à perſonne de conſideration ſans s'excuſer de ce qu'il luy donnoit trop peu, & que ſes preſens ou bien-faits n'egaloient pas ſon merite.

XXI.
Ses defauts excuſés.

Il fut blaſmé d'auoir relaſché de ſa premiere vigueur depuis ſon retour de Pologne, & de s'eſtre monſtré mol lors qu'il falloit vſer ſeuerement de ſon autorité ſouueraine. Car aiant commencé à commander les armes du Roy Charles ſon frere en l'âge de dix-ſept ans, il gaigna deux batailles generales contre les Religionnaires: il ſe trouua à pluſieurs combats & rencontres, fit pluſieurs beaux ſieges, & meſmes eût emporté la Rochelle, ſans l'ambition de Charles ſon frere, qui ne ſe contenta pas de luy rauir cete occaſion de gloire, mais auſſi l'enuoia en Pologne. Toutefois depuis ſon aduenement à la Couronne il ne chercha plus que le repos & à plaſtrer les affaires. Ceux qui excuſent ce defaut, attribuent cela à ſon naturel debonnaire. Car aimant ſes ſubjets comme leur pere commun, & voiant la France entierement deſolée par la longueur des guerres ciuiles il deſiroit leur donner temps de reſpirer & de ſe releuer aucunement de leurs miſeres. Mais eſtant jeune & bouïllant, & tant ſeulement frere du Roy il n'eſtoit pas porté de pareil ſoing que depuis qu'il fut Roy luy-meſme. Ioint que Charles ſon frere (bien que vrayement il fût tres-genereux) aiant eſté eſtimé ſanguinaire & violent, il deſiroit paroiſtre moderé & pacifique.

XXII.
Son zele enuers la religion.

Eſtant parfaitement Catholique il fut ſi viuement piqué de ce que la Ligue luy impoſoit qu'il fauoriſoit les heretiques & le Roy de Nauarre, que pour deſtruire cete calomnie il taſchoit de monſtrer le contraire par ſes deuotions publiques: & ne laiſſoit pas pourtant d'en faire en ſecret d'auſſi auſteres que les Religieux les plus reformés practiquent dans leurs cellules. Il auoit meſmes l'hereſie en telle horreur que jamais il ne voulut receuoir aucun Huguenot à ſon ſeruice, excepté du Cerceau vn des plus excellens architectes de ſon temps: lequel il employoit ordinairement au baſtiment des Egliſes. Neantmoins apres auoir fait tous ſes effors pour le conuertir à la religion Catholique ſans rien gaigner ſur cete ame endurcie en ſon erreur, il le bannit du Roiaume.

XXIII.
Son ſoing pour la conuerſion du Roy de Nauarre.

Quant au Roy de Nauarre il eſt certain qu'il l'aimoit pour ſa vertu, generoſité & franchiſe: mais il le haïſſoit à cauſe de ſon obſtination en l'hereſie. De ſorte que deux jours auant ſa bleſſure il dit à ſes plus familiers ces mots: *Voici Paris bloqué: j'eſpere auec l'aide de Dieu que nous y entrerons dans peu de iours. Le Bearnois nous a bien aſſiſtés: mais c'eſt grand cas que ie ne le puis faire Catholique. Si faut-il qu'il s'y reſolue, s'il veut que nous viuions en bons freres.*

XXIV.
Sa charité enuers ſes proches.

Il eut touſjours la Roine Caterine ſa mere en ſinguliere reuerence, quoy qu'il ſçeût bien que depuis le treſpas du Duc d'Alençon elle fauoriſoit de tout ſon pouuoir les Guiſes. Il honora auſſi le Roy Charles ſon

L'An de Chriſt. 1589.

L'An de
Chrift.
1589.

a frere aifné (car il eftoit encore enfant foubs le regne de François II)
auec toute forte de foufmiffion & d'obeïffance. Il cherit fraternelle-
ment fes fœurs: mais en fin il haït Marguerite Roine de Nauarre, tant
parce qu'elle viuoit mal auec fon mari, qu'à caufe qu'elle fe trouuoit
tousjours complice de toutes les confpirations du Duc d'Alençon.
Nonobftant tout cela il s'eftoit monftré toufiours plus indulgent à
leur faire grace que feuere à les punir, jufqu'à ce que Marguerite (foit
par jeu ou ferieufement) porta vne parole d'amour inceftueux à la
Roine Louife efpoufe de fa Majefté. Car ce bon Roy fe fentant
offenfé au poinct qui offenfe plus fenfiblement les ames genereufes,
ne vid jamais depuis de bon œil ce frere ny cete fœur incorrigi-
bles. Et Louife Princeffe tres-chafte & tres-vertueufe oiant cét infame propos de fa belle fœur, luy ferma foudain la bouche, en luy difant
auec vne grande modeftie (comme ne le prenant pas pour ferieux) *Ie
vous prie, ma fœur, aiez de plus agreables railleries.* Neantmoins craignant les artifices de fa malice, elle rapporta au Roy l'effronterie de
fa fœur: de quoy il fut tres-fenfiblement outré contre elle & contre
fon frere, & en cherit d'autant plus tendrement Louife.

Au demeurant le Roy de Nauarre aiant aduis de la bleffeure du
Roy l'auoit vifité le matin: & les Medecins & Chirurgiens affeurans
(comme j'ay desja dit) que la bleffeure n'eftoit pas mortelle, il monta à cheual & s'en alla vers Paris pour harceller les ennemis, & pouruoir à leur couper les viures. Eftant reuenu fur le foir il vifita derechef
fa Majefté: mais la voiant tirer à la mort, il laiffa le foing des confola-
tions fpirituelles aux Catholiques, & fe retira en fon logis pour confu-
ter de fes affaires auec fes plus confidens feruiteurs; ainfi que ie deduiray
foubs fon regne.

XXV.
Comment
le Nauar-
rois fe com-
porta à la
mort du
Roy.

Le corps du Roy defunct ne pouuant eftre encore inhumé à Sainct
Deny's, qui tenoit pour la Ligue, fut porté à Compiegne. Le cœur &
les entrailles furent enterrées par le foin de Benoife & d'vn Chappellain dans l'Eglife de Sainct-Cloud en vn lieu fecret: afin qu'apres le depart de l'armée, qui commençoit à fe feparer, la Ligue n'y exerçat
quelque brutalité; en haine de ce qui auoit efté fait à Blois aux corps du
Duc & du Cardinal de Guife.

XXVI.
Deuoir de
Benoife en-
uers le
corps de
fon Maiftre.

En l'an MDXCIV la Ligue eftant efteinte par Henry le Grand,
Benoife fonda vn anniuerfaire en la mefme Eglife de Sainct-Cloud
pour l'ame du Roy fon Maiftre, & y donna vne Chapelle complete. Il
y fit mettre auffi vn Epitaphe pour honorer la memoire de fa Majefté,
& obliger les paffans à prier Dieu pour l'ame de ce grand Monarque.

XXVII.
Anniuerfai-
re par luy
fondé.

FIN DE L'HISTOIRE DE HENRY III.

ADVERTISSEMENT AV LECTEVR.

EN la page 44 foubs letre C, a efté omife vne ligne d'importance. C'eft pourquoy apres ces mots, *en bonne forme*, il faut adiouster, *la foy homage, & droit de reffort referués à fa Majefté*.

TABLE
DES MATIERES
PRINCIPALES, ET
DES CHOSES LES PLVS REMAR-
quables contenuës au regne de Henry III.

A

ABDALA Roy de Fez & de Maroc persecute ses freres, 127. 128
Abdel-Melec & Hamed son frere batard arment contre Muley-Mahamed leur neueu & le defont entierement & le depoüillent de ses estats, 128. *& suiu.*
mort d'Abdel-Melec, 131
isles Açores: leur assiette, & denominaison: leurs commodités, 139. François, qui y estoient allés pour les conquerir, mal traités par les Espagnols, 140. 142. 143
de S. Aignan, 153
Aiguemortes pris par les Religionaires, 36
le D. d'Albe Gouuerneur des Païs-bas pour l'Espagnol, y fait heureusement la guerre, 91
quite son Gouuernement & se retire, *là mesme*.
Alemans qui viennent au secours du Roy de Nauarre, *Voyés Reistres.*
le D. d'Alençon & le Roi de Nauarre arestés sous bonne garde, 26
leur mauuaise volonté, 27
remis en liberté par le Roy, 32
leurs protestations au Roy, 35
traité de mariage entre le Duc d'Alençon & la Roine Elizabeth, 38
ses atentats sur la vie du Roi son frere, 45
ses plaintes qui seruirent de pretexte pour faire Ligue contre le Roi, 46
s'enfuit de la Cour, 47
son Manifeste, *là mesme*.
se ligue auec les Rebelles, 48
secours qui luy vient d'Alemagne, *là mesme*.
fait tresue, 49. 50
abouchement de la Roine-mere auec lui, 47
aprehension qu'il eut d'estre empoisonné, 47. 48
est fait General de l'armée rebelle, 59
ampliation de son apanage, 61
prend la protection des Païs-bas, 61. & 93. *& suiu.*

beau mot qu'il dit contre les Huguenots, *là m.*
est fait chef de l'armée du Roy, & prend la Charité & Issoire, 85. 86
apellé par les Païs-bas à leur secours, qui le declarent leur Prince souuerain: y va auec vne armée, 145
chasse l'ennemi de deuant Cambray, & s'en saisit, 146
mariage conclu de lui auec Elizabeth Roine d'Angleterre, 146. 147
va en Angleterre, 197
est proclamé Duc de Brabant, *là mesme*.
ses titres, 147. 148
son ariuée és villes de Flandres, 148
conjuration contre lui decouuerte, 148. 149. 150
mal satisfait des Estats, outrageusement offensé & en peril de sa vie, 151
se saisit de plusieurs villes en Flandres, & entreprent temerairement sur Anuers: où les François furent mal-menés, 152. 153
sa reconciliation auec les Païs bas, 153. 54
sa retraite en France, 154
son trépas: sa sepulture & ses mœurs, *là mesme*.
Altoniti Florentin, sa mort, 193
Amstelredam ville de Holande prise par les Estats, 95
An Solaire & Bissextil, 122. 123
Anne sœur de Sigismond Auguste, epouse Bathory, 55
Antoine reconnu roy de Portugal, 135. 136
est contraint de se retirer & cacher par l'vsurpation de l'Espagnol, *là mesme*.
demande en vain le secours de la Roine d'Angleterre, 138
transige auec la Roine-mere, *ibid*.
secours que luy promet & donne le Roi de France pour conquerir les iles Açores, 138. & 140
le secours aiant esté defait, il est contraint de s'en reuenir en France, 145
son trépas, & ses enfans, *là mesme*.
Anuers mal-traitée des Espagnols,

Table

prise par le D. de Parme, 165
ſaccagée & deſolée par les meſmes, 93
entrepriſe ſans effet ſur icelle par le D.d'Alen-
çon, 152
Guill. Ardier, 17
Card. d'Armagnac, 35
Armée nauale d'Eſpagne, eſpouuentable, *Voyez*
Eſpagnols.
B. d'Arros defait, 118
Aſſemblée des Rebelles Religionaires à Niſmes
& à Baſle en Suiſſe, 40. 41
Aſſemblée generale des Egliſes pret. ref. à Mon-
tauban, 160
Aſſemblée des Eſtats generaux, *Voyez* Eſtats.
Aſſemblée à la Rochelle : & ſa requeſte imperti-
nente au Roy, 259. 260
d'Aſſonuille, 227
Vic. d'Aubeterre, 187
D. d'Aumale, entrepriſe ſur Bologne, ſans effet,
169. & 208
D. d'Aumale, 221. leue le ſiege de Boulogne, 144.
defaite entiere de ſes troupes deuant Senlis,
luis'eſtant ſauué, 285. 286
le Mareſchal d'Aumont, 112. 284
Aureau, *Voyez* Reiſtres.

B

duché de **Bar** cedé par le Roy au D. de Lorrai-
ne, 44
Barraut, 186. 210
Barricades de Paris, 233
Baſſompierre, 50. 207
Bathory eleu roy de Pologne, 55
Beaunais Montfermier, 88
Bellegarde fait Mareſchal de France, 32
aſſiege Liuron auec vn mauuais ſuccés, 35. 36.
eſt haï de la Roine-mere, *là meſme.*
aſſiege Montpellier, 88
ſes menées auec le Roy de Nauarre & le D. de
Sauoie, 110. 111
ſa reconciliation auec le Roy, & ſa mort, 110
Bellieure, 7. 17 20. banni de la Cour, 247
Benoiſe : ſon deuoir enuers le corps du Roy
Henry III. 295
Benon pris & repris, 43
de Bernay, 208
Beze, 50
Bins pris par force par les François, 97
Birague, Chăcellier, 44. 49. 51. ſa harangue en l'aſſemblée des Eſtats à Blois, 74. eſt fait Cardinal,
102
ſon trépas, 125. 116
de Biron, 89. Lieutenant de Roy en Guienne, y
fait la guerre au Roi de Nauarre, 99. 116.
& ſuiu.
offenſe la Roine de Nauarre, 119
ſe romp la cuiſſe d'vne cheute de cheual, *là m.*
va trouuer le D. d'Alençon en Flandres, 151.
vient à la Cour apres les Eſtats de Blois, 280
Biſſexte & Biſſextil, 123
S. Blancard, 153
Blois, *Voiés* Eſtats.
Bodin, 80
Bologne ne voulut jamais eſtre de la Ligue, 169.
& 208

le Card. Boncompagne, 14
le C. de Boſſu : ſon trépas, 97
le C. Bothuel d'Eſcoſſe, en eſpouſe la Roine, 199.
eſt ſoupçonné de la mort du Roy Henry, 200
D. de Bouillon, 219. ſa mort, 226
Duché de Bouillon : eſtat d'icelui, 228
Fr. de Bourbon P. Daufin d'Auuergne, 146
le Card. de Bourbon, 61. ſon Manifeſte, ſur le
fait de la Ligue, 167. 168
ſon droit ſur la Couronne, 246
Bourdeaus : les Bourdelois refuſent l'entrée de
leur ville au Roy de Nauarre, 64
de Brieanc, 51
de Briſſac, 140. *& ſuiu.*
Broüage pris par les Religionaires, 65. & 82
aſſiegé par le D. de Mayenne ſe rend à compoſition, 87. 88
Brulart banni de la Cour, 247
Bucentaure, 23
Buſſy d'Amboiſe, 47
ſa mort, 111. 112

C

CAhors priſe par les Religionaires, 115. 116
Calendrier reformé par le Pape Gregoire
XIII. 112
à quoi vtile cete reformation, 114
elle apartenoit au Pape, non à l'Empereur,
124. 125
reformation precedente atribuée à Iules Cæſar, 123
Calais priſe par les Anglois, 1
Caluiniſme : ſon commencement & progrés en
France, 4. 5
Capitulation étrange, 91
de Capres, 98
Carancy, 188. 189
Carmagnole priſe par le D. de Sauoie, 259
le D. Caſimir, 56. 78. s'intereſſe auec les Religionaires de France, 82
va au ſecours des Eſtats, 97
ſe retire en Alemagne, 98
Caſtillon ville ſur la Dordogne, 186
Catholiques mal-traités en Bearn, 101
de Caumont, *Voyez* D. d'Eſpernon.
Anne de Caumont enleuée, 188
duel de Biron & de Catanci pour ſon ſujet,
188. 189
Cerillac, *Voiés* C. de Bellin.
la Charité priſe par compoſition, 86

Charles V		Eſtat de la Frā-
Charles VI	ſa mort, 12. eſtat	ce ſous ces
Charles VII	du Roiaume	Rois,
Charles IIX	apres ſa mort,	12.
Charles IX	*Voiés* Héry III.	3.
		5.

Charles I, roi de Nauarre, 2
Chaſteté : hiſtoire tragique, 96
Chaſtillon, 88. 219. 222. 226
la Chaſtre, 215
Chaulard, 214
Chemeraut, 16. 58
C. de Chiuerny, 24. 39
Garde des Seaus, 101
banni de la Cour, 247

des Matieres.

Citadelle de Lion rasée, 169
Claudius Iesuiste, grand Mathematicien, 122
I. Clement de l'Ordre des Iacobins, assassine le Roi Henry III à S. Cloud, 289.290
Clergé de France assemblé à Melun: ses propositions au Roi sans effet; & l'accord qu'il fit au Roy, 112.113
de Clermant, 49.219
Comete horrible, 89
le P. de Condé remuë tout pour la guerre, 27
ses menées en Alemagne contre le Roy, 48
n'aprouue point vne tresue accordée auec le Duc d'Alençon, 50
amene l'Etranger en France, 56.57
mécontentement qu'il reçoit des habitans de Peronne, 61
tâche de porter le Roy de Nauarre à la guerre, 6
son entrée à S. Ian-d'Angely: puis se saisit de Brouäge, *la mesme.*
se reconcilie auec les Rochellois, 64
ses plaintes & demandes au Roi, 64.65
sa réponse aux deputés de l'Assemblée des Estats, 79
recommence la guerre, 82
assiege Saintes sans effet, 85
se reconcilie auec les Rochellois, 87
bien joieux d'auoir la paix, 88
surprend la Fere, s'enfuit en Alemagne, 115
repousse le Duc de Mercœur, 180
assiege Brouäge sans effet, 181.182.183
auolé deuant Angers, où il se trouue en tres-grand danger, se sauue en Angleterre, *la mes.*
sa mort, soupçonnée de poison, 229
sa femme declarée innocente de cela, *la mesme.*
conditions dudit Prince, 230
Conference de Nerac pour la paix, 108.109
Conquetnant pris & repris, 84
le P. de Conty, 224
de Cossé, *Voiés* de Montmorency:
Coutumes de Paris reformées, 111
Saint-Cric brûlé dans vn chasteau, 83
le M. de Sainte Croix d'vn courage brutal, 142. 143
Croisette, 28

D

M. de Danuille: va au deuant du Roi Henry au retour de Pologne: sa retraite de la Cour, 24
se ligue auec les Religionnaires, 17.28
sa défiance du Roy & de la Roine-mere, 33
prend les armes contre le Roi, 36
se ligue auec les Religionnaires, 40
sa réponse aux deputés des Estats, 79.80
se remet aux bonnes graces du Roy, 81
se ligue auec le Roy de Nauarre & le P. de Condé, *Voiés* D. de Montmorency.
de Danzy, 52
Daffis Aduocat general, 274
le P. Dausin d'Auuergne fils du Duc de Montpensier, 30.31
debordement etrange de la riuiere du faux-bourg S. Marcel, à Paris, 111
C. de Douglas, 200
Duel des mignons du Roy, 101
Dufranc, 83
Ant. Du-Pleix, sieur de Lecques, 110
Guy Du-Pleix pere de l'Auteur, Mareschal de Camp de l'armée du Roy: son trespas, 120
Duranti premier President, 274

E

EDit d'Vnion, *Voiés* Vnion, Ligue.
Edits du Roi pour ramener les Religionaires rebelles à leur deuoir, 43.44
Edict de paix, 60
Edicts bursaux, 101.111.125.192
d'Effiat Gouuerneur d'Auuergne, 270
Duc d'Elbœuf, 221
Elizabeth vefue du Roy Charles IX se retire en Alemagne, 44
Elizabeth Roîne d'Angleterre, enuoie vne ambassade au Roi Henry: & traite du mariage d'elle auec le Duc d'Alençon, 38
conjuration contr'elle decouuerte, 155
fait mourir la Roine d'Escosse, *Voiés* Marie.
desaite des Espagnols allans en l'Angleterre, 254
Emanuel roy de Portugal: ses enfans, 134.135
Embrion empierré, 125
d'Entragues; negociation du gouuernement d'Orleans, 242.243
d'Escassefort, 274
de Les-Esdiguieres, ses exploits en Daufiné, 183. 184
Espagnols: leurs violences & tyrannies és Païs-bas, *Voiés* Païs-bas.
d'Esparbez, 83
D. d'Espernon, accompagne le Roy de Nauarre en sa retraite de la Cour & le quite, 58
se remet au seruice de sa Majesté, 58.59
depesché par le Roy vers le D. de Sauoye, où il secourt Bellegarde, 112
fauori du Roy, qui le fait Duc, 121.191.192
est enuoié par le Roy vers le Roy de Nauarre pour l'exhorter à sa conuersion, 160.161
visite la Roine de Nauarre, 163
le saut d'Espernon, 163.164
est fait Colonel general de l'Infanterie, 164
sert le Roy contre la Ligue, 171
est fait Gouuerneur de Prouence, où il prend plusieurs places, 193.194
retourne en Cour auprés du Roy, 194
bon auis au Roy, 208
épouse la Comtesse de Candale, 209
pourquoi rompit son mariage auec Christine de Lorraine, 210
est fait Admiral de France, 216
sa dexterité pour le seruice du Roy, 223
prend possession du Gouuernement de Normandie, 216. & 230
conspiration des Ligueurs contre luy, 231
impostures contre luy, 240
haï de l'Archeuesque de Lion, *la mesme.*
reuient trouuer le Roy, 241
se retire de la Cour, 241.242
calomnié enuers le Roy, 248
cause de l'inimitié entre lui & Villeroy, 248. 249

Table

conjuratió d'Engoulesme contre luy: & suiu.
la Duchesse sa femme est saisie, sa magnanimité, 249.251
autre peril particulier, 252
est secouru. 251.252
sa reconciliation auec le Mareschal d'Aumont, 280
entreprend de defendre Blois contre le Duc de Mayenne, 281.282
sa generosité enuers l'Archeuesque de Lion, 282
d'Espesses, 17. enuoié en Pologne en qualité de Sur-intendant, 53.54.55
Estats generaux conuoqués à Blois, 73.44
deputés des Estats deuers le Roy de Nauarre le P. de Condé & le Mareschal de Danuille, 74.75
la resolution desdits Estats, 73.77. & 81
Estats generaux assemblés à Blois, 255. & suiu.

F

Fabas surprend les villes de Basas & de la Reole, 76
rend Castetz, 185
de Fay, 278
Federic, Comte Palatin : mauuais traictement qu'il fait au Roy, 8.9
baille secours aux Rebelles de France contre le Roy, 48
la Fere surprise par les Religionaires, 115
assiegée par le Mareschal de Matignon, 116.117
le Card. de Ferrare, 51
de Feruaques, 45. prisonnier à Anuers, 153
Fille villageoise admirablement vertueuse & courageuse, 96
Financiers recherchés & punis par leurs bourses: 126
Flamans, Voiés Païs-bas.
Fontenay assiegé & emporté d'assaut, 29
François I } Estat de la France sous ces Rois.
François II }
le Fresne, 182.183 279

G

GAutiers en Normandie, 275
Geneue en la protection du Roy, 112
Gentil, ingenieux, 183.184
de Gohas : action hardie, 179
Gondrin defait & tué le C. de Gurson & deux de ses freres, 210
des-Gordes, 43
Gregoire XIII Pape, 70
son trepas, 176
le Guast, 276.277
Guerre VI 25. & suiu.
Guerre VII 81. & suiu. } contre les Religionaires.
Guerre HX 114. & suiu.
Guerre IX 177 & suiu.
Guerre en Poictou, 259
Guerre des trois Henris, 291
Gueus des Païs-bas, 219
Guises, 71.72
Henry Duc de Guise va au deuant du Roy au retour de Pologne, 24
partisan du roy de Nauarre contre le Duc d'Alençon, 46
deffait les Reistres, & Thoré, 48.49
son premier dessein dans les affaires d'Estat, 72
quand commença d'aspirer à la Roiauté, là mesme.
ses desseins en la Ligue, des moiens pour y paruenir, 156. & suiu.
causes de la haine du Roy enuers luy, 160
traite auec l'Espagnol, 158
s'approche de Paris auec vne armée, 171
fait la guerre au Duc de Bouillon : assiege Sedan & secour Verdun, 195. tresue entr'eux deux, là mesme.
desauoüe la conjuration des Ligueurs de Paris, 207.208. & 220
attaque & deffait entierement les Reistres à Auneau, 227. & suiu.
fait la guerre au Duché de Bouillon, 222.228
vient à Paris contre le commandement du Roy : acclamations des Parisiens suiuies des Barricades, 232. & suiu.
regente dans Paris, 237
assiege Melun, sans fruit, 237.238
ses excuses pour les Barricades, 239
va trouuer le Roy à Chartres, 253
meprise les aduertissemens que l'on lui donne de sa mort, 263.264
est tué, 264
son corps, & celui du Cardinal de Guise son frere, brulés, 266
le Card. de Guise est arresté, auec l'Archeuesque de Lion, 265
est tué, 266
de Guitry, 282

H

Hamiltons persecutés, 202
Halet, 181.182
Hamed reconnu Roy de Fez & de Maroc, 132. Voiés Abdel-Melec.
Harlent assiegée par l'Espagnol se rend à composition, mais d'vne façon estrange, 91
Hasting, 49
la Haye Lieutenant general au siege de Poictiers, homme factieux, 31.35
ses perfidies, 41
est condamné à mort & executé, 42
de Heez, 98
Henry VI, roy d'Angleterre : ses auantages sur la France, 2
Henry grand Prieur de France : sa mort, 185
Henry Stuard espouse la Roine d'Escosse, en deuient jaloux, 199
sa mort estrange, 199
Henry Cardinal roy de Portugal, 132
sa disposition testamentaire : & son trepas, 135
Henry II : estat de la France sous luy, 45
Henry III : briefue description de son regne, & de ses malheurs, 5.6.7
son depart de France pour aller en Pologne, 7.8
passe au Palatinat, en grand hasard de sa personne, 8.9. de mesme à Francfort, 9.10
est receu honorablement à Mayence, & des Princes Alemans, là mesme.

son

des Matieres.

son arriuée en Pologne, 10
son entrée à Cracouie : son sacre & couronnement, 10.11
refuse de iurer le libre exercice de l'heresie, 11
les Polonois l'ont en admiration, 11.12
est visité de plusieurs ambassades, 12
reçoit la nouuelle du trespas du Roy Charles son frere, 12. & suiu.
sort de Cracouie & ses auentures, 18.19
ruse qui deceut le Senat de Pologne, 20
poursuiui des Polonois gagne l'Autriche, 19. 20
est atteint par le Comte de Tancy son Chambellan, 20.21
est fort bien receu de l'Empereur : & pourquoi, 21.22
est visité de Rodolphe roy de Boheme, & honoré de l'Archiduc Charles, 21.23
sa reception magnifique à Venise, 23.24
est visité de la part du Pape, & par les Potentats d'Italie, 24
Princes & Seigneurs François qui allerent des premiers au deuant de lui, là mesme.
sa liberalité enuers le Duc de Sauoie, 25
son arriuée en France, 32.33
sa respōse aux demandes des Religionaires, 33
vient à Lion, là mesme.
se resout à la guerre, 33.34
regle sa maison, 34
descend à Auignon, 35
fait assieger Liuron, & leuer le siege, 35.36
s'enroolle aux Penitens d'Auignon, 37
recherche la fille du Roi de Suede en mariage, 38
deuient amoureux de Loüise de Lorraine, 8
l'espouse, 39
son sacre & couronnement, 39
son entrée à Paris, 40
Response aux demandes des Religionaires, 41
tâche de les remettre en leur deuoir par la douceur, 43.44
cession du Duché de Bar au D. de Lorraine, 44
se resout de faire mourir le D. d'Alençon sur la defiance qu'il l'auoit empoisonné, sans effet, 45.46
se fortifie contre les menées du P. de Condé, 50
tâche de satisfaire les Polonois, 52.53.54
accorde la paix aux Princes & aux Religionaires rebelles, 59.60
exemple de sa pieté, 65
se declare chef de la Ligue, 71.& 75
enuoie vers les Princes Protestans, 85
met deux armées sur pied contre les Religionaires, 85.86
leur donne la paix, 88.89
diuers jugemēs touchant ses deuotions, 108
dresse deux armées cōtre les Religionaires, 116
institue des Penitens blancs, 126
sa haine enuers le Duc de Guise, 160
est calomnié par la Ligue, 164
prend l'Ordre de la Iartiere, là mesme.
fait vn Edit contre la Ligue, 170.171
sa respōse au Manifeste du Card. de Bourbō, 171
arme contre la Ligue, 171.172
fait vn Edit en sa faueur & le jure, 173
paroles seueres aux chefs des Ordres de l'Estat, 173.174

response aux Ambassadeurs estrangers, qui s'interposoient pour les Religionaires, 192
sa negligence preiudiciable à l'Estat, là mes.
se pique contre le D. de Guise, 196
diuise ses forces en trois armées, 208.209
mal satisfait du D. de Ioieuse, 209
bon ordre pour ruiner l'armée estrangere de Suisses & Alemans venus en France, 220. & suiu. coniuration contre sa personne, 220.221
defend au D. de Guise de venir à Paris, 230
conspiration contre sa personne, & pouruoit à sa seureté, 230.231. se resout à faire tuer le D. de Guise, 232. discours entre l'vn & l'autre, 233. sort de Paris lors des Barricades, & s'en va à Chartres, 234.235. pardonne aux Parisiens, 239.240. ses protestations, 240. depute des Commissaires par le Roiaume, là mes.
ne veut retourner à Paris, 244
jure l'Edict d'Vnion, 246
declare le Card. de Bourbon successeur de la Couronne, 246
dresse deux armées contre les Huguenots, 247
commande de saisir le Duc d'Espernon, 248
defiance entre sa Majesté & le Duc de Guise, 253
fait assembler les Estats à Blois, 255
ses artifices pour contenter les Estats, 256.257
sa harangue aux Estats de Blois, 257.258
proteste d'oublier le passé, 258
jure sur le S. Sacrement sa reconciliation auec le Duc de Guise, 261.262
fait tuer ledit Duc, 262.263.264
porte les nouuelles de sa mort à la Roine-mere, 266
est en grandes transes, 269
tâche de contenter le Duc de Mayenne, 270
se retire de Blois à Tours, 276
recherche le Duc de Mayenne, là mesme.
traite auec le Nauarrois, 278
est secouru d'argent par le Duc de Toscane, là mesme.
Monitoire du Pape contre le Roy, 285
endanger dans Tours, 283.284
se resout d'assieger Paris, 285
Poitiers lui refuse l'entrée, là mesme.
marche droit à Paris, & prend plusieurs villes, 287
est tué à Saint-Cloud, 291
sa declaration sur son obeïssance à l'Eglise, là mesme.
ses eloges : son zele enuers la Religion : son soin pour la conuersion du Roy de Nauarre, 294.295

Henry IV Roy de Nauarre est arresté, Voyez D. d'Alençon.
se retire de la Cour & s'enfuit, 57.58
abjure la Religion Catholique, 58
deuient suspect aux Rochellois, 61
ses plaintes contre les Bourdelois, 64
sage response aux deputés, qui lui furent enuoiés par l'assemblée des Estats, 72
traité de paix auec luy, 80
se saisit de plusieurs villes, 83
conclud la guerre auec les Religionaires, 109. 110. les Ministres l'empeschent de se conuertir, 161. sa response au D. d'Espernon, que le Roy lui auoit enuoié sur ce sujet, là mes.

Cc

Table

traité auec l'Espagnol, 163
hardi repart au Roy. 165
respôd au Manifeste du Card.de Bourbon,175
sa responce aux Ambassadeurs du Roy, 176
est excommunié par le Pape, 176
fait vn Edict tout côtraire à celui du Roy,176
jure vne Ligue auec le P. de Condé & le Duc de Montmorency, 177
l'entreprise du Duc de Mayenne sur sa personne,se sauue à la Rochelle, 186.187
perilleuse action à Eause, qu'il saisit, 190
implore le secours estranger, 191
respôse à la Roine-mere auec obstination.196
prend quelques places dans le Poictou, 206
gaigne la bataille à Coutras, 213.214.215
pourquoi ne va point au deuant des Reistres, 216.217
prend Niort, 259
fait tresue auec le Roy, 278
le vient trouuer à Tours, 280.281
comment il se comporte en la mort du Roy Henry III, 295
le Vic. Herruy, 201
de Humieres chef de la Ligue en Picardie,66.67
Huraud, *Voiés* Chiuerny.

I

IAn: son infortune auprés de Poitiers, estant pris prisonnier, 2
Iesuistes calomniés, 274
Isle de Ré, *Voiés* Ré.
Imbett, 83
Dom Ioan d'Austriche Gouuerneur des Païsbas, 93.94
son trespas, 97
Ioieuse erigé en Duché & Pairie, 121
D. de Ioieuse espouse Marguerite de Lorraine. 121
sert le Roy contre la Ligue, 172.192
grand fauori du Roy, 192.193
ses exploits en Auuergne, 193
a charge de combatre le Roy de Nauarre,209
traite cruellement les Religionaires, 211
est desait & tué à Coutras, 212.*& suiu.*
sa pompe funebre, 215
Iournée de Coutras, 211
Iournée de Crecy, 1
Iournée de Saint Aubin, 3
Iournée de Fournoüe, *là mesme.*
Grands-Iours à Poictiers, 121
Issoire pris d'assaut, 86

L

LAndereau, 43.140.143
des Landes, 86
Langoiran, 84
Lanssac conducteur d'armée nauale pour le Roy, 87.88
Larchant, 263.264
Lardimalie, 117
Laual : trespas de ses quatre freres en mesme temps. 188
Lauerdin, 84.190.193 213.214
Laugnac, 264
de Leberon, 179 180
le C. de Lenox Viceroy d'Escosse, 202
Ligue des Catholiques Mal-contens, 6.26. &
des Religionaires auec eux,34.40.46. *& suiu.*
renoüée, où lon conuie les estrangers, 82
Ligues particulieres en Picardie, & de la Noblesse en Poictou, 66.67
Ligue generale des Catholiques par tout le Roiaume : pretexte, & le formulaire d'icelle, 66.97.68
defenses d'icelle contre ses calôniateurs, 69.70
elle ne fut approuuée du Pape, Gregoire XIII. 70
approuuée du Roy par consideration d'Estat, 71. & 75. & 114
murmure d'icelle, 109
plausible en son origine, 156
met vne armée sur pied, 167
ses artifices,168, se saisit d'aucunes villes,& son entreprise sur Marseille, rompuë, *là mes.*
puissante en Picardie & en Champagne, 169
ses demandes au Roy : qui fait vn Edit en sa faueur, 172.175
assemblée de ses Chefs à Nancy : & leurs demandes au Roy, 128
Ligueurs les plus zelés de Paris,& leur contribution, 169
solicitent les autres villes, 170
leur conspiration decouuerte par le Roi,200 *& suiu.*
desauoüés & blamés par les plus sages, autorisés par le Duc de Mayenne, 207.208
autre côjuration contre sa Majesté, empechée par le Duc de Guise, 210
autre, horrible conspiration contre le Roy, 230. *& suiu.*
conspirent contre le Duc d'Espernon, 231
leurs excuses au Roy,qui leur pardonne, 239
diuision entre les chefs, 273
Ligue contraire à celle des Catholiques,177.178, & 184.165
Duc de Longueuille desait le Duc d'Aumale, 185.286
le Cardinal de Lorraine : ses protestations au Roi auant sa mort, 37
ses mœurs & conditions, *là mesme.*
affection de la Roine-mere, 37
son trespas, *là mesme.*
Marguerite de Lorraine, 121
Louïse de Lorraine fille du C. de Vaudemout espouse le Roi Henry III, 39
cause de sa sterilité, 40
Louis XI, estat de la France sous luy, 5
de S. Luc : valeureux exploits, 181
est assiegé dans Brouage, 181.182.183
memorable action, 215
Luines, 62.63
Lusson, 83
Lusignan assiegé & pris par composition, 30
Fr. de Luxembourg mecontent du Roi, 39.40

M

SAint-Macaire, 34
Saint-Maigrin, assassiné, 102
Malicorne, 259
Mandelot, 169
Manducage, 88
Manifeste du Card.de Bourbon, & la response, 167.& 171.175
Mansfeld, 50

des Matieres.

Maran se rend à composition, 87
Marguerite roine de Nauarre, 32
 passionnée pour le Duc d'Alençon, son frere, 46.47. & 94
 est commandée d'aller auec son mari, qu'elle anime contre le Roi, son frere, 100
Marie roine d'Escosse, 196.197
 espousa le Roy François II, 197. 198
 son droit sur l'Angleterre, 198
 est troublée par les Puritains d'Escosse, 198. 199
 se remarie à Henry Stuard, duquel elle eut vn fils, 198.199
 met le gouuernement de l'Estat entre les mains de Bothuel : qu'elle espousa, 199
 est soupçonnée de la mort de Henry Stuard, & arrestée prisonniere, 199.200
 se sauue: & vaincue en bataille s'enfuit en Angleterre, 200
 est confinée en prison & accusée, & declarée innocente, 201
 pressée d'espouser le Duc de Northfolk, ce qui ne fut pas, 201.202
 est derechef calomniée & condamnée à mort, & decolée par vn bourreau, 202. & suiu.
 son admirable constance, 203-204
le C. de la Mark, 210
Sainte-Marthe, 278
de Martinengue, 86
l'Arch. Mathias Gouuerneur des Païs-bas, 94
 les abandonne, 146
Matignon Mareschal de France, 102.116.117
 pourquoi ne se trouua à la bataille de Coutras, 216
 rend bon seruice en Guienne, 170
 soupçonné d'intelligence auec le Roy de Nauarre, 178.185
Maugiron, 101
le C. Maurice fils du P. d'Orenge, lui succede en l'administration des affaires des Païs-bas, 155
Maximilian II, Empereur, bonne reception qu'il fait au Roy Henry, 21.22
 faute qu'il commit en la brigue du roiaume de Pologne pour Ernest son fils, 55
Duc de Mayenne, 49
 conduit vne armée pour le Roy : ses exploits, 86. 87. 88
 reduit le Daufiné en l'obeïssance du Roy, 116
 prend plusieurs places, 185.186
 son entreprise sur la personne du Roy de Nauarre, n'aiant peu reüssir retournée à la Cour, 186.187.188
 enleue l'heritiere de Caumont, 188
 pourquoi le Roi l'emploie plustot que le Duc de Guise son frere, 194
 sort de Paris, pour vne conspiration contre le Roi descouuerte dont il estoit le chef, 207
 se retire à Chalon, apres la mort du Duc de Guise son frere, 266
 creé Lieutenant general de la Couronne par la Ligue, 273
 mesprise la recherche du Roy, 270. & 277
 prend Vendosme & Saint Clin, 285
 se presente deuant Tours, où il faut à surprendre le Roy, 283.284
 lui, & le Duc de Nemours retournent à Paris, 288
Catherine de Medicis Roine-mere: ses pretentions au Roiaume de Portugal, 133.134
 son soin, apres la mort de Charles IX, 15.16
 sa Regence confirmée par le Roy Henry III, 17. & 26
 va au deuant de lui à son retour de Pologne, 32
 son affliction pour la mort du Card. de Lorraine, 37
 tâche de ramener le Duc d'Alençon au deuoir, 49
 emmene la Roine Marguerite au Roi de Nauarre son mari, en Gascogne, 100
 elle desire grandement la paix pour ses interests, 108
 conference entr'elle & le Roy de Nauarre, 195. 196
 sa mort, 266. 267. sa sepulture & celle de son fils negligées, 267
Mende en Gibaudan surprise par les Religionaires, 115
Duc de Medina Gouuerneur des Païs-bas, 91
Melusine, 30
de Meneuille, 107
Duc de Mercœur, 187
Maile, 86. & 115
Meru, 27
de Mirebeau, 63.82
Miron, Medecin, 19
Louis de Mocenic D. de Venise, 25
Motbrun enleue partie de l'equipage du Roy, 30
 pris & decapité, 43
Montferrand le jeune, dit Langoirand, 17. 42. 84
de Monluc fait Mareschal de France, & refuse le Gouuernement de Guienne, 32
 sa mort, 90
de Monluc Euesque de Valence, pacifie le Languedoc, 99
 son trepas & ses mœurs, la mesme.
Monsegur, ville, 186
Montelimar pris & repris, 218
le C. de Montgommery, 31
Mareschal de Montmorency mis en liberté, 49
 son trepas, 111
Duc de Montmorency (cy-deuant M. Damuille) se ligue auec le Roy de Nauarre contre la Ligue Catholique, 177
de Montigny, 50.98.214
le Duc de Montpensier remet sus l'armée Roialet ses exploits, 28
 fait vne entreprise sur Lusignan sans effet, 29.
 qu'il assiege par apres, & prend par composition, 30
 mene du renfort au Duc d'Alençon aux Païsbas, 151.152
 sert le Roy contre la Ligue, 171
Mont-de-Marsan pris pour le Roy, 118. 119
 repris par le Roy de Nauarre, 119
Mont-S. Michel pris & repris, 42
Montal, 35
Moruilliers, 71

Cc ij

Table

Montelon Garde-des Seaux, 247
Mothe-Bardigues, 83
Muley-Mahamed vsurpateur des roiaumes de Fez & de Maroc, 127
Muley-Mahamed petit fils du susdit persecute ses freres, 128
ses oncles arment contre lui, & perd le Roiaume de Fez, *sa mesme. & suiu.*
C. de Murey Viceroy d'Escosse, 200
est assassiné, 202

N

Roy de Nauarre, *Voyés* Henry Roy de Nauarre.
Duc de Neuers, 51
renonce à la Ligue, 159
Neufuy, 16.17
Noblesse Françoise officieuse enuers son Roi, 21
Bern. de Nogarets, *Voiés* la Valete.
Nogera Espagnol, 141
le Duc de Northfolk decapité, 202
la Noüe, 28.29.97. entreprise sans effet, 31. se retire de la Rochelle, belle loüange de luy, 145
est receu dans Sedan, 228

O

d'Onavv, 219
Ordre du S. Esprit institué en France par le Roy Henry III, 103. 104. *& suiu.*
le P. d'Orenge, 91
secourt les Estats des Païs-bas, 92
se declare ennemi du Roi d'Espagne, & prend plusieurs villes, 94
conspiration contre luy, 148
blessé, 151
trauaille à la reconciliation des Flamans auec le Duc d'Alençon, 153
sa mort, 154
Orleans: negociation pour le gouuernement d'icelui, rompuë par Villeroy, 242.243
rebellion, 273
d'Ornano, 217

P

Païs-bas comment tomberent sous la domination Espagnole, 91
violences & tyrannies que les Espagnols y ont exercées & le progrés de leurs armes, 91. *& suiu.*
ceux du Païs-bas appellent le Duc d'Alençon pour leur protecteur, 93.94.95.96
reuient en France mal-content, 97.98
font vne Ligue, 93
leur armée defaite en bataille, & perdent plusieurs villes, 95
tiers-parti qui s'y fait, appellé des Mal-contens, 98
mauuais estat desdits Païs, 144. *& suiu.*
offrent de se donner au Roy, 165.166
se mettent sous la protection Angloise, 166
Paix auec les Religionaires, 59.60. & 88.89

Parabelle, 259
de Pardeillan, 164
Parisiens contrains de prester de l'argent au Roy, 49.51
se relachent en l'Assemblée des Estats à Blois en faueur des Religionaires, 78
leurs conspirations contre le Roy, *Voiés* Ligueurs.
leurs insolences contre sa Majesté, 271.272
la Cour de Parlement prisonniere dans la Bastille, 271.272
Duc de Parme Gouuerneur des Païs-bas, 97.98
ses exploits, 145.146
remet son armée sus-pied, 151
de Patras, dit Campagno, 244
Phare de Courdoüan, 166
Penitens d'Auignon, 37
Penitens bleus institués par le Roi, 103
autres penitens blancs, 126
Philippe Roy d'Espagne s'empare du Portugal, 135.136
& y exerce de grandes cruautés, 136.137
Philippe VI malheureux estat de la France sous luy, 1
Pibrac, 7.8.18. grande mesauenture en reuenant de Pologne, 19
hay de la Roine-mere, 14
en tres grand peril de sa vie, 54.55
tousiours auprés de la Roine-mere, 100
Pinart Secretaire d'estat, 39
Plessis-Mornay, 278
Pluie prodigieuse, 111
S. Pol, 214
Pologne: ses forces & son estenduë, 13.14
Polonois somment le Roy de retourner en Pologne, 52.53
procedent à l'eslection d'vn nouueau Roy abrogeans & reuoquans celle de Henry, 55
lui renuoient tous les meubles, 55.56
Ponsenac, 214
du Pont, capitaine François: sa fin mal-heureuse pour sa lubricité, 96
M. du Pont, 216
Pontoise, 287.288
Portugal: Princes pretendans droit en ce Roiaume apres la mort de Henry, 132. *& suiu.*
tombe sous la puissance du Roy d'Espagne, 135.136.137. *Voyez* Antoine.
Poulain, 206.208.233
Princes du sang doiuent preceder tous les autres Princes & Pairs de France, 76
horrible Procession à Paris, 271
les Protestans d'Alemagne s'interessent auec les Religionaires de France, 85
leurs cruautés enuers les Catholiques, 93

Q

Qvelus mignon du Roy, 101

R

l'isle de Ré prise & reprise en vn mesme jour, 43

des Matieres.

Reiſtres ou Alemans, & Suiſſes pour le Roy de Nauarre, ſe joignent au Duc de Bouillon, & deſolent la Lorraine, 219
  s'auancent dans la France, 220
  ſont attaqués par le Duc de Guiſe, 221. 222. & 48. 49.
  leurs plaintes contre les Religionaires, 222
  vont en Beauſſe & ſont deffaits à Auneau, 224. 225
la Religion & la liberté, deux reſſorts tres-puiſſans pour eſmouuoir les hommes, 66
Religionaires: leurs diuers projets apres la mort du Roy Charles IX, 16
  font treſue pour trois mois auec la Roine-mere, *là meſme*.
  ſurprennent Caſtres d'Albigeois, & font pluſieurs autres entrepriſe, 28. 29
  leurs demandes artificieuſes au Roy Henry III. à ſon retour de Pologne, 32. 33
  leurs attentats & inſolences à l'endroit de ſa Majeſté, 30. 31. & 36
  leurs inſolentes demandes au Roi, 41. & 59
  forcent & prennent pluſieurs villes contre le Roi, 42. 43
  obtiennent vne paix auantageuſe, 59. 60
  troubles emeus par eux apres la paix, 82. *& ſuiu*.
  ſe preparent à la guerre, 109. 110. & la recommencent, s'emparans de pluſieurs villes, 115
C. de Rendan, 269
la Reole remiſe en l'obeïſſance du Roy, 118
Richelieu Grand-Preuoſt de France, 265
Rochegude, 42
Rochellois: leur reſponſe à la Roine-mere, qui les exhortoit à la paix, 29
  leurs pirateries, 43
  refuſent la paix & la treſue que le Roi leur offre, 40
  ſe defient fort de la Nobleſſe, 47
  actes d'hoſtilité contre la treſue accordée, 56
  permettent que la Meſſe ſe die en leur ville, 62
  pillent les Aulonnois, 76
  ſont deffaits par mer en deux combats, 87
Rochemorte, 181. 182
Rodolphe Roi de Boheme, 22. 23
Roelle, 35
de Rohan, 181
Rois de la branche de Valois malheureux, 1
Sainct-Romain, 36. 42
Ronſard: ſa mort, 184
Roquelaure s'offenſe contre les Miniſtres, 161
Roquepine, 118
de Roqueſcens Gouuerneur des Païs-bas: ſes exploits d'armes & ſon treſpas, 92
Roſtaing: ſa fidelité au ſeruice du Roy, 237. 238
  calomnié, 238
de Ruffec, 50

S

SAlcede: ſa conjuration contre le D. d'Alençon, 148. 149. *& ſuiu*.
Saintes ſecouruë par le Duc de Mayenne, 86

de Salignac, 216
Sancy, 279. & 288
de Saueuſes, 286
Duc de Sauoie; ſa modeſtie, 24
  ſe rend maiſtre de Saluſſes, & prend Carmagnole, 258. 259
de Schomberg, 50
Sebaſtien roy de Portugal donne ſecours au Roy de Fez & de Maroc; où il eſt tué, 128. *& ſuiu*.
  vn homme produit ſous le nom du Roy Sebaſtien, 143
le Vic. de Selon, 200
Seré, 88
Seruin Aduocat du Roy, 272
de Silues, 140
Sixte V, Pape, 176
  excommunie le Roy de Nauarre & le P. de Condé, *là meſme*.
  ſon Monitoire au Roy Henry III, 279. 280
C. de Soiſſons excuſé d'eſtre fauteur des heretiques, 258
  priſonnier par le Duc de Mercœur, 287
Sorbonne: pernicieuſe reſolution, 217. & 271
du Souchet, 249. 250
Souuré, 7. 18. 24. 25
Philip. Strozzi Admiral d'vne armée naualle enuoiée aux iſles Açores, 140. 141. 142
Suiſſes blâment la profuſion du Roy, en demandant leur penſion, 122
Suiſſes deffaits, 217. *Voiés* Reiſtres.
le C. de Suze, 218

T

TAncy Polonois, 18. 20
Preſid. de Thou, 111. & 279
Thoré conduit des Reiſtres en France au Duc d'Alençon contre le Roy, 48. 49. eſt arreſté & relaché, 62. 63
Tonne-Charente priſe par aſſaut, 87
Touchet, 42
Touloufe: fureur populaire, & execrable inſolence contre l'effigie du Roy, 274. 275
Traité du Flex, 110
Traité de Ioinuille, 158
Traité auec la Ligue, 243. 244
Treſue auec le Duc d'Alençon & les Religionnaires, 49. 50
  rompuë par les Rochellois, & le P. de Condé, 56. 57
de la Trimouille chef de la Ligue en Poictou, 67
  prend Melle le iour de ſon treſpas, 86
  ſe fait Huguenot, 181. ſa mort, 187
Tumulte de Bourdeaus, 273
Tumulte d'Engouleſme, *Voiés* Duc d'Eſpernon.
Vic. de Turenne, 146
  ſes menées, 178
  reprend Caſtillon, 210

V

B. de VAillac, 43
Valence en Armagnac demantelée, 120

Table des Matieres.

la Valete, 83
   espouse An.de Batemay Damoiselle de Bouchage, 122
   ses exploits en Daufiné, 189
   se saisit de Valence & de Gap sur la Ligue, *là mesme.*
   commande en Daufiné & en Prouence, 194
   bien que plus foible attaque quatre mille Suisses, & les defait entierement, 217
   defense des deux freres de la Valete, contre des calomnies, 241
   la Valete priué de son Gouuernement y est restabli, 252
C. de Vaudemont, sa mort, 89
le Vic. de la Vauguyon, 43
Venise : tareté de son Arsenal, 23
Ventadour le jeune, 146
Vetus pris prisonnier, 208

Vezins, 115
la Vigne, 84
de Viques, 42
Vignoles secour Vic assiegé par les Catholiques, 180. 213. 259
de Villars, 83
Villequier, 18.19. Ambassadeur vers les Princes Protestans d'Alemagne
de Villeroy, 83. 169. 243
le C. de Vimiose, 140.142
de Vins: defaite de ses troupes, 184
Viuant, 117
Vnion iurée, 243. 244. 246. 258
   receuë en plusieurs villes qui se reuoltent, 275
Voiés Ligue : Ligueurs.
Vzerche pris par les Religionaires, 42
D. d'Vzez Gouuerneur du Languedoc, 36. 42

FIN.

Fautes suruenues à l'impression de l'histoire du regne de Henry III.

Page 13. C. 2. *ostez* de. *là mesme* 3. *adioustez* vous *apres* France. A. 9. *lisez* son *au lieu de* leur. 33. C. 4. *lisez* tous les jours. 39. B. 2. *lisez* Huraut. 53. B. 4. *ostez* fort. 74. A. 1. *lisez* determiner. *là mesme lisez* excuses *au lieu de* causes. 78. B. 11. *lisez* instigation. 84. D. 1. *lisez* Montpellier. 173. A. 7. *adioustez apres* Ligue *ces mots* ; en consequence d'vn traicté fait à Nemours. 195. A. 11. *lisez* loisible. 205. A. 10. *lisez* Escossois ses subjets. 210. D. 6. Ardenx. 219. A. 2. *lisez* vendre *au lieu de* rendre. *là mesme* 7. *lisez* angoisses. 287. B. 10. *lisez* & sauuer. 260. D. 15. *lisez* LXIX.

Le curieux Lecteur remettra aisément les quotes des années qui se trouueront alterées à la marge interieure, comme és pages 2, 9 & 10, où il faut remettre 1573 : à celle de 37, 1574 : à celle de 41, 1575.

En la page 43 a esté omise la principale cause de la condamnation du sieur de Montbrun : qui fut que le Roy luy aiant escrit qu'il trouuoit bien estrange que luy estant né son subjet eût eu la hardiesse de luy enleuer son equipage, il fit responce à sa Majesté *que les armes rendoient toutes personnes egales*. Le Roy enuoia cete lettre au Parlement de Grenoble, lequel fonda là dessus l'arrest de mort contre Montbrun.

PRIVILEGE DV ROY.

LOVIS par la grace de Dieu Roy de France & de Nauarre : A nos amez & feaux Conseillers les gens tenans nos Cours de Parlement de Paris, Rouen, Tolose, Bourdeaux, Dijon, Grenoble, Aix & Rennes, Baillifs, Seneschaux, Preuosts desdits lieux ou leurs Lieutenans, & à tous nos autres Iusticiers & Officiers qu'ils appartiendra : Salut. Nostre amé & feal Conseiller & Historiographe SCIPION DVPLEIX, nous ayant presenté en nostre Conseil dez l'an mil six cens dix-neuf, vn liure intitulé *Memoires des Gaules depuis le deluge, auec l'Estat de l'Eglise & de l'Empire, depuis la naissance de IESVS-CHRIST iusques à l'establissement de la Monarchie Françoise*: cet œuure auroit esté iugé grandement curieux & vtile au public par des personnes capables de faire iugement de tels ouurages. A raison dequoy nous aurions commandé audit DVPLEIX de trauailler en suite à l'Histoire generale de France, depuis le premier Roy iusques à nostre regne : Et pour cet effect, Nous auons voulu dez lors qu'il fust honoré du tiltre d'vn de nos Historiographes. Ledit Dv-PLEIX obeïssant à nostre commandement, Nous a donné trois tomes de ladite Histoire, lesquels Nous ont esté grandement agreables. Et dautant qu'il Nous a fait entendre qu'il est prest à donner au iour en suite desdits trois volumes l'Histoire de *Henry III*: Il nous a fait treshumblement supplier luy permettre de faire imprimer la continuation de ladite Histoire: par tel Libraire que bon luy semblera, sans qu'autres que celuy qui par luy sera nommé puissent imprimer lesdits Liures. NOVS A CES CAVSES, apres auoir fait voir ladite Histoire par personnages notables qui Nous ont certifié n'auoir veu dans lesdits liures aucune chose contraire à la Foy & Religion Catholique, Apostolique & Romaine, à nostre Estat & autorité ny au bien public. AVONS par ces presentes permis & accordé, permettons & accordons audit DVPLEIX qu'il puisse faire imprimer ladite *Histoire* tant de fois, en tel volume & caracteres, & par tels Libraires que bon luy semblera, durant le temps de neuf ans prochains & consecutifs, à commencer du iour que lesdits Liures seront paracheuez d'imprimer, auec defenses à tous autres marchans Libraires & Imprimeurs d'imprimer ou faire imprimer lesdits Liures, en quelque maniere que ce soit pour iceux vendre & changer aux foires, ny d'en apporter ou faire amener d'autres villes en ce roiaume sous noms interposez, & auec fausses marques, n'y d'en tenir aucun exemplaire tant en priué qu'en public, d'autre impression que de ceux qu'aura fait imprimer ledit DVPLEIX ou ayans charge de luy, sur peine de dix mil liures d'amende à Nous applicable, de tous ses despens, dommages & interests, & confiscation des exemplaires qui seront trouuez auoir esté mis en vente au preiudice des presentes, & que trouuant desdits Liures ainsi contrefaits ils soient incontinent saisis & mis en nostre main par le premier de nos Iuges, Officiers, Huissiers ou Sergens sur ce requis, leur monstrant ces presentes ou copie d'icelles deuëment collationnée à l'original : Vous donnant & à eux Commission & mandement special de proceder à l'encontre de tous ceux qui contreuiendront à ces presentes par toutes voyes deuës & raisonnables, & par les peines susdites sans demander, placet, Visa, ne Pareatis, nonobstant oppositions ou appellations quelconques, Clameur de Haro, Chartre Normande, prise à partie & toutes autres lettres à ce contraires ausquelles nous auós derogé & derogeons pour ces presentes, pour lesquelles & sans preiudice d'icelles, ne voulons estre differé. Et pource que d'icelles le suppliant pourra auoir affaire en plusieurs & diuers endroits, Nous voulons qu'au Vidimus d'icelles fait soubs seel Royal, ou par vn de nos amez & feaux Conseillers, Notaires & Secretaires, foy soit adioustée comme au present original: Et que mettant vn bref extraict d'iceluy au commencement ou à la fin de chacun desdits Liures il soit tenu pour bien & deuëment signifié & venu à la notice & cognoissance de tous, comme si expressement & particulierement il leur auoit esté signifié. A la charge d'en mettre deux exemplaires de chacun en nostre Bibliotheque suiuant nostre Reglement : CAR tel est nostre plaisir. Donné à Lyon le septiesme May, l'an de grace mil six cens trente : Et de nostre regne le dix-neufiesme. Par le Roy en son Conseil, Signé SENAVLT, Et seellé du grand seel en cire iaune. Signé en queuë BARILLON.

Ledit sieur DVPLEIX a cedé & transporté cede & transporte à Claude Sonnius marchand Libraire en l'Vniuersité de Paris, tout le droit qui luy est acquis par le susdit Priuilege pour en iouïr par ledit Sonnius durant le temps porté par iceluy.

www.ingramcontent.com/pod-product-compliance
Lightning Source LLC
Chambersburg PA
CBHW071340150426
43191CB00007B/796